王瑶　　　　严家炎

吴小如　吴组缃　气平伯

　　臧克家

　　　唐弢　张

朱寨　郭　刘

　　陆文夫

余秋雨

潘旭澜

艾青

刘锡诚

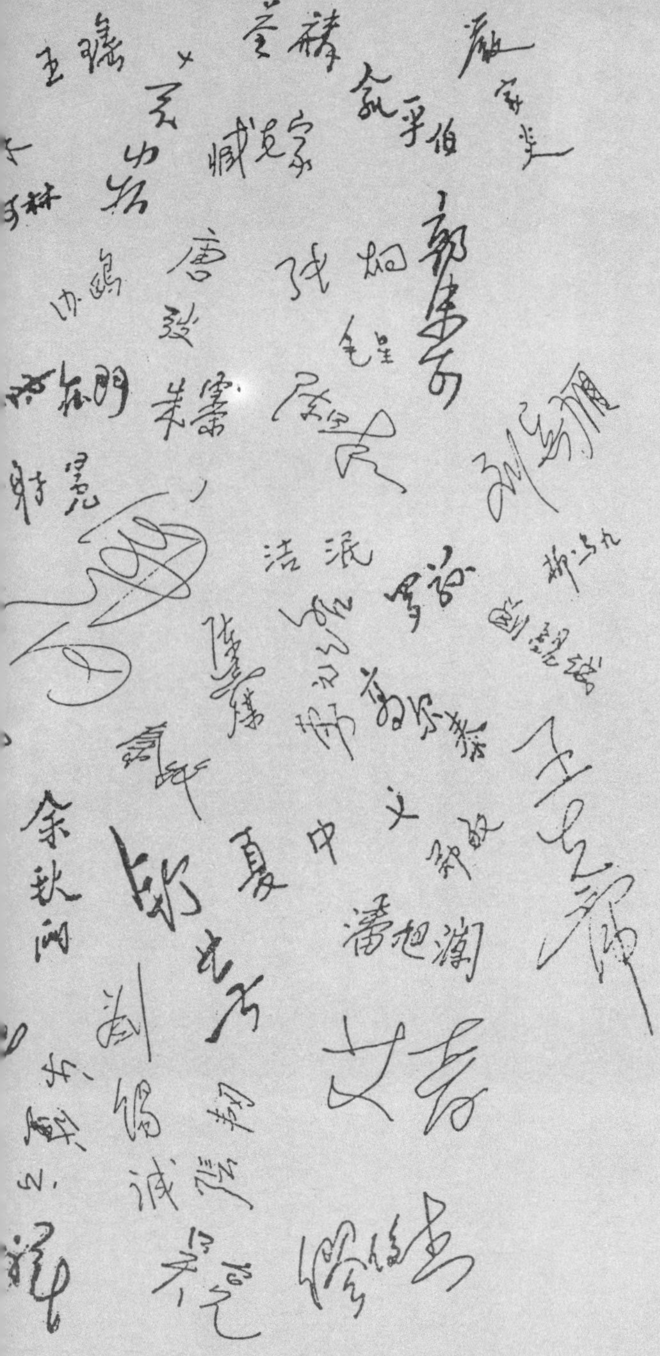

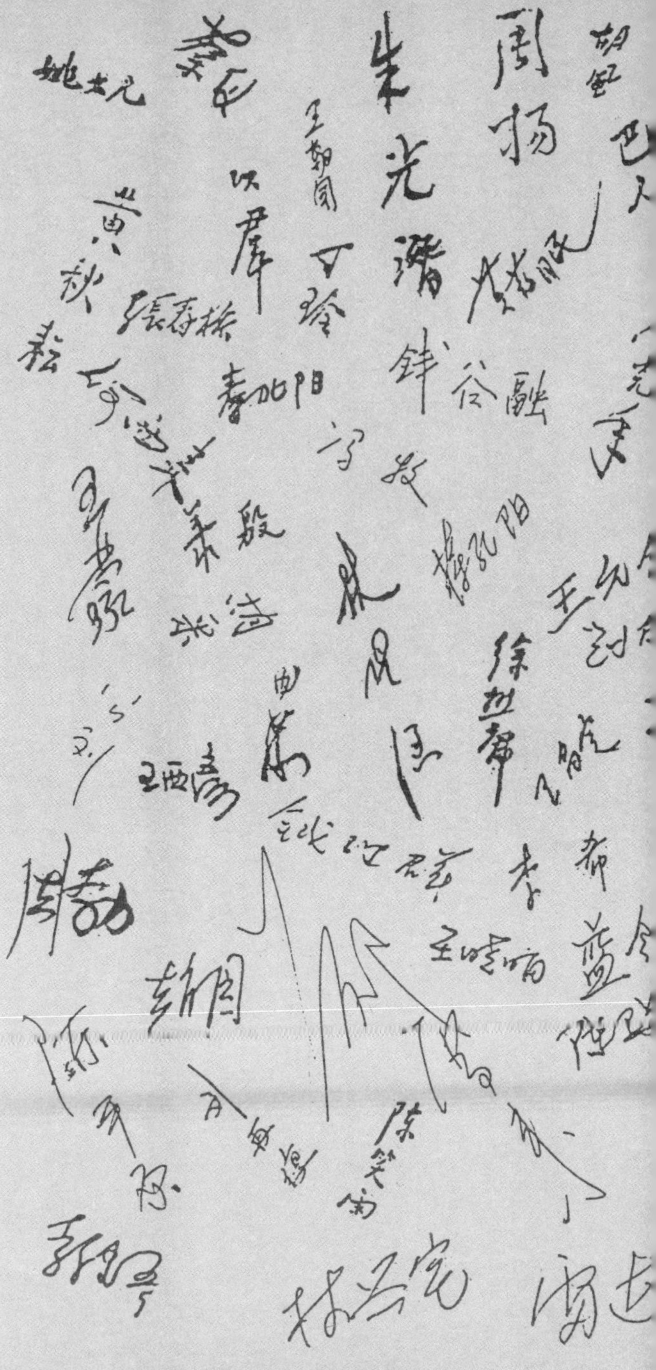
胡風
巴人
周揚
朱光潛
王朝聞
丁玲
張春橋
秦兆阳
谷融
黃秋耘
徐懋庸
王西彥
錢君匋
王若望
陈笑雨

文史哲學集成

古遠清著

中國大陸當代文學理論批評史（下）

文史哲出版社印行

中國大陸當代文學理論批評史　下冊

目　次

第四編　詩歌理論批評的嬗變

第一章　總體勾勒

第一節　「文革」前詩評家的幾種類型

與戰爭年代相比，新中國的天空不再戰雲密佈，而呈和平的蔚藍色。但這時的文學方針，並沒有因爲春暖花開而脫去老皮棉襖，相反，仍然把政治的功利性擺在首位，像過去那樣強調文學是階級鬥爭的工具，並借助於重器在握而將全國詩壇裏得緊密和嚴峻。在這種情況下，五〇年代的詩歌論壇不可能像二〇年代那樣沸沸揚揚，勢頭比起三、四〇年代亦有減弱。從一九四九年秋天到一九五五年，雖然也出版了七、八本有關新詩的評論集子，但有不少是過去舊作的再版①。即使有勞辛那樣的《詩的理論與批評》②，但並不都是新作，而是新舊時代的論文匯編。只有到沙鷗出版了《談詩第二集》

③，才將當代詩作首次作爲自己的全部評論對象。從這點來說，該書的出版在大陸當代新詩批評史上具有重要意義。它的缺憾是綜合性和體系性不強。對青年詩人的評價雖有不少獨到、精闢之處，但它的審美色彩較淡，基本上是政治學和認識論的附庸。

一九四九年後的詩歌理論，具有突出的實踐性品格。新詩理論研究從不脫離創作實踐，新詩理論與新詩批評常常合二而一。衆多的詩人就是詩評家、詩論家。他們的理論文章，多半是創作經驗的發揮和昇華，對新詩創作具有直接的指導作用。他們從不搞純學術性研究，緊密結合創作實際是其長處，缺少理論思維的體系性和嚴密性則是其短處。

相對詩評集的出版來說，單篇論文的寫作要活躍。郭沫若、艾靑、臧克家、田間、袁水拍、鄒荻帆、公木、王亞平、黃藥眠等老詩人，都在評論與研究新中國的詩歌創作，探討新詩如何表現新的世界、新的時代。他們的文章，強調新詩要爲政治服務，以「毛澤東思想來教育群衆，使他們了解新民主主義精神」④；強調詩是炸彈和旗幟，詩人要有「嚴峻的階級意識」⑤，要歌頌群衆意志，從抒寫個人身邊瑣事或悲歡離合中解放出來；強調頌歌的重要，認爲「詩人對於現在，應該是個歌頌者」⑥。在此前後，周揚又提出「抒情是抒人民之情，敍事是敍人民之事」以及「詩人是時代號角」的主張⑦。這皆可看做是當時許多詩人和詩論家苦心營建起來的「社會主義詩歌理論堡壘」。這一堡壘的防禦和進擊的目標是「爲帝國主義、封建勢力及官僚資產階級服務的反動詩歌理論」⑧，重點是資產階級，後來又叫「修正主義」。這種高度政治化的理論，是在中國新民主主義革命勝利之後邁入社會主義階段的政治文化環境中形成的，其中凝結著不少人格正直的理論家的心血和奉獻，有些主張（如「抒人民之情」）也有一定的合理性，爲詩人們破除舊的詩學觀、表現新的人民群衆的時代起了一定的作用。但這些理論有教條主義的烙印。特別是有的詩論家把爲政治服務降低爲爲黨在每一階段的中心工作吶喊，把抒人民之情與抒個人之情對立起來；只要戰歌和頌歌，不要牧歌和哀歌，更不要小夜曲，以至認爲火熱的鬥爭和繁忙的建設只能產生急促而高亢的旋律，用輕柔的調子寫戰士的生活無異是一種褻瀆……。後來又把早在三〇年代介紹到中國、到了一九四二年被確認而在建國後普遍推行的社會主義現實主義當做統一的創作方法，而且表現爲不容討論的僵硬，這便排斥了創作方法的多元化，使詩歌創作生態愈來愈失去平衡。這種詩歌理論格局，爲詩人和詩評家規定的生存空間並不寬廣，他們只能在下面幾個類型中實現自己的人格：

一是梁宗岱、李廣田、任鈞型。梁氏是我國象徵詩派最重要的理論家之一，著有《詩與眞》⑨、《詩與眞二集》⑩。李廣田出版過頗有影響的《詩的藝術》⑪，任鈞出版過《新詩話》⑫。可是一九四九年後，他們感覺到自己的文藝思想無法改造得符合當時形勢的需要，爲了避免不必要的麻煩，他們乾脆躲進書齋，埋頭於教學或創作，不再寫詩歌論著。

二是朱光潛型。他們既無革命履歷又無政治桂冠，便下決心革心洗面，虔誠地自我懺悔，拋棄原先的藝術觀點。雖不斷有詩歌論文問世，但其影響均不超過一九四九年前的舊作（朱光潛本人在一九四九年後就未寫出過《詩論》那樣的詩學專著）；雖不斷拋棄舊觀點，向「左」的觀點靠攏，以至違心地說：愛好山水詩「很類似過去有閑階級的人提著畫眉鳥籠逛街」，它炫耀著有閑階級的「清福」⑬。但還過不了關，其論點仍然不斷遭到質疑或批評。

三是何其芳型。這類詩論家有良好的藝術修養，但由於身居要職，便不能不與從屬政治的文藝方針保持一致，尤其是在政治運動的關鍵時刻，免不了寫些批判胡風、批判右派的時文。可是他們又不甘心讓自己的大腦淪爲政治鬥爭的跑馬場，於是仍潛心研究詩歌創作規律，像何其芳便寫了不少探討詩的本質及現代格律詩一類的純學術文章。何氏這類詩論家，人格是分裂的。他們當年批判竟敢懷疑「詩歌要爲階級鬥爭服務」這一傳家寶的觀點，乃是出自義憤，或曰出自一種純眞衝昏理智的青春型激情。何其芳討伐胡風、馮至批判艾青、張光年（華夫）批判郭小川⑭，不應單純看做僅僅是奉命的，而應看做有時是自己主動請戰的，認爲這樣做是出自一個革命者的天職，是捍衛毛澤東文藝思想的需要。從這個意義上說，他們當時是文藝批判運動的積極參與者乃至發動者。但是另一方面，這些如走馬燈的批判，導致了詩歌創作的萎縮和詩人個性的消失，這又是他們始料所不及的。爲了彌補這些缺陷，他們便寫些「反左」的文章來救正批判運動所帶來的消極後果。如何其芳對新民歌局限性的強調，張光年執筆寫的《題材問題》專論，便難免與當時的文藝政策產生某種背離。但這背離並不是政治上離經叛道，而是出於對藝術創作規律的追認。即使這樣，他們仍難逃出被批判的命運。對這一「怪圈」：由批判他人、參與悲劇製造到自己被批判、成了悲劇的承受者，他們怎麼也不理解。如一九五九年何其芳面對左傾評論家的四面圍攻，反復解釋說自己是熱愛民歌的，可是這種解釋毫無作用，到了「文革」期間，被打成牛鬼蛇神，便發生如魯迅所說的「撞死在自己的希望的碑上」的悲劇。

四是袁水拍型。和前面幾類詩人一樣，袁水拍也是使「雙槍」的：既搞創作又寫評論。所不同的是，比起何其芳的詩論來，袁氏的詩論更帶指導性。雖然袁氏還沒當上詩壇領袖，但由於他顯赫的地位，所寫的文章常常有代表領導意圖的味道，是屬於所謂「權力支配著評論，評論仰望著權力」的評論。如他批評蔡其矯《霧中的漢水》，批評一首小詩的《五行詩裏的思想》⑮，都使人感到好似有來頭。又如他說：「詩人只能是一個革命者，一個共產主義戰士」⑯，則帶有濃厚的注釋經典作家著作的色彩，這種理論在當時帶有極大的權威性。

五是沙鷗型。這種詩論家患了軟骨症。他們屈服於政治壓力，看風轉舵。在政治風浪來臨之前，他們能如實地寫出自己對某些詩人詩作的喜愛，可是政治風雲突變後，馬上掉轉槍口對準自己原先讚揚的對象。如沙鷗在一九五七年上半年發表文章，稱讚艾青詩作《璀璨如粒粒珍珠》⑰。可是不到三個月，便寫出截然相反的《艾青近作批判》⑱。這種急轉彎，對作者來說，固然有身不由己的苦衷，但也與其缺乏自主意識的「風派」作風有極大的關係。

六是安旗型。這是一種職業型詩評家。在「文革」前，這類詩評家極少。他們的特點是：不搞創作，也較少從事編輯工作，主要任務就是寫詩評，用當時的話來說，所幹的是「澆花」、「鋤草」，即扶助新人，批評不良創作傾向。鑒於當時的文藝方針和批評標準，這類詩評家常常誤將「香花」當「毒草」鏟除。安旗在這方面便有許多失誤。

七、丁力、宋壘型。他們的眼光與來自大專院校的詩評家不同，因為他們屬編輯型，總想提倡些什麼，體現刊物意圖乃至領導意圖。他們的文章比較敏銳，與創作實踐，與文學思潮靠得比較近，扶助過不少新人新作，但過於近功利，尤其是「大躍進」期間寫的討論新詩發展方向問題的文章，有獨尊民歌的傾向，經不起時間的考驗。

八、葉櫓、曉雪、沈仁康型。在五〇年代，他們是青年批評家。由於他們來自高等學校中文系，受過專門訓練，因而寫的論著學術性較高。又由於他們年輕，沒擔任什麼職務，寫詩評完全是出於一種內心的自由需要，不用揣摩任何意圖，更重要的是他們有銳氣和朝氣，敢於和庸俗社會學宣戰，因而他們的評論還富有戰鬥性。如曉雪強調詩的藝術性，相信艾青一定能為社會主義歌唱；⑲沈仁康在一九五七年堅決反對「要求作品充當解釋政策條文的工具，配合一段時期的政治任務」⑳的做法。

除上面幾種外，還有像謝冕這類自由撰稿人式的評論。這類評論，多半來自詩作閱讀過程中的感受，文字比較灑脫，可讀性強。但由於他們起步較晚，再加上多是感性的發揮，因而影響不夠廣泛。

「十七年」的詩歌評論，雖然取得了一定的成績，出版了像亦門《詩是什麼》㉑、何其芳的《關於寫詩和讀詩》㉒、曉雪的《生活的牧歌——論艾青的詩》㉓那樣富於探索性和建設性的力作，但總的說來顯得沉悶而偏狹。這一方面是由於當時接連不斷的文藝批判運動，使詩評家們失去了從事詩學研究的自由；另一方面，也由於具有獨立學術品格的詩評家太少。他們太看重政治權威對詩歌問題的片言隻語，而沒有看到他們的個人見解帶有一定的主觀隨意性。自然，他們的見解作為一家之言是無妨的，有些意見作爲帶方向問題的指示則不科學，如把毛澤東在另一次講話中說的在民歌和古典詩歌基礎上發展新詩的意見當做金科玉律，便堵塞了詩歌多樣化的道路。又如把周揚的《新民歌開拓了詩歌的新道路》㉔當作經典文件學習，便使詩歌評論失去了自身的獨立性和獨特價值，成爲基本依據一種政治需要、政策的需要來進行的文學批評。這種狀況，一直到新時期才得到逐步的改變。

第二節　新時期詩歌理論批評發展的態勢

新時期詩歌評論批評是當代詩歌史上最活躍、最具建設性的時期。它對詩歌創作的促進和自身結構體系的更新，是有目共睹的。紛至沓來的詩論著作，無論在廣度和深度上，均大大超過了「文革」前。新詩研究開始引進其它學科範式，西方現代主義理論浸潤詩壇，理論研究趨向多元化，和吹糠見米的急功近利式的關係開始拉開了距離，這是新時期詩歌理論批評不同於過去的一個重要特點。當然，也有人對新時期的詩歌理論批評的評價有不同意見，認爲八〇年代尤其是後期的新詩理論批評發生了「失重」和「混亂」，但不管如何「混亂」，恐怕誰也難以否認新詩理論批評十年來所取得的豐碩成果。

拿基礎理論研究來說，「十七年」時期只有亦門的《詩是什麼》㉕，現在則有呂進的《新詩的創作與鑑賞》㉖、吳思敬的《詩歌基本原理》㉗等多種專著。這些專著，以詩歌自身掌握世界的方式、創作規律、語言特性做爲研究對象。此外，還出現了謝文利等的《詩的技巧》㉘、流沙河的《寫詩十二課》㉙這樣的應用性研究成果。在「文革」前，雖然也出現過葉櫓在《人民文學》上發表的抒情詩論文㉚和安旗的《論抒人民之情》㉛、沈仁康等的《抒情詩的構思》㉜那樣的論文集，爲抒情詩的理論研究做了一些開拓性的工作，對於青年詩作者的成長起過一定的作用。但限於當時封閉的歷史文化環境，較多地著眼於本民族詩歌傳統的繼承，或受蘇聯當代詩論家武爾貢、伊薩柯夫斯基的影響，幾乎沒觸及世界其它詩歌評論流派加以參照對比，因而顯得視野狹窄，論述拘謹。這種狀況，一直維持到八〇年代初，才有所扭轉。

新時期詩歌本體論研究的加強，是詩歌理論批評得到突破性進展的一個重要標誌。它改變了詩歌理論附屬於作品，始終處於「破譯」和評價詩作的單一化狀態。它還改變了探討詩歌創作規律必須從屬於詩歌的主題思想的傳統規則，使詩歌本體和詩歌形式研究獨立起來。

每當冰川紀過去，總會帶來文藝的復興和繁榮。經過大動亂後的詩壇，嚴肅地反思歷史，認眞總結以往的經驗教訓，以更加開放和靈活的姿態來建設詩歌理論。如新詩史研究，過去大都集中在有定評的著名詩人身上，研究範圍很小。現在情況有了根本改變：不僅研究大陸詩人，也研究臺、港及海外華文詩人；不僅研究前行代詩人，也研究像舒婷這類青年詩人；不僅研究郭沫若這類革命詩人，也研究像徐志摩、朱湘這類過去受冷落、對新詩有重大影響的詩人。過去，提倡「三結合」，歧視私家治史，現已不再出現這種情況，從一九八二年起，陸續出版了錢光培和向遠合著的《現代詩人及流派瑣談》㉝、祝寬的《五四新詩史》㉞及初期象徵派、二〇年代各流派詩人、新月派等專題研究著作。在詩人評傳研究方面，不但艾青研究獲得了豐收，而且還出版了研究臧克家、郭小川、賀敬之、李瑛等詩人的專著。愈來愈多的詩評家研究詩歌重視新的角度，發掘新的課題。在「十七年」，鮮見有討論當代詩歌流派的文章。八〇年代以後，這種狀況得到了根本改變。如余開偉的《試談「新邊塞詩派」的形成及其特徵》㉟，奏響了探討當代詩歌流派的第一樂章。此後，還出現了像任愫的《現代詩人風格論》㊱那樣的專題著作。許可的《現代格律詩鼓吹錄》㊲，比何其芳、卞之琳的現代格律詩論更加系統化和嚴密化。趙毅衡《遠遊的詩神》㊳、豐華瞻的《中西詩歌比較》㊴、馮國榮的《當代中國詩歌發展走向窺探》㊵、古遠淸的《中國當代詩論五十家》㊶，將詩論的觸角伸到了鮮爲人知的領域，顯示了新時期詩歌評論與研究的繽紛色彩。

新時期詩歌理論批評取得突破性進展還表現在對舊有思維方式的衝擊和僵化理論格局的批判上。所謂舊有的思維方式，表現在詩歌的價値觀上，是過去普遍認爲詩歌「對友軍是號角，對敵人則是炸彈」㊷。現在，隨著「文藝爲政治服務」提法的改變，人們不僅重視詩的教育作用，也十分重視詩的認識價値、審美作用乃至宣洩功能。正如一位詩評家所說：「詩是戰鼓，也是琴音；是人民憤怒的雷霆，也是染綠新苗的漓江春雨；是年輕媽媽的催眠曲，也是烈士悲壯的歌」㊸。

所謂僵化的理論格局，是指單向的因果觀念，和把某一理論定爲普遍規範的傾向。如新詩的發展基礎問題，過去強調的是民歌和古典詩歌，八〇年代則認爲外國詩歌也很重要，不能將其排斥在外。

民族化本身不應是凝固的、封閉的，它本身還要向前發展，還要吸收外來營養壯大自己。正如艾青所說：「我們時代的特點就是現代化，現代化就要開放，就要思想解放，就要中外交流，豐富我們自己，而我們的詩就要寫得符合於開放時代的要求」㊹。又如關於「詩是什麼」的討論，長期以來流行的是何其芳在五〇年代提出的「詩是一種最集中反映社會生活的文學樣式」㊺的定義。這個定義，無疑有較高的學術價值，但它畢竟沒有窮盡眞理，因而《詩刊》一九八六年第一期「青春詩論」專輯中出現了許多不同觀點。這些觀點，誠然是探討性的，但它對開拓和變革詩歌觀念，無疑大有裨益。

和詩歌觀念的變革緊密相關的是詩歌評論與研究方法的更新。對於中國大陸的詩歌理論批評來說，一九八五年，是令人難忘的「批評的早晨」。這一年，詩歌理論批評家的主體意識得到了復活和甦生。他們不謀而合地領悟到，理論批評和創作同樣享有天賦的、平等的創作權利。爲了更好地使用這種創造權利，詩論家們大面積的吸收和運用心理學、生態學、符號學、自然科學的方法。尹在勤的《詩人心理構架》㊻，就是運用普通心理學原理寫成的「詩歌心理學」。吳思敬的《詩歌鑑賞心理》㊼，也是運用心理學知識，描述讀者鑑賞詩歌中微妙心理變化的專著。這些專著，在對過去傳統詩歌理論研究中進行系統的批評分析的同時，吸收了國外各種新的理論研究方法和成果，使自己的理論研究呈現出簇新的面貌。周政保、王光明、陳仲義、李黎等青年詩論家的思維方式更不是單向的，而是多維的。李元洛、楊匡漢、孫紹振、曉雪、劉登翰、吳開晉、陳良運、駱寒超、洪子誠、孫光萱、吳歡章、張同吾、丁國成、謝文利、鐘文、任愫、古繼堂等詩論家在以自己的主體感受去評判詩歌創作和詩歌現象時，十分注意理論的昇華和美學的概括。丁力、宋壘、聞山的批評文字，力求與詩人的心靈溝通，同樣具有自己的批評品格。謝冕的《共和國的星光》㊽等著作，則表明他在經過痛苦的精神蛻變後，對原有價值觀念和批評尺度進行了大幅度的調整，基本上完成了從傳統的依附人格向當代獨立人格的轉變。

八〇年代後期，還出現了理論探索多元化的局面。在撥亂反正時期，人們強調復歸現實主義。到了八〇年代初，現實主義受到了現代主義的挑戰，發生了「朦朧詩」論戰，一時間似乎是「傳統派」與「崛起派」的二元對立，陣線分明。後來又產生了以呂進、朱先樹、楊光治、袁忠岳、阿紅、葉櫓等組成的「上園派」。這派拋棄了狹隘的民族意識和單純橫向移植，把新詩研究置於以現代生活爲基礎的中國新詩和外國詩歌交叉點上。他們主張新詩既要民族化，也要現代化；既要立足於傳統，但又不能株守傳統，抱殘守缺，而要橫向借鑒於西方，贏得了衆多的知音。一九八五年以來，詩歌界流派蜂起，詩歌論壇的聲音更是多種多樣。其中「崛起派」產生了分化，出現了「後崛起」。這「後崛起」，沒有北島們那種強烈的政治意識，更缺乏第二次浪潮詩人們那種崇高的使命感。他們那些怪誕奇異的理論主張，儘管使人感到極大的困惑，也很難使人讚同，但他們不願接受與他人雷同的思維模式，力求確立自己的批評體系和思路，不願在白髮蒼蒼的範疇與概念中呼吸，這總比十年前非常穩定的一元結構的理論批評狀況要好些。進入八〇年代以來，詩歌理論批評家們日益傾向在寬容的基礎上作正面對話。他們一方面謹愼地迴避著圍攻式的批評，另方面又互相展開激烈而友好的競賽，不斷提出各種新的觀點和主張，用獨特思索的多元結構取代過去單打一的狀況，這是新時期詩歌理論批評的曙色。

在多元探索中，人們不難看到詩歌理論批評熱點的轉移。⑴從「新詩基礎理論熱」向「新詩美學熱」轉移。詩論家們不再滿足於以傳播基礎知識爲主的詩論專著寫作，而把目光投向詩美學建設上。⑵從純理論研究向普及新詩知識的轉移。唐詩宋詞爲什麼擁有大量的讀者？除它本身的藝術魅力外，其中一個重要原因是它有多種選本和解說文字。新詩要深入人心，也必須注意普及。基於這種認識，不少詩評家在從事理論研究的同時，也開始注意面向新詩愛好者的工具書編寫工作。正是在這樣的背景下，各種詩歌辭典和新詩鑑賞辭典紛紛問世。這對新詩和舊詩爭奪讀者，無疑是有好處的。⑶從政論式的舊批評文體向有理論個性的批評文體轉移。「文革」前，許多詩評文章大都是「代聖賢立言」的產物，有濃厚的政論色彩。現在，這種批評思路和文風已不多見，代之而來的是追求自己獨特的批評觀念、批評語言、批評方法及文體，並由此實現了另一種角度的轉換：詩評家由階級鬥爭號筒的角色轉換爲獨立的思想者的角色。

如前所說，新時期以來的詩歌理論發展引起頗多的議論。《詩刊》一九八八年開設的《我觀今日詩壇》中的許多文章，便表現了不少詩人合理的擔憂。這些擔憂主要針對下列方面的傾斜：⑴向「主義情緒」的傾斜。詩壇比小說散文等領域顯得更爲浮躁。各式各樣的主義旗號，可謂是長江後浪推前浪，詩壇新星換舊星。每一個社團豎起的旗幟都引起「圈子詩評家」的瞠目和怪叫，衆多西方詩歌流派差不多在大陸某些社團中都有自己的「駐華大使」，每一位西方詩論家都很容易在中國找到自己的代理人。這種主義的頻頻更替的副作用是異常明顯的：它刺激創作花樣翻新，將詩作者的才華和精力消耗在編織純形式的網絡上；它刺激理論研究幹「倒爺」的勾當，現買現賣外國詩論冒充自己的理論發現。⑵**向非現實化、非人生化的傾斜**。我們過去反對詩與現實貼得過緊，尤其是與政治靠得太近，是應該的，但現在反過來鼓吹這樣一種理論：以是否反現實主義做為評價作品的尺度，輕率地將那些關心改革、關心社會問題的作品判爲「非詩」，將那些鼓吹詩不能脫離時代、脫離人民的理論戴上庸俗社會學的帽子。有些論者還爲那些生活貧乏、情感浮泛、矯揉造作、無病呻吟的詩作加柴助燃，吹風助焰，甚至還出現了劉曉波提出打倒屈原、杜甫的謬論。這樣的評論只能使詩人迷誤，不利於創作的健康發展。⑶**向商業文學的傾斜**。文學有商品的性能，受經濟規律的制約，這是題中之義，但作爲詩人和詩論家，卻不應因此染上銅臭氣。可是有些作者，爲獲取更高的經濟效益，不僅粗製濫造，而且不惜迎合某些急於成名的作者的需要，大吹大擂，從而損害了詩歌評論的聲譽。有份量的學術論著少，而趨時的平庸之作多，與理論向商業方向的傾斜有一定的關係。⑷**向失語症的傾斜**。在朦朧詩崛起時，無論是讚成的還是肯定的，均爭著表態。可是後來出現「第三代詩」時，前衛評論家或傳統評論家，均很少發言，幾乎聽不到他們的聲音。他們之所以失語，一是對詩壇這種既活躍又混亂的局面感到困惑，二是詩評家的知識結構、審美趣味與這些年輕詩人難於溝通。三是一些評論家怕落得阻礙詩歌革新的罪名，乾脆對這些看不慣的青春期的喧嘩躁動現象保持緘默。這種詩評家缺席的情況，無疑不利於新詩向前發展。

註釋

①如艾青的《詩論》、林林的《詩歌雜論》。
②一九五〇年，上海正風出版社。
③一九五七年，中國青年出版社。
④勞辛：《寫什麼與怎樣寫》，《人民詩歌》一九五〇年創刊號。
⑤郭沫若：《關於詩歌的一些意見》，《大衆詩歌》一九五〇年第一卷第一期。
⑥馮至：《詩與遺產》，作家出版社一九六三年一月版。
⑦《建設社會主義文學的任務》，《文藝報》一九五六年第五～八期。
⑧上海詩歌聯誼會一九四九年七月制訂的章程。
⑨一九三三年，商務印書館。
⑩一九三五年，商務印書館。
⑪一九四四年，開明書店。
⑫一九四六年，新中國出版社。
⑬朱光潛：《山水詩與自然美》，《文學評論》一九六〇年第六期。

⑭華夫：《評〈望星空〉》，《文藝報》一九五九年第二十三期。
⑮《詩論集》，作家出版社一九五八年九月版。
⑯《詩選·序言》。
⑰《文藝月報》一九五七年七月號。
⑱《詩刊》一九五七年十月號。
⑲曉雪：《生活的牧歌》，作家出版社一九五七年版。
⑳《我所感到的……》，《文藝學習》一九五七年第六期。
㉑一九五四年，新文藝出版社。
㉒一九五六年，作家出版社。
㉓一九五七年，作家出版社。
㉔《紅旗》一九五八年第一期。
㉕一九五四年，新文藝出版社。
㉖一九八二年，重慶出版社。
㉗一九八七年，工人出版社。
㉘一九八四年，中國青年出版社。
㉙一九八五年，四川文藝出版社。

㉚葉櫓：《關於抒情詩》，《人民文學》一九五六年五月號。
㉛一九五八年，新文藝出版社。
㉜一九五九年，長江文藝出版社。
㉝一九八二年，人民文學出版社。
㉞一九八八年，陝西師範大學出版社。
㉟《當代文藝思潮》一九八三年第一期。
㊱一九八五年，四川文藝出版社。
㊲一九八七年，貴州人民出版社。
㊳一九八五年，四川人民出版社。
㊴一九八七年，三聯書店。
㊵一九八六年，山東文藝出版社。
㊶一九八六年，重慶出版社。
㊷郭沫若：《關於詩歌的一些意見》，《大衆詩歌》一九五〇年第一卷第一期。
㊸聞山：《詩·時代·人民》，《長春》一九八二年十月號。
㊹《與青年詩人談詩》，《詩刊》一九八〇年十月。
㊺《關於寫詩和讀詩》，作家出版社一九五六年版，二十七頁。

㊻一九八七年，華岳文藝出版社。
㊼一九八七年，遼寧人民出版社。
㊽一九八三年，春風文藝出版社。

第二章　失去平靜的詩歌論壇

第一節　對「文革」前詩歌討論的檢視

詩歌歷來被認爲是時代的號角。正是基於這樣的認識，一九四九年以後，新詩創作首先出於全國政治形勢轉變的需要，被認爲是宣傳新民主主義精神和新的政策的工具。這樣一來，詩歌的創作規律便沒有得到高度的重視。當時新詩創作的「新」，主要體現爲政治內容的新，主題思想的新，而沒完全做到藝術革新的新。可是詩人們並不滿足於政治內容的新，還想努力追求新詩藝術形式的新，因而便有下面一系列問題的討論。

一、《文藝報》關於《新詩歌的一些問題》的筆談。

筆談時間爲一九五〇年三月。這是一九四九年後第一次對新詩創作問題所作的探討。參加者有蕭三、田間、馮至、馬凡陀、賈芝、鄒荻帆、林庚、王亞平、彭燕郊、力揚、沙鷗。其中許多人談藝術問題時，集中在新詩要不要創造一個較固定的形式上。大家傾向於「要注意格律，創造格律」（田間）。俞平伯在別處曾提出採用七言，以至十一個字一句的意見。林庚在《新詩的「建行」問題》中表示了這種傾向：對五七言爲主的形式應繼承下來。馮至的意見有所不同。他在《自由體與歌謠體》一文中說：「目前的詩歌有兩種不同的詩體在並行發展：自由體和歌謠體。……這兩種不同的詩體或許會漸漸接近，互相影響，有產出一種新形式的可能。」

這次討論還有部份文章涉及到新詩的內容問題。如鄒荻帆在《關於歌頌》中指出：「我們即使在歌頌的時候，也該把『死敵』估計在內，永遠不『疏忽』我們的敵人」。王亞平在《詩人的立場問題》中，指出有的詩作感情不健康，如把毛澤東比做「一個初戀的少女」；魏明在《斯大林永遠年輕》中寫斯大林是「斑白的頭髮矮矮的身子」，這是不嚴肅的。這些比喻和描寫是否貼切，作爲學術問題自然可以討論，但這些文章用意並不在此，而是要求詩作者寫出領袖的高大形象，不許朝生活化方向發展。

在這場討論中，何其芳是發言最遲的一位，也是文章寫得最長、理論上較有準備的一位。他在《話說新詩》①一文中，對參加討論的文章②的主要觀點做了儘可能的評述。他認爲，新詩首先不是形式問題，而是內容問題：「一般說來，新詩的內容實在還是太狹窄，太浮面。多數的詩人都偏向於小資產階級知識分的個人的主觀抒情」。新詩應該強調詩的情緒，「但也並不是無論什麼感情都好」。這就是說，強調的是思想改造，是轉移立足點而不是藝術形式問題。這就難怪討論無法深入下去。但這次討論中提出的新詩要不要有一個較固定的形式、新詩的民族形式是否爲五言或十一字一句，以及對新詩創作的某些偏向的批評，對廣大詩人思考應如何適應「走向建設的偉大時代」，還是有意義的。

二、關於「九言詩」的討論。

新詩從誕生到現在，自由詩均是它的主流。但自由詩並不能包辦一切。一個時代、一個民族的詩如果只有自由詩而無格律詩，那這個詩壇就很難滿足讀者多樣化的需要。基於此，不少詩人都提倡或嘗試現代格律詩。拿九言詩來說，劉大白在一九二二年就寫過最早的一首。聞一多也創作了不少現代九言詩，其中《死水》影響最大。

一九四九年後，文學史家林庚也大力提倡九言詩。一九五〇年七月十二日，他在《光明日報》上發表了《九言詩的「五四體」》，對他在上一次《文藝報》討論中說的如何批判接受五七言傳統問題發表了明確的意見。他認爲，「五四體」的九言詩「有可能代替傳統七言的任務，成爲今天詩歌一種較爲普遍的新形式」。所謂「五四體」，節奏爲上「五」下「四」，與七言詩的上「四」下「三」略有不同，但仍具有七言詩獨具的節奏性，且又適合了現代語言日趨豐富複雜的需要。

林庚的文章發表後，《光明日報》先後發表了竹可羽的《略談五七九言》③、林庚的答辯《再談九言詩》④、蒲陽的《讀「再談九言詩」》⑤、沙鷗的《評「略談五七九言」》等文。

竹可羽認爲今天的語言已不同於五七言詩代的語言，「麥克阿瑟」、「奧斯特洛夫斯基」等詞要入五、七、九言詩就很困難。沙鷗首先肯定了竹可羽對某些五、七、九言詩的批評。但他認爲五、七、九言詩不能一概抹殺，像田間的五言詩《在高山旁》，便可證明「五言詩最沒道理，因爲它特別不顧中國語言的發展」的理論是站不住腳的。蒲陽則認爲林庚所反對的「格律會束縛詩」的理由不充分，特別是林庚對「內容決定形式」的一段申辯，走了極端。爲此，林庚又在《光明日報》上發表了《略談內容決定形式——兼答蒲陽先生》進行申辯。

這次爭論還波及到上海。當時上海出版的《人民詩歌》二卷二期，發表了勞辛、張白山、柳倩、屠岸、洛雨、沙金、林宏、任鈞、史衛斯、田地合寫的文章《對於詩歌表現形式問題的初步意見》。在評述各家意見的基礎上，指出「提倡『五、七、九言』是帶有復古傾向的」。

林庚的「九言詩」主張之所以引起他人的質疑，主要是因爲他在研究新詩形式問題時，偏重於總結文學史上的經驗教訓，而未能很好和當前的現實生活和創作實踐結合起來，使他的合理意見未能被他人接受。後來在一九五九年討論格律詩時，林庚對自己的主張略有修正，認爲除「五四體」外，「四五體」也可以試試⑥。他這裏講的「四五體」與過去講的「五四體」，均與聞一多提出的「音尺排列的次序是不規則的」這一看法有所不同。因爲依聞一多的觀點去做詩，上五下四與上四下五的詩行均有可能在同一篇作品中出現。當然，這並不排斥他們的主張在某些方面也有一致之處。

儘管有的詩評家在討論中失去了平靜，但總的說來是和風細雨的。許多文章與林庚有分歧，但未形成一邊倒的局面，這和五〇年代初期良好的政治氣氛分不開。

三、關於格律詩和自由詩的爭論

新詩自出現以來，對藝術形式問題展開過多次討論，其中關於自由詩與格律詩問題的討論佔有重要地位。一九四九年後，人們對這方面的意見仍議論較多。一九五三年十二月至一九五四年一月，中國作家協會創作委員會詩歌組召開了三次討論會，專門議論格律詩與自由詩問題。

在會上，大家都同意「社會主義的內容，民族的形式」的主張，但具體談起來，各人對民族形式的理解大相逕庭。有人認爲，詩的格律是民族形式的一項重要內容，而五七言是格律的典範模式。有人不同意這種看法，如丁力在《新詩歌的民族形式問題》中認爲，「不能把格律的含義只局限在五七言的字數上面。格律應包括音韻、節奏、旋律和聲調」，並認爲「格律詩（歌謠體）是最有前途的，自由詩難以趕上它」。

讚成自由詩的詩人反對新詩「定型化」，不讚成用一種形式作爲詩歌的統治形式。要是這樣做，就排斥了自由詩，這並不符合各種流派進行競賽的原則。他們還認爲詩的音節不應是固定的幾言和音數的劃一，或者排列規格化，基本的不過是和諧，並認爲民族形式也應包括自由詩在內。

會上還出現了第三種意見，認爲格律詩和自由詩不妨求同存異，自由發展、競爭。因爲無論是自由體還是格律體，在新詩史上都各有地位，都可以成爲民族形式的一部分，都有廣闊的前途。

這次討論，不同的意見展開了正面的交鋒。雖沒取得一致的意見，但對新詩民族形式的探索，是有好處的，這裏要特別提到的是卞之琳在一九五三年十二月二十四日的討論會上，做了「哼唱型節奏（吟調）和說話型節奏（誦調）」的發言⑦，正式提出了他的新格律詩主張。他這種主張，擺脫了以字數做為單位的束縛，突出了以頓數做為單位的意識。卞之琳這種主張是他多年創作實踐的總結，是他長期深思熟慮的一家之言。當然，他主張的這種格律不一定能很好表現現代生活，實踐起來有一定的困難，還需要探索和完善。

四、關於舊詩能否反映現代生活的討論。

在「雙百」方針提出之前，詩詞歌賦受到了冷遇。尤其是舊體詩詞，不少人均取持重的沉默態度，不敢輕意寫，寫了也不公開發表，就是想發表也難於找到園地。正好在一九五六年，美術界開展了批評輕視國畫的討論。鑒於詩詞與國畫是姐妹藝術，因而朱偰在《光明日報》一九五六年八月五日適時地發表了《略論繼承詩詞歌賦的傳統問題》。文章批評了那種認為舊詩和京劇一樣，已經定型化，無法改造過來反映新生活以及舊詩不通俗、難於為人民群眾喜聞樂見的觀點，而認為「古詩中的樂府，歌行中的長短句，以及五七言絕句，卻正等於地方戲，用它反映現實生活，有它廣闊的前途的。」

文章發表後引起了較強烈的反響。首先是曾文斌在《光明日報》上發表了《對「略論繼承詩詞歌賦的傳統問題」一文的意見》⑧，認為古詩因語言限制，難於反映現實。現在雙音節的語詞已佔穩定優勢，它和固定形式的框子之間的矛盾，將無法從技術上解決。

在這場討論中，朱光潛的《新詩從舊詩裏學習得些什麼？》⑨引人矚目。文章認為新詩應學習舊詩人如何深刻體驗生活，學習舊詩在運用語言的形式技巧方面達到極高的藝術性；學習中國舊詩幾千年來形成的音律等。但文章對新詩成績估計不夠，如認爲「我們的新詩在五四時代基本上是從外國詩（特別是英國詩）借來音律形式的。這種形式，在我們人民中間就沒有『根』，……至今我們的新詩還沒有找到一些公認的合理的形式，詩壇上仍然存在著無政府的狀態。」新詩「往往使人有一覽無餘之感」，「要叫我背誦新詩，就是一首也難背出」。這種看法，用他自己的話來說，無疑是只「偶爾讀些新詩」，「偏於保守的思想習慣」造成的，因而引起了新詩人的嚴重不滿。沙鷗的《新詩不容抹殺——讀朱光潛文有感》⑩，反駁了朱光潛的看法。公木的《談中國古典詩歌傳統問題——答友人書》⑪，不僅對朱光潛的非難做了一一答辯，而且還從格律的角度闡述了中國詩歌的發展規律；從「採用舊形式」、「創造新格律」、「新詩學舊腔」等方面，研究了當時對於學習傳統的一些主張和做法。

在《光明日報》討論快要結束的時候，郭沫若發表了帶總結性的《談詩歌問題》⑫。文中具體地、心平氣和地分析了各種不同意見，其中著重批評了在討論中所表現出的貶低新詩成績的傾向。他認爲，「不是舊詩好，是有好的舊詩」，「能背誦，並不是舊詩的特性」，「新詩是起過摧枯拉朽的作用的」，「新詩並未拋棄中國的詩歌傳統」，「不要以爲凡是舊詩就可以當令」，並在文後喊出了「好的舊詩萬歲，好的新詩也萬歲」的口號。

朱楔文章中的合理部分在這場討論中沒有得到充分重視。現在看來，舊詩可以用來表現現代生活，這已爲老一輩無產階級革命家和廣大當代詩詞作者的寫作實踐所證明。舊體詩能與新詩周旋幾十年，「幾番風雨幾番新」，說明這種文體還有頑強的生命力。簡單地把主張寫舊詩的人看做是「復古主義者」，不利於新詩人向古詩學習，也不利於詩歌創作的百花齊放。

五、關於艾青五〇年代中期作品的評價。

艾青這位曾寫過《火把》、《向太陽》的著名詩人，五〇年代中期的創作處於徘徊不前的狀態。可是當時人們沒認眞分析他創作上退步的原因，單純指責他沒用高度的政治熱情寫出反映時代變化的優秀詩篇。在一九五六年二月四日中國作協創作委員會詩歌組召開的詩歌問題討論會上，臧克家說：艾青一九四九年後寫的詩，主題的積極性和時代精神相去較遠。……他對新事物的覺感和熱愛，沒有他過去對舊社會的憎恨、對光明未來的追求那麼強烈和敏銳」。嚴辰認爲，艾青回鄉後寫的《雙尖山》，「思想感情是陳舊的」。呂劍在批評田間時也談到，艾青近年來的詩作「不能令人滿意。主要的原因，還是在於作者的思想感情與時代的脈搏不一致，政治熱情不飽滿」。青年詩人邵燕祥認爲，「在艾青近年的詩作中，仍然使人聽到他過去詩作中陳舊的腔調」。⑬

艾青在這次討論會的發言中，談了對詩歌創作發展總趨勢的看法，同時做了自我批評。認爲自己的作品與現實結合得不緊，有粗製濫造的傾向，這和有一時期做行政工作有關，也與缺乏能打中要害的批評分不開。「在抗戰時期，我沒多少事，每天都可以寫得多，可以全心全意地寫詩。那時候，早晨醒來，腦子上像沾滿露水，現在有時像是一塊柚子皮，這是因爲……搞行政工作，形象思維相對地減少了。從邏輯思維恢復到形象思維是要有一個過程的，現在已慢慢地恢復了。我希望今後在新的生活中產生一些戰鬥性比較強的詩。」

對艾青五〇年代中期作品的批評，在一九五六年上半年召開的中國作家協會第二次理事會會議（擴大）上，也有所體現。周揚在他的《建設社會主義文學的任務》的報告中，批評了艾青政治熱情衰退，不如在民主革命階段高漲。這種批評，缺乏具體的分析。郭小川在討論會上批評艾青的《南美洲的旅行》只表現了「人民被壓迫被侮辱的一面，沒有表現出人民的火熱的鬥爭的反抗的一面」。這亦是用固有的價值判斷苛求艾青。如果所有詩人都要面面俱到去寫國際題材，其結果必然導致千人一面。

和許多老詩人一樣，艾青當時面臨的是政治性要求與藝術自主性的衝突。艾青想維護詩的自主性，擺脫政治條文的束縛，寫自己想寫的東西，但又怕背上脫離時代、遠離政治的罪名，他陷入極大的苦惱之中。可是當時的討論不是幫他擺脫這一苦惱，而是一味要求他去表現時代變革，去寫重大題材，這是違反藝術規律的，是變相的「干涉」。到了反右鬥爭，這種「干涉」馬上昇級為政治性的聲討。一九五七、一九五八年老詩人徐遲等發表的《艾青能不能為社會主義歌唱？》、《必須同艾青的資產階級思想進行鬥爭》等文章，已充滿了不正常的火藥味，尤其是姚文元的《艾青的道路——從民主主義到反社會主義》⑭。姚文元這樣論定艾青的「反黨」道路，和他後來在「文革」中批判老幹部時使用的從「民主派」到「走資派」的公式已相差無幾。

六、關於新詩發展道路的討論

在「史無前例」的新民歌運動中，從一九五八年到一九五九年，全國展開了一場規模宏大的關於新詩發展道路問題的討論。

首先是四川《星星》詩刊開展了關於「詩歌下放」問題的討論。《星星》是在「批判」了流沙河、石天河等人的所謂「罪行」，進行了徹底改組後，爲了貫徹新的辦刊方針，針對新詩過去「嚴重脫離勞動人民」這一傾向而提出「詩歌下放」的。共發表文章三十餘篇，歷時近九個月。

大部分討論文章認爲，新詩存在著洋腔洋調，無論在內容還是形式上均有與工農兵脫節的重大缺陷。現在提「詩歌下放」，首先是要詩人下放，下放到工農兵群衆中去，在思想感情上進行徹底的改造，同時向民歌學習，在詩風上進行徹底的變革。在形式上，民歌民謠和街頭詩等形式容易下放，而「像十四行詩之類的洋形式」，「是很難下放的」。⑮雁翼在這次討論中唱了反調。他在《對詩歌下放的一點看法》⑯中，「反對那種把『詩歌下放』的口號曲解成是過去詩歌成績的否定」。他認爲，「過去的詩歌成績是主要的，方向是正確的，明確的，發展也是基本上健康的」。在形式上，要注意百花齊放，不能認爲民歌和街頭詩可以「下放」，自由詩就不能「下放」。四川大學中文系學生紅百靈思想解放，無所顧忌，對雁翼的意見做了進一步的發揮，主張「讓多種風格的詩去受檢驗」，認爲自由詩是「音調繁複的鋼琴等的合奏」，是「一瀉千里的大江」，是「社會主義現實主義詩歌大森林中的大榕樹」，而民歌只是「牧童、農叟的竹笛單響」，認爲它們「不能有更大的容量，其思想、境界、面積有限度的」，它需由詩人加以「改造」，否則便有可能成爲「濫流」。⑰。

討論中的多數文章受左傾思潮的影響，批評雁翼等人的看法，認爲民歌是共產主義文學的萌芽，是社會主義詩歌的主流，不能在強調「百花齊放」的藉口下，隻字不提學習民歌和改變詩風。至於紅百靈提出要改造民歌，這是他蔑視民歌的思想在作怪，這說明需要「改造」的並不是民歌，而是他的「資產階級」文藝思想。

爭論最後以分別發表在《星星》一九五八年十一期、《紅岩》一九五八年十二期上的李亞群的《我對詩歌道路問題的意見》作結。這位李亞群，身居「廟堂」，他站在官方立場發言，認爲關於形式問題的爭論，實質上是「願不願爲工農兵服務的問題，也是誰跟誰走的問題」。「關於誰是主流之爭，實質上是知識分子要在詩歌戰線上爭正統，爭領導權的問題」。李亞群的文章，集討論中左傾觀點之大成，給持不同意見的詩人扣了不少帽子。在這種壓力下，《星星》完全改變了原先創辦的初衷，由「七弦交響」的合奏變成只抒某一種情的「單弦獨奏」了。

另一場規模更大的討論，是從《處女地》上發表何其芳《關於新詩的「百花齊放」問題》、卞之琳的《對於新詩發展問題的幾點看法》⑱引起的，它波及全國主要報刊。爭論的問題主要集中在如下幾個方面：

(1)**關於民歌體有無局限性的問題。**

何其芳認爲，民歌體未必可以用它來統一新詩的形式，因爲民歌體有限制。這裏講的限制，「首先是指它的句法和現代口語有矛盾，它基本上是採用了文言的五七言詩的句法，常常要以一個字收尾，或者在兩個字的詞收尾的時候必須在上面加一個字，這樣就和兩個字的詞最多的現代口語有些矛盾，寫起來容易感到彆扭，不自然，對於表現今天的複雜的社會生活不能不有所束縛。其次，民歌體的體裁是很有限的，遠不如我所主張的現代格律詩變化多，樣式豐富。」在討論中還有人認爲，由於民歌受形式限制，因而不如新詩那樣易於充分表達出作者的心理、感情，尤其是不適於表現柔和而纏綿的內容。還有人認爲，像石方禹《和平的最強音》這樣的形象具體、感情如大海的洶湧的巨型詩篇，單純的民歌體也難於辦到。

何其芳等人這種看法，表示了對當時無限抬高民歌做法的不滿，因而屢遭訕議。主張民歌體不存在什麼限制的人認爲，三個字落尾在新民歌作者手下並不顯得束縛思想，他們對語匯的處理十分巧妙，不硬把現代語匯原封不動地搬到詩來。主張民歌體有限制的人，首先是因爲他們自身在思想感情上的限制——他們還未能完全同勞動人民的立場、觀點、思想感情一致起來。其次，他們感到限制的另一個原因是詩歌藝術修養上的限制，他們寫慣了讀慣了新詩，掌握了新詩一定的藝術技巧，可以寫出相當成功的作品，但對民歌還不習慣，因此讀起來或寫起來，難免感到受限制。

在討論中出現了另一種意見。如唐弢在《民歌體的局限性》⑲中認爲：「民歌體的局限性，又是一個問題。如果說對詩歌繼承民歌並且向前發展上有所束縛的話，後者的影響，實際上要比前者更大，更強烈。沒有這種認識上的局限性在做梗，民歌體的局限性還是可以突破，能夠突破的」。

這次討論和「詩歌下放」問題的討論一樣，是在「左」的思想指導下進行的。由於獨尊民歌、排斥現代格律詩一類有意義的探索，致使詩歌的道路愈走愈狹窄。

⑵如何估計「五四」以來的新詩

郭沫若認爲：「五四」以來的新詩，「是有貢獻的，應該肯定它的成績。如反封建、解放個性，打破束縛，突破了舊詩詞的淸規戒律等是應該肯定的。雖然外來的影響很大，但就詩人來分類，也不能一律看待……，不能對『五四』以來的東西一概抹殺」⑳。周揚在《新民歌開拓了詩歌的新道路》㉑中也指出：「『五四』以來的新詩打碎了舊詩格律的鐐銬，實現了詩體的大解放，產生了不少優秀的革命詩人，郭沫若就是其中最傑出的代表。新詩有很大的成績，爲了同群衆接近，革命詩人做了很多的努力。但是新詩也有很大的缺點，最根本的缺點就是還沒有和勞動群衆很好地結合」。臧克家、張光年、郭小川等人亦持這種觀點。

但也有人不同意這種估價。歐外鷗在《也談詩風問題》㉒中說：「『五四』以來的新詩革命，就是越革越沒有民族風格，越寫就越加脫離（不僅是脫離而且是遠離）群衆。多少年以來，大多數的新詩不僅是形式上，就是它的構思與想像的表現也全部仿照西洋格調，是跟群衆遠離，沒有廣大群衆基礎的」。還說新詩流派不管如何五花八門，「但大多數都是進口貨（從十八世紀到二〇世紀）的仿製品」。傅東華也持這種否定新詩的意見，認爲「只有一點可以肯定的，將來的詩歌要去吸收外國的東西，也是向外國直接吸收，斷然不會去繼承『五四』以來四十年的新詩傳統」。他認爲，有些人之所以要爲新詩辯護，是因爲「這一股新民歌的洪流形成後，卻引起一些新派詩人的恐慌來了。他們看見新民歌的聲勢浩大，生怕自己頭上的桂冠就要被摘掉，不得不掙扎一番」㉓。

歐外鷗、傅東華否定「五四」以來新詩成就的觀點，由於過於左傾，附和者寥寥。

⑶關於新詩的發展基礎問題。

毛澤東在一九五八年的一次內部講話中，談到了新詩發展的道路：「中國詩的出路，第一條民歌，第二條古典，在這個基礎上產生出新詩來，形式是民歌，內容應是現實主義和浪漫主義對立的統一」。他這種在民歌和古典詩歌基礎發展新詩的意見，被視爲「最高指示」，獲得了許多愚忠者的讚同。但在具體解釋和討論時，出現了不同的意見：

一種受困於「左」禍甚久的意見認爲，民歌應當是新詩發展的基礎。蕭殷在談到新詩的發展基礎時，就沒談到古典詩歌，而反復論證新民歌爲什麼是新詩發展的基礎㉔。宋壘也認爲，「新民歌是主流，詩歌的發展應當以民歌體爲主要基礎」。㉕。有些人的看法更爲極端，認爲「五四」以來的新詩，由於它本身的局限性，不能做爲新詩發展的基礎。今後中國詩歌的前景，那只能是「民歌就是新詩，新詩就是民歌」。

另一種不滿左傾思潮的意見認爲，新詩也應成爲新詩的發展基礎之一。如力揚在《生氣蓬勃的工人詩歌創作》㉖中認爲：「……爲什麼有將近四十年之久的歷史，並爲很多讀者所接受了的新詩，就不能成爲詩歌底新的民歌形式之一？不能成爲詩歌發展的基礎之一呢？這首先是粗暴地抹殺中國詩歌發展的這段歷史；也是不從發展的觀點來看待民族形式問題。誰能否認在『五四』時代興起的新詩，是中國詩歌的一次重大的革新，又是它底傳統的繼承呢？而企圖在詩歌的園地上只留一花的主觀想法，是在詩歌的問題上違反『百花齊放』的方針的」。

在這場討論中，何其芳力排衆議，反對單純只強調向古典詩歌和民間詩歌學習，認爲同時「也還可以適當地繼承『五四』以來的傳統並吸收外國詩歌的影響」。㉗他一向主張多樣化的民族形式，反對厚此薄彼的傾向。他這裏提出還應「吸收外國詩歌的影響」，表現了他文藝思想的開放，讀了後使人感到在一片火熾的浮囂中喝到礦泉水那般爽快。

這次討論還涉及到當時詩歌運動的主流、格律詩與自由詩的發展前景等問題。大部分文章，均收集在《詩刊》編輯部編的《新詩歌的發展問題》一～四集中。

這場討論雖然在促進新詩的民族化、大衆化方面，起了一定的作用。但存在著嚴重的缺陷：首先，對民族化的理解片面、狹窄。許多文章沒從發展的觀點看問題，把民族化與繼承「五四」詩歌傳統、學習外國詩歌對立起來，而很少有人談到各民族的詩歌應交互滲透，取長補短。其次，對新民歌運動中出現的粗製濫造現象，以及把說大話當做革命浪漫主義，還不恰當地要求「人人成詩人」，「每個縣出一個郭沫若」等「左」的傾向，均很少有文章加以指出。再次，在討論中沒很好貫徹「雙百」方針，對持不同意見的何其芳、卞之琳等人採用了圍攻的辦法。

一九五九年以後，帶學術性的詩歌討論已不多見。除一九六二年四月十九日，在毛澤東《講話》發表二十週年前夕，剛參加第二屆第三次全國人民代表大會的詩人和首都的詩人聚在一起，廣泛座談詩歌創作問題外㉘，一九六三年還在武漢和北京先後開展了對管用和《繞道》一詩的「討論」。這一討論，政治氣氛掩蓋了學術氣氛，已無平等的對話可言。

總之，一九四九年後的十七年，新詩創作問題的討論之所以未能堅持下去，最重要的原因是左的政治對新詩理論的嚴重干擾。正是這種干擾，壓制了許多詩人和詩評家刷新詩藝的要求，致使新詩理論的發展徘徊不定乃至停滯不前。

第二節　由「朦朧詩」引發的幾場論爭

一、關於「朦朧詩」的論爭。

朦朧詩的出現是在「文革」後期，集中刊登是一九七八年十二月在北京創刊的油印刊物《今天》。這群從十年浩劫的暗夜走過來的青年，帶著強烈的社會批判意識與使命感去尋找光明，使平靜的中國詩壇發生了喧嘩與騷動。統一的詩壇從此走向分裂：一派支持朦朧詩，一派把朦朧詩視為異端，從一九八〇年一直爭論到一九八五年。事情得從一九七九年說起。那時《星星》復刊號上發表了公劉的文章《新的課題——從顧城同志的幾首詩談起》。一九八〇年第一期《文藝報》轉載時加了編者按：「公劉同志提出了一個當前社會生活和文學事業中至關重要的問題：怎樣對待像顧城同志這樣的一代文學青年？」並指出：「這些文學青年往往是青年一代有代表性的人物，影響所及，將不僅是文學而已」。公劉的文章在文藝界引起了不同的反應，拉開了如何評價朦朧詩的序幕。

在公劉文章的帶動下，《福建文藝》從一九八〇年第二期起特闢了「關於新詩創作問題的討論」專欄，發表了五十篇文章，集中圍繞福建詩壇新人舒婷的創作展開了爭論。同年四月在廣西南寧召開的全國當代詩歌討論會上，與會者就如何評價青年詩作也展開了爭鳴。《詩刊》的討論文章，從章明的《令人氣悶的「朦朧」》㉙始，持續了相當長一段時間。隨後，《作品》、《星星》、《詩探索》、《光明日報》、《文匯報》、《人民日報》等報刊亦發表了許多論爭文章。當那些思想並非顯露、感情比較隱蔽、形式頗爲怪異的作品被命名爲「朦朧詩」後，詩壇頓時失去了平靜，論爭由此進入白熱化的階段。

⑴關於「朦朧詩」的概念。

「朦朧詩」這一術語，是章明在《令人氣悶的「朦朧」》中首先使用的。當時，他沒有認眞讀懂杜運燮的《秋》，在氣悶之餘便送給它「朦朧詩」這一稱謂，顯然這未經過認眞的思考與科學的闡述。如果戴望舒和穆旦的詩沒有被打入冷宮，如果大陸新詩傳統不是斷裂了三十年，章明就不會這樣「氣悶」。可是這一「氣悶」之餘帶有戲謔與調侃色彩的非正式名稱，竟成了舒婷們作品的代稱流傳開來。在流傳過程中，概念的外延越來越寬，各人的解釋不盡相同。其中顧城曾這樣解釋過「朦朧詩」的內涵：「『朦朧』指什麼？按老說法是指近於『霧中看花』、『月迷津渡』的感受；按新理論是指詩的象徵性、暗示性、幽深的理念、迭加的印象、對潛意識的意識等等」。「這類新詩的主要特徵，還是眞實，趨向主體的眞實，由被動的反映，傾向主動的創造。從根本上說，它不是朦朧，而是一種審美意識的甦醒，一些領域正在逐漸清晰起來。」㉚這裏說的「朦朧」，經過努力還基本上可以捉摸、讀懂的。而有些論著（包括顧城自己）在別處所鼓吹「大跨度高速幻想」、「交叉對立的色彩」、「多元復合的感情」、「潛意識和夢幻的語匯」，則就難於索解了。

鑒於對「朦朧詩」的內涵各人理解不一樣，因而有不少詩人主張對「朦朧詩」要區別對待。如艾青認爲，「『朦朧詩』中，有一些不是太壞的，有一些比較好的」。太壞的「指的是那些沒有內容、做文字遊戲的，猜謎語連謎底也沒有的怪詩。」㉛丁力在和謝冕商榷時，則乾脆把這類詩稱爲「古怪詩」，認爲這類詩在學習外國詩歌時「吸收的是專搞象徵法、暗示法、懸想法、串珠法等東西，以晦澀難懂爲其總特徵。……其結果便是詩的形象模糊不清，意境支離破碎，描寫對象任意地失常地變化，思想感情、想像、聯想無端跳躍。這種奇詭怪誕到使人無法理解的藝術追求，讓人永遠把握不著的神秘的或是不著邊際的感情，談不上詩的主題思想」。㉜

在討論中有人認爲，不能由詩的朦朧這一藝術特徵（或風格）、藝術手法去作爲歸納一種詩體存在的依據。柴善慶指出：「朦朧」的「並非是詩，而是對詩之理解的朦朧。……一旦增強了自己的閱力，這種感覺上的朦朧就一掃而去。」㉝彭放在《關於「朦朧詩」的廢名論》㉞中指出：「單以『朦朧』與否，去評斷詩歌的好壞，至少是不準確，或者是不科學的。『朦朧詩』的命名，造成詩歌分類學上的歧義，而且也在詩歌理論上產生了混亂。因此，我主張爲『朦朧詩』廢名」。這種意見有些書生氣。「朦朧詩」的名詞一旦流傳開來，要「廢名」也難。

⑵關於「朦朧詩」產生的原因。

許多人儘管不同意「朦朧詩」的提法，但在討論時仍借用這一概念闡述「朦朧詩」產生的原因。把繆斯從「左」的籠子中鬆綁而翼的謝冕這樣分析「朦朧詩」興起的原因：「歷史性災難的年代，造就了一代人。他們失去了金色的童年，失去了溫暖與友愛，其中有不少人，還失去了正常的教育與就業的機會，他們有被愚弄與被遺棄的遭遇。……於是，他們對生活懷有近於神經質的警惕，他們擔心再度受騙，他們的詩句中往往交織著紊亂而不清晰的思緒，複雜而充滿矛盾的情感。因爲政治上的提防，或因爲弄不清時代究竟害了什麼病，於是往往採用了不確定的語言和形象來表述，這就產生了某些詩中的眞正的朦朧和晦澀。」㉟

陳言則從新詩變革的角度分析了「朦朧詩」的由來。他認爲，它的「誕生也是新詩變革的產物，詩壇的一些新人本著不斷求索的精神，對改革舊詩風，探求新的表現方法做出了努力」。還有些人認爲，「朦朧詩」是對假、大、空詩風的一種反動，是對僵化的思想、陳舊的套式的叛變。

有的人則認爲，「朦朧詩」是學習西方現代派的產物。李叢中在《朦朧詩的命運》㊱中對此說提出異議。他認爲，「朦朧詩的產生，只能是在十年浩劫這朦朧灰色的年代。在十年浩劫中，對資本主義的文藝作品唯恐迴避不及，青年們哪有機會去模仿現代派詩歌呢？相反，倒是由於朦朧詩的出現，引起了人們的注意，由理論家們指出它與西方現代派詩歌相彷彿之處，朦朧詩人們才猛省到自己早有祖師爺，而開始拜師學藝的。而在這之前，朦朧詩與現代派詩歌之所以相似的原因，只能從大致相似的社會條件中去尋求答案。或者說，是『無師自通』。」

吳亮則從心理學角度分析了「朦朧詩」產生的原因。他認爲「朦朧詩」，所表達的「朦朧的意境、想像的蕪雜、聯想的奇特、怪誕」以及「不惜以令人耳昏目眩的詞語拼湊使詩變得曖昧不清」，這有什麼不可以呢？「人們的日常意識並不總是有條理的，而經常是紊亂的、隨意的，再則夢魔又老是光顧，朦朧詩的心理淵源就在於此。」㊲

⑶關於「朦朧詩」的評價。

艾青認爲，「朦朧詩」可以存在，只要寫得好，寫得美。「但是不能把『朦朧詩』捧得太高，說成是新詩發展的方向；說朦朧是詩的規律等等。」「詩必須讓人能看懂」，鼓吹詩可以讓人不懂的理論無異是在推銷麻醉的「迷幻藥」。㊳

臧克家亦表示對「朦朧詩」不一概反對。他能接受的有如聞一多《死水》那樣的四種「朦朧詩」。但對現今流行的那種如淡煙、如殘雲、如游絲、如敗絮的「朦朧詩」，「既乏生活氣息，又無時代精神，哀曲獨唱，聲音低沉而渺茫，學外國的『沉渣』而數典忘祖，敗人胃口，引讀者入迷魂陣」。這是「敗壞新詩名譽，使少數人受毒害，使廣大讀者深惡痛絕的一種『流派』。」㊴在「朦朧詩」討論中，臧克家這種「深惡痛絕」的看法成了革新者的對立面。和臧氏同調的聞山也附和說，那些爲表現「我」而作，別人懂不懂與「我」無關的詩，「那實質上是把文藝工作者奮鬥的目標，從爲人民服務、建設社會主義推後到資產階級追求個性解放的年月，比爲打擊農奴制而寫《獵人日記》的屠格涅夫，還落後了一個時代。屠格涅夫寫羅亭倒在巴黎街壘紅旗之下，難道是爲了『表現我』，而不是爲了尋求時代的答案、俄羅斯人民和知識分子的出路？」㊵

在《詩刊》一九八〇年九月下旬召開的詩歌理論座談會上，有些論者的發言與上面的看法完全相反。如以反規範著稱的謝冕認爲：「近一、二年裏出現的一批年輕詩人及他們的一些『新奇』『古怪』的詩，是新詩史上的一種新的崛起，它『打破了詩壇的平靜』，引起了習慣勢力和惰性的驚恐與不安。」鐘文、吳思敬進一步補充了謝冕的意見，「認爲這批年輕詩人的詩作不僅是『新的崛起』，並在一定程度上是方向，是未來詩壇的希望，他們必將掀起詩歌發展的大潮。」㊶

另一種意見則認爲，「朦朧詩」既非新的崛起，也非沉渣泛起。評價一種新體詩歌，捧煞要不得，罵煞也不可取。公劉「主張寬容」：「既不同意那種一味鼓吹所謂朦朧詩的『理論』，也反對看見凡是自己感到彆扭一點的東西就視同洪水猛獸的『理論』。這就是說，大家都不要把話說絕了，一方面不能用舊社會捧角兒的辦法去捧新的詩歌作者，硬把所謂朦朧詩吹成新詩的『主流』，另一方面也不能以『非我即敵』的簡單化的邏輯把某些青年詩人打入地下」。㊷

在討論中，還有人認爲，寫幾首「朦朧詩」本來不足大驚小怪，而壞在幾個「朦朧詩」的評論家「信口胡說」，激化了矛盾。對此，彭放在他的「廢名論」中認爲：「朦朧詩論者，確實發表了一些過激的言辭」，「這應由他們自己負責」，但應把「朦朧詩論」與「朦朧詩」區分開。關於「朦朧詩」，應具體問題具體分析，有什麼錯糾什麼錯，也不一般地去反對詩的朦朧，應鼓勵試驗和創新；關於「朦朧詩論」，正確的意見可以吸收參考，片面性的言論（包括原則性錯誤），可以通過批評和自我批評去解決。

關於「朦朧詩」，一九八〇年討論得極爲熱烈，有時表現爲「三岔口」式的交鋒，後來「失去了平靜」的詩人和詩評家慢慢恢復了平靜，文章顯著減少，但仍出現了零星的對這場討論進行反思的文章。

這場論戰的積極意義，在於給我們的詩壇帶來了一股強勁的衝擊力，它迫使詩人們認眞思考詩的現狀和前途，考慮自己在新的詩歌潮流面前的抉擇：寫什麼樣的詩，怎樣寫才能更符合開放時代的要求？在討論中，儘管有人強烈反對「朦朧詩」，但「朦朧詩」作爲一種藝術思潮，不是從詩壇上消失，而是以更大的吸引力作爲年輕的詩人學習和超越的對象。一個不同於五、六〇年代的詩歌流派，確實在中國詩壇存在著、發展著，這是不以人的意志爲轉移的客觀事實。當然，「朦朧詩」由於自身的缺陷，也未能實現它的擁護者的祈願而成爲「中國詩壇的主流」。

這次討論的最大缺陷是概念不明確。「朦朧詩」到底是指採用離奇怪誕的意象、晦澀得叫人讀不懂的「詩謎」，還是指多讀幾遍「能解其中味」的作品？或者是介乎這兩者之間的「花非花，霧非霧」的詩？正由於含義本身的模糊和「朦朧」，給討論問題、弄清是非帶來極大的障礙。其次是對「朦朧詩」產生的社會的、思想的、藝術的原因還缺乏完全科學的、有說服力的回答。再次是在討論中有些文章文風不正，缺乏實事求是之意，愛走極端。特別是討論到後來，由於政治的干預，不同意見未能得到充分的發表。

二、關於「新的美學原則在崛起」的討論。

在討論「朦朧詩」時，《詩刊》上出現了某些作者較爲系統地闡述自己理論觀點的文章。孫紹振的《新的美學原則在崛起》㊸，就是值得注意的一篇。此文對部分青年詩人在美學領域內的探索做了評述，提出了自己的理論主張。他認爲，「與其說是新人的崛起，不如說是一種新的美學原則的崛起」。他分三個方面概括了這個「崛起」的「新的美學原則」：⑴它與傳統的美學觀念不無聯繫，但又「表現出一種不馴服的姿態。他們不屑於做時代精神的號筒，也不屑於表現自我感情世界以外的豐功偉績。他們甚至於迴避去寫那些我們習慣了的人物的經歷、英勇的鬥爭和忘我的勞動場景。他們和我們五〇年代的頌歌傳統和六〇年代戰歌傳統有所不同，不是直接去讚美生活，而是追求生活溶解在心靈中的秘密」。⑵它比較強調社會學和美學的不一致性，突出自我表現，與傳統觀點的不同集中表現在人的價值標準上。孫紹振認爲，「既然是人創造了社會，就不應該以社會的利益否定個人的利益，既然是人創造了社會的精神文明，就不應該把社會的（時代的）精神做爲個人的精神的敵對力量……」。⑶「藝術革新，首先是與傳統的藝術習慣作鬥爭」。「沒有對權威和傳統挑戰甚至褻瀆的勇氣，思想解放就是一句奢侈性的空談。」突破傳統必須有「美的法則」做指導，而這個法則「是主觀的，雖然它可以是客觀的某種反映，但又是心靈創造的規律的體現。」青年詩人突破傳統固然要從傳統中吸取某些「合理的內核」，但當前面臨的矛盾，主要還在於舊的「藝術習慣的頑強惰性」。

文章發表後，《詩刊》、《文藝報》、《詩探索》、《人民日報》等報刊陸續發表了程代熙、周良沛、敏澤、潔泯、公木、宋壘、李準、王慶璠、李元洛等人的文章，表示不同意孫紹振的觀點。

程代熙認爲，孫紹振「新的美學原則」的綱領就是「自我表現」，與西方現代派所主張的「表現自我」是相通的。這是貌新實舊的「美學原則」。這個原則「或者把個人置於社會、階級、時代之上，或者將它們置之度外。總之，文學完全是作家的私事，與社會、階級、時代無關。」「把孫紹振同志的美學原則的這個出發點和它的綱領——『自我表現』聯繫起來，一套相當完整的，散發出非常濃烈的小資產階級的個人主義氣味的美學思想就赤裸裸地顯示了出來。」㊹周良沛的文章指出：「詩的多樣，是人生的多樣決定的。一聽這『不屑』寫，我就想起『題材決定論』只能寫這，只能寫那的調子。……何況，這『不屑』的幾個方面，是我們這個制度下的生活主要面，而與億萬人的理想、前途、友誼、愛情、個人的沉浮、家庭的哀樂相關，詩中的『自我』能離開直接關聯個人命運的生活而成什麼？」㊺敏澤的文章，針對某些青年詩人盲目學習「他民族的習慣」的傾向，指出：「藝術是不斷創新的。新時代的詩人們既要敢於創新，又要善於創新。我認爲，像那種要求『褻瀆』自己民族傳統，甚至藝術的革命傳統，而去推崇『他民族的習慣』和『傳統』的理論，儘管美其名爲『新的美學原則在崛起』，但這樣的創新理論，就未必是一種引導青年善於創新的理論。」㊻潔泯的文章認爲：「表現時代，對祖國偉大事業的強烈的信仰，正是我們的美學原則中所最不可缺的因素。」「新的美學原則」

要迴避時代和現實，「這和一個社會主義時代的詩人，是十分不相稱的。」㊼

陳志銘在《爲「自『我』表現」辯護》㊽的文章中認爲：程代熙斷言「抒人民之情」和詩人的「自我表現」是「兩種相互排斥的藝術觀」，這是違反藝術規律的。「在我們社會主義國家裏，表現『所謂個人的感情，個人的悲歡，個人的心靈世界』是不是大逆不道？是不是等於龜縮在自我的深處？」如果我們同意詩可以以心靈世界爲表現的對象，「那麼，它展現人的心靈時往往就是從『個人』入手」。江楓在《爲孫紹振一辯兼與程代熙商榷》的文章中說：不能用「偷換概念」的做法去證明孫紹振是在步西方現代派後塵。孫紹振「對年輕的革新者滿懷著同情，所以他能善意地理解他們，他既注意到他們的不滿和難免偏激的不馴服姿態，也看到了他們孜孜不倦的追求」，特別是爲填平「抒人民之情」與「自我表現」那道鴻溝而「做出的建設性的努力」不能全部否定。在討論中，應「多一些磋商琢磨的氣氛」，「才符合雙百方針」。㊾

在新時期是否已「崛起」一種「新的美學原則」，是一個能引起人們思考的題目。由孫紹振的文章引起的爭論，把原先的「朦朧詩」問題討論深入了一步。孫紹振論述的藝術創新和藝術規律問題，也確有標新立異之處。它帶有鮮明的反思哲學色彩，對青年詩人的評價比謝冕的《在新的崛起面前》前進和深入了一大步。當時的討論涉及到詩歌美學根本問題：是否只有直接表現社會政治意義，表現集體的情感才有存在價值？離開個人的感覺和獨特的情況，抒人民之情會不會導致空泛，把人變爲空殼？這次討論比上一階段有所深化，但政治力量的介入，使朦朧詩及其朦朧詩論成了被某些人當作清除精神污染的對象。

這裏要補述的是：朦朧詩論的主要作者均是北大出身的學者。從謝冕、孫紹振至劉登翰、江楓，他們均異口同聲地爲朦朧詩的崛起歡呼和辯護。他們繼承了北大的民主、自由、開放的傳統，爲詩歌觀念的變革大聲疾呼。有人說，詩歌論壇上有一個無形的「北大派」（包括上面未提到的楊匡漢、孫玉石、洪子誠等人）。這個隱形的「北大派」，在朦朧詩論爭中隨著朦朧詩的崛起而崛起在中國大陸詩壇。

三、關於《崛起的詩群》的批評。

《崛起的詩群》㊿，是青年詩人徐敬亞全面論述大陸新詩現代傾向的長篇詩論。它最早發表在遼寧師範學院的學生刊物《新葉》一九八二年八期，後經過修訂。作者用洋洋三萬餘言的篇幅，系統地論述了新詩現代傾向的興起和背景、藝術主張和內容特徵、表現手法及新詩發展的道路。在一些具體詩歌理論問題上，提出了一些值得重視的見解。但這篇文章激情勝於思辨，抒懷有餘而邏輯不甚嚴密，在理論洞察力方面並未超過孫紹振，且在一些重大理論問題上存在著明顯的缺陷乃至原則性的問題，因而受到不少詩人和評論家的批評。較重要的文章有：楊匡漢的《評一種現代詩論》㊿①、戚方的《現代主義和天安門詩歌運動——對〈崛起的詩群〉質疑之一》㊿②、曉雪的《我們應當舉什麼旗，走什麼路？》㊿③、程代熙的《給徐敬亞的公開信》㊿④、鄭伯農的《在崛起的聲浪面前》㊿⑤、尹在勤的《回答「崛起」論的挑戰》㊿⑥。這場討論開始時調子比較溫和，後逐漸昇溫，將該文上綱到「資產階級自由化」高度，但壓而不服。徐敬亞又於一九八六年十一月底捲土重來，寫了長文《圭臬之死——朦朧詩後》。此文原擬在《當代文藝思潮》刊出，後因胡喬木對《當代文藝思潮》的傾向乃至刊名均提出異議，如驚弓之鳥的「思潮」編輯部只好登了預告又撤下來，後發表於北京內部出版的《文學研究參考》一九八八年六～七期上。

現在看來，徐敬亞的文章有銳氣，敢於提出與主流話語不同的看法，應加以肯定。至於有些觀點過於極端，完全可以通過自由討論解決，不必採用圍攻的辦法，更不應從政治上批判。

四、關於「一九八六年現代詩群體大展」及如何看待所謂「新生代」詩的論戰。

一九八六年十月二十一日，安徽出版的《詩歌報》和廣東《深圳青年報》以全國兩千家民間詩歌團體爲背景，隆重推出「一九八六年現代詩群體大展」第一～二輯，十一月二十四日《深圳青年報》又推出了第三輯，總計發表六十一個現代詩群的一百〇五首詩。在「大展」時，《詩歌報》以頭版頭條的顯著位置發表了徐敬亞的專論《生命：第三次體驗》，讚賞朦朧詩派、大學生詩派和整體主義者、後崛起派「三次體驗的三批詩人共同組成了一九八六年中國現代詩壇的青春期大騷動」，宣稱「中國現代詩至此趨於哲學框架的成熟」。後來還結集成《中國現代主義詩群大觀（一九八六～一九八八）》（徐敬亞等編），由同濟大學出版社一九八八年出版。

「大展」的編者信心十足，以爲一定會收到在全國範圍內掀起現代主義新詩熱潮的效果。可是事與願違，它招來掌聲的同時也引來了不少嚴厲的批評。一位論者率先在廣州民間出版的《華夏詩報》

總十二期發表了《眼花撩亂之後的沉思》，批評「大展」「失落了詩的純眞，失落了詩」。《詩歌報》主編嚴陣在答該報作者讀者問的《現代詩：全方位的喧嘩與騷動》㊼中，提出了一系列目的在推動青年現代詩運動的激烈觀點，並語含譏諷地引用了《華夏詩報》的原話，雙方便拉開了戰幕。《華夏詩報》總十五、十六期發表了章明用司徒平筆名發表的《撒嬌的和並不撒嬌的》；《華夏詩報》主編野曼在《當代文壇報》一九八七年一～三期上發表了《新詩觀念更新的是是非非》，繼續批評「大展」。《詩歌報》起來應戰，在「大展」誕生一週年之際（一九八七年十月十二日），發表了嚴陣的答記者問：《詩長江呼喚著勇敢的漂流者》；在該報一九八八年一期上，還刊登了嚴陣自問自答的文章：《爲青年詩人辯護》。嚴文慷慨陳詞，鋒芒畢露，很具挑戰性。《華夏詩報》爲此相繼發表了《現代詩，怎樣接受挑戰？——就教於嚴陣同志》、《且看這點破「皇帝新衣」的文章遭遇如何？》、《且慢充當辯護士……》、《詩評界的喧嘩與騷動》、《疏導無罪》、《詭辯及其它》等文章，其勢也咄咄逼人。

《華夏詩報》與《詩歌報》的論戰，是繼「朦朧詩」論爭後又一次「失去平靜」的理論交鋒。現在看來，「大展」引起詩歌界的激動和失望、欣喜和困惑、爭議和批評，都是合乎邏輯的。「大展」像一個窗口典型地反映了八〇年代中期詩壇生機與危機，它將一些特別敏感的問題端了出來，並以挑戰的姿態暴露出不少使人感到困惑和憂慮的問題。具體說來，「大展」之所以能引起一部分人愉悅、激奮、欽服、讚嘆，是因爲它在一定程度上呈現了當代中國大陸詩人的最新創作實績，並以它的當代性、前衛性、民間性、青年性區別於其它詩歌作品。它雖然誇張了當年群體結集，但也催化了一些未成熟的果子。另一部分人之所以感到疑惑和憤懣，乃是因爲「大展」的不少作品是非詩、僞詩，不少宣言理論混亂，不科學乃至反科學，它反映了相當一部分青年詩人志大才疏、華而不實、心態浮躁的不良傾向。

在這場如何對詩「大展」實際上是如何對待所謂「新生代詩」的論爭中，値得注意的倒是發表在「兩報」爭論之後的一些文章。如公劉的《從四種角度談詩與詩人》㊿，以一個富於使命感和責任心的現實主義詩人之眞誠，尖銳地批評了詩壇貌似繁榮其實是紛亂的狀況。他認爲有些人把寫詩看得太容易、太輕鬆，以致詩人過剩，「簡直和上公共廁所一樣多」。鑒於這種情況，他聲明要捍衛詩的「貞潔」。對「大展」出現的五花八門的所謂流派和宣言，則表示非常憂慮。流派不曾形成，宗派卻已露頭，詩壇的風氣之壞令人痛心。公劉這種觀點，代表了相當一部分中老年詩人的看法。被某些人譏爲「詩歌的疲倦的追蹤者」——其實是和現狀保持密切聯繫的學者謝冕，其觀點與公劉不同。他在《選擇體現價值》等一系列文章中，對「新生代」詩採取肯定態度。和上述兩種觀點相反，孫紹振在《關於詩歌流派嬗變過速問題》㊾中對「新生代」詩既不做盲目的肯定，也不一棍子打死。他這樣有限度地、謹愼地肯定「新生代」詩：「他們存在的最大合理性就是在通常最不像有詩的心靈深處發現了詩」，「也許他們選擇的歷史使命就在於把這些不像詩的詩寫得比舒婷、北島、公劉、李瑛更像詩」。但對這批青年詩人派系林立、互相排斥及對歷史採取虛無主義的態度，他表示了自己深深的憂慮。在他看來，這種傾向很可能會導致狹隘和膚淺。他這種擔心，建立在對中外詩歌流派史的分析基礎上。

總的說來，這場論爭雖然不以那一方勝利告終，但通過爭論，擴展了視野，深化了認識。由於論爭，加強了社會各界人士對詩的關注，調動了詩歌理論批評家的積極性，使詩壇顯得更加活躍。尤其要指出的是，朦朧詩論爭到後來，形勢發生了根本變化（這主要是實踐的檢驗，而非權力的作用）：朦朧詩及其支持者結束了被當作異端的歷史，在登上主流詩壇的同時走向了世界，被翻譯成多種外國文字廣爲流傳。朦朧詩的優秀之作還進入了當代中國詩歌經典的行列，毫無遜色地與艾青、徐志摩、戴望舒、穆旦的名作並列在一起。

註釋

① 《文藝報》一九五〇年二卷第四期。
② 旁及天津的《文藝學習》一九五〇年第二期上的「詩歌漫談會筆錄」。
③ 一九五一年一月十三日。
④ 一九五一年一月二十五日。
⑤ 一九五一年二月十日。
⑥ 見《文學評論》記者：《詩歌格律問題的討論》，《文學評論》一九五九年第五期。

⑦《作家通訊》一九五四年第九期。
⑧曾文斌：《對〈略論繼承詩詞歌賦的傳統問題〉一文的意見》，《光明日報》一九五六年九月二十三日。
⑨《光明日報》一九五六年十一月二十四日。
⑩《光明日報》一九五六十二月八日。
⑪《長江文藝》一九五七年一月號。
⑫一九五六年十二月十五日。
⑬《文藝報》一九五六年第三期。
⑭《學術月刊》一九五八年第五期。
⑮愚公：《詩歌下放是指什麼》，《星星》一九五八年八月。
⑯《星星》一九五八年六月。
⑰《我對詩歌下放的補充意見》，《星星》一九五八年九月。
⑱《處女地》一九五八年七月號。
⑲《文匯報》一九五九年一月三日。
⑳《就當前詩歌中主要問題答〈詩刊〉社問》，《詩刊》一九五九年一月。
㉑《紅旗》一九五八年第一期。
㉒《詩刊》一九五八年十月。

㉓《也談民歌的過去未來》，《文匯報》一九五九年一月七日。
㉔《民歌應當是新詩發展的基礎》，《詩刊》一九五八年十一月。
㉕《新民歌是主流，詩歌的發展應當以民歌體爲主要基礎》，《人民日報》一九五九年一月二十一日。
㉖《文學研究》一九五八年第三期。
㉗《關於新詩的「百花齊放」問題》，《處女地》一九五八年七月號。
㉘見《詩座談紀盛》，《詩刊》一九六二年第三期。
㉙一九八〇年八月號。
㉚《「朦朧詩」問答》，《文學報》一九八三年三月二十四日。
㉛《美國歸來答客問》。
㉜《古怪詩論質疑》，《詩刊》一九八〇年十二月。
㉝《關於「朦朧詩」來稿綜述》，《文學報》一九八一年六月二十五日。
㉞《北方論叢》一九八四年第四期。
㉟《失去了平靜之後》，《詩刊》一九八〇年十二月。
㊱《當代文藝思潮》一九八二年第三期。
㊲《關於「朦朧詩」來稿綜述》，《文學報》一九八一年六月二十五日。
㊳《迷幻藥》，《艾青談詩》，九一～九二頁。

㊴《也談「朦朧詩」》，《文學報》一九八一年四月九日。
㊵《美和詩的漫話》，《詩刊》一九八〇年九月。
㊶吳嘉、先樹：《一次熱烈而冷靜的交鋒》，《詩刊》一九八〇年第十二期。
㊷《詩的異化與復歸》。
㊸《詩刊》一九八一年三月。
㊹《評〈新的美學原則在崛起〉》，《詩刊》一九八一年四月。
㊺《有感於「新的美學原則」的崛起》，《文藝報》一九八一年第十期。
㊻《關於繼承和創新》，《詩刊》一九八一年第五期。
㊼《讀〈新的美學原則在崛起〉後》，《詩刊》一九八一年六月。
㊽《詩刊》一九八一年第八期。
㊾《詩探索》一九八一年第三期。
㊿《當代文藝思潮》一九八三年第一期。
51《文藝報》一九八三年第三期。
52《詩刊》一九八三年第五期。
53《當代文藝思潮》一九八三年第四期。
54《詩刊》一九八三年第十一期。

㊺《當代文藝思潮》一九八三年第六期。
㊻《詩刊》一九八四年第一期。
㊼一九八七年一月六日。
㊽《文學評論》一九八八年第四期。
㊾載《詩歌報》。

第三章　詩人的詩論

第一節　強調「新詩比舊詩難做」的郭沫若

郭沫若（一八九二～一九七八），四川樂山縣人。他是我國新詩運動的奠基者。在他先後撰寫的近百萬字的文藝理論著述中，詩論是其中一個重要組成部分。他雖沒有專門寫出談新詩的著作，但散見於他文集中的書信、答問、講話、論文，仍可看出他對詩歌問題的見解。

郭沫若寫詩論，始於二〇年代初。他在《論詩三札》等文章中，提出了「性情必眞」等一套浪漫主義詩歌主張。這些主張，總的說來和狂風暴雨式的時代要求、反封建的要求合拍。

隨著革命的行進和思想的發展，郭沫若的詩學觀發生了變化。一九二七年他成爲馬克思主義者之後，積極鼓吹詩歌要爲革命服務，做黨的喇叭。不過，這喇叭有時吹得過份刺耳。如一九四八年三月，他在香港出版的《大衆文藝叢刊》上發表的《斥反動文藝》，把團結對象蕭乾、沈從文、朱光潛等作家列爲打倒對象，就過「左」了。一九四九年以後，他仍十分強調文學的戰鬥作用和教育作用。他在一九五〇年寫的《關於詩歌的一些意見》①中說：

詩歌應該是最犀利而有效的戰鬥武器，對友軍是號角，對敵人則是炸彈。因此，寫詩歌的人，首先便得要求他有嚴峻的階級意識，革命意識，爲人民服務的意識，爲政治服務的意識。

有了這些意識才能有眞摯的戰鬥情緒，發而爲詩歌也才能發揮武器的效果而成爲現實主義作品。

要求詩歌成爲「號角」、「炸彈」，這是郭沫若一九四九年後詩歌觀乃至文學觀的核心。基於這種文學觀，他在反胡風時，代表官方發號施令，對胡風大肆抨擊，以後在各種政治運動中率先表態，也就不足爲怪。這種詩歌觀，也是郭沫若在民主革命時期說的「今天的詩歌必須要以人民爲本位」②的合乎邏輯的發展。

五〇年代，是人民翻身求解放的年代。寫小夜曲式的作品，普遍被認爲是對嚴峻生活的一種褻瀆；寫進行曲式的作品，似乎才與戰鬥的時代相適應。郭沫若這種「號角」、「炸彈」的觀點，雖然適應了這種時代需要，但畢竟是片面的。因爲詩除了要像炸彈一樣爆破在敵人的陣地，像號角一樣響徹在鬥爭前線外，同時它還應該似春雨，澆灌在讀者的心田。只強調詩的政治與教育的作用，不重視詩的審美作用，必然會把詩歌美學驅趕在一條狹窄的小道上。不強調從生活出發，過分強調從「嚴峻的階級意識出發」，有時難免會「以主義去做詩」。這就難怪在郭沫若一九四九年後的詩作中，鮮見我們所熟稔的、像「五四」時期那樣任憑眞情的自然流瀉的奔放詩句，而看到不少是像《防治棉蚜歌》

（一九五一年）那樣只具宣傳作用但缺乏審美價值的作品。

對舊體詩詞寫作的評論，是郭沫若一九四九年後詩論的另一項重要內容。

衆所周知，郭沫若對舊詩有深厚的修養，還在小時候就做過試帖詩。在「五四」文學革命期間，出於對封建文學的痛恨，他「對舊詩仇恨得不得了，一概否定」③，自己也不再寫舊詩了。四〇年代又寫了些舊詩，但很少公開發表。一九四九年後，他仍在堅持新詩創作，興趣卻越來越濃地轉向舊體詩詞。一九五〇年，《文藝報》讀者吳韻風看了他寫的舊詩後，曾寫信向郭沫若提出這樣的問題：「爲什麼在『五四』前後頂大膽寫新詩的人又轉到寫舊詩來？」能否把「這一轉變關鍵」解釋明白？對此，郭沫若於一九五〇年五月寫了《論寫舊體詩詞》④回答：

一、不能從形式上看「新」。由寫新詩轉向寫舊詩，「『這一轉變』倒不一定是由新而舊，而在實際上卻依然是由舊而新的。因爲『大膽寫新詩』在形式上固然是一種新的轉變，而『舊瓶盛新酒』在內容上也是一種新的轉變」。比如反動派寫的內容反動的詩，雖沒採用舊體詩形式，但「我們斷不能說它就是『新詩』」；革命家用舊體形式寫的內容革命的詩，我們也不能說是「舊詩」。

二、「舊式的詩詞在今天依然有它的相對的生命」。這一「生命」來源於它「本是民間文藝的一種加工品」。另方面，也是更重要的方面，是「利用舊詩詞來寫革命的內容」，同樣可以達到「爲人民服務的效果」。

三、「寫作新詩歌始終是今天的主要道路。」對舊詩，青年人可以閱讀欣賞，但不一定要「學習寫作」。

對這些觀點，郭沫若以後又做了進一步的補充與強調。如在一九六二年，他主張爲「舊詩」廢名：「舊詩這個名稱可以摘掉」，「說毛主席的詩詞是舊詩，而徐志摩、胡適的詩反而算是新詩，那只有天曉得」。在「雙百」方針提出後的一九五六年，他認爲「新詩的前途比舊詩要遠大得多」的同時認爲：「好的舊詩萬歲，好的新詩也萬歲。」⑤

郭沫若這些意見，有的很精闢。如在《論寫舊詩詞》中講的第三點，與毛澤東後來說的「詩當然應以新詩爲主體，舊詩可以寫一些，但是不宜在青年中提倡」⑥可謂不謀而合。關於第二點，他看到舊體詩這棵老樹能發新枝，還能爲新社會服務，這在五〇年代初期，倒眞正是「頂大膽」的。事實上，舊體詩也確是打而不倒，總在不斷和新詩競爭，眞可謂是「重重疊疊上瑤臺，幾度呼童掃不開」。柳亞子在一九四二年八月曾用「迴光反照」⑦去解釋這種現象，看來遠未能說明問題的眞相。舊體詩詞的「起死回生」，當然更不像有些人說的是「捲土重來」，而是說明時代還需要它，不少讀者喜歡它，而且詩歌園地裏有了它，更能顯示出百花齊放。至於郭沫若說要從內容上分「新」「舊」，卻不科學，也難經得起實踐的檢驗。因爲「新詩」、「舊詩」的概念，大家通常的理解是指形式而非內容。認爲內容新形式必然新，這就有點強詞奪理，且有否定形式的相對獨立性之嫌。毛澤東詩詞內容誠然新，可群衆仍稱它爲「舊詩」，作者本人也叫它爲「舊體」，從沒說過它是「新詩」。這種約定俗成的叫法，要改也難。

關於爲什麼會對舊詩興趣愈來愈濃這一問題，《論寫舊詩詞》並沒有做出實質性的回答。後來郭沫若在一次座談會上倒接觸了問題的實質：「新詩難做，舊詩還有個框，一套就像詩。新詩要做得好，要它本質是詩，要不打扮就是詩，舊詩靠打扮。我是知難而退，但我還沒有死心，我希望再過幾年，來個否定之否定！」⑧，這講得不僅符合實際，而且在某種程度上觸及了寫新詩與做舊詩的藝術規律。

當然，寫舊詩也不能光靠打扮。優秀的舊詩，均有新思想、新感情、新詞滙，韻律也有變通。要緊的是，不論是做新詩還是舊詩，都要承認形式的束縛性，同時又要力爭突破這種束縛。可有的人只承認舊詩有束縛，不承認新詩也有束縛性。或雖然看到了束縛性，卻覺得束縛只有害處，沒有好處。郭沫若並不這樣認爲。他在答覆蕭殷提出的新詩應向古典詩詞學習什麼的信中深刻地指出：「束縛也有其妙處，束縛與自由得到辯證的統一，如火車之在軌道上驅馳，就可以恰到好處。其實新詩也有束縛性。任何事物都有一定規律，規律就是束縛。有規律性的自由是眞解放，無規律的自由是狂亂而已。」⑨他在這裏要求詩人無論寫什麼體裁的詩，都要做到內容與形式的化合，束縛與自由的辯證統一，說得透徹和深刻。這裏講的「新詩也有束縛性」，很可能是他認爲「新詩比舊詩難做」的原因之一。

郭沫若對詩歌問題的看法，有不少是前後一貫的。如對「詩的本職專在抒情」⑩這一點，他在一九四九年後曾多次強調過。又如對靈感無論是在二〇年代還是在五〇年代，他不但從不否認它的存在，而且十分強調它在創作中的重要作用。對詩的功能問題，五〇年代初與六〇年代的看法則有所不同。一九六二年，黨中央對國民經濟執行了「調整、鞏固、充實、提高」的方針。周恩來、劉少奇、陳毅對文藝問題發表了許多反「左」的意見，這對善於看風向的郭沫若是一個信號。因而他這時談詩，不像五〇年代初期那樣強調「號角」和「炸彈」的作用：「文藝作品能使鬥爭的人輕鬆愉快，也就有助於鬥爭，這就有積極性。」對山水詩、風花雪月之類不可完全否定。「看一些輕鬆愉快的東西，精神上調劑一下，有什麼不好？」「對古典詩詞，不能專門強調鬥爭的一面，不能見到農民就捧，見到地主就打，見到帝王就砍。如李白的《靜夜思》，有何鬥爭意義？強調鬥爭，那只好打零分了。……所以，批評尺度要寬一些，不能自己畫地爲牢。不但對舊詩要放寬，對新詩也要放寬一點。」⑪這些意見，可惜他後來未敢堅持。如他在「文革」中出版的《李白與杜甫》⑫，在許多地方苛求古人，單純強調鬥爭性不及其它，以政治分析取代了審美分析，把審美層次的問題昇爲政治理論層次問題，其批評尺度顯得異常窄。其中對杜甫百般鄙貶，以至從「惡竹應須斬萬竿」這句詩斷定杜甫有一萬竿竹，並推論出「草堂裡的竹林佔一百畝以上」，因而杜甫的成份應爲「地主」。這種「考證」法，現在看來眞有點荒唐可笑，因而「只好打零分了」。

郭沫若在一九四九年後身披華麗袞服，領大陸知識分子認識原罪，從而贖罪當馴服的奴僕，喪失獨立的人格。他一直到辭世前仍對此缺乏深刻的反省，以至在彌留之際，還說要把自己的骨灰撒在大寨。在他看來，只有這塊被神許的農村樣板的地方，才是他靈魂歸宿的聖地。正因爲中「左」毒如此之深，所以他在五〇年代後的創作大倒退。主流話語把其置於僅次於魯迅又一「英勇的文化旗手」，顯然不恰當。現在是到了重新評價他在大陸當代文學史上地位的時候了！

第二節　艾青一以貫之的美學追求

艾青（一九一〇～一九九六），浙江金華人。一九三二年從法國歸來後，參加「中國左翼美術家聯盟」，後從事詩歌創作，於一九三六年出版了第一本詩集《大堰河》。一九四九年後任《人民文學》副主編。「文革」後爲《詩刊》編委、中國作家協會副主席。詩論著作有：《詩論》（一九四一年，桂林三戶圖書社）、《艾青談詩》（一九八二年，花城出版社）。

艾青的《詩論》，是一部經得起歷史沉澱、有自己完整體系的詩美學論著，一九四九年前後曾十多次再版。它的博大精深的內容和警策精煉的語言，充分顯示了現代詩論的無窮魅力。

一九四九年後，艾青在進行創作的同時仍在堅持寫詩論。但這些詩論，寫得很一般化。像長文《論工人詩歌》⑬，過多的肯定了諸如「工人們，情緒高／增加生產像賽跑」等標語口號式詩歌，使人覺得好似在「應景」。《關於詩的一封信》，用的也是直觀加思辨的研究方法。這種方法雖然在具體分析詩集時顯得具體細膩，但這種思路畢竟過於單一化。做普及詩藝常識的工作，似乎不適合艾青的理論個性，正如寫民歌體的敍事詩《藏槍記》，並不是他的所長一樣。

五〇年代，艾青還寫有較重要的論文。像《詩的形式問題——反對詩的形式主義傾向》⑭是衆多討論詩的形式問題文章中遲出的一篇，但在當時影響較大。作者不僅批駁了那種認爲建立一種共同所遵奉的形式，「是爲了國家過渡時期總路線的需要」，以及把形式劃分爲階級，說「『自由詩』是小資產階級的，而無產階級則是主張『格律詩』」的荒謬觀點，而且對自由詩與格律詩的內涵，對形式發展的諸種因素進行了深入的發掘，並提出「今天中國的詩，最根本的問題，是詩人對於國家現狀的態度、詩人的感情和人民的建設社會主義的感情更進一步結合的問題」。這由形式問題討論而發的意見，雖說得平常，但卻提出了一個切中時弊的理論問題。

一九五七年，艾青在反右鬥爭中消失，從此再沒有發表詩作和詩論。一九七八年，他重返詩壇，揮灑起他的解凍之筆，又陸續寫了許多詩歌評論，結集爲《艾青談詩》。這本詩論，收集了關於詩的論文、談話、答問、序言等共二十五篇。在這些文章中，可以看出他對詩美學的探索是一貫的、觀點前後一致，但同時又有所發展。這發展主要體現在下列幾個問題上：

一、在三〇年代末寫的《詩論·美學》中，他曾談了自己對樸素、單純、清新、含蓄等問題的理解，現在，他進一步明確地、集中地提出了自己對詩的四個方面的要求：

樸素，有意識地避免用華麗的詞藻來掩蓋空虛；

單純，以一個意象來表明一個感覺和觀念；

集中，以全部力量去完成自己所選擇的主題；
明快，不含糊其詞，不寫爲人費解的思想。
決不讓讀者誤解和墜入五里霧中。

這裏說的四個方面，並不是分割的，而是有機聯繫在一塊。他們之間的關係，是「你中有我，我中有你」。拿「樸素」來說，它是對於詞藻的奢侈的擯棄。擯棄的結果，必然使詩顯得「單純」。「單純」，不是單薄的同義語，它是詩人對事象的態度的肯定，在表現事象時能與正確的觀察取得統一的表現。而「統一」的結果，必然體現爲「集中」。「集中」的詩，又必然給事物以淸醒和明晰，也就是「明快」。這四個方面的次序也不能前後顚倒。它們之間是前因後果的關係。寫詩，必須先樸後巧，先單純後集中而明快。在創作時，這四點必須前後顧及到，而不能過份強調某一方面而失去「生態平衡」。拿「單純」來說，如過分強調它，對「集中」這一面忽略了，「單純」就會變成單調、貧乏。

這四個方面，是艾青多年創作經驗的總結，也是他的詩的藝術風格的寫照。艾青的詩——不管是長篇巨製還是抒情短章，正是以「樸素、單純、集中、明快」著稱的。當然，他沒有也不想以自己的藝術風格去強求別人。但他總希望詩要寫得深入淺出，把博大深厚的思想通過樸素平易的語言表現出來；不管寫什麼，還是怎麼寫，詩的思想、情感必須通向人民，讓人民理解。從這個意義上來說，這四個方面也可以看做是艾青對新詩創作和新詩評論提出的一個重要標尺。

二、「詩必須讓人能看懂」。

還在三〇年代，艾青就針對「詩怪」李金髮爲代表的晦澀詩派，明確宣言：「不要把詩寫成謎語」，「不要使讀者因你的表現的不充分不明確而誤解是艱深，把詩寫得容易使人看懂，是詩人的義務」⑮。時代變了，生活的節奏加快了，讀者的欣賞水平提高了，是否就要將詩寫得怪誕詭秘、晦澀難懂呢？艾青的回答是否定的。當然，「詩的好壞，不能以看得懂與看不懂作爲衡量的標準；也不能以爲人理解的程度做爲衡量作品的價值。容易懂的詩，不一定就是好詩；不容易懂的詩，也不一定是壞詩。」對所謂「朦朧詩」，他做了具體分析：其中有的表現了一種朦朧境界，有的則連高級知識分子也讀不懂。可見，艾青並不完全否定「朦朧詩」。他認爲，「『朦朧詩』可以存在，世界上有許多朦朧事物，只要寫得好，寫得美，當然可以寫」，「但是不宜把『朦朧詩』捧得太高，說成是新詩發展的方向，說朦朧是詩的規律等等」。他不附和無限抬高「朦朧詩」的「理論」，更不同意那種「以『我』做爲創作的中心，每個人手拿一面鏡子只照自己，每個人陶醉於自我欣賞」的做法。他這些看法，正表現了作者敢於正視詩壇流弊的可貴勇氣。

三、強調「散文美」就是「口語美」。

一九三九年，艾青寫了《詩的散文美》，向傳統美學觀念揭起一面挑戰的旗幟，受到熱情衝湧的抗戰詩人的歡迎。

到了八〇年代，艾青又把過去抽掉了的《詩的散文美》補充進一九八〇年版的《詩論》，並明確提出：「強調『散文美』，就是爲了把詩從矯揉造作、華而不實的風氣中擺脫出來，主張以現代的日常所用的鮮活的口語，表達自己所生活的時代——賦予詩以新的生機」。艾青強調這一點，仍有其現實意義。要表現時代精神，詩要寫得符合開放時代的要求，仍要從活人的嘴上取得源泉，即用活著的白話做原料，然後加工提煉成詩的語言；仍然需要褪盡鉛華的自然美，和凝固的呆板的形式告別。

艾青強調「詩的散文美」還和他的藝術個性有關。他平時寫詩，「怎麼順手就怎麼寫」，不受任何格律的約束。他雖然也寫格律詩，但他寫得更多的是自由體詩。他認爲，自由體詩具有「散文美」，有格律詩難以取代的長處：⑴它是新世界的產物，比各種格律體更解放；⑵自由體「表達思想感情比較方便，容量比較大——更能適應激烈動蕩、瞬息萬變的時代」；⑶具有廣泛的群衆性，「受到更多人的歡迎和運用」。這種詩體，用散文式的詩行組合，不強求押韻，也不考究詩句的整齊劃一及詩節的均勻，憑著口頭的自然語氣去分行和建行，充分表現出「散文美」的長處。

但他這種包括口語化和自由體的「散文美」主張，常常遭到一些人的誤解，以致把「散文美」與散文化等同起來。其實，艾青是堅決反對詩的散文化的。他認爲，「散文化的詩的最大特徵，是創作過程中排除了形象思維」。而不能像有些人那樣，以是否押韻作爲劃分詩的散文化的標準。有些押了韻卻沒用形象思維寫的詩倒往往是散文化的。因爲「押韻的詩更容易掩蓋散文化的傾向」。這裏講的散文化傾向，主要是指內容不集中，海闊天空不著邊際；以議論爲詩，不講比興；句子太散，語言不精煉。至於詩不借重音樂，拋棄了音樂成份，不押韻，這是詩在向散文靠攏。這種靠攏不見得就是散文化，而倒是「散文美」的體現。艾青這種觀點，是從戴望舒那裏繼承過來的。戴望舒在《詩論零札》裏表示過類似的意見，他的詩亦不重視外在的節奏而重內在的節奏；用口語寫成，沒有韻腳，但唸起來和諧。

艾青一九四九年後的詩論（包括他八〇年代續寫的《詩論》），在總的方面雖沒有超過四〇年代前《詩論》的影響，但仍有《詩論》不可代替的內容。如在新詩史研究方面，他寫的《中國新詩六十年》，是一篇力作。這篇論文不像他五〇年代寫的《望舒的詩》⑯那樣做「特寫鏡頭」式的描繪，而做「全景鏡頭」式的掃描——把現當代新詩放在一塊論述，這更有利於從整體上把握時代和新詩及其兩者之間的關係，從而避免了平面感和孤立感，給人一種縱深感和歷史感。當然，這篇文章還有可商榷之處，如關於新詩史的分期有以中國現代革命史的分期代替之嫌，未能很好反映出新詩這種獨特的藝術樣式發展前進的軌跡。

第三節　試圖解開詩學上的司芬克斯之謎的亦門

亦門（一九〇七～一九六七），原名陳守梅，筆名有阿壠、張懷瑞等等。浙江杭州人。一九四二年出版抒情詩集《無弦琴》，一九四七年出版報告文學集《第一擊》。一九三九年開始寫詩論。一九四八年寫了《人與詩》（一九四九年，上海書報雜誌聯合發行所）。一九五一年，他將四〇年代以來寫的近七十篇詩論結集爲《詩與現實》，分三冊出版（一九五一年，五〇年代出版社）。後來又出版了《詩是什麼》（一九五四年，新文藝出版社）。這三種論著加起來，總計一百四十多萬字，就產量之豐來說，在新詩批評史上是罕見的。

亦門四〇年代寫於國統區的詩論，篇幅浩繁，內容複雜，其中不少寫得嚴峻而雄辯。在民族革命戰爭年代，他極力推崇力能掣鯨、氣可凌雲的詩篇，而反對翡翠蘭苕的纖巧之作。在《詩與現實》的第一冊，他開宗明義地宣稱：「詩是赤芒衝天直起的紅信號彈！」「今天，詩和詩人底任務是：A.作爲抗日民族戰爭底一彈。B.做爲抗日民族戰爭底一員。」「詩人不是宮庭中爲珠光寶氣所圍繞的孔雀，他是天空上和狂風、驟雨同飛翔的老鷹」。「詩人只有兩種詩：一種是進行曲，一種是凱旋歌」。亦門在這裏只講了詩可成爲「信號彈」，而沒講詩還可以成爲少女髮辮上的蝴蝶結；只講了詩人應唱「進行曲」，沒提「小夜曲」，有著時代的原因和歷史條件的限制。當時中華民族到了最危急的關頭，到處是奔霆飛熛，敗井頽垣，在這種形勢下，廣大群衆哪有閑暇去聽「小夜曲」？正是出於對大衆的深切了解，亦門自己寫的政治詩，才成爲劍與火；也正是基於這種觀點和創作實踐，他大力推崇解放區的詩是「戰鬥的旗幟和旗手」。對毛澤東的《沁園春·詠雪》，對魯迅的舊詩，對「田間底鳴鼓而前，魯藜底光明和和諧」，對「給萬人底意志以鋼鐵的鼓舞」的艾青，對根據地的青年詩人陳輝，對「是藝術底勝利也是政治底勝利」的歌劇《白毛女》，對「以新的內容佔領舊形式」獲得成功的《王貴與李香香》，他都做了較高的評價。

從事理論工作，最好能有一副熱烈而冷靜的頭腦。但亦門不易做到，他常常愛激動。「由於激動，這就『過火』」。如在民族革命戰爭年代，他提出「我們今天需要政治內容，不是技巧」這個口號，就欠全面。戰鬥的年代固然需要將「箭頭」指向法西斯的詩，但如不講究技巧，這「箭頭」就鋒利不起來。另外，他在評價臧克家、袁水拍等人的詩，表現了宗派情緒。他還認爲，「杜甫們」的技巧在今天無用，又將舊體詩判爲「精美的古玩」和「一具現存的棺材」，這均說得過於絕對。

對亦門《詩與現實》存在的問題，五〇年代曾出現過幾篇批評文章，其中吳穎發表在一九五四年《文藝月報》上的《亦門的唯心論的文藝思想》，從總的方面說來是屬學術性的批評，但有不足之處，特別是對亦門詩論的正確部分未能適當肯定。亦門讀了後，寫了近四萬字的《從美學的歧路「墮入」哲學的泥坑》進行反批評。澄清是非是必要的，但文中措辭甚激，強調「我必須攻擊或反擊」。這無助於開展自由討論，當時的政治氣氛也不便開展這種討論，因而這一反批評未能發表，後來反被當作「罪證」披露出來。

詩是什麼？這個問題可說是詩學上的司芬克斯之謎。詩自誕生以來，人們對它的解釋就歧義迭出。亦門寫的《詩是什麼》，正是爲了回答這一難題。比起他過去的論著來，此書形而上學的東西有所減少。如對王國維的境界說，亦門能從新角度進行評價。王氏在《人間詞話》中認爲：「主觀之詩人不必多閱世，閱世愈淺則性情愈眞」。這顯然是唯心的。亦門認爲，無論是「客觀之詩人」還是「主觀之詩人」，都要「閱世」，都要有深厚的生活基礎，這樣才談得上意境的創造。因爲「如同最醇的酒」的境界，是從「可以比做酒的釀料」的生活中提取的。「這種醇化過程，並非在生活之外，而是在生活當中，是從生活上昇，獲得高度。在這種醇化過程裏，人們把生活中的雜質澄清了，把那些原料提煉了，人們底一種生活力量在裏面發酵起來，發展出來，是從強力地投入生活到飛躍地提高生活」。又如對靈感，他認爲乍看起來玄妙，「一悟之後，萬象突會」，其實這種「突變」來源於「漸變」，天工中包含著人工，偶然裏包孕著必然。靈感，「不過是一種特殊的創作過程」。這樣，就與用天才去解釋靈感，又用靈感去詮注天才的神秘主義劃淸了界限。再如談到詩的形式和內容的關係時，他不但沒有胡亂地分割形式和內容，而且也沒有離開問題機械地談論作用和反作用。在他看來，「形式和內容本身，乃是一個過程，是以內容爲主導因素或決定因素的內部過程，乃是相互聯繫、互相依存、相互轉化、相互發展的辯證過程」。

《詩是什麼》十分強調詩品與人品的關係。作者認爲，詩品出於人品，詩人只有注意人格的鍛鍊，才能寫出充當時代號角的壯麗詩篇。無論是外國馬雅可夫斯基的詩，還是本國艾青的詩，「首先是人格底達到和完成，然後才有風格底達到和完成。首先是生活裏的詩人，然後才有藝術中的詩人。」這裏講的「人格」，是指詩人的氣質和品質；「風格」，是指集中凝聚地體現著作家的藝術個性的外部特徵。亦門在這裏強調詩就是人，寫詩首先要學會做人，並不是把文學領域內的風格論混同於倫理學的品行說，而是強調人品對詩品的決定作用，也就是魯迅說的從噴泉裏出來的都是水，從血管裏出來的都是血的道理。

《詩是什麼》值得重視之處還在於它探討了詩的本質和規律。關於這一點，作者在「詩的形式」部分，分節奏、行列、形象、語言等四方面去論述；在「詩的內容」部分，分天才、靈感、感覺、想象、思想、感情、境界、風格等八個問題進行探討。對「詩是什麼」這個大家感興趣的問題，作者是這樣回答的：「詩是一種熱情的花朵」。即是說，詩是情感的產物，正如別林斯基所說：「情感是詩人的天性中一個主要活動的因素。沒有情感就沒有詩人，也沒有詩」。但有了情感還不等於能寫出好詩。構成好詩的條件，還要求感情眞實，有大衆的感情；感情必須典型化，能體現時代的情緒。因而他又進一步認爲：「首先，詩，乃是一個時代的號角，乃是千萬人民的喉舌，而詩人則是時代和人民底兒子。但同時，詩也是『人格的聲音』。詩的形象，往往就是詩人自己。因爲詩往往是詩人直抒胸臆的呼聲。」說詩是「時代的號角」，這不能說是作者的獨特發現；講詩是「人格的聲音」，則有作者自己的聲音。關於這一點，他在一九四九年前寫的《形象再論》中說過：「詩是詩人以情緒底突擊由他自己直接向讀者呈現出的。……在小說這樣的文學形式，作者並不正面發言，一切活動底展開是付托了他底人物或者形象的。詩不然，由於詩主要是情緒的東西，並且是由詩人自己出來之故，……假使說，詩也應該有典型的人物，那麼這個典型人物就是詩人他自己。」當然，這不見得就完全接觸到詩的本質，也不能認爲作者已完滿地給我們解答了「詩是什麼」這個詩學上的司芬克斯之謎，但他對這一問題的探討，畢竟是建設性的。

從五〇年代中期起，凡屬正面建樹的東西和探索性的成果，常常遭到粗暴的攻擊。亦門這本書剛問世還不到一年，就遭到「徹底粉碎」、長期列爲禁書的命運。當然，這本書不是沒有缺憾。如該書對不同意以沒有形式的那種形式做爲新詩的形式的論者，上綱過高；對現代派缺乏具體分析，否定過多，等等。但當時批判的不是這些，而是把學術問題弄成了政治問題，嚴重地混淆了兩類不同性質的矛盾。粉碎「四人幫」後，隨著亦門問題的平反，他的詩論也重見天日，於一九八六年出版了由羅洛編選的他的詩論選《詩·人·現實》⑰。

第四節　何其芳的獨特理論建樹

在一九四九年前，何其芳寫的詩論並不多。可在一九四九年後，何其芳連續出版了《關於寫詩和讀詩》⑱、《詩歌欣賞》⑲，使他一躍成爲當代第一流的詩論家。

何其芳對新詩理論建設所做的重要貢獻，主要表現在他對詩的本質的探討和現代格律詩的鼓吹上。

關於詩的本質，如我們在上一節上說，這是一個難解的詩學上的司芬克斯之謎。魯迅對此曾表白過：「要我論詩，眞如要我講天文一樣，苦於不知怎麼說才好」。正是在這樣一個難於說淸的問題上，何其芳提出了如下詩歌定義：「詩是一種最集中地反映社會生活的文學樣式，它飽和著豐富的想像和感情，常常以直接抒情的方式來表現，而且在精煉與和諧的程度上，特別是在節奏的鮮明上，它的語言有別於散文的語言」。⑳這裏概括的詩的最基本特徵，其中有些部分如「最集中地反映社會生活」、「直接抒情的方式」，並非是詩的專利，戲劇和抒情散文就有類似的特徵，但從整體上考察，這個定義基本上抓住了詩的本質，特別是「想像和感情」、「節奏的鮮明」和「語言有別於散文」這三點，高度概括了詩的特徵。比起作者一九四四年《談寫詩》中所講詩所反映的生活，「是一種更激動人的生活，因此這種反映就採取了一種直接抒情或歌詠事物的方法。而詩的語言文字也就更富於音樂性」，無疑顯得更明確、具體。自然，何氏定義並不能說已徹底解開了詩學上的司芬克斯之謎，但作爲一家之言，無疑達到了當時最高學術水平，尤其他早先對敍事詩「不是在講說一個故事，而是在歌唱一個故事」㉑的看法，用語雖少，卻講得那樣準確精闢，這充分說明作者是一位深諳藝術規律的詩論家。

何其芳關於建立現代格律詩的主張，主要見於《關於現代格律詩》㉒一文。但在此之前，他已做過長期的思考和探索。他開始寫的自由詩，就並非徹底自由。如《預言》，較注意形式的整齊，音節的和諧，韻律的嚴格。在《夜歌和白天的歌》的初版《後記》㉓中，他在回顧自己的創作實踐時說：自己之所以沒將《北中國在燃燒》寫完整，一方面是由於對這類作品所體現的濃厚的舊知識分子習氣有所不滿，另方面是「在形式上也發生了疑惑與動搖」。他對詩作採用歐化形式是否能爲廣大讀者接受缺乏信心，但用什麼形式取代它，一時又還未找到。在《談寫詩》中，他又說：「中國的新詩我覺得還有一個形式問題尚未解決。從前，我是主張自由詩的。因爲那可以最自由地表達我自己所要表達的東西。但是現在，我動搖了。因爲我感覺到今日中國的廣大群衆還不習慣於這種形式，不大容易接受這種形式。而且自由詩本身也有其弱點，最易於散文化。恐怕新詩的民族形式還需要建立。這個問題只有大家從研究與實踐中來解決。」爲了探索新詩的民族形式問題，他曾嘗試過用五七言體來寫詩，但寫的時候碰到了句法與口語的矛盾，只好求助於文言的字眼和句法。對這種嘗試，他自己當然不滿意；繼續用自由體，他又不願意，因而在一九四二年以後，他只好擱筆。到了一九五〇年，《文藝報》舉辦詩歌筆談時，他寫了《話說新詩》。在此文中，他只提到了讀者更習慣於格律詩，但對詩的形式問題並未形成具體的主張，再過二、三年後，他的建立現代格律詩的主張接近成熟。他在一九五三年寫的《關於寫詩和讀詩》中談到：「雖然自由詩可算做中國新詩之一體，我們仍很有必要建立中國現代的格律詩」。他這一主張公諸於世之後，立即引起人們的廣泛重視。接著，他在一年之後寫成《關於現代格律詩》，詳盡地闡明了自己的主張。這一主張，正是他多年創作的總結和理論探索的結果。

何其芳之所以認爲新詩要走格律化的道路，是從詩歌的民族傳統、詩歌所容納的內容、讀者的欣賞習慣和詩歌發展的方面考慮的。他認爲：「詩的內容既然總是飽和著強烈的或者深厚感情，這就要求著它的形式便利於表現出一種反復迴旋、一唱三嘆的抒情氣氛。有一定的格律是有助於造成這種氣氛的」。「一個國家，如果沒有適合它的現代語言的規律的格律詩，我覺得這是一種不健全的現象。」在《再談詩歌形式問題》㉔中又說：「我國古典詩歌的傳統基本上是格律詩的傳統。」他還認爲，要寫出內容與形式得到高度統一的自由詩不容易。「這樣就產生了大量的詩意稀薄的散文化的詩，以致新詩爲人所詬病。要改變這種情況，也得建立格律詩。」何其芳所說的現代格律詩，其格律的構成主要是依靠頓數的整齊，並靠有規律的韻腳來增強它的節奏性。如果用圖來表示，可簡述爲：

現代格律詩＝頓數和押韻（規律化）／現代口語（語言）

這裏參考的主要是我國古代五七言詩頓數整齊和押韻這兩個特點，而不是它們的句法。因爲它們的句法和現代口語的規律不相適應。具體說來，在韻律上，何其芳所主張的是每行的頓數一樣（這裏講的頓，是指古代的一句詩和現代的一行詩中那種音節上的基本單位，每頓所佔的時間基本相等）。從頓數上講，他所主張的格律詩有每行三頓、每行四頓、每行五頓這幾種基本形式。在長詩裏，爲了表達內容的需要，在頓數上可以有變化。只是在局部範圍內，它仍應趨向統一。在短詩裏，頓數也可以有規律地變化。在收尾上，每行應基本上是兩個字的詞。在押韻上，只押大致相近的韻，不用一韻到底，可以少到兩行換一韻，四行一換韻，以此增強詩的節奏性。如果只做到頓數整齊而不押韻，那就會與自由詩劃不清界限。

何其芳所主張的現代格律詩，不僅吸取了古代格律詩的有益營養，而且在一定程度上還總結了「五四」以來新詩人的創作理論和實踐。比如聞一多曾做過創立現代格律詩的努力，還寫出了一些形式上頗爲完整的詩。但何其芳認爲，聞一多關於格律詩的理論帶有形式主義的傾向：「建立格律詩的必要，他不是從格律和詩的內容的一致性方面去肯定，從適當的格律和詩的內容的某些根本之點是相適應的而且能起一種補助作用這一方面去肯定，而是離開內容去講一些不恰當的道理」㉕。聞一多寫詩不僅強調每行字數整齊，而且還企圖在每一行裏安排上數目相等的重音。這說明他對外國格律詩吸收多於改造，注意中國國情不夠。何其芳一再說明，他的現代格律詩無聞一多這些毛病。他提倡現代格律詩，並不是想以這種格式一統詩壇。從他的許多論述看，他的現代格律詩的主張只是一種要求部分新詩格律化的主張。他還認爲：「民歌體、現代格律詩、自由詩都可以存在，都可以成爲民族形式。」㉖

何其芳對格律詩的看法，與另一詩論家王力不盡相同。王力在談到格律詩與自由詩的區別時說：「只要是依靠一定的規則寫出來的詩，不管是什麼詩體，都是格律詩。……凡不依照詩的傳統的格律的，就是自由詩。」㉗何其芳卻認爲：格律詩和自由詩「最主要的區別就在於格律詩的節奏是以很有規律的音節上的單位來造成的，自由詩卻不然」。㉘王氏以按照「一定的規則」去區分，何氏並不反對這一點，所不同的是他主張的「規則」範圍要小。如王氏認爲：「有了韻腳，就構成了格律詩」，而何氏卻認爲：「自由詩也有押韻的」。王氏認爲：凡詞曲均是格律詩，「因爲既然要按譜填詞作曲，那就是不自由的」。何氏卻認爲：詞曲有的是格律詩，有的似自由詩：「很多的詞，特別是那些比較長的詞，它的節奏簡直就無規律可尋……這種節奏並無規律的詞，在第一個創作某種詞調的人，它就像是押韻的自由詩一樣……」。㉙由此看來，王氏偏愛格律詩，將自由詩的許多地盤讓給了格律詩，這種過於「慷慨」的做法無助於現代格律詩的建立。倒是何氏的區分法，比較客觀、實際，有利於劃清自由詩與格律詩的界限。

在對待詩歌格律問題上，主張「新格律詩」的卞之琳的看法與何其芳的主張有相同之處，也有不同之處。相同之處是兩人都主張新格律詩不能採用五七言體，而應「在現代口語基礎上建立格律詩。」不同之處主要表現在何其芳是以「頓」和押韻兩個標準爲基礎，卞之琳卻著重強調「頓」法的決定作用，並從頓法上分出五七言調子和非五七言調子，而不著重分現代格律詩與非現代格律詩。卞之琳與何其芳的另一不同之處是注意用創作實踐來印證理論。本來，一種詩歌主張的提出，應建立在大量的創作實踐的基礎上。何其芳的關於建立現代格律的主張，儘管言之成理，在理論上也比卞之琳有系統，但畢竟設想多於實踐，連他自己也很少寫這類現代格律詩。而卞之琳卻不同。在理論上他雖然趕不上何其芳，但在實踐上卻走在何其芳的前面。他自己寫的雖不完全是格律詩，但多年來卻以寫作以音組爲基本單位的格律謹嚴的新詩著稱。

在自由詩獨步詩壇幾十年的情況下，何其芳不滿足於這種形式，另闢蹊徑，滿腔熱情地想爲新詩闖一條新路出來，他這種嚴肅的探求精神是可嘉的。因爲自由詩雖是「五四」文學革命的產物，它在衝破文言詩詞的僵死形式上立下了汗馬功勞，但這種形式畢竟是小說與散文中間地帶產生的一種文學樣式，它與我國有幾千年格律詩的傳統相去較遠。既然大部分詩人都讚成在民歌和古典詩歌基礎上發展新詩，那新詩的形式就必須要做或多或少的改變。可有不少人眼界不寬，只看到民歌體是新詩唯一的發展前途，而何其芳沒囿於這一點，他主張民歌體以外還有另一種專業工作者創造的格律詩，這正是何其芳不隨人後的創新精神的集中體現。也正由於這一點，周煦良、金戈等人，均熱情肯定了他這一創新精神。陳毅也說：「何其芳同志有個主張，要搞新詩的格律，這也是一種做法，不要忙於說他不對。把幾十年的新詩，總結幾條規律，按這個去做，難道就一定不能成立？也許他在這茫茫的詩海裏面，能摸出幾條經驗來，又有什麼不好？」㉚

在過去，就有人認爲別人很少按何其芳設計的方案去寫，可見這一主張讚同者極少。誠然，自覺按何氏的模式去寫詩的不多，但不自覺地按此格式去寫的卻有不少。如聞捷的《復仇的火焰》第一、二部，郭小川的《廈門風姿》、《鄉村大道》、《甘蔗林——青紗帳》、艾青的《在浪尖上》，均可看做是符合或基本符合何其芳主張的現代格律詩。

當然，何其芳的主張並非毫無缺陷。除前面講的作者本人缺乏實踐外，還在於何其芳對自己這種主張做了過多的、不恰當的宣傳。這不恰當主要體現在過於自信上。比如他把自己的主張和別的詩體比較時，對現代格律詩體的長處和發展前途說得過於絕對。本來，到底誰優誰劣，哪個詩體發展前途大些，應讓實踐來檢驗，讓歷史去檢驗。可是何其芳在自己實踐不多的情況下過早地做判斷，就顯得不夠愼重了。第三，他不以現存的格律雛型爲基礎，而企圖在民歌、新詩之外另起爐灶建立「現代格律詩」，也未免矯枉過正。事實上，在中國詩壇上，新格律的雛型是一種客觀存在。這種存在，不僅可從新民歌中找到，也可從田間的《馬頭琴集》、李季的《玉門詩抄》等新詩中找到。

第五節　學術青春未曾凋謝的公木

公木（一九一〇～一九九八），原名張松如，河北束鹿縣人。三〇年代開始創作。一九四九年後任鞍山教育處處長，一九五四年秋調北京任中國作家協會文學講習所副所長、所長。一九五八年夏被錯劃爲右派，一九七九年平反，後任吉林大學中文系教授、中國作家協會吉林分會名譽主席。主要詩論著作有：《談詩歌創作》（一九五七年，新文藝出版社）、《詩要用形象思維》（一九七九年，河北人民出版社）、《詩論》（一九八五年，四川文藝出版社）、《中國詩歌史論》（一九八五年，吉林大學出版社）。

還在三〇年代，公木在從事詩歌創作時，就寫過《新詩歌的內容與形式》、《新歌詩論》等文章，強調新詩的民族化與大衆化。五〇年代中期他由東北來到北京後，寫了許多評論青年詩人的論文。

五〇年代中期以前出版的詩論著作，除沙鷗外，鮮見有以研究當前創作、尤其是以評價青年詩人的詩作爲主要內容的。《談詩歌創作》卻不同。它的一個重要特色，是較早地評價了五〇年代初湧現的邵燕祥、張永枚、張天民、石方禹等一批青年詩人，把他們的風格特點納入了自己的研究視野，傳達了老一輩詩人對詩壇新苗澆水剪枝的喜悅感受。像《邵燕祥的詩》，公木肯定了他通過建設來歌唱青春、歌唱理想的寫法，分析了用繆斯的琴弦伴著一代青年「到遠方去」的這位青年詩人的剛健、清新的風格及其形成的要素。《讀〈新春〉和〈海邊的詩〉》，是寫給青年詩人張永枚的一封信。在當時，曾有人批評張永枚的詩「只有浪花、漁火、白帆，沒有敵人和階級鬥爭，是小資產階級——實際上是資產階級的東西」。正當張永枚爲此苦惱、彷徨的時候，公木肯定了這些誕生在朝鮮的防空洞裏的詩篇以及在藝術上所受的民歌和曲藝的影響。這給了張永枚巨大的鼓舞，從而堅定了他走文學道路的信心。這充分說明：一篇符合藝術規律的評論，可促使一位作者健康的成長；正如一篇大批判的評論，能斷送一位作者的藝術生命一樣。

一九五七年反右鬥爭後，公木被迫封筆，但他並未停止對詩藝的鑽研。他利用「下放」長春圖書館和到大學中文系工作的機會，閱讀了大量的學術著作，並對中國文學史、詩經、先秦寓言、毛澤東詩詞做了深刻的鑽研，這對他的評論道路產生了巨大的影響。他後來不僅寫新詩評論，還從事詩歌理論、詩歌史的研究工作；不僅寫單篇論文，而且寫系統專著。

《詩要用形象思維》，是公木新時期出版的第一本詩論專著，是他在「文革」前夕到七〇年代末講授《毛主席詩詞》專題課的「總結」。從現在看來，此書受了「時見」的影響，對毛澤東詩詞的評價間有片面的誇飾之語。但該書探討有關詩的秘密，從詩篇中發現形象思維的特殊規律，在一定程度上得到了正確的認識。作者研究藝術形象及其產生過程，研究詩創作爲什麼是生產實踐又是美感活動等問題，不是從抽象的定義出發，而是從自己對毛澤東詩詞及其理論的深刻理解出發，用自己的切身體會去探求詩藝規律，因而讀來使人覺得有較強的科學性，少有隔靴搔癢之感。

公木一九八五年出版的《詩論》，和艾青四〇年代出版的《詩論》同名。艾青的《詩論》，以散文詩的形式寫就；公木的《詩論》，用論文的方式構成。艾青的《詩論》，語語從胸中流出，是我國現代詩史上鮮見的提綱挈領的美學論著；公木的《詩論》，幾乎語語有出處，以識見的淵博取勝。該書除對《詩要用形象思維》做了部分修訂外，尚有《繼承和發揚現實主義的傳統》、《話說「第三自然界」》、《談談「在民歌和古典詩歌基礎上發展新詩」》、《政治·現實·知識》等論文組。《繼承和發揚現實主義和浪漫主義的傳統》，是作者厚積薄發、潛心研究的結晶。作者廣徵博引、條分縷析地從詩的本質去研究古典現實主義、現實主義與浪漫主義相結合等重大理論問題，不妨可看做是《談詩歌創作》中論中國古典詩歌問題的兩篇文章的擴充和發展。值得重視的是《話說「第三自然界」》。此文是對謝文利、曹長青合著的《同青年朋友談詩》(徵求意見稿)所提的書面意見。雖曰是讀書札記，作者卻以其廣博的學識、深厚的藝術理論涵養談了他對「第三自然界」的看法。他認爲：「科學技術是透過現象把握本質，把本質從現象中抽象出來，重在發現，它只能創造和改造『第二自然界』；文學藝術則是通過現象揭示本質，把握由現象到本質的統一，重在創造，它除了有助於創造『第二自然界』以外，更創造和組織了『第三自然界』」。「『第三自然界』的歷史較之『第二自然界』的歷史，具有更加生動活潑、豐富多彩的內涵。它既是『第二自然界』的形象反映，又是由人類想像力所幻生出來的。」它具有客觀實在性與可感性，人們可以往來出入，泳游憩息，「得到至高的啓迪與最大的滿足」。公木這一「第三自然界」的理論，雖受高爾基的文化觀的啓發，但仍有自己的灼見。他爲別人的著作所塡入的這許多有益的科學注疏，說明他把詩歌創作與詩歌理論相溝通的能力和才學，往往超出一般的詩評家之上。

《中國詩歌史論》，在鳥瞰古典詩史和論述古典詩歌中一些重大理論問題時，常常聯繫到詩壇現狀，對當代新詩的發展道出啓人深思的見解。公木認爲，新詩應走現代化、民族化、大衆化、多樣化的道路。他不同意有些詩論家所說的「五四時期的新詩運動」是「完全脫離傳統影響」的結論：「如果可以把外國詩比做生父的話，那麼中國古典舊詩便是它的生母。新詩從舊詩這個母體中結胎、降生，卻不存在『掃蕩』與『打倒』的關係」。在文化交流的大門啓開，歐美風雨又吹拂滋潤我們新詩歌的百花園地之時，現代化仍「必須與民族化、大衆化相結合」，以加強新詩同廣大人民的聯繫，加強對民族傳統的繼承。如不這樣做，「片面強調現代化，便會走到歧路上去」。所有這些，都表明他們詩論靠攏傳統派與新潮詩論家有所不同。

總之，公木雖致力於古典詩論研究，主持編寫多卷本《中國詩史》(包括「五四」以後的兩冊)的工作，但仍密切關注著新詩的發展方向。到了晚年，他的學術青春仍未凋謝，大膽思索的花朵並未枯萎，對藝術追求的急流仍在奔瀉，特別是一九四九年後他所探討的中國詩歌現實與浪漫、史詩與劇詩、歌詩與誦詩、語言與格律等系列重要問題，是他留給我們的一筆重要遺產。

第六節　眞誠坦率、見解犀利的公劉

公劉（一九二七～　），原名劉耿直，江西南昌人。反右鬥爭前出版有《邊地短歌》等四種詩集，還整理出版過描寫少數民族生活的長詩。「文革」結束後，出版了《白花·紅花》等數種詩集和詩論集《詩路跋涉》（一九八三年，江西人民出版社）、《詩與誠實》（一九八三年，花城出版社）、《亂彈詩弦》（一九八六年，三聯書店）、《誰是二十一世紀的大師？》（一九八六年，寧夏人民出版社）。

公劉最早寫詩論，可追溯到一九四八年在南昌報上發表的《艾青及其詩作》㉛的長文。一九四九年後，他寫的詩評數量少，且影響不大。十年動亂結束，他原先在反右鬥爭中被砸斷的琴弦，重新又響了起來，還寫了一系列筆力豪勁、感情深沉、見解犀利的專題論文、作品評論、詩苑雜感和序跋、通信、問答等等。

公劉的詩論，在撥亂反正中起了重要的作用。「文革」結束後不久，由於還在堅持「以階級鬥爭爲綱」，至使「左」的詩論還大有市場，幫腔幫調仍非常流行。在這種情況下，作爲詩評家的公劉勇敢地挺身而出，大聲疾呼要掃除瞞和騙的詩風，要恢復和發展新詩的現實主義傳統，理直氣壯地爲那些還沒有提到議事日程上來的作品平反。比如對當時湧現的揭露林、江反黨集團的作品，有人貶之爲「暴露文學」。對此，公劉旗幟鮮明地站出來辯難：「揭露黑暗是爲了保衛光明，擴展光明」。不揭露黑暗，特別是不繼續揭露林彪、「四人幫」遺留下來的黑暗，「社會主義民主就只是一句空話，四個現代化就『化』不成」。針對另一些人提出的「不能否定頌歌」的觀點，公劉指出，「詩歌包括頌歌，但不等於頌歌」。公劉不像有些人那樣在詩歌與頌歌之間劃上等號，這就觸及了大陸相當一部分詩歌問題的癥結所在，鬆動了長期以來被捆綁著詩人的手腳。當時還紛紛再版「大躍進」中的民歌及其論著，存在著全盤肯定一九五八年新民歌的傾向。對此公劉在一九七八年下半年指出：「大躍進」中有的民歌所運用的「不是藝術的誇張」。又說：「對一九五八年新民歌的全盤肯定，使得我們許多作者混淆了浪漫主義與弄虛作假的界限。」為了改變這種狀況，公劉提出：「在目前這個戰略大轉變時期，更需要著重宣傳現實主義，需要強調『但歌民病痛，不識時忌諱』」。這些觀點，雖然只是「反正」而不是「反思」，更不是「反叛」，但畢竟為以後的突破、超越開了一個好頭。在《理當為〈望星空〉恢復名譽》一文中，公劉論證了為什麼要為《望星空》平反的理由，同時認為郭小川的其它作品《一個和八個》、《墓志銘》、《深深的山谷》、《白雪的讚歌》「還其歷史與藝術的本來面目」的一天終將到來。在作家作品的平反工作徘徊不前的情況下，這同樣表現了公劉的理論勇氣。

青年是新詩的未來和希望。對這「未來和希望」，公劉同樣給予充分的注意和關切。七〇年代末，公劉從北京地區內部出版的刊物上，發現了一些新苗，顧城便是其中的代表。雖然顧城詩作中流露出的思想感情以及表達那種思想感情的方式，曾使他「不勝駭異」，但他覺得自己有責任「努力去理解他們，理解得愈多愈好。這是一個新的課題」。這個課題，不僅是針對他自己提出的，也是針對廣大詩人和詩評家說的。這一問題提得及時，提得尖銳，爲「閃爍著一種陌生的奇異的光芒」的青年詩人的成長，開闢了道路。値得重視的是，公劉的扶助沒有一味「噴香水」，而是在肯定顧城的作品「有我們値得學習的長處」的同時指出：他們的作品還不夠成熟，存在著「認識上的片面性」。這種看法，說明他的評論決不以個人的情感作爲衡量詩人詩作的天平。這種不失之偏頗的評論，更能經得起實踐的檢驗。

公劉的詩論，處處體現了一種跋涉精神。這裏講的「跋涉」，「無非是一種追尋，一種探求，一種試驗，一種奮鬥」。在公劉的詩論中，常常可以看到他對眞理的追尋和對理論問題的探求與思考。比如自毛澤東《在延安文藝座談會上的講話》發表以來，歌頌與暴露便被確定爲對立的統一而進入了美學領域。這種提法很少有人打過問號。公劉卻一再推敲它，覺得它在哲學、邏輯學上和語文上都有値得討論之處。「我們知道，眞正互相矛盾著的概念應該是『歌頌』與『誹謗』，『暴露』和『掩蓋』。與文學作品中的實際情況相對證，更無法自圓其說，」因而他主張用「讚美與諷刺」去代替「歌頌與暴露」的概念。他這種看法，不一定就科學，也不可能流行開來。但他這種試驗和探求，有助於文學觀念的更新，「也許還可以減少創作及評論中都普遍存在的混亂現象」。公劉還認爲：「新詩最終一定要戰勝舊詩」。這也値得商榷。因「五四」以後新舊詩的關係，不再像「五四」時那樣存在著誰戰勝誰的問題，而主要是互相促進和取長補短。總不能把一部詩歌史，簡單地看做是文體變遷史。

八〇年代的中國大陸詩壇，衆多的詩人和詩評家，爲「朦朧詩」等問題進行激烈的爭辯。在這場爭論中，公劉「不想挑起爭論，也無意於參加論爭」。用他自己談「言志」與「緣情」的話來說，他在這場論戰中「基本上是一個調和派，一個有發展、略有側重的調和派。」他的所謂「調和」，是指討論的雙方都不要把話說絕，「硬把所謂的『朦朧詩』吹成新詩的『主流』，另一方面也不能以『非我即敵』的簡單化的邏輯把某些青年詩人打入地下。」所謂「側重」，在於捍衛青年詩人的試驗權，提倡「詩要多表現人民。表現『自我』，那也因爲『自我』是人民的折光。不要孤芳自賞」。基於不要「孤芳自賞」，不要把「膨脹得嚇人的『自我』當做不可缺少的『我』」的觀點，他曾寫了《詩要讓人讀得懂》的文章，批評了一位青年詩人的一首詩和一篇詩話。有人由此認爲他參加了討伐現代主義的「大批判」隊伍。其實，這種正常的批評與居高臨下的判決是不相同的。

公劉有兩句膾炙人口的詩句：「既然歷史在這兒沉思，我怎能不沉思這段歷史？」他的詩論，同樣體現了這種面對現實、面對創作實際的思辨力量強化的特點。這種思考，給人以沉思和前進的力量。比如他認爲詩人寫的作品不應該是水，「更不應該是以僞亂眞的蘇木水」，而應該是「擠」出來的「膽汁」和「血」。這正是他沉思三十多年寫詩歷史得出來的經驗，對詩歌創作有普遍的指導意義。也是這種思考，使他的不少詩論帶有政論的特點和充滿了動人的警句。

公劉寫詩，喜歡坦率地袒露自己的胸懷，毫不留情面地解剖自己。他論詩，同樣體現了誠實的現實主義風格。像《關於新詩的一些基本觀點》㉜，與讀者眞誠相見，支持什麼，反對什麼，毫不含糊。《從四種角度談詩與詩人——答中央廣播電視大學中文系問》㉝，同樣寫得相當眞誠坦率，它代表了和年輕的共和國一起成長的詩人對詩與政治、詩與人民等一系列重大問題的看法。他反對「淡化政治」的看法也許青年詩人不一定讚同，但對詩壇現狀的不滿卻是出自詩人的一種莊嚴的「歷史責任感」。他主張面向現實，面向人生，反對不食人間煙火味的「純詩」，尤其是強調詩的創作與詩人的生活和人生態度的關係，是他出自肺腑的眞話，無論如何值得青年詩人思索和參考。

公劉還是一個樂天知命、隨遇而安的人。在最艱難的情況下，他信心百倍，充滿了樂觀主義精神。這種精神表現在他的文章中，既有莊重的文辭，也夾雜有機智風趣的幽默文字。這類文字，雖與笑容爲鄰，但有時也與淚涕爲伍。如他的詩論集《誰是二十一世紀的大師？》「後記」，就笑中含淚，讀了後使人敬佩作者人格的高尚與文筆的活脫。

公劉詩論的不足主要表現在有的文章密度過大，引入的問題多了些，有不少地方只提出了論點來不及進行充分論證。另外，有些段落流露出某種怨憤之情，影響了論證的科學性。

第七節　流沙河隔海說詩

流沙河（一九三一～），原名余勛坦，四川金堂縣人。一九四八年在成都讀中學時開始寫作。一九五二年到四川省文聯工作，一九五七年《星星》創刊任編委，後創作散文詩《草木篇》，由此聞名也以此獲罪。復出後任《詩刊》編委、中國作家協會理事。詩論著作有：《台灣詩人十二家》（一九八三年，重慶出版社)、《隔海說詩》(一九八五年，三聯書店)、《寫詩十二課》(一九八五年，四川文藝出版社)、《十二象》(一九八七年，三聯書店)、《余光中一百首》(一九八八年，四川文藝出版社)、《台灣中青年詩人十二家》(一九八八年，重慶出版社)。

新時期以來，一些論者談鋒甚銳，大呼打破傳統，改革詩藝，有的還倡言「引進」舶來詩品，以促詩人「轉變詩風」。對流沙河這樣一個自詡爲「傳統派」、堅持寫實主義原則的詩人來說，自然不會去做「蝴蝶紛紛過牆去，卻疑春色在鄰家」的蠢事，更不會像有些人那樣「言必稱艾略特，詩必引現代派」。但他的理論位置，並不完全站在傳統派一邊，而是處在傳統派與現代派之間，在理論的中間地帶奮戰，這就使他不願做那種自我封閉、膠柱鼓瑟的詩人。他在捕捉靈感之鳥時，也確實想刷新詩藝，取他人之長補己之短。於是，他用紅藍兩色鉛筆輕輕敲著台灣詩人作品的選本，寫下了一系列評論文章。這既有益於海峽兩岸的詩藝交流，同時又可借彼島現代派詩作考察內地新詩。

流沙河評介台灣詩人，注意原則性與靈活性相結合。他對台灣現代派的思想傾向、理論主張是持批評態度的。他始終認爲，不管有什麼「新的崛起」，「現實主義之樹必將冬夏常青，永不凋落」。但他不同意那種視現代派爲洪水猛獸的觀點，亦不同意那種「力攻現代派，兼打『意識流』，又扯上了喇叭褲和盲公鏡」的戰法。對現代派的藝術技巧，他儘可能的給予寬容。可是那些力攻現代派的論者，往往只從凝固的政治標準和道德觀念去評判作品，常常因內容的不好連藝術也否定了。其實，藝術技巧有相對的獨立性，批評家應將藝術與內容適當分開，不應在任何時候都放在一鍋煮。在這點上，《台灣詩人十二家》顯示了客觀和公正。拿它所選編的一〇一首詩歌來說，其中有內容不可取的，也有可取的，更多的是瑕瑜互見的，內容複雜而藝術上有值得重視之處的作品。作者不因人廢詩、因詩廢人，這樣就可使讀者在走馬觀花之中領略到彼島詩作的概貌。和人民文學出版社八〇年代初出版的二卷本《台灣詩選》一樣，《台灣詩人十二家》也主要是根據台灣出版的《中國當代十大詩人選集》㉞的再選本，因而不能看做是編者獨立研究的成果。雖然這在當時資料缺乏的情況下是難免的。值得注意的是流沙河評價「十二家」的文章。這些文章，所著重的是粗筆勾勒而非工筆描繪，表層的介紹多於深層分析，因而不能說此書在理論上做到了深透和綿密，但作者對台灣詩人的評價，總的說來是精彩的，雖著語不多而能力透紙背。像說羊令野「屬於台灣的現代派，不是西裝革履美雨歐風的現代派，而是青衫小帽賞花醉月的現代派。」評價中肯且文字雋永。《浴火的鳳凰》談余光中的創作歷程時，沒像專題論文那樣求詳求深，但評價時仍做到了準確、中肯而鮮明，並能使讀者順帶了解台灣現代詩的過去與現在。其它各篇也表現了作者做爲鑒賞家和批評家的風度：用現實的眼光，理直氣壯地而又溫文爾雅地評說著現代派的是非與功過。

寫了《台灣詩人十二家》之後，流沙河覺得意猶未盡，又寫了由十四篇短文組成的《隔海說詩》。這本書與《台灣詩人十二家》的不同之處，在於「十二家」是一種評價性的詩選，後者則是具有獨立審美價值的詩話。它「只說詩，不說人；詩又只說好的和瑕瑜互見的，且著重對詩藝的探討，而不深究其思想意識」。

常言道：「詩無達詁」。這裏講的「詩」與「達詁」是一種否定的關係。可這句話不能做絕對化的理解。流沙河在《隔海說詩》中所做的工作，就是「詁」的工作。他在「詁」時盡量縮短「隔」的距離，力求「達」。當然，不能說他的「詁」都到了「達」的境界，但他在「詁」台灣現代詩時，卻常常有深邃的識見和精到的會意。如紀弦《你的名字》，是一首使人過目難忘的怪詩，可它怪在哪裏？流沙河將自己的筆觸伸向想像、結構、詞序、複沓、語氣、音韻等各方面，細撥輕點，再加上用自己的再創作的對比，人們就不難體會到這首怪詩的藝術奧妙所在。又如余光中的《當我死時》，由於用了英語的造句法，初讀起來很可能把它當做洋味甚重的歐化之作。可流沙河不從表面看問題。他認爲：「腔是洋腔，味是國味——思想、感情、語言，純粹是中國的某一個知識分子的，不是某一個洋人的或一個洋奴的。你看那個『枕』字，名詞的動詞化，猶存古漢語用字的典雅。『白髮蓋著黑土』，色彩對比鮮明，當然也是國貨，唐詩中多的是……」。這種精密細緻的分析法，無疑觸到了原作獨具的神韻。

《隔海說詩》兼有評論的科學性與文學的藝術性。它所運用的是散文語言。比起流沙河空靈跳蕩的詩作來，它顯得清淡而自然，而比起評介式的《台灣詩人十二家》來，它又增加了濃密和雕飾的成份。許多篇章，讀之餘味悠悠，令人低迴不已。像《氣氛是賓不是主》，含有作者的創造性，從中可看出流沙河詩歌鑑賞分析的深厚功底。《溶哀愁於物象》，也是可以當做漂亮的文學作品來讀的篇章。作者對余光中寫作《鄉愁》的動因與軌跡，說得頭頭是道。作品精巧的構想，溶哀愁於物象的本領，經過潛心揣摩，都被流沙河層層深入地揭示出來。可以毫不誇張地說，在三聯書店一九八五年出版的「今詩話叢書」中，《隔海說詩》不僅有較強的整體性，而且在文采風流方面，也堪稱一枝獨秀。

流沙河有較寬廣的知識結構，這在《寫詩十二課》中也有所體現。還要指出的是，流沙河由於對台灣現代派有較深刻的了解，再加上他對開放意識的吸聚，使他在與初學寫作者談詩論藝時，沒用通用格式或單一的公律做爲自己立論的依據，而時時注意詩歌觀念的更替和現代化。如在《立足》這課中談時空座標，時空錯亂，現代派與時空過渡等問題，在思維方式上均比同類著作有所更新。《顯象》中談意與象之間的關係，談靈視的作用，均吸收了現代詩論中的有益養分，從方法的陳舊和詩歌觀念的單一中解脫了出來。當然，流沙河畢竟是「李白杜甫的玄孫」，迪瑾蓀不是他的「姑奶奶」，這就決定了他對現代派的理論不亦步亦趨，而是做到不拘泥，有變通。如主張意象語應具備「五感」；《組象》中談「縱向組象」，《分層》中講的「相似分層」，與那種學了些名詞術語來炫奇立異的做法亦有不同，其中均含有作者的眞知灼見。

《寫詩十二課》另一特色是雅俗共賞，文字上通俗易懂，但無一般通俗文章之淺陋；有一定的理論深度，但無經院文章那種廟堂氣。在選題上，十二課的每一課既是習作者寫作中的難點，又是作者潛心研究的新成果。每課注意材料的典型生動和切合實際，不故弄玄虛，力爭談深談透每一個問題。《寫詩十二課》加《懸壺說詩》不過八萬字，它顯然不是鴻篇巨製，卻是有會於心之作。讀者可以從這些短章中窺見流沙河的博聞通識。

流沙河的詩論，有豐厚的幽默感。讀他的文章，常常引起會心的微笑，但這笑並非毫無意義的「打油」，而是裏面隱含著認眞的態度、嚴肅的意義和諷刺的鋒芒。如談台灣某些現代派詩作的難懂：「那一行行短短長長的句子如戰壕之密佈，處處有文字的明碉暗堡結構成馬奇諾防線，叫我攻不進去」，這種嘲謔、俏皮的比喩，把太詭譎太朦朧，不甚可取的寫法形象生動地表現了出來。《懸壺說詩》小序以及在《未名詩人》上連載的《流沙河信箱》，亦寫得滑稽、雋智。用這種冒著熱氣的幽默筆調談詩，不妨看做是對僵板文風的示威。

流沙河偏愛余光中的詩，很讚賞余氏下面這種看法：「我們的社會背景不同，讀者也互異，可是彼此對詩的熱忱與對詩藝的追求，應該一致。無論中國怎麼變，中文怎麼變，李杜的價値萬古長存，而後之詩人見賢思齊，創造中國新詩的努力，也是値得彼此鼓舞的」。正是基於這種互相認識、交流詩藝的思想，使流沙河隔海說詩做出了成績。對他這種成績，海峽那邊有不同的評價。如台灣《創世紀》在一九八四年六月號《漏網詩訊》中，認爲流沙河對台灣詩人詩作所做的是「別具用心之詮釋，批判多於分析」。這種指責是不符合實際的。流沙河評價台灣詩，決不是出於政治功利。儘管他對紀弦、瘂弦、高準的評價有不同意見，但總的說來較爲客觀公正。他能注意到台灣詩人「彼此各具臉譜，而且都在不停地變化著」，這使他的評述時有中鵠之言。當然有些篇章由於資料不足，難免出現魯魚亥豕的情況。又由於他不是專業理論工作者，而是屬於鑑賞型的批評家，所以他對台灣詩的研究遠未有專門家系統和深刻。

註釋

①《大衆詩歌》一九五〇年第一卷第一期。
②《開拓新詩歌的路》。
③⑪《郭老談詩》，《羊城晚報》一九六二年三月十五日。
④《文藝報》第二卷第四期。
⑤《雄雞集·談詩歌問題》。
⑥《關於詩的一封信》。
⑦《新詩和舊詩》，《新文學史料》一九七九年第三期。
⑧《詩座談紀盛》，《詩刊》一九六二年第三期。
⑨《詩歌漫談》，《作品》新第一卷第三期。
⑩《文藝論集·論詩三札》。
⑫一九七一年，人民文學出版社。
⑬《論工人詩歌》，《人民文學》第二卷第一期。
⑭《人民文學》一九五四年三月號。

⑮《詩論》。
⑯《詩刊》一九五七年第二期。
⑰三聯書店。
⑱一九五六年，作家出版社。
⑲一九六二年，作家出版社。
⑳《關於寫詩和讀詩》，第二十七頁。
㉑《談寫詩》。
㉒一九五四年四月十一日。
㉓一九四四年十月。
㉔《文學評論》一九五九年第二期。
㉕《關於寫詩和讀詩》，七〇～七一頁。
㉖《再談詩歌形式問題》。
㉗《中國格律詩的傳統和現代格律詩的問題》，《文學評論》一九五九年第三期。
㉘《關於現代格律詩》。
㉙《再談詩歌形式問題》。
㉚《詩刊》記者：《詩座談紀盛》，《詩刊》一九六二年第三期。

㉛《中國新報》一九四六年十二月二十四日、三十一日。
㉜《文學評論》一九八三年第四期。
㉝《文學評論》一九八八年第四期。
㉞張漢良、張默編。台灣，源成圖書供應社一九七七年七月版。

第四章　詩評家的詩論

第一節　受權力意志支配的安旗

安旗（一九二五～　），四川成都人。一九四六年去延安。一九五五年任陝西省委宣傳部文藝處副處長，後任《延河》副主編，一九五九年調四川文聯從事專業寫作。「文革」後任西北大學古典文學教授。詩論著作有：《論抒人民之情》（一九五八年，新文藝出版社）、《論詩與民歌》（一九五九年，作家出版社）、《論敍事詩》（一九六二年，作家出版社）、《新詩民族化群衆化問題初探》（一九六三年，四川人民出版社）、《探海集》（一九七八年，陝西人民出版社）。八〇年代後還出版有研究李白著作多種。

安旗是「十七年」時期少有的職業型詩評家。她有關新詩的論著，論數量，堪稱第一；論質量，則大都爲趨時之作。鑑於她的批評文字大都反映著當時詩壇風雲的變幻，許多流行的思潮都很快沉澱在她的詩評中，因而必須加以評述，以免當代新詩批評史變得殘缺。

還在一九五二年，安旗在《文藝報》第八期上發表了《我對西北文藝領導工作的一些意見》。但她的眞正評論生涯，和許多擔負文藝領導工作的評論家一樣，是在文藝思想批判中起步的。詩歌評論對於她，一開始就和階級鬥爭結下了不解之緣。在批判胡風時，她寫過炮擊式文章。在反右鬥爭前後，她更是起勁地寫批判《星星》詩刊、批判張賢亮的詩歌、批判流沙河關於題材問題的主張、批判反對「詩歌下放」的言論的文章。所有這些，均是「文學批評是文學界主要的鬥爭方法之一」的觀點的實踐。實踐這種主張者並不少，但在安旗身上體現的階級鬥爭工具論的批評觀，除沙鷗外，她無疑是最顯著的一位。每當政治運動到來的時候，她的詩評均與權力意志的需求保持著一致。即使政治運動過去了，她還要乘勝追擊，「淸除詩歌創作中的個人主義」，批判孫靜軒的《紅葉》①所表現的「孤獨、孤傲、陰冷、凄涼等情緒」，宣判雁翼一九五七年出版的《帆影》，如何「走著一條沒落的道路」。

從詩歌評論的科學性看，安旗的這類詩評儘管談不上有什麼理論價値，但她的思維方式、批評觀點乃至批評術語，卻有一定的代表性。雁翼曾有一首題爲《柳林間》的詩：

……

那少女很早把心交給他了，
也曾偷偷地爲他在邊防祝福，
可惜這一切那年輕的軍官並不知道，

走時，連一聲再見也沒有留。
這個故事是白楊告訴我的，
證明人是披著長髮的老垂柳樹，
説那少女每天晚上都在這兒哭泣，
你看，草地上還留著那少女的淚珠。

對這首很有藝術個性的詩，安旗卻戴著左的眼鏡透視，然後發問：「這位少女的淚珠究竟有什麼意義？這個單戀的故事究竟能給我們什麼啓示？這樣的詩寫出來有什麼用處？……我們不能不責問作者：雁翼同志，你這哪裏是戰士的嗓門？你這是什麼『階級的情感』呵？」②強調新詩創作必須表現無產階級感情，而無產階級感情的表現方式只能是歡笑不能是哭泣；可以寫愛情題材，但無產階級談戀愛是雙方有情有意，而不能是單相思；寫詩一定要有「用處」，比如教會青年如何談戀愛，正確對待失戀問題；寫戰士的詩篇一定要用「戰士的嗓門」，而不能用哀怨的筆調寫……。否則，就會招來上述一系列的責問，乃至被認爲「誤入歧途」。由此可見，當時詩評中左的傾向，就是要求不管寫什麼題材的詩人，都要有思想（當然是最純潔的思想）。至於藝術分析，這類詩評家是不屑一顧的。可這類詩評家的最重要特徵，恰巧是無思想。君不見，上述的批評標準、批評方法，均全部來自左的文藝思潮和文藝政策。就是它的評論口氣和語言，也是因襲別人的，如張立雲在五〇年代初寫的批評文章就喜歡用「難道生活是這樣的嗎？」的句式。

在「十七年」中，安旗並不完全被動地跟著左的文藝思潮漂流，當然更不是一個有內心自由的評論家。她同時具有被動與主動兩重性。說被動，是她的失誤大都是時代造成的，是和黨的工作錯誤緊緊聯繫在一起的。這些批判文章所體現的觀點，與其說是她的謬誤，不如說是時代的謬誤更恰當些。但我們也不能完全忽視安旗迎合左傾思潮的主動性乃至創造性，更不能說她一點也不重視藝術形式。在批判雁翼時，她就不放過對方使用的長句子，更不放過詩作採用的十四行形式。並武斷地認爲這種形式「更是已經僵死了的西歐貴族和資產階級的詩歌形式」③。當時有一位作者「修文」，寫了一篇《從「十四行」》說開去》④的文章和她辯論：「『十四行』有著怎樣的一段歷史，它在現在是否已經僵死？一種藝術形式本身有無階級屬性？在今天強調新詩民族化群衆化，並把它做爲首要問題來考慮的時候，還應不應該考慮一下詩歌形式的多樣化的問題？容不容許詩人做多種試驗？批評家在這種情況下的職責在什麼地方？」並認爲安旗指責雁翼的做法「實在是自欺欺人，實在叫人啼笑皆非」，這「未免說得太武斷、太嚴重。在客觀上會影響一個詩人不敢大膽在藝術形式上進行探索」。可惜左的時代氛圍和文藝氛圍，均使安旗不可能冷靜地聽取這種逆耳之言，反而聲稱「未敢枉道從人」，又寫了一篇和修文論辯的《也從「十四行」說開去》。這篇文章，同樣背離了藝術本體論的軌道，顯得主觀武斷，盛氣凌人。

如前所說，在「十七年」文壇上，隨著政治風浪起舞，在大批判中衝鋒在前的決不止安旗一人。

實事求是地說，安旗還有起碼的藝術修養，並沒有像姚文元批艾青那樣完全被權力意志所異化。對安旗來說，寫詩評並不是一種生存方式而主要是一種精神活動。這從她寫的一系列論抒情詩的論文可以看出。她這些文章，寫於中共的文藝政策比較開放和人們的思想比較活躍的一九五六年和一九五七年上半年。儘管這些文章在談技巧涉及作品的思想內容時，也或多或少地打上了當時社會思潮的烙印，但這些文章對抒情詩的理論建設，還是起了一定作用的。《論敘事詩》這本論文集，同樣注重正面立論，評價詩人詩作時較能超越世俗的狹隘眼光。《讀外國敘事詩筆記（九則）》，作者打開了自己的心靈空間和思維空間，不是拒絕排斥而是爭取借鑒拜倫、雪萊、席勒、普希金、涅克拉索夫的敘事詩的創作經驗和技巧，做到了「洋為中用」。《讀反映工業建設和工人生活的敘事詩》、《讀〈五月端陽〉和〈當紅軍的哥哥回來了〉》、《讀聞捷〈動蕩的年代〉》、《讀郭小川〈將軍三部曲〉》等文章，雖然大都是微觀分析，但分析中有綜合，在具體評價藝術形象時能凝結出抽象的理論晶體，受條條框框的束縛較少，在一定程度上體現了作者評論生產力的解放。《沿著和勞動人民結合的道路前進》⑤，在與卓如辯論時雖仍有簡單化之處，但她論述李季的創作道路，李季作品為何具有如此充實的生命力及其根本意義所在，態度謹嚴，論點鮮明突出。《略論我國古典敘事詩的藝術特點》，說理細密，行文更見雍容，沒有滲入批判與論辯的成份，在一定程度上體現了學者的風範。文中所概括的古典敘事詩的藝術特點：抒情和敘事高度結合，敘事和藝術描寫結合，人物對話的性格化與詩意化，高度精煉（人物少、線索少，情節和細節的選擇和表現上充分發揮詩歌藝術的特點），這不僅能引起讀者鑽研古典詩藝的興趣，而且對廣大詩作者利用古典詩歌藝術中有用的因素，創造出我們民族的嶄新詩篇，均有一定的啓示。

安旗的詩評儘管取得了以上成績，但貫串她全部詩評的傾向，仍是一種文藝批評的工具論，是權力意志支配詩歌評論的一種表現，它使詩歌批評失掉自己的獨立價值和科學形態。好在安旗的詩評有時能從權力意志的束縛下解脫出來，從而避免了被權力意志異化的悲劇。

第二節　謝冕：新詩潮的歌手

謝冕（一九三二～），福建福州人。一九四九年參軍入伍。一九六〇年畢業於北京大學中文系，爲該校教授、語言文學研究所所長、中國作家協會理事。主要著作有：《湖岸詩評》（一九八〇年，雲南人民出版社）、《北京書簡》（一九八一年，人民文學出版社）、《共和國的星光》（一九八三年，春風文藝出版社）、《論詩》（一九八五年，青海人民出版社）、《謝冕文學評論選》（一九八六年，湖南文藝出版社）、《中國現代詩人論》（一九八六年，重慶出版社）、《文學的綠色革命》（一九八八年，貴州人民出版社）。

爲「新詩潮」的興起推波助瀾，爲新時期詩歌觀念乃至文學觀念的變革做過重要貢獻的謝冕，他的評論道路大體上可分爲三個階段。

《湖岸詩評》，大都寫於「十七年」，也有一些寫於七〇年代末期。這些文章，包括未收入集內的《論賀敬之的政治抒情詩》⑥，構成了謝冕從事詩評工作的第一階段。

在這個階段，他和學友孫玉石、孫紹振、洪子誠、殷晉培、劉登翰等一起共同編寫了《新詩發展概況》⑦。在簡史編寫過程中，他較爲系統地接觸了「五四」以來的新詩和詩歌理論，爲以後從事新詩評論工作奠定了良好的基礎。從此，他就一發而不可收拾地寫詩評，以青年詩評家的敏感和才力，熱情地爲新人新作進行推薦和評價。在當時詩評不夠活躍的情況下，謝冕抱著推動創作前進的意向，敏捷地穿梭於短詩、長詩、詩集、詩話、詩人論等各種評論領域，在當代新詩評論園地裏勤奮耕耘。他對詩作飽含深情與獨具慧眼的理解與推薦，還有他那寫得簡約而又生動的文字，在促進詩壇新人成長和溝通作品與讀者之間的聯繫方面，均起到了應有的作用。

但他這時的詩歌批評，往往局限在振葉尋根、剖文析義或對已出現的優秀之作的解釋和讚嘆上，視野顯得不十分開闊。

從一九七六年十月到一九七八年，是謝冕從事詩評工作的第二階段。他做爲首批衝上充斥假大空文藝陣地的突擊隊員，爲新詩的撥亂反正做了許多工作：著力抨擊粉飾現實詩作的醜惡和虛假，批評不求創造的趨向、非自我化的趨向，呼籲作品的眞實性和對社會陰暗面的揭露。另方面，他開始了普及詩藝常識的專著寫作。《北京書簡》這本書，在談詩的形象、想像、構思、詩意及散文詩的藝術特點方面，有不少精闢的見解。作者才思敏捷，吐句清新，處處表現了他對於詩的審美判斷力以及他把形象思維與邏輯思維牢牢焊接在一塊的能力和才學。

但此書限於當時的歷史條件，寫得比較拘謹，全書的結構也無重大的突破。在那個時代，現成的、流行了多少年「無論是詩和歌，都是炸彈和旗幟」的理論還顯得那樣理由充足，謝冕的理性思維也只能在慣性軌道上滑行。因而我們讀到這樣的論述也就不會感到奇怪：「我們的社會主義詩歌，可以沒有上述那些詩歌（按：指愛情詩、唱酬小詩——引者），但決不能沒有郭小川的《向困難進軍》式的歌唱，決不能沒有賀敬之《雷鋒之歌》式的歌唱」。這種缺乏獨立思考和懷疑意識的「慣性滑行」狀態，用作者的話來說，它「留下了從冬天的冰雪中走來的重新起步的足跡」⑧。

一九七九年，思想解放運動的開展和當代詩歌發生的變革，冰釋了謝冕山泉般活躍的思想，從此開始了他的詩評的第三階段。

在這一階段，他不再像過去那樣專注於微觀的考察，而更喜歡在全局性的命題中做歷史的沉思，對詩歌的演變規律進行探索和總結。他力圖使自己的評論成爲文藝思潮的前導，使自己成爲文學觀念變革的先行者。他送走《湖岸詩評》、《北京書簡》後出版的《共和國的星光》，「總的特點是對於歷史的反思。這種反思的出發點是：追溯五四新詩運動曾經出現過的創造的和多樣的繁榮；總結建國以來詩歌創作所已達到的和曾經失去的，從中尋找新詩在長時間內所逐漸產生的異變的因由。」寫於一九七九年的《和新中國一起歌唱》⑨，是他對當代新詩創作的最早回顧。它雖然主要是描述新中國詩歌發展歷程，讚揚當代詩歌所取得的重大成就，但作者並不單爲人民共和國詩星的明亮而歡欣，同時還爲它的晦暗而憂慮，初步流露了他思考歷史時的批判意向。這個傾向，在他長達四萬餘言的《歷史的沉思》中得到了更鮮明的體現。這篇洋洋灑灑的論文，在寫法上，注意通過個體去認識整體，不因側重於整體考察就放鬆了對某些詩人詩作——乃至一個刊物的稿約的獨特性與豐富性的評價。在內容上，沒有把十年浩劫出現的「沒有詩歌」的局面形成簡單地歸結爲「四人幫」的破壞，而是深入探討了新詩發展本身存在的問題，如只強調詩的功利作用，忽視詩的審美價值；片面解釋抒人民之情，忘記了抒人民之情還必須通過「自我」得到表現；只強調向民歌和古典詩歌學習，而忽視了向外國詩歌學習，等等。在當時人們對詩歌界巨大的標準化工程——只能寫「我們」不能寫「我」缺乏清醒認識的時候，謝冕能做出切中「十七年」詩歌病體要害的嚴肅認眞的思考，在當時是鮮見的。文中對不少著名詩人的詩學觀及其某些詩作所做的毫不掩飾的批評，均顯示了作者獨立判斷的思想鋒芒。

如果我們只把謝冕當做一位闡釋型的詩評家，或當作像謝冕的同窗孫玉石那樣潛心研究現代詩歌的學術型的詩論家，那就會犯判斷的錯誤。謝冕從不願做經院式的文章。他的心，時時感受著文學前進的脈搏，永遠抵抗不住詩歌創作新現象的誘惑和呼喚，這使他無時間寫出像孫玉石《〈野草〉研究》⑩那樣的學術專著，但卻促使他成了八〇年代文壇新詩潮的歌手，成爲變革詩歌觀念的先鋒戰士。他對「朦朧詩」的支持及後來寫的一系列論述新詩潮的文章，已足以使他成爲支持青年詩人在詩的領域扔去「舊的皮囊」而創造「新鮮的太陽」的最佳人選。他之所以能對還不被許多人理解的、著重表現人的隱秘情緒的「朦朧詩」採取理解、扶助、鼓勵的態度，一個重要原因是他有濃重的民族憂患意識，並對「十七年」時期政治的傾斜和新詩向統一方面異化異常反感；另方面也由於他對「五四」時期群峰並峙、百舸競流的局面的憧憬和嚮往。當然，這時還不能說他已眞正透徹理解了「朦朧詩」的藝術特質，如詩的藝術變革成就、詩的語言結構特點等。他當時主要是基於對民族命運的思索，對「文革」前新詩道路愈走愈窄的反思，和「朦朧詩」始終活躍著戰鬥的生命的熱愛。正因爲這樣，他對當時詩歌創作新潮流所帶來的萬象紛呈的新氣象——包括令人瞠目的「怪」現象來不及也不可能做出具體的分析，只是發現並描述了這種新的跡象，並將這種探索歸結爲：「不拘一格，大膽吸收西方現代詩歌的某些表現方式……。有的詩寫得很朦朧，有的詩有過多的哀愁（不僅是淡淡的），有的詩有不無偏頗的激憤，有的詩則讓人不懂。」這篇題爲《在新的崛起面前》[11]的文章，他還不同意對這類詩進行引導，並提倡詩「允許有一部分讓人讀不太懂」，因而在詩壇上引起了一場激烈的論戰。艾青、臧克家、丁力、周良沛等人鮮明地表示不同意這種觀點。丁力在《古怪詩論質疑》[12]中說：「那種『很朦朧』和『讓人不懂』的詩，不能爲廣大群衆所理解、所接受、所欣賞的詩，當然是不好的詩，或根本不是詩（這當然不是指的一時看不懂，或少數人看不懂而實際可懂的那些詩）。使人讀得懂和讀不懂，不但是衡量詩的標準之一，而且是衡量一個詩人是不是願意爲人民歌唱的標準之一。」艾青在《迷幻藥》[13]中認爲：「『朦朧詩』可以存在……，但是不宜把『朦朧詩』捧得太高，說成是新詩發展的方向；說朦朧是詩的規律等等。」

以《在新的崛起面前》爲契機，謝冕在此後相當長的一段時間裏，以極大的興趣關注著新詩潮的發展。後來出版的《謝冕文學評論選》，可看做是《共和國的星光》的續篇。此書所表述的詩學觀雖無重大發展，但至少說明它仍未屈從於壓力，改變原有的觀點。此外，他還寫有論新詩史上許多著名詩人的論文，這些後來收集在《中國現代詩人論》中的文章，寫得極爲得心應手，不僅理性思維與直覺思維高度結合，而且既富歷史感又富當代感。特別是論公劉的文章，寫得文思飛動，揮灑自如，成了理解公劉詩作的一把鑰匙。它把論詩和論文結合起來，把思想傾向的剖析和審美方式、風格的把握統一在行文中，充分體現了一個批評家的藝術敏感和透視力。但這本書，只是作者爲達到一個更遠的目標所做的準備的一部分。他的目標是一部詩史，即從社會思潮的角度宏觀地考察進入二〇世紀以來的詩歌思潮。

在謝冕出版的幾本書中，《共和國的星光》影響最大，它充當了思維方式變革的橋樑，這一點確定了著者在當代文學批評史上的重要地位。可貴的是，他並不因爲自己支持新詩潮便認爲新詩潮將主宰未來的詩壇。他認爲，這是一個沒有主潮的文學時代，是多元並存的時代。對當前的詩壇來說，這是一個傳統詩潮、新詩潮、後新詩潮同時並存的詩歌博物館，確定主潮已失去意義。這一論斷比他過去過分鄙視傳統詩潮的觀點是一個進步，其源出自於他對秩序的理解。在對後新詩潮評價中，他適時地提出了「秩序的理解」這一新命題。他認爲，我們過去只允許藝術以一種秩序存在，而凝固不變的秩序便窒息了藝術的生命力。包括文學藝術在內的任何事物都在從無序到有序的過程中發展，從無序走向有序，在新的有序基礎上達到新的無序。永遠有序，文學就不能發展，只有無序，才顯示著青春活力。他認爲，伴隨著對社會、人生新理解的後新詩潮的出現，給詩壇、文壇帶來了新的混亂，但這是美麗的混亂。「一個統一的太陽已經破碎，這個太陽破碎成無數的碎片，這個碎片就閃閃發光，然後就宣稱自己就是太陽！在中國詩歌的天空上，有千萬個太陽在閃光」⑭。這種局面是謝冕嚮往已久的。在《美麗的遁逸——論中國後新詩潮》⑮中，謝冕進一步闡述了這種觀點。但他這些文章，寫得很不及時。儘管他花了不少伏案功夫，仍使人感到他對後新詩潮未能像他對新詩潮的評價那樣明晰透徹，多少給人力不從心之感。應該說，對後新詩潮體現的思根基調和處世哲學，謝冕並不是完全認同的——至少從心靈深處無法產生像新詩潮那樣的「遙感」、「共震」。這就使人感到他對後新詩潮的研究遠不如一些青年詩評家那樣有說服力。這就難怪當他用一系列論述新詩潮的論文來刷新詩壇的視野的時候，這詩壇也就用更新的尺度來衡量他，感到他對後新詩潮的追蹤顯得緩慢和疲憊。他對一些青年詩作的評價尤其缺乏冷靜理智的審視，更多的是情感上的傾向而缺乏客觀科學的分析。他八〇年代後期的詩論在走向空泛和玄學，他遠非是後新詩潮的鼓手。其實，我們大可不必苛求他一定要成爲後新詩潮的鼓手，他本人也用不著去硬充這種角色。當他對新詩潮及時做出肯定和進行理論總結時，他在新時期詩史上的地位已被這種歷史貢獻所確定。當謝冕在寫《共和國的星光》的時候，歷史同樣也在寫他在詩壇的開拓精神和學術勇氣。或許後來的理論家有可能超越謝冕，但他們是靠了謝冕們的腳印而前進的。

謝冕以詩論著稱於世。但對他來說，詩論不過是他把握整個文學發展的一個中介。他總是把詩當做一個窗口，當做觀察文學思潮起伏變化的重要依據。《文學的綠色革命》，就是他這方面的嘗試。這裏講的「綠色」，是因爲新時期的文學變革不是過去所說的一場「紅色」的政治革命，而是有關藝術思想、觀念的變革；它是在許多人還在撫摸政治傷痕時悄悄到來的。這是一場規模巨大、意義重大的反規範運動。作者透過從靜態到動態，從一元到多元，從有序到無序三個核心論點，就文學與政治、社會、人生以及內容與形式、創作與行政干預、普及與提高等一系列重大的文藝問題，提出了自己的看法，滿懷深情地讚揚了新時期文學所取得的初步成就。這本書以政治變遷和時代精神做參照系，從社會思潮、文藝思潮的漲落來論述這場「不做宣告」的悄悄進行的文學革命是一種無可選擇的歷史必然。作者的論述，呈一種運動感，給人一種清晰完整的印象，表現了作者的史識。同時，缺乏深度的論述，文采勝於理性分析的缺憾也在此書中被放大。但這並不影響謝冕成爲新時期思想解放運動的一員驍將、變革詩歌觀念乃至整個文學觀念的先鋒戰士，更不影響他成爲一個有鮮明評論風格的學者。

第三節　探討詩美學的李元洛

李元洛（一九三七～　），湖南長沙人。一九六〇年畢業於北京師範大學中文系，先後在青海、湖南從事教學工作，一九七九年起調《湘江文學》，爲湖南省作家協會副主席、省文聯文藝理論研究室研究員。詩論著作有：《詩歌漫論》（一九七九年，長江文藝出版社）、《詩卷長留天地間——論郭小川的詩》（一九八二年，人民文學出版社）、《詩學漫筆》（一九八三年，花城出版社）、《楚詩詞藝術欣賞》（一九八四年，長江文藝出版社）、《李元洛文學評論選》（一九八四年，湖南人民出版社）、《詩美學》（一九八七年，江蘇文藝出版社）。

從五〇年代末出版《詩歌漫論》，李元洛就在《詩刊》等處發表詩評。他的生命之船，從此揚帆在遼闊的詩的海洋。七〇年代末出版《詩歌漫論》，雖然質量不平衡，有時嚴謹卻失之拘泥，重賅博卻有徵引過多的傾向，但他這些或講巧思，或說警句，或論博喻的詩藝隨筆，均將自己的藝術感受條分縷析地導引給讀者，使讀者在學得詩歌知識的同時，得到某些技巧的啓示。

李元洛和謝冕是兩種不同類型的詩評家。李元洛較爲傳統，在對待「朦朧詩」問題上顯得保守。《詩卷長留天地間》的建構亦過於拘謹，創造性不足。李元洛與謝冕的另一不同是著重鑑賞和微觀剖析，而不似謝冕從偏重鑑賞品評到探索規律方向。在《詩學漫筆》中，李元洛把目光伸入詩的藝術辯證法的深層世界之中，把大小相形、正反相形、反常合道等詩的技法揭示出來。《李元洛文學評論選》對郭小川、賀敬之、李瑛的詩歌評論，所做的仍是微觀考察，但在考察郭詩中松竹的崇高美、賀詩的「洋爲中用」等方面，發掘出不少新意。較値得重視的還有研究台灣詩歌的文章。在個案研究方面，對洛夫詩歌的研究成績突出，以至作者被人戲稱爲「李元洛夫」。還有少量宏觀研究文章：《前車之鑑》，把台灣現代派放在寬廣的歷史發展中去考察，扼要地敘述了台灣極端現代主義詩歌如何從烈火烹油的盛景變成西風殘照的淒涼過程，這在當時討論中國新詩應走什麼道路的文章中，是頗見鋒穎的。《望遠鏡中的隔海詩魂》，作者第一次從詩學觀的角度，對余光中的藝術觀點及其演變，做了探討和思索，並表示了對「自我與現實」、「中國與西方」這些敏感的問題的看法，使個別的經驗昇華爲普遍的理論。港詩歌研究，曾受到個別老詩人的尖銳批評，認爲他在「趨時」。其實，從對臺灣極端現代派的批評中，他並未偏離他原有的傳統路線。但在對有「詩魔」之稱洛夫詩作的讚賞上，他確有過「越軌」行爲。

不僅在評論題材上和開掘的深度上，李元洛在突破自己，而且在藝術思維方式上，他也注意創新。《楚詩詞藝術欣賞》不僅用傳統的詩話詞話去解釋古典詩詞，而且用西方文論去比較，用現代新詩去印證。這種寫法，爲古典詩詞研究方法增添了赤橙黃綠青藍紫的光譜。

從這裏也可看出：這位被認爲「傳統派」扛大旗的理論家，時代的新風也吹進了他的心室，在他的研究成果裏同樣有新風徐徐拂動。他的專著《詩美學》，便能說明這一點。作者在此書的「後記」中，曾用簡潔的語言概括了自己的詩學觀：「中國的新詩應該縱向地繼承傳統，橫向地向西方借鑒，以中爲主，中西合璧；解決好社會學與美學、小我與大我、傳統與現代、中國與西方、再現與表現、作者的創造與讀者的再創造的辯證關係；力求民族化、現代化、藝術化和多樣化。」這本厚達七百餘頁的《詩美學》，便是這種詩學觀的闡明。這種闡明是站在美學的高度評述詩歌創作這一文學現象，從詩的審美主體的美學心理機制出發，探討詩歌美學中一系列重要問題，最後歸結到詩人與讀者的共同審美創造。還在一九八四年，老詩人胡征就出版過《詩的美學》⑯。但那本書無論是觀念、方法還是體系，均未發生變奏，因而它的出版並未引起人們的重視。從胡征的《詩的美學》到李元洛的《詩美學》，其中相距只三年多，卻從一個側面反映出詩論界對詩美學建設的關切度，已從胡征的泛泛論述乃至稍後鐘文的《詩美藝術》⑰、楊匡漢的《詩美的奧秘》⑱的論文結集，躍遷到李元洛《詩美學》這樣的專著問世，這使得李氏成爲八〇年代對詩美學建設有貢獻的學者之一。

李元洛研究詩美學，有三點值得注意：一是他把主要精力集中於古今中外詩歌美學價值的探索；二是這一探索不囿於某一具體理論問題，不局限於那一類詩歌創作，而是力圖從宏觀上弄清詩歌美學的本質，探討詩歌創作的審美心理、審美情感及詩歌創作的內部規律等重大理論問題；三是這種探討不是爲理論而理論，而是力求爲新詩創作提供規律性的東西，使詩歌美學研究不脫離創作實際。

嚴格意義上的詩美學建設，應以概念的獨立與體系框架的形成爲標誌。李著在這方面顯然還有不小差距。像前幾章談「思想美」、「感情美」，存在著詩美學泛化的傾向。談含蓄美儘管比作者過去的論述有所前進，但裏面仍有一個內化了的傳統格局，影響了作者視野的刷新和擴展。李元洛在該書後記中說：「我的這本書就權當引同代人之玉的一塊敲門磚，或聊充後代人煌煌大著的一顆鋪路的雨花石。」應該說這是有自知之明的表現。無論是從作者不夠新鮮的知識結構、文藝觀念，還是作者爲建構體系框架所顯示的力不從心的弱點看，《詩美學》均不可避免成爲一部過渡性的著作。在它稍後出版的、篇幅和規模要小得多的《詩歌形態美學》⑲，在某些方面已發出了後來居上的信號。《詩美學》這塊奠基石不久就會變成舖路的雨花石。

第四節　三大詩論群體透視

在當代詩壇上，各種創作流派蜂湧而起。對比之下，詩歌論壇顯得有些寂寞。截至八〇年代末，仍鮮見有新詩理論學派的建立與崛起。造成這種情況，主要原因是因爲大陸不似臺灣。可以任意組織詩社辦公開發行刊物和出版社，乃至組社有如組黨，弄不好就黨同伐異，在「伐異」中形成自己鮮明的詩論主張。另方面是詩歌理論隊伍遠比創作隊伍薄弱，有理論個性和理論追求的詩論家太少。常識告訴我們：和創作流派的形成一樣，獨具的個人理論風格，是形成理論學派的一個重要前提。此外，沒有詩論園地⑳，詩論的發表和出版比創作更爲艱難，也是一個重要原因。

這種嚴峻而無情的事實，爲詩論學派的創立帶來極大的困難。但困難並非不可能。如果說，八〇年代以前的詩歌論壇是一統天下的話，那麼，自「朦朧詩」論爭爆發之後，詩歌論壇自覺或不自覺地集結爲雖組織鬆散但觀點比較一致的下列三大詩論群體：

一是「傳統派」。「傳統」並非貶詞。對傳統，要具體分析，不能把它統統看做是「陳穀子爛芝麻」。這派以老詩人臧克家爲旗幟，丁力、聞山、尹在勤等爲代表。他們恪守自己的理論信仰，堅持現實主義道路。丁力的代表作是發表在《國風》一九八〇年創刊號上的頭條評論《詩的告白》，另見於丁力的詩論集《詩歌創作與欣賞》㉑中的有關文章。丁力認爲：當前詩歌現狀從粗線條劃分大體有三派：「一派是『古風派』，寫舊體詩詞，少數人寫。這一派如果還能表現新的內容，就可以存在，但我們提倡以新詩爲主體。另一派是『洋風派』，包括古怪詩、晦澀詩、朦朧詩，這是照搬外國的，搞全盤西化。」㉒「另一派是『國風派』，是中國作風、中國氣派的，中國人民喜聞樂見或樂於接受的民族化、群衆化傾向的詩派，是我國社會主義時代的現實主義詩派」㉓。丁力堅持現實主義的創作道路，主張新詩應有中國作風、中國氣派，反對晦澀詩，曾得到不少中、老年詩人的讚同。但他和聞山等人的價値取向和價値理論，並沒有發生應有的移動和變化，像對現代派深惡痛絕，把「朦朧詩」籠統地看做「全盤西化」，對有些青年詩人用象徵法、暗示法、隱喻法、懸想法、串珠法寫成的作品不加分析地持反對的態度，則不利於新詩的革新，也無利於新詩朝多元化的方向發展。

二是「崛起派」。其代表人物是謝冕、孫紹振、徐敬亞。其代表作是《在新的崛起面前》㉔、《新的美學原則在崛起》㉕、《崛起的詩群》㉖。謝冕是這一群體的宣傳鼓動家，他曾以巨大的熱情支持「朦朧詩」的崛起。他敏銳地覺察到某些新的文學現象的出現，但還來不及積澱爲理論形態性的「美學原則。」他的文章絕大部分收集在《共和國的星光》、《謝冕文學評論選》和《地火依然在運行——論新詩潮》這三本書中。孫紹振是這一群體的理論家。對青年詩人的探索，他不僅大聲揄揚，而且還企圖用敏銳的哲理和審美判斷，去說明複雜的青年詩歌創作現象和新時期詩壇的動向。徐敬亞的文章，在他們文章的基礎上更系統、更尖銳闡述了這一群體的詩歌主張。這一派詩論家著文不拘泥保守，立論大膽；下筆時偏重於激情的抒發，注意文體的革新。他們在「朦朧詩」遭到許多人非議的情況下，大膽支持青年詩人的探索，表現了極大的藝術勇氣。但這一派的理論傾斜也是十分明顯的：他們中的個別人徹底否定傳統，主張新詩的發展從零開始；對「朦朧詩」評價過高，將其說成是新詩未來發展的方向；「新的美學原則」把人的價值歸結爲「個人利益」、「個人精神」、個人幸福在社會上佔有的地位以及個人感情悲歡在藝術上得到怎樣的反映，而否認政治標準對人的決定作用，這也走向另一極端，且超出了詩歌美學研究的範疇。他們這一群體，八〇年代末來還出現了「後崛起」派產生的跡象。

三是「上園派」。「朦朧詩」論爭過後，「失去了平靜」的詩論家開始恢復了平靜，對前兩年的論爭進行了較爲冷靜的反思。一九八五年初，楊光治在廣東《文藝新世紀》上發表了《平靜之後的思考》，對尹在勤和孫紹振的詩論分別提出了異議。這篇文章，可以看做是第三詩論群體產生的信號。再加上一九八四、一九八五年，《詩刊》社曾邀請一部分詩論家在北京上園飯店舉辦讀書班、新詩評獎讀詩班，給一群觀點大體一致、被稱作「第三勢力」的詩論家提供了結識機會，因而他們中的一部分人，便於一九八六年春在廣州出版的《華夏詩報》上打出「上園詩派」的旗號。參加這一群體的不僅有詩論家，還有編輯家、出版家。主要成員有以從事基礎理論研究見長的呂進、袁忠岳，以五〇年代研究抒情詩著稱的葉櫓，善寫詩話、評論作品高產的阿紅，長於對詩壇做全景式觀照的朱先樹，出版家兼詩評家楊光治等。阿紅主編的《當代詩歌》在刊頭有這麼一段話：「堅持現實主義，兼容現代主義，提倡現實主義和現代主義合流。」可看做是這一群體的理論主張。呂進編的《上園談詩》㉗則是他們理論主張的大展。該書收入的袁忠岳的《中國新詩的選擇》、楊光治的《有希望的出路：詩爲中國當代讀者而作》以及朱先樹的《實事求是地評價青年詩人的創作》，均是他們的代表作。具體說來，他們的理論主張是：新詩既要民族化，又要現代化；既要立足於傳統，但又不能株守傳統，抱殘守缺，而要橫向借鑒於西方。他們認爲：「詩是現代的：它面向中國當代社會現實生活，表現當代中國人的思想情緒，在藝術上創造出適合中國讀者審美趣味和接受能力的多種多樣的表現方法；寬容一切藝術的追求，實事求是地分析和對待各種藝術存在，促進詩歌創作的繁榮和發展。」這種理論主張很有點像中國古代文論講的「中和之法」的味道。但他們不是搞調和、折衷，而是力求全面、辯證地看待詩歌的發展道路問題。由於這一群體是以所謂「中間」觀點著稱，所以他們的理論主張不如「傳統派」、「崛起派」那樣旗幟鮮明，缺乏青年人的鋒芒和激情的闡發，在引導創作潮流方面也不及「崛起派」自覺。他們的成員，理論主張常和上兩個群體交叉、滲透，其中有個別人還在某種程度上表現了靠近「傳統派」或「崛起派」的傾向。但這一群體影響大，其中不少未參加過上園飯店聚會的詩論家均讚同他們的主張，在廣義上亦可看做是他們的成員或後備軍。

這三大詩論群體並非是絕對的或唯一的劃分。比如有人把支持「朦朧詩」的謝冕、孫紹振、孫玉石、劉登翰等人稱爲「北大派」。還可將詩論家劃分爲「學術型」（如駱寒超）、「思辨型」（如楊匡漢）、「追蹤型」（如朱先樹）、「鑑賞型」（如李元洛）等等。不管哪一詩論群體，其成員均並非固定不變。如曾被人認爲「傳統派」理論家的李元洛，八〇年代末以來已明顯地表現了「上園派」的理論傾向。

這三大詩論群體兩頭小中間大，「上園派」人數較多，且以中年爲主。不管哪一群體，他們的理論觀點常隨著詩歌運動的發展而變化。他們是「你中有我」、「我中有你」，誰也難於吃掉誰。他們在相互進行激烈而友好的競賽，共同推動著新時期詩歌理論向前發展。

當然，詩論群體並不等於詩論學派。但這些群體，從文學未來學的觀點看，有形成詩論學派的可能性。

註釋

①《延河》一九五七年五月號。
②③安旗：《雁翼同志怎樣走上了歧路？》。
④《四川文學》一九六二年十月號。
⑤《文藝報》一九六〇年第五期。
⑥《詩刊》一九六〇年十一、十二月號。
⑦《詩刊》一九五九年六、七、十、十二月號。
⑧《北京書簡》，二三二頁。

⑨《文學評論》一九七九年第四期（八月二十五日出版）。
⑩一九八二年，中國社會科學出版社。
⑪《光明日報》一九八〇年五月七日。
⑫《詩刊》一九八〇年十二月。
⑬《艾青談詩》，一九〇頁。
⑭《「統一的太陽已經破碎」》，《科技日報》一九八七年十一月二十日。
⑮《文學評論》一九八八年第六期。
⑯陝西人民出版社。
⑰一九八四年，四川人民出版社。
⑱一九八五年，百花文藝出版社。
⑲盛子潮、朱水涌著，廈門大學出版社一九八七年版。
⑳一九八〇年創刊的《詩探索》出至一九八五年停刊。
㉑一九八三年，陝西人民出版社。
㉒《新詩的發展和古怪詩》。
㉓《新詩發展管見》。
㉔《光明日報》一九八〇年五月七日。

㉕《詩刊》一九八一年三月號。
㉖《當代文藝思潮》一九八三年第一期。
㉗一九八七年，重慶出版社。

第五編 孱弱的散文、報告文學、雜文理論批評

第一章 散文理論的斷裂與延續

詩與散文是文學上最早出現的品種。但由於在漫長的歲月裏，作爲文學的散文，一直與非文學的哲理、策論、歷史、記傳、奏疏、書信之作混雜在一起，因而自魏晉以來，探索詩歌創作的專著（如詩話、詩品）出現了上百部，而關於散文研究的著作，卻幾乎沒有——嚴格說來，全面研究散文的基本理論、總結散文創作經驗的專著一直到清末仍沒有出現。

「五四」以來，由於文學觀念的變革，便出現了小說、詩歌、散文、戲劇的四分法。隨著現代散文的繁榮與發展，對於散文創作的評論與研究越來越引起人們的重視，先後出現了李素伯的《小品文研究》、錢謙吾的《語體寫景文作法》、夏丏尊和葉聖陶的《文心》等專著。一九四九年後，這項工作沒很好繼續下去，以致使人認爲一九四九年以後散文理論的研究停滯不前。但事實並非完全這樣。五〇年代末，《文藝報》開闢了《讓散文這枝花開得更絢麗》專欄，連續發表了秦牧的《散文領域

——海闊天空》、冰心的《關於散文》、菡子的《讚一兩千字的散文》、柯藍的《我談〈早霞短笛〉》以及評論何爲《第二次考試》、李若冰的《旅途集》和《柴達木手記》①的文章。這些論文，探討了散文的範圍、題材和形式多樣化，總結了散文藝術表現上的經驗。六〇年代初，隨著文藝工作的調整，散文創作呈現了一片繁榮景象，出現了楊朔的《雪浪花》、劉白羽的《長江三日》、秦牧的《花城》等作品。《人民日報》從一九六一年元月開始，設立了《筆談散文》專欄，發表了老舍的《散文重要》②、李健吾的《竹簡精神——一封公開信》③、吳伯蕭的《多寫些散文》④、柯靈的《散文——文學的輕騎隊》⑤。《文匯報》、《光明日報》、《中國青年報》、《長江文藝》也發表了冰心、郭預衡、徐遲等人的文章，雖然理論色彩較差，深度不足，但聯繫創作實際緊密，有些看法至今仍未過時。如冰心認爲寫散文要「字字出自心坎，眞摯自然」，秦牧認爲要「盡量具有豐富多彩的內容」，徐遲認爲散文應有特別銳利的思想，「散文家必須是思想家」等等。

「十七年」的散文評論和研究，在下列問題上取得了一定的成績：

一、逐步擺脫了新聞、特寫的純紀實性對散文的約束。

在古代，散文是與韻文、駢文相別的一個大概念，許多非文學的種類均算做散文之列，實在包羅過寬。「五四」之後，雖然引進了西方劃分文體的新概念，但仍把雜文、隨筆、小品、書信、日記、速寫、素描、通訊、報告、遊記、回憶錄、人物傳記、科學小品統歸入現代散文之內。以致到了六〇年代，仍鮮見有純文學散文選集的出版，偶爾有之，也是《散文特寫選》之類。後來由於大陸文學創作和新聞事業的迅速發展，通訊、遊記、回憶錄、人物傳記等體裁已出現了獨立發展的趨勢，再加上通過理論探討，進一步明確了散文的內涵，因而六〇年代開始，散文已經逐漸擺脫了新聞、特寫的純紀實性的約束，開拓著形象的想像的天地。儘管在許多作家寫的文章中，如秦牧的《散文領域——海闊天空》、冰心的《關於散文》所談的散文概念均是「海闊天空」——廣義的，但在實踐中，人們並沒有按包羅萬象的散文概念去編選集。百花文藝出版社一九八二年出版的《筆談散文》，大部分使用的散文概念也是狹義的。特別值得一提的是文藝理論家蔣孔陽寫於一九五九年的《怎樣區別散文、特寫和短篇小說》⑥，明確地把散文和特寫區別開來，為散文與特寫的「離婚」起到了促進作用。

二、探討了散文創作的一些特點。

散文創作的特點是什麼？在六〇年代初期的討論中，有人認為「散文的特點正在於『散』」⑦，「散文的散，實在是一大優點」⑧。師陀認為：「散文忌『散』」⑨。蕭雲儒卻認為，「散文貴散」，「說得確切些，就是『形散神不散』」。據他的解釋，神不「散」係指「中心明確，緊湊集中，不贅述」。形「散」是指「散文的運筆如風，不拘成法，尤貴清淡自然，平易近人而言」。這篇文章雖然寫得很短（作者當時是一個大學生），未能充分展開論證，但作者提出的「形散神不散」⑩的主張，一直流行到八〇年代，並被許多大專院校的寫作教材所引用。它所以能引起許多人的讚同，是因為「形散神不散」的創作主張，在一定程度上符合散文創作既要規矩，也應舒放，把灑脫與嚴謹、自然氣勢與藝術匠心結合起來的藝術要求。另方面，作者還自覺或不自覺地表達了許多散文家共同追求的美學觀念：努力建立一種單純、明朗、和諧的散文美學風格。這裏講的單純，主要是指主題思想鮮明集中，不存在多義現象。這種風格，雖然帶有單一化和封閉性的傾向，但它符合「文革」前讀者的口味，所以能流傳開來。

三、對散文詩意的重視。

楊朔在《東風第一枝》小跋中說：「我在寫每篇文章時，總是拿著當詩一樣寫。」這個觀點，是對我國古典散文傳統的繼承。古代的散文，無論是柳宗元的《小石潭記》，還是范仲淹的《岳陽樓記》，都受詩歌的強烈影響。六〇年代的散文作家，從古典散文中吸取養料，常常在作品中尋求詩的意境。許多散文評論家，更是把是否有詩意做爲評價散文優劣的標準。但什麼才是散文的詩意，各家的解釋不甚相同。楊朔認爲，「不要從狹義方面來理解詩意兩個字。杏花春雨，固然有詩，鐵馬金戈的英雄氣概，更富有鼓舞人心的詩力。」⑪劉昭明認爲，散文的詩意「是指鮮明的藝術形象，濃鬱眞實的生活氣氛和旺盛的革命感情的有機統一。」⑫李元洛認爲，散文的詩意最主要的是指「深刻新穎的思想和優美充沛的感情；豐富美麗的想像和耐人尋味的意境；精煉鮮明的富於美感的語言」⑬。菡子則認爲，詩意是指作家在生活中發現、捕捉、提煉到的崇高思想感情，用她的話來說，「生活本身的光輝就是詩意的火種」⑭。另一種理解，詩意是指散文在寫景狀物、敘事抒情上所具有的含蘊性。這些理解和要求，有助於作家富有感染力地去再現生活中美的事物，給讀者以豐富的美感教育。但如果把詩意當做散文的唯一指歸和對所有散文家的普遍要求，輕則會給他們的創作帶來矜持和雕作，重則會給他們的創作帶來過分美化生活乃至粉飾現實的傾向。六〇年代的生活，本來並不美好，充滿著矛盾和鬥爭，可有些散文作者，未能正視人民的疾苦，將嚴竣的生活寫得過分空靈和虛幻。這種「詩意」的刻意追求拉開了散文與生活的距離，與讀者的距離。

八〇年代以後，從坎坷道路上走來的散文，沒有辜負春天的情意，出現了百花齊放、氣象萬千的局面。散文的評論和研究，也隨之復興和發展起來。一九八一年，三十年來首次在北京專門舉行了有夏衍、沈從文、李健吾、吳伯蕭等人參加的散文創作座談會。《文藝報》從同年第三期起，開闢了「我與散文」專欄，發表了黃秋耘、李若冰等人的文章。一九八四年八月，以吳組湘爲會長的中國散文學會正式成立。學會組織了一系列推動散文創作和研究的工作。尤其應提出的是，新時期湧現了一批專登散文創作和評論的刊物，如天津的《散文》、北京的《散文世界》、廣州的《隨筆》、河南的《散文選刊》。總觀這時期的散文評論和研究，對六〇年代的散文觀念進行了反思，在原來研究的基礎上有了進一步的發展：

一、不再把研究的基點放在「散」與「不散」的關係上。如前所說，「形散神不散」的主張有一定的合理性。但後來無限制地將其引申爲散文創作的金科玉律，則難以服人，更無助於散文朝多樣化發展。本來，散文的「散」是針對駢文的「駢」而言的。它是指散文的語言要口語化，不要對偶化，而不是指選材上、風格上的「散」。因而八〇年代初，這一問題又重新被提了出來。較早出現的文章有松木的《「形散神不散」質疑》⑮，認爲散文「之所以得名，不是由於它取材散，表達方法散，章法、結構散，或是由於內容、風格的散，更不是由於它生來就有『散』的特質……。因此，執意在『散』字上做文章」，必然會使散文創作導致「散漫」和「蕪雜」。在一九八三年江蘇省召開的散文創作討論會上，也有人反對散文要「散」，認爲「散」「絕非散文的一般特點」。「比起其它文學樣式來，散文更強調集中、凝煉，更講究結構佈局的嚴謹、有致」。林非的《散文創作的昨日和明日》⑯等文章，把對「形散神不散」的批評推向高潮。他認爲「形散神不散」要求主題集中明確，其實是一種古典主義式的藝術趣味，「如果只鼓勵這一種寫法，而反對主題分散或蘊合的另外的寫法，這實際上就是意味著用單一化來排斥和窒息豐富多采的藝術追求，這種封閉的藝術思維方式是缺乏馬克思主義的辯證法所致。主旨的表達應該千變萬化，有時候似乎是缺乏主題的很隱晦的篇章，對人們也許會產生極大或極深的思想上的啓迪，這往往是那種狹隘的藝術趣味所無法達到的」。⑰林非這種質疑，說服力較強，無疑有助於改變散文創作單一化和模式化的局面，在開放和流動的廣闊天地中自由地發展和競賽。至於完全徹底否定散文要「散」的觀點，似不利作者精神放鬆，心情曠達，態度自然地寫作。

二、對楊朔散文的再評價。楊朔的散文，直到七〇年代末還沒出現不同意見，一致認爲他的散文無論是思想還是藝術都是一流的。八〇年代初，沈敏特寫了《對於楊朔散文的一點惋惜》⑱，對楊朔的散文的局限性做了分析。一九八二年的《光明日報》及一九八四年的《山西文學》等報刊也展開了討論。其中較有代表性的是梁衡的意見。他在《當前散文創作的幾個問題》⑲中，一針見血地指出把意境當做散文唯一的指歸是一種迷信：「現代小說都有推理問題、人物心理、情節等各方面的探求，散文爲什麼只能以意境爲唯一的內涵呢？」並指出如果散文刻意追求意境可能產生虛假。在《眞實，散文的生命》[20]中，他又指出：由於楊朔過分追求散文的詩意和意境，使一些作品露出了「斧鑿之痕」。在內容上，由於受到「左」的傾向的影響，也有失實之處，並由此認爲楊朔散文的內容是「虛假」的，形式是「模式化」的，主要原因是「楊文的『假』是一種藝術的『假』」。李任中不同意對楊朔的散文採取的基本否定態度。他指出：應該看到楊朔的散文在文藝界有不好的影響，也有較好的影響：「不好的影響是，在一部分人中以爲散文只有楊朔那樣的『路子』寫才是最美的，散文創作的『路子』有些狹窄了；好的影響是，這些作品使人們又一次感到，當代散文應當重視藝術畫面的描繪，應當注意含蓄，應當追求藝術意境的創造，從而進一步重視了散文的藝術性。」而且「評價楊朔散文的思想內容，恐怕也要有歷史唯物主義的觀點。……應顧及當時特定的歷史條件，而不應以今天的標準將這些作品一律戴上『虛假』『說教』的帽子。」[21]孫紹振在《文學創作論》中也認爲，楊朔的散文確實有局限性，但他的貢獻不可抹殺。「楊朔的最大功績是把散文從紀實性的通訊報告、特寫中解放出來。」梁衡所批評的許多散文的結構模式其源確實出於楊朔，但是在楊朔尚不失爲一種創造，後繼的模仿包括楊朔本人的重復卻使之庸俗化了。」對楊朔散文評價討論的意義，不在於否定詩意的追求，而在於使被詩的意境創造和詩的感情強化方法緊緊束縛起來的散文解放出來，尋找到自己的審美規範。

三、比較全面地總結和研究中國現代散文創作成就和經驗，出版了一批有質量的理論專著。還在

「文革」前，王瑤就寫了《五四時期散文的發展及其特點》，精到地論述了「五四」散文創作發展的趨向，對所謂「言志」與「載道」做了剴切的分析。對「五四」散文與古代散文比其它文學樣式聯繫更爲緊密的問題，論述也頗富說服力。俞元桂主編的《中國現代散文理論》前言㉒，系統地勾勒了中國現代散文理論發展的概貌；俞元桂主編的、於一九八八年出版的《中國現代散文史》，借鑒紀事本末體和編年體史著的長處，展現出現代散文多樣發展的歷史風貌，從中探尋出現代散文的發展規律及經驗教訓。在這方面，成績突出者還有林非。他先後出版了《現代六十家散文札記》和《中國現代散文史稿》兩部專著，奠定了他的散文研究家的地位。此外還湧現了像佘樹森這樣的散文研究「專業戶」，他的《散文藝術初探》和《散文創作藝術》，影響也很大。范培松的《散文天地》、周冠群的《散文探美》、孫紹振的《文學創作論》散文部分、石英的《怎樣寫好散文》、傅德岷的《散文藝術論》、吳周文的《楊朔的散文藝術》、鄭星雨的《蓬萊詩魂》……，也有一定影響。這些琳琅滿目的書單，反映了新時期散文研究的盛況。

四、作家的散文觀有了重大的變革。爲了開拓散文創作的新天地，繼楊朔提出把散文「當詩一樣寫」後，巴金又提出了「當遺囑寫」說和張中行提出「當作詩與史」寫說。

「當遺囑寫」，見於巴金《隨想錄·把心交給讀者》。文中寫到黃裳擔心《隨想錄》會中途擱筆，巴金回答說：「我要繼續寫下去。我把它當作我的遺囑寫。」㉓乍看起來，這是信口道出，其實裡面體現了巴金散文的創作觀。如果我們聯繫起巴金「最後的日子」，我們就會感到「當遺囑寫」的審美原則包括了下列幾個層面：

(1)嚴肅的人生態度。巴金是現實主義者。他不讚成爲藝術而藝術，而主張爲人生的藝術。「當遺囑寫」，就是爲人生而寫作，用散文的形式抒發自己對人生的複雜感受，把自己遭遇到的矛盾和痛苦毫無保留地告訴讀者。

(2)歷史的理性。巴金的理性精神不僅表現在徹底否定「文化大革命」，「而且表現在自我解剖上重獲良知。他不糾纏於個人的歷史恩怨，他在民族大悲劇的背景上，品嘗人生苦難。」

(3)自由與樸素的藝術境界。

(4)「把心交給讀者」㉔。

「當作詩和史寫」，見諸於張中行《負喧瑣話·小引》：「雖然是名副其實的瑣屑，就主觀願望說卻是當作詩和史寫的。」㉕這裡講的「詩」，王堯有很好的解釋：「『詩』是文化之至美和文人悲天憫人的情懷，而『史』則是他對司馬遷史傳精神與筆法的認同，並以此記錄中國近現代知識分子的精神文化史」。張中行說的「當詩寫」與楊朔「文革」前講的「當詩一樣寫」，字面雖相同，含義卻不同：「楊朔以『戰士品格』爲詩心，張中行則以『文人情懷』爲詩心；楊朔關涉現實，而張中行則關懷文化；楊朔承接的是『社會改造』的話語系統，張中行則賡續『文化價值重建』的話語系統」㉖。張中行與楊朔的散文觀，反映了兩個時代的不同價值取向，極富典型性。

儘管這樣，散文評論和理論研究仍大大落在創作實踐的後面。有些散文研究論著，停留在讚揚

五、六〇年代出現的某些散文名篇上，而沒有很好從宏觀角度研究一九四九年後散文創作的概貌；某些研究楊朔的專著，多半滯留於微觀把握與表層分析，讀者難以看到楊朔的散文如何體現了「十七年」整個散文發展趨向中的優勢和弱點。比起小說觀念的大幅度更新來，散文理論的創新似乎更爲艱難，步伐也更慢。它身上的歷史的衣袍畢竟太厚太重，其肌體的變化遠不如小說弟兄們眼花撩亂的姿色更引人注目。

註釋

① 《文藝報》一九五九年第十四期。
② 《人民日報》一九六一年一月二十八日。
③ 《人民日報》一九六一年一月三十日。
④ 《人民日報》一九六一年二月一日。
⑤ 《人民日報》一九六一年二月二十八日。
⑥ 《文學知識》一九五九年第十一期。
⑦ 王爾齡：《散文的「散」》，《光明日報》一九六一年四月十三日。
⑧ 余南飛：《定體則無，大體須有》。
⑨ 師陀：《散文忌散》，《人民日報》一九六一年二月二十七日。

⑩ 蕭雲儒：《形散神不散》，《人民日報》一九六一年五月十二日。
⑪ 楊朔：《東風第一枝·小跋》。
⑫ 劉昭明：《散文的詩意》，《中國青年報》一九六一年十一月十一日。
⑬ 《筆談散文》，百花文藝出版社。
⑭ 菡子：《詩意和風格》。
⑮ 《語文戰線》一九八〇年八月號。
⑯ 《文學評論》一九八七年第三期。
⑰ 林非：《開拓散文藝術的新天地》，《人民日報》一九八七年五月十二日。
⑱ 《藝譚》，一九八〇年第三期。
⑲ 《光明日報》一九八二年十二月二十三日。
⑳ 《山西文學》一九八四年第三期。
㉑ 《也談散文的眞實和楊朔的散文》，《山西文學》一九八四年第十一期。
㉒ 《文藝研究》一九八二年第一期。
㉓ 巴金：《隨想錄》第一集，人民文學出版社一九八〇年六月版。
㉔㉖ 王堯：《鄉關何處》，東方出版社一九九六年六月版。
㉕ 張中行：《負暄瑣話·小引》，黑龍江人民出版社一九八六年六月版。

第二章　蛻變期中的報告文學理論批評

如果說，報告文學的創作是個彪形的關東大漢，那麼，對它的評論和理論研究則是一個孱弱的女子。新時期報告文學的異軍突起和八〇年代以來不斷出現的轟動效應，使這個本已十分孱弱的女子顯得更體單力薄。這種情況的造成，從客觀方面來說，是因爲報告文學是半個多世紀前出現的文體，不似小說、散文有悠久的歷史；另一方面，也因爲現代文學史上的報告文學理論存在著先天不足，致使當代報告文學理論發育不良。

大家知道：「報告文學」這一概念在大陸出現，始於三〇年代初。後來隨著「左聯」的倡導，報告文學很快走向成熟，報告文學的理論與批評也由此得到發展。當時較有影響的報告文學理論文章主要有胡風的《關於速寫》①、周立波的《談談報告文學》②、茅盾的《關於「報告文學」》③、周鋼鳴的《報告文學者的任務》④、羅蓀的《談報告文學》⑤等等。這些論文在考察報告文學興起的原因以及探討報告文學的特徵和功能方面做了不少工作，但這些作者均偏重於外部研究而忽視了內部規律的研究，對報告文學的審美屬性和文體問題注意得很不夠。這些缺陷，一九四九年後的報告文學理論批評不僅沒有將其彌補反而有所發展，致使報告文學的地位一直沒有確定下來，「文革」前老是在狹隘的政治路上蹣跚。報告文學這種卑微地位，又反過來影響了報告文學的研究，即報告文學本身一直在新聞與文學之間徘徊，找不到自己的確切位置，報告文學也就很難成爲獨立的研究對象，更無法談得上建立具有體系性的理論，因而在五〇年代最先做的是爲報告文學正名的工作。

當時的正名工作，是在人們分不清非虛構文學的敍事散文與報告文學的界限的情況下進行的。一九五六年前後出現的優秀報告文學作品，均被收在《散文特寫選》裏。許多報告文學作品的發表，也往往被冠以「特寫」的名稱。可是「特寫」按高爾基一九二九年的解釋，「是介於研究性論文和短篇小說之間的一種作品」，用它顯然無法囊括報告文學的多種形式。此外，它有時又被稱之爲「文藝性通訊」、「文藝性速寫」，有的還被稱爲「文藝性的調查報告」，名目繁多，造成混亂。在由《人民日報》編輯部和中國作家協會於一九六三年三月召開的報告文學座談會（這是大陸舉行的第一次專門討論報告文學創作的會）上，大家都認爲「現在很需要『正名』，也都認爲還是恢復『報告文學』這個名稱較好。」「如果把各種特寫、文藝通訊等等文學樣式，統名之爲報告文學，既便於使它的特性明確，又利於建立作者隊伍，同時也繼承了革命報告文學的戰鬥傳統。」在這次會議上，還討論了報告文學的時代精神和時代責任感，報告文學的範圍、題材和風格，關於眞實性和眞人眞事的問題。

關於報告文學的基本特點，大家認爲主要有四點：「㈠寫眞人眞事或以眞人眞事爲基礎；㈡迅速反映當前現實鬥爭，反映時代精神，具有強烈的戰鬥性和鼓舞作用；㈢主要從正面歌頌先進人物、先進事跡；㈣用文學語言、文學構思來進行寫作，與一般新聞通訊有別。」關於眞實性問題，也取得了下列一致的看法：「㈠報告文學應該主要寫眞人眞事。在這個原則下，可以允許在剪裁、結構、潤色等方面做適當的必要的藝術加工，但情節不能虛構，人物不能『拔高』。㈡如果寫出眞姓眞名，就更要求完全眞實，要經得起考核。這就需要作者特別加強調查研究和深入細緻的採訪。㈢寫眞姓眞名就全部眞姓名，寫假姓名就全部假姓名，或主要人物眞姓名次要人物假姓名。總之不要有眞有假，弄得眞眞假假，眞假不分。㈣在目前，特別需要提倡寫眞人眞事的報告文學。」這次會議，對大陸報告文學的發展起到了推動作用。這一時期湧現的反映焦裕祿、雷鋒等英雄人物精神面貌的佳作，影響了一代人的心靈，在教育青少年成長方面起到了積極作用。但這次會議仍存在著理論思維的惰性和認識上的偏頗，如把報告文學的特點著重在「及時反映上」，就是不全面的。把報告文學的主要職能看做是歌頌先進人物的觀點，則在一定程度上遮住了一些作者的目光，使他們在選取題材時失去了一定程度的自由，僅局限在一些可以公開報道的非常事件和有定評的英雄人物身上。即使寫《爲了六十一個階級兄弟》的事件或《紅桃是怎麼開的》的人物，也往往有主題先行的味道：陰暗面不能多寫，主題要配合當時的形勢，不能違反流行的政治觀點，這就局限了報告文學的發展，使其題材和風格不能做到多樣化。由於可供研究者選擇和發掘的空間極小，這也就難以吸引理論工作者去耕耘這塊本來就不算肥沃的土壤，致使直到「文革」前只有翻譯文章和單篇論文，仍不見有研究報告文學的專著出版。

「文革」結束後，報告文學作爲一種獨立的、日臻成熟的文學樣式和文學領域裏蔚爲大宗的一個部類，在當代文壇上蓬勃發展起來，引起了報告文學作家和理論家的濃厚興趣。他們除了寫許多文章評論報告文學外，還對報告文學的一些重要理論問題做了探討。

一九七九年在武漢召開的報告文學座談會的主要成績之一，是確認了報告文學是一種「獨特的、獨立的文學樣式」，確認報告文學是一種「獨立的文學部類」，而不是像過去認爲它是新聞體裁，或其它文學樣式的附庸。對報告文學的歷史淵源——是古已有之，還是興起於近代；是中國原來就有的文學體裁，還是從西歐移植過來的，也展開了爭鳴。

一九八二年二月，《文藝報》邀請了三個刊物的負責人：《人民文學》劉劍青、《當代》秦兆陽、《文匯月刊》梅朵，就「報告文學的現狀與展望」問題答該刊記者問。他們緊密結合報告文學創作的實踐，討論了報告文學的題材問題、眞實性問題，並預測了報告文學發展的前景。

報告文學的發展必然要求相應的理論研究的深入，以便更好地爲它開路。正是在這種情況下，一九八三年以來，關於報告文學的討論繼續深入，在《時代的報告》、《文匯月刊》上出現了一些有影響的論文。這些論文，涉及到報告文學的題材、描寫對象，報告文學的眞實性，報告文學作者的創作態度，報告文學的藝術形式，報告文學的社會效果，報告文學的發展道路等問題。對報告文學從以紀事爲主到以寫人爲主的轉變，評論家雷達做了這樣的解釋：「這種創作重心的移易，不是孤立的、人爲的現象，而是社會思潮和社會需要的反映。……『人』在報告文學中地位擴大、充實，決不單純是個寫法問題。新時期思想解放，實踐檢驗眞理的歸宿點，是落在了如何重新認識人、尊重人，調動人民群衆的積極因素上的。」⑥當然，這種現象的出現還與報告文學本身的藝術形式從幼稚走向成熟有關。但這並不意味著報告文學必須寫人而不能專門描述事件和寫群象。因爲「報告文學的典型性並不僅僅歸結爲人物的典型性，事件、群象的描寫是報告文學新聞紀實性必要的組成部分。……孤立強調寫人物，勢必縮小報告文學的領域，削弱報告文學及時報道重要事件、迅速反映現實動向的戰鬥作用。」⑦

在關於報告文學的討論中，著名法學家張友漁寫的《報告文學涉及的法律問題》⑧特別引人注目。該文從法律的角度闡述了報告文學作者的合法權利和應盡的義務，其關鍵還是報告文學的眞實性問題。他詳細地分析了由報告文學的眞實性所引起的法律問題的三種情況。他這一論文的發表，對端正報告文學作者的創作態度，具備一個負責而公正的調查研究家的品德，有一定的啓示作用。

發生在新時期的還有關於「報告小說」的討論。

「報告小說」這個名稱，最早出現在一九八三年四期的《當代》雜誌上。後來，《十月》、《朔方》等刊物也沿用了這一名稱。據《當代》編者稱，「報告文學」近年來惹出不少事情，換一種名稱可以免去有人糾纏事實出入的麻煩；另方面，目前處在變革時期，文學的體裁也應有所發展變化。可到底什麼是「報告小說」，它是生活所創造的一種新的文學樣式，還是一個文學怪胎？《光明日報》在《文學與藝術》專刊裏，就此展開了討論。

朱寨在《關於「報告小說」的求教》⑨中說：「『報告小說』就是報告文學加小說……，兩者能相加，能混同嗎？小說的內容是虛構的，不必是『曾有的實事』，只是『會有的實情』。對於一篇既是報告文學，又是小說的作品，將用什麼眞實標準去衡量要求呢？」劉茵在《爲報告小說鼓吹》⑩中不同意朱寨的觀點。他認爲，報告小說不是「報告加小說」，而是報告性的小說。它從報告文學脫胎而出，兼有報告文學與小說之所長，是「報告文學與小說聯姻出現的新品種」。袁良駿在《「報告小說」——一個文學怪胎》⑪中卻認爲，報告文學和小說根本不存在「聯姻」的條件。如果硬要「聯姻」，則勢必兩敗俱傷：既束縛了「小說」，也糟蹋了「報告文學」。關於報告小說的發展前途問題，一種意見認爲它「一定會在爭辯和探索中迅速發展」，另一種意見則認爲，讀者一旦認清了「合理想像」的失眞，他們決不會接受「報告小說」這一文學怪胎。後來，尹均生在《文藝爭鳴》一九八六年三期發表了論報告小說的長文，較全面回答了上述問題。

新時期的報告文學研究，總的說來比過去要活躍。這一時期，自身獲得了解放的報告文學與解放了思想的報告文學研究家相擁抱，便出現了上千篇研究報告文學的論文。這些論文，多半是作品評論，包括某篇作品評論和綜合評論；其次是創作體會和創作研究、作家研究等。相對說來，系統的理論研究文章較少。値得注意的是，這時期出現了不少帶有一定系統性的研究專著，如尹均生、楊如鵬的《報告文學縱橫談》⑫、張德明的《報告文學的藝術》⑬、祁淑英的《報告文學的採訪與寫作》⑭、涂懷章的《報告文學概論》⑮，分別研究了報告文學的歷史、基本特徵、範圍與分類、功能和作用、創作規律等等。吳肇榮的《中國現代作家型記者》⑯，限於當時的考慮，將劉賓雁排除在外，使該書的學術性倍受影響，但它畢竟較系統地考察了新聞與文學的聯繫、作家與記者結合對大陸新聞事業和報告文學的開拓性影響，是屬新聞學與文藝學研究中的一種邊緣探討。趙遐秋的《中國現代報告文學史》⑰，則是一本塡補空白的學術著作。它在史料的搜集、史實的評價和建立一個能眞實地反映報告文學歷史發展的架構方面，均取得了一定的成績。這些論著的出現，說明報告文學已初步擁有一支屬於自己的研究隊伍，沒有報告文學專著的時代已經結束。但是比起小說理論批評和報告文學蓬勃發展的勢頭來，報告文學理論批評「是一個孱弱的女子」形象並未得到根本改變。不少研究報告文學的論著，並未走出舊的思維定勢，仍然用舊的觀念來看待新的文學現象，或用研究小說人物和情節結構的方法來研究報告文學的對象，用寫作學的條條框框去套報告文學的藝術處理，而完全無視報告文學這種發展趨向：報告文學不再單純是文學與新聞的結合，現已出現了文學與新聞、歷史、社會學、哲學和科學的聯姻；報告文學不再滿足於眞實客觀的傳達，許多作家在客觀材料基礎上突出主觀傾向。尤其是八〇年代後期報告文學所表現出強烈的「史官」意識和「書記」職能、引發思考與啓迪民智的批判功能，使報告文學由文學的情感型在向科學的理智型轉化。這種事實啓示我們：報告文學的理論批評要走出蛻變期，必須在高層次上把握報告文學的發展規律，把探索建立報告文學獨特的理論體系做爲自己的首要任務。

註釋

①一九三五年《文學》四卷二號。
②一九三六年《讀書生活》第三卷第十二期。
③一九三七年《中流》第一卷第十一期。
④一九三八年《文藝》第一卷第一期。
⑤《讀書月報》一九四〇年第一卷第十二期。
⑥《時代的報告》一九八三年第六期。
⑦見《人民日報》一九八三年五月七日朱晶的文章。
⑧《時代的報告》一九八三年第六期。
⑨《光明日報》一九八五年六月六日。
⑩《光明日報》一九八五年七月四日。
⑪《光明日報》一九八五年八月二十九日。
⑫四川人民出版社，一九八三年。
⑬復旦大學出版社，一九八四年。
⑭南開大學出版社，一九八七年。
⑮湖北人民出版社，一九八四年。

⑯ 武漢大學出版社，一九八七年。

⑰ 中國人民大學出版社，一九八七年。

第三章　有代表性的散文研究和報告文學主張

第一節　把散文研究推向新高度的林非

林非（一九三一～），原名濮良沛，曾用名卜林扉，江蘇海門人。一九五六年畢業於復旦大學中文系，現爲中國社會科學院文學研究所研究員、中國散文學會副會長。曾任《散文世界》主編。主要著作有：《魯迅前期思想發展史略》（一九七八年，上海文藝出版社）、《魯迅小說論稿》（一九七九年，天津人民出版社）、《現代六十家散文札記》（一九八〇年，百花文藝出版社）、《中國現代散文史稿》（一九八一年，中國社會科學出版社）、《魯迅傳》（與劉再復合作；一九八一年，中國社會科學出版社）、《治學沉思錄》（一九八五年，湖南文藝出版社）、《文學研究入門》（一九八七年，遼寧人民出版社）。

以魯迅研究著稱的現代文學研究家林非，執著於散文這個寂寞園地中耕耘，用自己的靈心妙筆，創造了一個屬於自己的評論世界。林非走上散文研究的道路似乎有些偶然。那是在「文革」結束後不久，人民文學出版社委託他工作的單位集體編選七卷本《中國現代散文選》。爲了完成這艱鉅的任務，林非閱讀了從魯迅到何爲好幾百位散文家的作品，並隨手寫了幾十萬字的筆記。後來整理出來，便成了《現代六十家散文札記》。此書力圖在現代文學研究領域，對現代散文作家作品做出總體的評價，把散文研究推向新的高度和深度，從而爲現代文學分類史的編寫「導夫先路」。

《現代六十家散文札記》對六十一位現代作家作品的思想內容、藝術風格及其創作道路的發展，做了認眞的分析和有創見的論述。對每一位作家作品的述評——無論是出版過專集的，還是僅留下一篇絕響的，著者均注意探其勝概，揭其意蘊，析其精微，以指引讀者進入現代散文作家藝術之門的津樑。著者把散文作家的作品放在整個世界的歷史背景和時代條件下，尤其充分注意到那個時代的社會、哲學和文藝思潮對散文作家的深刻影響。像對郭沫若、郁達夫，著者就注意從主觀與客觀、內因與外因等方面多層次地去研究，這就給人縱深感而避免了平面感，給人歷史感而摒棄了孤立感。

當然，六十一家還不就是現代散文史的全部，有些作家（尤其是臺港作家）限於資料的缺乏，只好暫付闕如。況且每一家也只是現代散文史的一個點一個面。但我們仍可從這些橫斷面上，不僅了解到每位散文家的成就與局限，而且通過綜合和分析，也可大致了解現代散文史發展的輪廓。《現代六十家散文札記》的優勢正在於把各個散文家這個「點」與當時散文創作概況這個「面」進行有機的交織和融合。後面附錄的《五四以來散文發展的輪廓》，以鳥瞰的方式，簡潔有力地勾勒出中國現代散文發展的線索，凸顯出不同階段各類散文發展的特點，具有較高的濃縮力。

此書雖是學術著作，但用散文筆調品評，力圖把每段札記寫成一篇短小精悍的散文：「有敘述，有剖析，有議論，也有交織著愛與憎的感情抒發」①。作者在治史的同時還表述了自己的散文觀：「散文是一種充滿了主觀色彩的文學體裁，應該興之所至，自由自在地抒發和描寫。」對於散文創作中敘事、抒情和議論之間水乳交融的問題，他也提出了自己的看法。

《中國現代散文史稿》是在《現代六十家散文札記》的基礎上寫成的。此書以豐富的史料和清晰的線索，勾勒了整個新民主主義革命時期散文（雜文、小品、報告文學）創作的概貌，並從中探討了現代散文發展中若干重要問題。著者將自己客觀的敘述和深入的分析建立在豐富的史料基礎上。如論述「五四」前後的雜文創作、二〇年代其它流派的小品創作，均發掘出一些新史料，糾正了以往同類著作中出現的某些謬誤。入選作家作品廣泛，基本上能兼顧各種流派。著者注意處理好一流作家與二、三流作家的關係，既沒有局限在論述少數幾位大家，也不忽視在散文史上起過重要作用的作家。對一些情況比較複雜的作家，著者也不迴避。

《中國現代散文史稿》和《現代六十家散文札記》內容上有相似之處，但前者不是後者的簡單重復。由於「札記」著重於點，「史稿」著重於面，故在材料取捨上均存在著較大的不同，不少觀點也有新的發展。如對冰心的評價，在「札記」中有不夠實事求是之處，後來在「史稿」中得到了糾正。不足的是，分析工作沒有充分展開，尤其是在中國古代散文創作與十九世紀前後外國散文創作，對於五四散文興起影響方面，缺乏必要的分析和說明。

林非還寫了不少論述當前散文創作的文章。這些文章，注意散文理論觀念的更新。其中《散文研究的特點》②，提出了「眞誠」這一概念。這是爲了反對過分雕飾和做作以及虛假而提出的。《現代化與散文創作》一文認爲，由於現代化生活的進程，不少類型的創作（尤其是小說創作）必然會向散文化靠攏。這是由於原先比較固定的技巧無法適應新的生活節奏造成的。其次是由於現代社會的人們內心世界的不斷覺醒和豐富，他們要求更好地認識和表現自己，於是出現了文學對內心情感和思緒進行探索的高潮，這更是從根本上接近和重疊於散文創作。面對這種情況，散文家決不能沾沾自喜，而應有一種清醒的危機感。除了學習小說或戲劇長處外，關鍵仍在做到率直與誠摯地展示內心世界的全部圖景，進行深沉的思索。《開拓散文藝術的新天地》③、《散文創作的昨日和明日》④，從宏觀的角度如實地闡述散文創作的長處與不足、收穫與局限，反復強調只有徹底打破框子和格套，「尋覓各種各樣充滿生命和魅力的藝術手法，用風格迥異和寫法不同的篇章，不拘一格地去參加散文創作的競賽，這才是散文創作的坦途。」⑤這不僅從根本上揭示了散文發展趕不上小說等體裁的原因所在，又爲散文尋找新的審美規範指出了方向。林非以自己的執著、自信的眼光和時代賦予的使命感，促使散文創作的思想活躍起來，深沉起來，向更高的境界去攀登。

第二節　注重散文特質探討的佘樹森

佘樹森（一九三七～一九九三），安徽亳州人。一九六〇年畢業於山東大學中文系，一九七八年到北京大學任教，爲教授。著有《散文藝術初探》（福建人民出版社，一九八四年）、《散文創作藝術》（北京大學出版社，一九八六年），《中國現當代散文研究》（北京大學出版社，一九九三年），另編有多種散文選。

在北京大學的當代文學研究家中，洪子誠以文學史研究著稱，謝冕以新詩評論爲世人矚目，佘樹森則以散文研究獨樹一幟。佘樹森散文研究最值得肯定之處，在於他在新時期和一些先行者共同衝破傳統的散文研究思路，創建起嶄新的、不同於三、四〇年代散文理論的格局。

新時期以來，小說觀念大幅度更新，曾「意識流」過、「尋根」過，至今還在「實驗」著；新詩理論也曾「崛起」過，乃至出現「後現代」理論。可散文理論一直在彈「形散神不散」的老調，在跳把散文「當詩一樣寫」的「八佾舞」。時代在呼喚散文理論的更新，超越「文革」前的散文理論框架，佘樹森的《散文創作藝術》，正是變革散文理論的先聲。他與一般論者不同之處在於：從糾纏不休的散文概念探討，轉向散文「特質」的研究。他認爲散文是一種「情種」的藝術，其特質在於「它是一種『尖銳』地、『自由』地抒寫作者自己眞實的見聞感受的文體。」⑥這裏講的「尖銳」，並不是指雜文的匕首投槍功能，而是說散文寫的雖是生活的一角、思想的片斷，但卻能像打靶射箭一樣，一矢中的，而且力透七札，準確、深刻地反映出背景的全部。所謂「自由性」，是指選材的自由、表現形式的自由，構思、行文以意役法，順勢而行，以及語言文字的自由和自然。在「十七年」時期，這種「自由」性在「通訊」、「特寫」的體制下受到了局限，無法發揮出來。人們除了讀到那些正統的「載道」文章外，較難讀到內容比較隨意、行文比較輕鬆的小品。因而佘樹森在八〇年代前期強調散文的自由性，對復興散文，衝破「解放區」四〇年代所建樹起來的散文的審美風範與藝術格局，有一定的作用。

佘樹森除注意散文的藝術特徵外，還十分注意當代散文現象的研究。一九八二年到一九八五年間，他在北大開設《現代散文藝術研究》的選修課時，就爲當代散文的三次藝術嬗變勾畫出輪廓。在論述一九四九年後散文的發展時，他不像有些論者那樣將現當代散文截然分開，而是注重現當代散文的銜接，並提出了新中國「文革」前的散文其實是「延安散文」的延續的觀點。這裏講的「延安散文」，是指「頌歌的基調，客觀寫實的手法，理想主義的精神以及樸實剛健的風格。」以劉白羽、楊朔、華山、孫犁爲代表。這種散文在敵我對峙、戰火紛飛的年代，自有其存在的價值。但到了和平年代，仍堅持這種審美規範，而不改變其藝術表現上的直露、粗疏現象，就無法滿足新時代讀者多方面的審美要求。佘樹森指出這一點，說明他的散文研究隨著深入的開展，觀念愈來愈開放，判斷也愈來愈精確。

從《現代抒情散文選》、《當代抒情散文選》、《二〇世紀中國女子美文選》的編選和序跋中，可以看出佘樹森最鍾情的是抒情散文，他的散文美學觀也建立在純文學的「美文」的軸心上。以這個爲出發點，他大力肯定開放型的橫向借鑒，而否定封閉式的縱向繼承，並主張縱向繼承與橫向借鑒結合起來，古典精神與現代意識嫁接起來。作者的散文研究不以個案作業見長，他更注重宏觀的、歷史的綜合研究，如他對「文革」前散文的「詩化」現象作了深入的探討，並疏理了當代散文理論建設的發展線索和主要內容，反映了當代散文史研究對理論的關注和需求。對散文的藝術創作，作者還有一系列深入的論述，其中較重要的有「文體篇」。在論述散文文體美構成的基礎上，作者探討了周作人的閒談體、朱自清的抒情文體、梁遇春的隨筆體、徐志摩的自由體、麗尼的「獨語體」、楊朔的「詩化」體、秦牧的「雜文」體、劉白羽的政治抒情體。這種分類和研究的視角，取得了開拓性的成果。佘樹森生平最大的志願是寫一本中國當代散文史。後寫了一半便在滿溢苦澀凄惶的中藥味的房間度過了最後的時光。幸有博士生陳旭光接棒，在他去世後出版了由兩人署名的《中國當代散文報告文學發展史》。⑦

第三節 黄鋼論報告文學的眞實性

黄鋼（一九一七～一九九三），湖北武昌人。一九三八年入延安魯迅藝術學院學習。一九三九年開始發表報告文學作品。一九四九年後任新華社特約記者、《人民日報》國際部評論員。除寫了不少文藝性國際政論外，還創作了電影文學劇本和報告文學作品。「文革」結束後，任《人民日報》特約記者及一九八〇年三月創刊的《時代的報告》負責人。主要理論著作有：《在電影工作崗位上》(一九五二年，新文藝出版社)、《電影批評與創作問題》(一九五四年，新文藝出版社)。

報告文學的眞實性，是新聞學與文藝學經常發生爭論的問題。這個爭論，從五〇年代就已開始。五〇年代末劉白羽的《論特寫》、井岩盾的《眞實與虛構——關於特寫、傳記、回憶錄等一個基本問題的討論》以及六〇年代中期郭小川的《有關報告文學的幾個問題》，均接觸到這個爭論。新時期以來，隨著報告文學的復興和繁榮，眞實性問題再度被置於爭論的漩渦裏。《文藝研究》、《文匯月刊》、《時代的報告》等報刊曾發表了不少討論文章。在論爭中，形成了這三種觀點：

一、主張報告文學可以「略有虛構，不離眞實的虛構」⑧。虛構就是合理的想像和藝術的加工。「我們不妨把作品中一段有頭有尾的眞實情節比做一個有生命的軀體，在這『軀體』之中附著於或一肢，或一節的『假肢』，即通過眞實的情節裏面，允許有個別部位與事實有出入，而不致喪失整個軀體的生命力」⑨。

二、主張報告文學必須絕對眞實。如胡績偉認爲：如有虛構和摻假，就不能叫報告文學。不僅假人假事和眞人假事都不能寫，而且眞事假人也不可以寫。還有時間不眞、地址單位不眞，那也不行。⑩。報告文學運用文學語言和形象思維等去表現所要報道的人物和事件，而不是可以虛構或「合理想像」。但是，報告文學也決不排斥「藝術的想像和抒情的幻想」。這種觀點是站在新聞學的立場上立論的。

三、虛構與想像均是通向眞實的橋樑。虛構與想像相通，沒有想像，就無法進行虛構，而想像必然通向虛構，想像能力的高度發揮就是虛構。兩者無法分割。這是一種調和意見。

第一種觀點以劉賓雁、徐遲爲代表。第二種觀點以黃鋼、胡績偉爲代表。黃鋼的觀點，主要見諸他的一篇長文《報告文學的時代特徵及其必須嚴守眞實的黨性原則》⑪。此文係根據他三次講稿整理而成：即一九七九年六月十六日在武漢師範學院召開的報告文學座談會上的發言；一九七九年七月在《天津日報》主持的新聞講座會上的發言以及同年十月在中國社會科學院研究生院新聞研究所的發言。這三次發言，都探討了報告文學的時代特徵以及必須嚴守眞實性問題，其中談到報告文學的特徵時，黃鋼認爲：「報告文學是一種極富於戰鬥性的，兼有時代的報告的特色的，以特定的新聞性的內容爲題材，以文學的形象爲手段的『獨特的、獨立的文學樣式』——它是現代文學中新發展起來的一種『獨立的文學部類』」。這種提法，不同於「介乎新聞通訊和短篇小說之間散文文學體裁」的提法。因後一種提法，在他看來「不能夠準確地說出報告文學發展到今天，是散文體之中的一種具有鮮明獨創性的、獨特的文學體裁」。黃鋼的定義，也不同於有些論者所說的：「報告文學這種特有的戰鬥作用，使它能夠在新聞與文學之間獨立存在，成爲一種邊緣性的品種。」在他看來，「邊緣的品種，多是指(例如在科學的各個學科之中)從一兩種學科之中，延伸出去的學科。可是，當這門新型的學科，已經在它們延伸出去的部門完全結合而獨創成爲一種獨立的科學體系時，就不以邊緣性的學科來正式命名了。因此，文學樣式中的『邊緣性的品種』這種概括，在今天也似乎失去了它的準確性和時效性。」正是基於這種看法，黃鋼認爲報告文學創作「必須排斥任何虛構」，以虛構的手段去「加強氣氛」也「爲報告文學所拒絕、所忌諱」，但他並沒有由此認爲報告文學應「拒絕藝術的想像和抒情的幻想。」在這裏，黃鋼沒有像有些論者那樣將虛構與想像的概念並列等同使用，這是正確的。大家知道，虛構是一種藝術手段，而想像屬思維方式，兩者是種屬關係的不同概念，而非同一概念的不同用詞。藝術的想像可以在一定條件下走向虛構，但並非所有想像都如此。如建立在堅實的現實生活的眞實基礎上的想像，由於受到一定範圍的制約，因而它不會導致憑空編造。但黃鋼由此把報告文學的眞實性完全等同新聞的眞實性，則値得討論。因爲報告文學的眞實性，還應包括文學的眞實性，並不排斥某些合理的想像和一定程度的藝術加工。他自己創作《亞洲大陸的新崛起》時，在某些地方就曾採用了「有限的虛構」的手法⑫。

黃綱是新時期著名的左傾評論家。一九八一年春批判《苦戀》中他顯得異常積極，除給中央紀律檢查委員會寫報告，要求調查《苦戀》電影出籠經過，追查支持者外，還以《時代的報告》評論員的名義發表批判白樺《苦戀》的文章：《這是一部什麼樣的「電影詩」？》⑬，由於缺乏充分的說理和細緻的分析，曾引起過爭議，乃至被譏之爲「大批判」文體的復活。尤其是該刊一九八二年二期在「重新學習毛澤東同志的《講話》」一欄所做的《本刊說明》中，有一個「文革以來十六年」的提法，認爲「文革」十年，「左」傾是主要的；粉碎「四人幫」後六年，「資產階級自由化傾向是主要的」。這一觀點當即遭到《文藝報》等報刊的批評，《時代的報告》也發表了一系列反批評文章。後來《時代的報告》於一九八四年改組，並更名爲《報告文學》。

註釋

① 林非：《現代六十家散文札記·序》。
② 《文學評論》一九八五年第六期。
③ 《人民日報》一九八七年五月十二日。
④ 《文學評論》一九八七年第三期。
⑤ 林非：《我和散文研究》，《散文選刊》一九八八年第六期。
⑥ 佘樹森：《散文創作藝術》，第十九頁。
⑦ 北京大學出版社一九九六年八月版。
⑧ 徐遲：《再論散文》，《湖北文藝》一九七八年第一期。
⑨ 李亦中：《試談報告文學中的藝術虛構》。
⑩ 胡績偉：《一個新聞工作者談報告文學》，《時代的報告》一九八三年第四期。
⑪ 《文藝研究》一九八〇年第一期。

⑫ 參看黃鋼一九七八年四月十五日在《長江日報》通訊員集會上做的《採寫李四光的體會》的發言。

⑬ 見《時代的報告》增刊，一九八一年四月二十日。

第四章　雜文理論批評的昨日和今日

雜文，通常被看做是散文的一種。這種文體是直接而迅速地反映社會事態的文藝性政論。它的特點是短小活潑，語言鋒利，內容廣泛，形式多樣。有關時事、社會生活、道德風尚、文化動態等方面的隨筆、雜談均可歸入這一類。中國古代就出現過羅隱的《讒術》、皮日休和陸龜蒙的短文，以及明末那些「有不平，有諷刺，有攻擊，有破壞」的小品，這說明中國的雜文源遠流長。當然，在中國雜文史上，影響最大的作家是魯迅。他的雜文，像匕首，似投槍，析理嚴密，行文舒卷，形象生動，從而形成了一種戰鬥性雜文的新風格和新傳統。

魯迅逝世後，雜文界對如何繼承魯迅雜文的戰鬥傳統展開過多次討論。討論的中心圍繞在有關「雜文時代」、「魯迅式雜文」等問題展開進行。第一次爭論發生在一九三八年的上海「孤島」。阿英在紀念魯迅逝世兩周年時，以鷹隼的筆名發表了《守成與發展》，認爲《文匯報·世紀風》上的作者不應寫「魯迅式」的雜文，因爲「迂迴曲折」的雜文不適應抗戰時代的需要，且不利魯迅雜文風格的發展。巴人在《題內的話》中針鋒相對地認爲，發展必須建立在學習的基礎上，「沒有守成，即想發展，那是取消魯迅的企圖。」這次爭論，後來還有右翼文人。第二次論爭發生在四〇年代。羅烽發表了《還是雜文時代》①，在肯定邊區的光明同時，主張揭露其「陰濕的角落」。王實味的《野百合花》和《政治家·藝術家》所提出的當時延安存在的一些問題，也大體符合實際。但上述文章存在一些缺陷，如「雜文時代」的概念過於含糊，因而引起了爭論。毛澤東《在延安文藝座談會上的講話》中對這場爭論做了總結。在總結中，對「還是雜文時代，還要魯迅筆法」的批評，是典型的行政干預。特別是對一些雜文作者的錯誤處置，給以後的雜文創作帶來了消極影響。第三次爭論發生在一九四六年國統區。當時一些「官老爺和幫忙閑的清客」提出「魯迅的時代已經過去了」，企圖取消繼承魯迅戰鬥傳統、反抗舊社會壓迫的雜文。事後劉思慕在《野草》上發表了《雜文的一些問題——紀念魯迅十年忌而作》②，對上述論調做了反駁。

一九四九年後這種爭論仍在不斷進行。一九五〇年發生在上海《文匯報》上的爭論，是上幾次論爭的繼續。

五〇年代初期，小說、詩歌、散文等各種體裁都有了長足的發展，取得了可喜的成績，而唯獨雜文創作停滯不前。老作家黃裳有感於一九四九年以來「雜文的沉默」，率先提出「雜文復興」的主張，認爲雜文的武器不能丟，應用雜文「熱情的譏諷」來「糾正過失，改善工作」，「加強批評和自我批評。」③俞曉義則認爲雜文的譏諷對象只能是敵人，「對於人民內部只會有害」。袁鷹在《對〈雜文復興〉的一些意見》④中，不讚成「復興雜文」的提法，認爲「與其說『復興』，不如說發展」，「魯迅式的雜文已經光榮地完成了它的歷史任務」，現在「雜文也就得在原來的基礎上提高一步」。雜文對戰友，不應該有半點「譏諷」，而只能是「善意的諄諄善誘的批評」。曼若在《略論「雜文復興」兼及諷刺問題》⑤中，反對把諷刺與批評絕對分開。當時參加爭論的文章還有辛禾的《雜文小論》、金戈的《雜文的道路》、張琪的《關於雜文的寫作》、杜高的《雜文應該屬於誰？》⑥等等。馮雪峰寫的廣播稿《談談雜文》⑦，可看做是這次論爭的總結。馮文主要闡述了下列觀點：㈠澄清對雜文的片面認識，反對把「所謂魯迅筆法」「縮小到很小很小的一個框子裏，幾乎只限於曲折、隱晦和反語之類」，並由此批評了「還是雜文時代，還要魯迅筆法」以及「雜文是早已經過去了」的兩種雖對立然而在他看來均不正確的觀點。㈡應當用「新的革命的雜文」來代替有著「在黑暗勢力統治下面的奴隸頭額上的烙印」的魯迅式雜文。這種新雜文，是人民民主專政時代的產物，「因爲政權已經拿在人民自己的手裏，一切民主的、進步的，革命的論說家、詩人和著作家，都已有充分的言論自由，不必再用可憐的、或列寧所說的『可惡』的伊索寓言式的奴隸語言來說話了。」馮雪峰這些觀點，對一九四九年後雜文創作的繁榮未能起到應有的促進作用。如此文把新時代雜文的使命只局限在「爲著新民主主義經濟和文化的建設，爲著肅清帝國主義所留的影響和反對它的新陰謀並保衛世界和平，爲著肅清封建主義的殘餘勢力與思想餘毒，爲著團結人民的創造與勞動熱情」上，便對社會主義時期的矛盾複雜性、道路的曲折性估計不夠充分。事實上，雜文作者在五〇年代並未享受到充分的自由，反而在一系列政治運動中被剝奪了言論自由乃至於起碼的公民權。對新時代的雜文應如何發揚魯迅的戰鬥傳統，如何用雜文抨擊新時代存在的陰暗面以及如何正確運用諷刺等一系列敏感的問題，馮文也沒有做出充分的論述和令人信服的回答。另外，他把「只愛曲折的、隱晦的和反語的文章，而不愛明白淺顯和大聲疾呼的、直剖明析和大刀闊斧的文章」的嗜好同「狹隘的、不健康的心情相結『在一起』的結論，亦不利於雜文的繁榮。羅蓀於次年五月二十一日寫的《鬥爭需要雜文》，雖肯定了雜文的戰鬥作用，但對如何以雜文爲武器去清除社會軀體上的廱疽和祖國面頰上的污跡，也沒有給予足夠的重視。

和其他文學形式一樣，雜文作者也很注意從前蘇聯「老大哥」那裡取經。一九五二年，馬林科夫在蘇共十九大作總結報告時指出：「如果認爲我們蘇維埃的現實沒有可諷刺的材料，那是不正確的。我們需要蘇維埃的果戈理和謝德林，他們的諷刺像火一樣把生活中的一切反面、腐朽的和垂死的東西，一切阻礙進步的東西都燒毀了。」他這一番話在中國引起了共鳴。一九五三年出版的《毛澤東選集》豎排本第三卷中，《在延安文藝座談會上的講話》新加進了「諷刺是永遠需要的」這句話，爲諷刺文學恢復名譽制造了輿論。一九五四年四月八日，《人民日報》在「蘇聯報紙經驗」欄目中發表了陳緒宗的文章《小品文——進行思想鬥爭最靈活的武器》，全面介紹了「蘇式小品文」。到了一九五六年，由於所有制改造已基本完成，建設出現了新的轉機，再加上《人民日報》一論再論無產階級專政的歷史經驗，批判了斯大林晚年所犯的錯誤，因而人們思想一度呈活躍狀態。這年五月，毛澤東還在最高國務會上提出了「百花齊放，百家爭鳴」的方針。在這種形勢下，林淡秋主持《人民日報》副刊時，大力提倡雜文創作，發表了巴人的《況鐘的筆》等優秀作品。但當時的雜文創作遇到了重重阻力，有的作者還遭到領導的公開訓斥，致使一些好心的人把從事雜文創作看做是冒險的幹活，怕事的報紙總編輯擔心雜文遲早會給自己帶來麻煩。爲了克服這些前進路上的障礙，一九五七年三月的《新聞與出版》發表了《小品文何處去》的文章，徐懋庸也發表了《小品文的新危機》⑧。此文提出了七個問題：㈠小品文「是不民主時代的產物。現在已經是社會主義民主的時代了；那麼，這類小品文是否還有存在的理由呢？」㈡過去的小品文主要是對敵，而現在「主要地應該做爲對待人民內部矛盾的治病救人的藥」。而對人民內部同樣不能失去雜文「鋒利的特點」，這又是一個問題。㈢「小品的鋒芒大都指向較小的幹部，很少接觸到大幹部的思想作風。但小品文……卻很不願意只給小幹部充當盤尼西林。怎麼辦？」。㈣人們總要求小品文講道理時「要全面」，但它的篇幅小，如何解決這個矛盾？㈤小品文的天性之一是活潑，「甚至要帶點兒嬉笑怒罵，這又與許多人的所謂嚴肅和謙遜發生了矛盾。」㈥要求小品文的通俗與小品文「有時不免要拉扯古人，牽涉外國」的矛盾。㈦現在「老作家退休，新作家出不來。這又怎麼辦？」徐懋庸認爲，如不解決好這些矛盾，小品文就難免出現「消亡的危機」。

如果說，一九五〇年上海《文匯報》的討論只提出了「復興」問題而實際上無令人滿意的創作實績的話，那一九五七年的「新危機」問題卻是雜文果然復興、繁榮了一陣後才提出來加以討論的。從徐文發表之後至五月三日止，《人民日報》共發表了十二篇文章。在討論中，大家對雜文面臨的新形勢、新問題，發表了下列不同的看法：一種是認爲當前雜文所遇到的阻力主要是由於缺少民主空氣造成的。有人害怕雜文，是害怕雜文揭露矛盾，打中自己的要害。另一種意見認爲「危機首先不在於客觀，主要的倒是在作者的主觀上」。還有一種意見以范舟爲代表，認爲「小品文要消亡」。因爲徐懋庸提出的七大矛盾是根本無法解決的，批評人民內部的雜文常常是「庸醫殺人」，使人民內部矛盾複雜、深化。沒有它，「反倒有利團結不傷感情」。⑨

一九五七年四月十五日，《文藝報》也召開了雜文座談會。參加者有王景山、葉秀夫、林淡秋、袁水拍、高植、徐懋庸、楊凡、舒蕪、張光年、陳笑雨等。會上，主要討論了下列問題：雜文這一名稱所包含的內容；如何通過雜文來反映人民內部矛盾；雜文的性能，如何擴大雜文的題材範圍及作家隊伍；如何使雜文的內容形式多樣化等。關於是稱雜文還是稱小品文問題，林淡秋認爲「雜文其實就是各種各樣的散文小品。」關於雜文的職能問題，徐懋庸主張它既可以歌頌光明，「也可以揭露黑暗」。繼《文藝報》之後，《文匯報》、《黑龍江日報》、《新華日報》也發表了討論文章。在討論中，大家一致認爲要發展雜文就要有政治民主和藝術民主。寫作雜文要準備碰釘子，因爲教條主義和宗派主義均不能容忍雜文針砭時弊。後來由於政治空氣急劇變化，這場討論沒深入下去，參加雜文討論的許多作者，在那場反右派鬥爭中，所遇到的麻煩也決不僅是「碰釘子」，而是被政治颱風席捲到沒有小草的沙漠中。這些事實，說明徐懋庸的文章不幸而言中：不避鋒芒的——像徐懋庸那樣敢於指出「百家爭鳴」其實只有兩家這個錯誤口號的實質的雜文，確實存在著「危機」，而且這場危機還不像徐懋庸希冀的那樣：矛盾如解決得好，「今後的小品文會變得繁榮，或更繁榮起來」，而是確實如范舟設想的那樣「消亡」了。

除了小品文「消亡」問題的討論外，一九五七年六月還討論了雜文能否塑造典型的問題。這一問題，是劉泮溪在《魯迅雜文的政治意義和藝術價值》⑩、唐弢的《魯迅雜文的藝術特徵》⑪中提出來的。他們認爲，雜文也可「正確地表現出典型環境中的典型性格」，像魯迅那樣既創造「叭兒狗」一類衰亡腐朽的反面典型，又描寫和歌頌新生的正在成長中的典型的事物。對這種觀點，伊凡在《魯迅雜文中的典型問題》⑫中提出異議，認爲魯迅對「叭兒狗」的形象描繪，是比喻等各種修辭手法的出色運用，並非塑造典型。陳本華的《魯迅雜文中的典型化問題初步探討》⑬，認爲「雜文有典型人物的塑造」，只不過是它的典型化途徑、方法和別的文學樣式不同。

雜文中的典型化問題，確是雜文理論中的一個重要問題，可惜後來人們忙於參加政治運動，致使這一很有學術價值的探討中斷了。

八〇年代以來，批判了極左思潮，雜文得到了復興和繁榮。一九八〇年一月，《文藝報》邀請在京部分雜文作者開了一個「如何繁榮雜文創作」的座談會，該刊第三期發表了發言摘要，計有廖沫沙的《要搞百家爭鳴，不要搞一家獨鳴》、陶白的《創造一種新的雜文的文風》、曾彥修的《略談雜文的功過》、馮亦代的《雜文如何更好觸及人民內部矛盾》等文章。陶白和姜德明提出了「創造一種新的雜文的文風」問題，馮亦代總結了一九四九年以來從徐懋庸到鄧拓「寫雜文的人多數沒有好下場」的歷史經驗，希望在撥亂反正中能「給雜文恢復名譽」。胡思升、葉至善、王春元、王子野也對如何繁榮雜文創作提出了自己的看法。但由於這次討論範圍不廣，且沒出現對立意見，因而未能從根本上改變雜文理論的貧血和虛脫的狀況。

新時期影響較大的是關於雜文可不可以「淡化政治」的討論。這個問題是周全勝寫的《一點怪論》⑭中提出來的。他在此文中，出於對林彪提倡空頭政治和對「以階級鬥爭爲綱」的厭惡，大膽而直率地提出雜文要「淡化政治」的主張，不讚成雜文有太多的火藥味。隨後，洛木寫了《論「怪論」》，提出不同意見。由於篇幅的關係，後來這場論爭主要在《雜文界》進行，該刊共發表討論文章十八篇。其中孫士傑的《「淡化政治」爭論三題》⑮，是做爲討論的總結發表的。該文共分三大部分：㈠「淡化政治」的觀點並非偶然出之，此次爭論有它深刻的歷史背景；政治是隨時代的遷流而變易的，但作爲文藝性的社會論文的雜文，總是離不開政治的；㈢政治對雜文的思想性至關重要，它也決不排斥雜文的「雜」與「文」。這次爭論的意義，重點不在於弄清雜文可否「淡化政治」，而在於從產生「淡化政治」的歷史根源中找出經驗教訓，給以後的雜文創作起到指路的作用。

新時期有關雜文的爭論，更多的是在一些零星的報刊和座談會中進行。雖然沒有採取有組織的正面交鋒的形式，但爭論的均是雜文創作中的重大理論問題：

㈠新時代的雜文與舊時代魯迅雜文到底有無重大不同？如果有，這重大不同又表現在哪裏？對這些問題，有兩種不同的意見：有人認爲新時代雜文是舊時代雜文的延續，當前仍是雜文時代，仍需要大量的魯迅式雜文。而多數人認爲新時代雜文不僅是舊時代雜文的延續，而且還有重大發展，兩者有質的不同。對這不同的理解，各人的看法又有重大分歧。其中有的人認爲：兩者的不同表現在舊時代的雜文主要是刺向敵人的，而新時代的雜文主要是用來處理人民內部矛盾的。還有的人認爲舊時代的雜文主要用來抨擊黑暗勢力，其基調是暴露，而新時代的雜文主要是歌頌新時代新社會，其基調是歌頌。第三種意見是「魯迅式雜文不論是對敵、對我，不論是暴露、歌頌，都具有一種被壓迫者的基調；而我們時代的雜文，則不論是哪一種，卻都具有翻身當權後的國家主人翁的基調。這才是兩者之間的基本區別。」⑯圍繞著這些問題，有的作者還提出雜文是不民主的產物，雜文主要是民間的輿論，是用來同官方作鬥爭的。這些觀點移用於新時代，合不合適？

㈡**對毛澤東雜文觀的評價**。毛澤東的觀點主要見於《在延安文藝座談會上的講話》和《在中國共產黨全國宣傳工作會議上的講話》。他的觀點主要是：⑴在人民大衆當權的時代，革命文藝工作者有了充分的民主自由，「雜文的形式就不應該簡單地和魯迅一樣」，我們可以大聲疾呼，而不要隱晦曲折，使人民大衆不易看懂。⑵雜文適用於人民內部，但在寫法上應和「對於敵人的完全兩樣」。對於人民大衆缺點錯誤的批評，「必須是眞正站在人民的立場上，用保護人民、教育人民的滿腔熱情來講話。」⑶「諷刺是永遠需要的」。但是有對付敵人的、同盟者的，也有對付自己隊伍的，「態度各有不同。我們並不一般地反對諷刺，但是必須廢除對於諷刺的亂用。」⑷雜文要避免片面性，最有效的方法是掌握分析的方法即辯證的方法。「魯迅後期的雜文最深刻有力，並沒有片面性，就是因爲這時候他學會了辯證法。」對這些觀點，一種意見認爲：這是毛澤東文藝思想的有機組成部分，是繁榮和發展新時代雜文的指導思想。另一種意見認爲：現在還是雜文時代，魯迅式的雜文並未過時，說「雜文形式就不應該簡單地和魯迅一樣」的看法不正確。因爲魯迅所創造的雜文文體是魯迅精神的載體。如果否定了載體，其精神也就將成爲「皮之不存，毛將焉附?」說雜文不要「隱晦曲折」也不對，「曲折」正是雜文味的一個重要來源，否定了它，雜文就必然會走向平、淺、板、直。要求雜文不要片面性也不科學，「深刻的片面」比四平八穩總要好。有人則直接認爲毛澤東的觀點是「左」的思想的反映，是束縛雜文創作發展的絆腳石，是一九四九年後無法出魯迅那樣的雜文大師的理論根源。台灣沒有這種理論束縛，故他們可以出李敖、柏楊，而大陸則不可能。後一種看法非常尖銳，頗具魯迅精神，可惜爲主流話語所不容。

㈢魯迅雜文的評價問題。遠在一九三七年，就有人寫了《超越魯迅》的文章，認爲魯迅的時代已經過去，我們不應該停留在效仿魯迅風的雜文階段，一定要超越魯迅。現在也有人認爲：「如果雜文只能『唯魯迅獨尊』，認爲魯迅先生登峰造極，那雜文創作早該窮途末路了。」有人認爲既然要超過魯迅，就「不一定」要向魯迅學習，不應再將「魯貨」到處兜售。⑰更多的人認爲，我們還應學習和繼承魯迅雜文的優良傳統，超越魯迅首先應建立在學習魯迅的基礎上。至於魯迅筆法，有人認爲已經過時，不能再用。有的人則認爲現在只存在用得好不好的問題，並不存在能不能用的問題。怎樣才能運用得好，這又是一個有爭論的問題。

㈣雜文與一般短評的區別。這個問題涉及到對雜文的藝術特點和雜文的表現方法的理解。有人認爲，雜文與短評關係非常密切，很難絕對區別開來，因爲雜文本屬評論的一種。當然，仔細考察，兩者還是有區別的，就像騾子與馬有所區別一樣。有人把雜文分成近評論與近散文兩類，認爲雜文只有往散文方面靠，「雜文味」才能出來。有人從身份、角度、方式、路數上區分雜文與評論的不同，並引伸了魯迅的意見。

以上幾個方面有區別也有聯繫。總的說來，許多問題均圍繞著新時代的雜文同魯迅式雜文的聯繫與區別展開進行。從一九八八年下半年開始，牧惠的《〈新基調雜文淺探〉印象》⑱、高起祥的《「新基碉雜文」的理論失誤》⑲、李一萍的《當代雜文走向辨》⑳對劉甲的批評，也是圍繞這些問題而展開。劉甲的「新基調雜文」理論，只要雜文唱頌歌而不讓其揭露陰暗面，是取消雜文的有一種有害理論，代表了一種左的傾向。對其理論的批評，直接關係到繁榮新時代雜文的大問題，故參戰者甚衆。

新時期雜文研究的另一成績是確認了雜文的獨立地位。八〇年代出版的《中國新文藝大系（一九七六～一九八二）》有了雜文卷。雜文居然和小說、詩歌、散文、戲劇並列，它的文藝籍算是得到了承認，不再成爲散文的驥尾了。打破無「史」少「論」的局面，又是八〇年代雜文研究的一個突出成績。張華主編的《中國現代雜文史》㉑，是我國學術界爲雜文寫史的首次嘗試。該書搜羅資料全面豐富，立論謹嚴客觀，有自己的獨到見解。李庚辰的《雜文寫作雜談》㉒、林帆的《雜文與雜文寫作》㉓、劉甲的《新基調雜文創作談》㉔及《新基調雜文淺探》㉕、牧惠的《雜文雜談》㉖，盡管觀點有開放與僵化之分，但畢竟是八〇年代出現的有影響的論著。

註釋

① 延安《解放日報》一九四二年三月十二日。
② 《野草》一九四六年新二號。
③ 《文匯報》一九五〇年四月十日。
④ 《文匯報》一九五〇年四月十六日。
⑤ 《文匯報》一九五〇年四月三十日。
⑥ 分別見於《文匯報》一九五〇年四月十一日、四月二十一日、五月十六日。
⑦ 《文匯報》一九五〇年六月十九日。
⑧ 《人民日報》一九五七年四月十一日。
⑨ 見《打雜新集·附錄》。
⑩ 《文史哲》一九五三年第五期。
⑪ 《解放日報》一九五六年十月十九日。
⑫ 《解放軍文藝》一九五七年第六期。
⑬ 《福建師院學報》一九五七年第二期。
⑭ 《雜文報》一九八五年五十三期。
⑮ 《雜文界》一九八九年第四期。

⑯ 劉甲：《新基調雜文淺探》。
⑰ 參看牧惠：《雜談雜文》。
⑱ 《羊城晚報》九月十五日。
⑲ 《文論報》十一月五日。
⑳ 《雜文報》一九八九年三月二十四日。
㉑ 一九八七年，西北大學出版社。
㉒ 一九八二年，長征出版社。
㉓ 一九八五年，福建人民出版社。
㉔ 一九八五年，長征出版社。
㉕ 一九八七年，文化藝術出版社。
㉖ 一九八八年，湖南人民出版社。

第六編　戲劇文學理論批評的豐收

第一章　面對新的戲劇世界

第一節　在曲折中前進

中國的戲劇理論批評，從宋元以來，就出現了如明代的徐渭、李卓君、王驥德，明末清初的李漁，近代的王國維等學者。現代的吳梅、熊佛西、周貽白、錢南揚、張庚等諸家，在總結和探討中華民族戲劇的文學創作和舞台演出方面，也取得了顯著的成績。近代話劇從國外引入神州大地後，不少學者也緊密結合創作實踐進行話劇評論和研究。

一九四九年以來的戲劇理論批評，是在前人的基礎上發展起來的。這時期活躍在論壇的戲劇理論批評家主要有馮沅君、葉德均、李健吾、嚴敦易、杜穎陶、周貽白、顧仲彝、黃芝岡、董每戡、傅惜華、焦菊隱、戴不凡、馬少波、王季思、任二北、阿甲、張庚、趙景深、錢南揚、黃佐臨、蔣星煜、張光年、趙尋、曲六乙、郭漢城、陳瘦竹等人。他們的理論研究及批評，面向新的戲劇世界，強調對戲曲藝術進行根本的改造。特別是王亞平的《從舊藝術到新藝術》①、馬少波的《戲曲改革論集》②，強調戲劇改革必須用歷史唯物主義思想做指導，用階級分析的方法去對待歷史文化遺產。另方面，在鑑別遺產和創作新劇目時，強調科學和民主，強調清除宣揚封建迷信因果報應、封建倫理道德、野蠻恐怖、色情姦殺、反愛國主義等落後、反動、淫穢的思想內容。在美學風格上，強調大衆化，做到健康、質樸、易懂，要求眞善美的統一，反對低級趣味及貴族化的傾向。在創作論方面，強調反映論的認識論，提倡劇作家深入工農兵的鬥爭生活，改變過去寫劇本靠套子、編曲靠牌子、人物靠行當的錯誤做法。對傳統劇目中迷信與神話、色情與愛情、傳統美德與封建道德的界限，他們均做了認眞的鑑別；對傳統劇目中所表現的愛國主義、反抗侵略壓迫、正義勇敢、勤勞善良、崇尙氣節、愛情專一、捨己爲人的傳統美德，均做了充分的肯定。

但這時的戲劇理論批評，也存在左的干擾：

首先，將階級觀點強調到絕對化程度，以致只提倡寫階級矛盾、階級鬥爭，排斥了風格題材的多樣化。在現代戲方面，則有柯慶施、張春橋主張的只許寫新社會的「大寫十三年」說。這種主張，將戲劇創作驅趕進一個狹窄的胡同。毛澤東一九六四年對文藝問題的兩個批示，把歷史題材在舞臺上佔了較重要的地位看做是「熱心提倡封建主義和資本主義藝術」的表現，這是對文化遺產的粗暴否定，使戲劇改革的方向急劇左轉。

其次，對用歷史唯物主義指導創作做了片面的機械理解。雖然在五〇年代初期就批判了楊紹萱改編《新天河配》、《新大名府》的反歷史主義的錯誤傾向，但這種錯誤傾向在後來仍以不同的形式表現出來。還有，戲劇在戰爭年代所體現的特殊功能，被上昇爲普遍規律。不少評論家均要求戲劇發揚配合政治中心、宣傳政策的「戰鬥傳統」，導致戲劇的功能內涵大爲縮小，僅僅成爲配合政治任務的工具，使戲劇喪失了自己的藝術本色。

第三，在戲劇理論批評中，主張「破字當頭，立在其中」，其實是多破少立或有破無立。一九五四年，張庚在《戲劇報》連續發表了《中國話劇運動史初稿》一、二章。他企圖通過這一著作，總結近五十年來大陸話劇創作的成就和經驗，可是剛一發表就受到了嚴厲批評：「貶低了早期話劇運動中的革命性、進步性的東西，而對當時已經暴露了反動面目的胡適和胡適派的戲劇理論和戲劇活動卻採取了讚揚和投降的態度」③。批評者是一位著名作家，他一邊批判別人，一面檢討自己對張庚的「錯誤」發覺得太遲，「這說明我們階級嗅覺已經麻木到何等程度了。」這說明批評者也有難言的苦衷。這種「左」傾批評，在當時並不是個別現象。還在一九五〇年初，當第一部反映工人生活的劇本《紅旗歌》在全國上演的時候，蕭殷、蔡天心就在《文藝報》上撰文，以「無衝突」和公式化的邏輯粗暴否定這一作品。《文藝報》一九五三年十四期還發表過《「戲」從哪裏來》的文章，一口氣否定了《劇本》發表的十多個劇本。當時評論家們深受蘇聯文藝理論的影響，在批評別人時動輒說：「不是如《眞理報》指出的」，或「不是如愛倫堡曾說」的。

六〇年代初，由於貫徹「八字方針」，實行全面調整，以及一九六二年在廣州舉行的話劇、歌劇、兒童劇創作會議上，周恩來做了重要講話，從理論上分析批評了「大躍進」以來「左」的文藝現象，因而隨著短暫的穩定政治局面的形成，這時的戲劇理論批評出現了一九四九年以來少有的活躍局面。老藝術家、著名導演黃佐臨率先在「廣州會議」上提出戲劇觀問題。關於「戲劇觀」一詞，是佐臨創造的。有人認爲應改爲「舞臺觀」更確切一些，事實不然，因爲它不僅指舞臺演出手法，而且包含對整個戲劇藝術的看法，包括編劇法在內。④這種解釋儘管還有不夠嚴密之處，但比有些人將某一舞臺手法、方式或戲劇的某種屬性和風格流派當成「戲劇觀」的組成部分來說，卻要明確得多。儘管佐臨提出的這一重要問題在話劇界沒引起強烈的回響，但這並不能影響它的理論價值。他提出這一問題的出發點，是希望我國話劇要廣泛繼承人類優秀戲劇遺產，從十九世紀興起的現代寫實戲劇的規範中解脫出來。佐臨不滿足於易卜生社會問題劇的傳統，不滿足於室內心理劇的手法，希望我國話劇不再受鏡框式舞臺與三面牆的限制，他要求新的戲劇觀念，建議「把斯坦尼斯拉夫斯基、布萊希特、梅蘭芳三種體系熔爲一爐，闖出一條新路來」。這裏提出的改革話劇的綱領儘管過於粗略，但畢竟是系統的，不僅在當時而且在今天仍具有振聾發聵的意義。在一九六二年的「廣州會議」上，張庚還提出了一個很重要的學說：戲曲是劇詩。他把「劇詩」與抒情詩、敍事詩並列，要求戲曲有很高的文學性，把戲曲提高到詩的境界來看，這表現了他的勇氣和卓識，體現了張庚對戲曲藝術審美本質的深刻認識和理論上的獨創精神。戲曲是一種詩的藝術的命題的提出，使我們從本質上把握了戲曲的特性，從整體上認識戲曲審美系統奠定了基礎。一九六二年，還出版了當代戲曲理論家阿甲的《戲曲表演論集》⑤，此書從理論和實踐的結合上探討了有關戲曲表演的各種問題，受到普遍好評。

對劇作家的研究再次被提上議事日程。繼一九五九年張仲浦出版了《郭沫若的歷史劇〈屈原〉》⑥後，陳瘦竹在一九六一年出版了《論田漢的話劇創作》⑦。後來，隨著大抓階級鬥爭，這種研究局面很快被破壞。一九六三年以後，除了曲六乙出版的《中國少數民族戲劇》⑧外，其餘出版的大都是配合形勢的《一九六三年華東區話劇觀摩演出文集》⑨、《關於社會主義戲劇的創作問題》⑩以及配合京劇革命的《京劇〈紅燈記〉評論集》⑪、《京劇〈沙家濱〉評論集》⑫等。這些小冊子也並非完全無可取之處，但像周貽白的《中國戲劇講座》⑬、《中國話劇運動五十年史料集》⑭那樣有學術價值和史料價值的著作，卻再也無人寫作或寫了而無法與讀者見面。

第二節　在重新組合中走向自身

要勾勒像造山運動般充滿了錯位、移動，在重新組合中走向自身的戲劇理論批評進程，是困難的課題。爲了不將這個課題弄得複雜化，下面擬按新時期戲劇理論批評的發展時序進行描述。

一九七六年，天安門廣場十月的鑼鼓，顯示著當代戲劇理論批評進入新的歷史階段。被文化激進派宣判爲「毒草」的一本本戲劇理論批評著作，成了重放的鮮花。現實主義創作理論在恢復和重建。

但這時的戲劇理論批評談不上有什麼創造性的發展，多數理論批評文章仍把戲劇藝術視爲一種社會政治現象，而不是看成一種社會文化現象，即不是看做社會心理現象，而是看做政治鬥爭的工具。有時也有論者從社會心理角度評論戲劇，但常常不是指它所反映的社會文化心理，而是指反映的政治意圖與願望。由於不少戲劇理論家們的批評意識還未完全覺醒，未完成從單純政治學看問題向審美批評方法的轉變，連許多命題、推導邏輯甚至造句用詞，均與「十七年」沒多大區別，因而多年來失落了的戲劇本體研究還不可能出現在他們視線之內。

十一屆三中全會後，由於國家政治生活的轉機，戲劇理論批評在新的形勢下迅速崛起，呈現出一種放射狀的勃興，出版了約二百種理論著作，涉及到的內容有中外戲劇史、世界戲劇理論批評史、劇作家研究、戲劇美學、編劇理論、導表演藝術、著名劇作的舞臺藝術、地方戲曲史、戲曲音樂等等。拿劇作家研究來說，儘管有深度的研究還不是很多，但研究的範圍不再像「十七年」局限在少數幾個作家身上，而是遍及業已作古的郭沫若、田漢、老舍、丁西林、洪深、歐陽予倩、李健吾等戲劇大家，以及當時還健在的曹禺、夏衍、陳白塵等劇壇宿將。研究的成果不僅有專題論文與專著，還有年譜、回憶錄等。《中國現代戲劇文學史》、《中國話劇史》的研究工作也提上了議事日程，研究隊伍亦空前壯大。老一輩理論家劫後餘生，復萌青春，出版了新的著作。像張庚的《戲曲藝術論》⑮，帶有開創意義，堪稱現代戲曲學的奠基之作。他與郭漢城共同主持編寫的《中國戲曲通史》⑯，不僅是一九四九年以來戲曲史研究的集大成，而且在許多地方還有自己獨到的見解。八〇年代還整理出版了一批已故專家、學者的著作。如「文革」期間去世的著名導演藝術家焦菊隱的《焦菊隱戲劇散論》⑰，在探討導演在舞臺藝術中的地位和作用，研究導演藝術的理論和方法方面，提出了一系列新的見解，以致被稱爲「焦菊隱學派」。中青年戲劇理論批評家，是戲劇理論批評界一股不可忽視的中堅力量。像譚霈生的《論戲劇性》⑱、余秋雨的《戲劇理論史稿》⑲和田本相的《曹禺劇作論》⑳、譚霈生和路海波合著的《話劇藝術概論》㉑，從他們顯示的才華，已經展示的鋒芒，不能不使人感到他們正擔負著挑大樑的角色。其它出版或發表的論著㉒，由於受了由現代文化、現代科學技術和現代社會心理環境建構的新思潮的推動，已不再停留在從前的由藝術典型和戲劇衝突構成的戲劇創作論上，而進入了更高的美學層次去研究戲劇創作的規律。戲劇審美心理學、戲劇觀衆學、比較戲劇學、宏觀戲劇史也提上了研究日程，已有的社會——歷史批評正在吸收別的研究方法進行重鑄和改造，戲劇文化人類學的批評也有青年學者在進行嘗試，爲的是給傳統的戲劇理論和戲劇史研究打開一個新的天地。

從文化學的角度看，戲劇理論批評是戲劇文化的一個重要組成部分。面對實踐的戲劇理論批評，對於戲劇生產、戲劇消費、戲劇作品、藝術價值的實現，都有促進作用。正因爲戲劇理論批評家充分認識到這一點，所以他們不滿足於閉門研究，而是對戲劇現狀、對戲劇觀等問題展開了熱烈的討論。這種討論，首先是從對觀衆在戲劇中的作用和地位的再認識開始的。在過去，戲劇界長期流行的是易卜生劇作模式和斯坦尼斯拉夫斯基的表演體系。這一模式和體系，在演員與觀衆之間豎起了透明的「第四堵牆」。這堵牆曾一度是戲劇難以超越的界碑，也是阻擋當代戲劇走向廣大觀衆的屏障。新時期的戲劇理論工作者不約而同地和劇作家一起勇敢地衝破這「第四堵牆」，去消除演員表演與觀衆欣賞之間的隔閡，努力創造條件讓觀衆「參與」演出，形成共同創造的劇場效果。

新時期的戲劇理論批評還十分重視劇場性、娛樂性、形式美和觀衆審美多種需要的研究。這裏講的劇場性，不再像過去那樣單純主張在劇場裏製造「假中見眞」的幻覺，而是追求各式各樣的藝術手段、多樣型的藝術思維，以及觀衆的參與和交流。隨著「工具論」的廢棄，以及對文藝與政治關係的重新認識後提出的娛樂性，是對過去「敎化任務唯一」的功能觀的擴大和反撥。至於形式美，很難與劇場性、娛樂性分開。提倡演劇藝術的形式美，必然會增強劇場性和娛樂性。而爲了增強劇場性，評論家們在研究觀衆心理學時，十分注意區別觀衆「悅耳悅目」、「悅心悅意」、「悅志悅情」的不同層次的審美需要。應該說，這種適應觀衆不同審美層次的需要研究，拓寬了戲劇尤其是話劇的審美空間。

對劇作家主體意識的強調，又是新時期戲劇理論批評在重新組合中走向自身的一個重要特點。「十七年」時期過分強調反映論，在某種程度上帶有形而上學的傾向。「大躍進」期間提出的領導出思想、群衆出生活、作家出技巧的所謂「三結合」創作方法，是無視劇作家主體地位的典型表現。新時期的戲劇理論堅持了能動的反映論，同時又高度重視劇作家、舞臺藝術家的主體作用。張庚在《中國戲曲的美學特點》㉓中提出了「物感說」，強調藝術的創造，就在於主客觀的結合。這對於把反映論理解爲被動的摹寫，是一種辯證的否定。

新時期戲劇理論批評，注重民族傳統審美意識與現代審美意識的結合，以努力尋找出中西戲劇文化的交匯點。八十年代的戲劇理論批評奔湧著兩股潮流：一股是積極吸收外來戲劇理論，以促進戲劇藝術的現代化；一股是努力尋根溯源，強化民族傳統審美意識。這兩股潮流還出現了匯合的趨勢。這種匯合，對戲劇理論家用開放的眼光觀察社會和世界，用開放的思維方式研究劇本創作和舞臺實踐活動，無疑有促進作用。

戲劇文化的傳統非常古老。它的沉重的歷史惰性，使戲劇評論也受到了傳染。新時期的理論家們儘管背叛了「從屬論」、「工具論」，但他們中有不少人的思維方式仍未徹底跳出倫理中心主義與經驗主義的窠臼，不分青紅皀白要求劇作家表現重大主題，注意寄興言志，力求「有補於世」。在創作主體問題上，則宣揚對人格神的崇拜，致使拉斐爾的靈光圈增多，倫勃朗的色彩減少。歷史惰性的又一表現是思維方式不夠開放，只注重矛盾的構織，而忽略了生活的錯位，只考慮以戲劇性做爲選擇生活的前提，而未能對生活流程作出獨立的思考。沉重的歷史惰性另一表現是多數戲劇評論家不善於思辨，致使純理論型的評論家鮮見，而純思想型的評論家過剩。新時期戲劇理論批評要在重新組合中完全走向自身，必須進一步從這些歷史惰性中解放出來。

註釋

① 一九四九年，上海書報雜誌聯合發行所。
② 一九五二年，華東人民出版社。

③張光年：《從〈文藝報〉的錯誤吸取教訓》。
④佐臨：《漫談「戲劇觀」》，《人民日報》一九六二年四月二十五日。
⑤上海文藝出版社。
⑥上海文藝出版社。
⑦上海文藝出版社。
⑧作家出版社。
⑨一九六四年，上海文化出版社。
⑩夏征農著，一九八五年，上海文化出版社。
⑪一九六四年，中國戲劇出版社。
⑫同上。
⑬一九五八年，中國戲劇出版社。
⑭田漢等編，一九五八年，中國戲劇出版社。
⑮一九八〇年，中國戲劇出版社。
⑯同上。
⑰一九八五年，中國戲劇出版社。
⑱一九八一年，北京大學出版社。

⑲ 一九八三年，上海文藝出版社。

⑳ 一九八二年，中國戲劇出版社。

㉑ 一九八〇年，中國戲劇出版社。

㉒ 如林克歡的《舞臺的傾斜》。

㉓ 《劇本》一九八四年第二期。

第二章　熱門話題

第一節　關於戲劇衝突、悲喜劇等問題的討論

在「十七年」時期，戲劇理論問題討論進行過多次，其中影響較大的是從一九六〇年陸續開始的關於戲劇衝突、喜劇、演員的矛盾、悲劇、歷史劇等熱門話題的討論。

一、關於戲劇衝突問題。《戲劇報》自一九六〇年十八、二十三、二十四期起，發表了關於戲劇衝突的討論文章後，引起了戲劇界的關心和重視。《雨花》、《文藝報》也發表了有關文章，涉及到以下幾個問題：

(1)**沒有衝突就沒有戲劇。**大家在討論這個問題時，是從文藝與生活的關係和戲劇藝術的創作特點這兩方面著眼的。陳瘦竹認爲，不能籠統說戲劇衝突是一種資產階級理論。①張葆莘認爲，應把戲劇衝突「看做是戲劇藝術的客觀規律」。②

(2)**戲劇衝突是內容還是形式？**多數人認爲：戲劇衝突總是包含著特定的生活內容的，不能將其看

做僅僅是一種藝術手段，只屬於形式範疇的東西。張葆莘認爲：戲劇衝突和生活中的矛盾，既不能等同也不能相互對立起來。林涵表認爲：「戲劇衝突是形式問題，但首先是藝術內容問題。戲劇衝突的構成與處理決定於作品思想內容，決定作家的世界觀和藝術構思。」協卓文認爲：「戲劇衝突必定是包含了社會生活的內容，但又具有戲劇藝術的形式，二者是互相滲透、互相融合的。」

⑶**戲劇衝突與生活矛盾**。許多論者指出，社會生活中充滿著複雜的矛盾和鬥爭，這些生活中的矛盾和鬥爭就是戲劇衝突的源泉。至於如何理解戲劇表現生活的豐富性和戲劇衝突的多樣性，這就牽涉到劇作家選擇題材、處理題材和創作技巧的適用等問題。

⑷**戲劇衝突、人物塑造、性格衝突和反映人與自然的矛盾等問題**。過理在他的文章中把戲劇衝突分爲兩大類：性格衝突與非性格衝突。非性格衝突是人與自然、客觀現實等其它事物的矛盾和鬥爭；性格衝突又分對立與非對立兩種。他認爲：「性格衝突永遠是戲劇衝突的最主要的部分，但不是唯一的。」③那麼，戲劇衝突是否可以由人和自然的矛盾構成？戲劇是否可以表現人與自然矛盾的題材？張葆莘等人在這些問題上也表示了自己的看法。

二、關於喜劇問題的討論。

《文匯報》自一九六〇年十一月十六日發表了周誠的《試論喜劇》後，引起了爭鳴和討論，牽涉到下列問題：

⑴**什麼是喜劇**。有人認爲：今天對喜劇的理解，應與過去不同，應把《五朵金花》、《今天我休息》這類歡樂輕鬆、反映了新時代生活風貌的作品看做是喜劇的新品種。另有一種意見認爲：不管喜

劇怎樣隨時代變化，均應引人發笑。從這個觀點看，《五朵金花》並不完全接近喜劇。也有人提出凡是表現歡樂愉快的新生活都可謂之喜劇。

⑵**喜劇的特徵和分類**。笑是喜劇的最大特徵。周誠提出：喜劇的笑有嘲笑敵人的，有批評人民缺點的，有讚美新生活和崇高思想的。因此，就喜劇的基本特徵而言，它可分爲諷刺性（暴露性）喜劇和歌頌性喜劇兩大類。諷刺性喜劇又可分爲反映敵我矛盾的和反映人民內部矛盾的兩種。還認爲喜劇的傳統形式一直是諷刺性喜劇。胡錫濤認爲：這種分類不一定能概括喜劇的多樣性，另一方面古典劇中並非只有諷刺性喜劇，關漢卿的《救風塵》、《望江亭》就是歌頌性喜劇。「新喜劇與舊喜劇的區別，不在於有無諷刺和歌頌，也不在於劇中有無正面形象」，而在於「歌頌什麼，諷刺什麼；如何歌頌，如何諷刺。」④有人原則上同意周誠的分類，但又認爲反映敵我矛盾的諷刺喜劇的特徵是滑稽，其喜劇人物是丑角，而反映人民內部矛盾的喜劇特徵是幽默、詼諧、風趣，它還可分爲以善意諷刺爲特徵的和以歌頌爲特徵的兩種。還有人主張將喜劇分爲諷刺喜劇和歡樂喜劇（或幽默喜劇）。

⑶**關於喜劇的矛盾衝突**。對以諷刺爲主的喜劇，其矛盾衝突的基礎是人民內部矛盾，大家看法較一致。但對以歌頌爲主的新型喜劇的矛盾衝突問題以及它的表現形式，看法各不相同。周誠認爲：歌頌性喜劇的戲劇衝突主要建立在「巧合、誤會的基礎上」。范華群認爲：現實生活中仍然存在矛盾衝突，戲劇衝突這個原則並未過時，新喜劇仍應把生活中的主要矛盾或非主要矛盾做爲戲劇衝突的基礎。也有人認爲誤會、巧合只是喜劇的一種表現手法，不是它的內在本質，其內在本質在於它的「幽

默、詼諧、風趣」。此外，還有人認爲新喜劇的矛盾衝突是主觀與客觀的矛盾。這次討論還涉及到喜劇的正面人物形象、喜劇的創作方法和喜劇在創作中的地位問題。

三、關於「演員的矛盾」的爭鳴。

《人民日報》一九八一年二月二日和三月八日先後發表了朱光潛的《狄得羅的〈談演員的矛盾〉》和司徒冰的《論演員的矛盾》之後，引起了戲劇界的重視。中國戲劇家協會於同年三月邀請了吳雪、舒強等人座談。大家認爲：對狄得羅表演理論的介紹和評論，以及提出演員在藝術創造上的矛盾問題，這對提高表演藝術水平和表演藝術理論研究的發展很有好處。

大家認爲：演員在進行藝術創造的時候，的確存在著演員與角色、感情與理智、體驗與表現、意識與下意識等多種矛盾，但這些矛盾是可以統一的，只是有時感情多一點，有時理智多一點。至於戲曲演員是不是可以不要內心體驗，只要按照老師所教的「理想的範本」去表演就可以了，以及中國戲曲演員是否如朱光潛在文章中所說的：「正是狄得羅的理想演員」等問題，在會中發言的導演和演員均覺得情況並非如此。他們認爲：戲曲演員如果只靠程式而缺乏內心體驗，是演不好戲的。對朱光潛所說「關於演員都像鏡子在不同的時候反映同一事物一樣，前後絲毫不差地浮現出來」的說法，有的人認爲這否定了演員在演出過程中的創造性。會中有人認爲狄得羅所主張「創造理想的範本」的過程，也就是排練的過程等看法，很值得借鏡，但他把感情與理智、排演過程和表演過程機械地分割開來，就把問題絕對化了。許多人強調指出：我們不僅要學習斯坦尼斯拉夫斯基體系，而且要借鏡狄得羅、布萊希特等外國表演理論；同時我們更要大力研究、整理我國戲曲表演的藝術經驗。

四、關於悲劇問題的討論。在討論喜劇問題時，《文匯報》又展開了關於悲劇問題的討論：

⑴**什麼是悲劇。**細言（王西彥）認爲：「所謂悲劇，指的總是醜的戰勝美的、邪惡戰勝正義，因而造成悲慘的結局。」⑤。顧仲彝認爲：作爲藝術樣式的「悲劇」和生活中講的「悲劇」概念不同，藝術上的悲劇是指「反映時代的、重大典型的、嚴肅的矛盾衝突，其主角必須爲觀衆所同情、所景仰，其結局一般是不幸死亡，但也不一定死亡。」⑥

⑵**社會主義社會有無悲劇。**細言認爲：「在社會主義社會，由於產生悲劇的社會基礎已經不復存在或正在消失，因而悲劇這種格式，在我們的文學藝術的園地裏，應該是已經死亡或即將死亡的東西。」蔣守謙不同意這種看法，他認爲：「在社會主義社會中，人民群衆在同階級敵人或大自然作鬥爭中所遭到的痛苦和犧牲，仍然是文學藝術造成悲劇的社會基礎。」另一方面作家還可以用昨天的題材，「寫成歷史性的悲劇。」⑦顧仲彝認爲：「在很長的時期內，悲劇仍然是反映生活的一種不可少的戲劇樣式。但在社會主義社會裏，悲劇所能反映的生活面越來越狹小，所以悲劇不再是戲劇的主要的樣式，而正劇……將取過去的悲劇地位而代之。」蔣守謙的看法不受條條框框的束縛，而細言的看法未免太天眞。細言過去受過批判，也許他心有餘悸，不敢講眞話。

⑶**人民內部矛盾能否產生悲劇。**細言在論證社會主義社會不能產生悲劇時，舉了一些例證。他指出：「個別的、頑固的個人主義者和集體發生衝突，引起這個人因失敗而陷入悲慘的結局，這對我們的社會來說，並不能算做悲劇。在我們的社會裏，個人主義並不代表美和正義。」他又指出：「好心

幹部做了壞事，也不是悲劇題材。」蔣守謙認爲：「個人主義者的碰壁與失敗並非絕對不能寫成悲劇的。」如《在和平的日子裏》（杜鵬程）就寫了這種悲劇。好心幹部做了壞事，造成了足以構成悲劇後果的結局，作家同樣可以寫，用之於教育人。顧仲彝同意細言的觀點，認爲反映人民內部矛盾的劇本不可能寫成悲劇，因爲人民內部矛盾可通過批評與自我批評的方式解決。除非人民內部矛盾轉化爲對抗性敵我矛盾，人民內部矛盾是不可能構成悲劇的。余開偉在《人民的內部矛盾不能構成悲劇衝突嗎？》一文中⑧，對顧氏的觀點提出質疑。

⑷**社會主義時代的悲劇特徵**。蔣守謙認爲新舊悲劇既有區別又有關聯。其區別在於作家寫新悲劇主角的流血犧牲，其目的是進一步肯定和歌頌新的理想、新的社會制度；而舊悲劇主角的死亡，其意義往往僅是對舊社會的抗議與否定。顧仲彝認爲社會主義時代的悲劇可以稱爲「樂觀主義的悲劇」，它的性質是樂觀的、鼓舞的；它的作用不是引起我們對主角的憐憫和恐懼的感情，而是引起我們對主角無限敬仰和感佩。值得注意的是，在這場討論會中一些老作家如細言、顧仲彝的觀點均顯得非常拘謹、保守，而一些評論新秀如蔣守謙、余開偉的正確意見卻沒有取得應有的重視。

五、關於歷史劇問題的爭鳴。從一九六〇年下半年起，在全國一些主要報刊上發表了不少討論歷史劇的文章，主要涉及到下列問題：

⑴**歷史劇的範圍和特點**。吳晗認爲：歷史劇和歷史有關聯，也有區別。歷史劇必須有歷史根據，人物、事實都要有根據。……人物、事實都是虛構的，絕對不能算歷史劇。他認爲《楊門女將》雖是

好戲，但只能叫故事劇。⑨李希凡認爲：「歷史劇和歷史雖然有『關聯』，卻是在性質上完全不同的東西。」「歷史劇總歸是戲，歷史只是它的素材，卻不能完全成爲衡量它的眞實性的唯一標準。因爲作爲戲，它還有必須遵循的藝術眞實的準則。」在不違反歷史本質眞實的準則下，應允許歷史劇「有藝術虛構、藝術創造的廣闊天地」。⑩王子野也不同意吳晗的意見，認爲：「拿事實眞實與否來做標準而區別歷史劇和故事劇，這從歷史家的眼光來看可能有意義，但從藝術的角度來看這樣的區分是沒有什麼重大意義的。」⑪朱寨認爲李希凡、王子野的論點是「忽視歷史劇的特點」，他提出「歷史劇的特點應該是它的主要人物、主要情節都有歷史事實的根據，而不僅僅是和某一歷史事件的重大情節或多或少有一些關係」。如果按李希凡忠於歷史本質事實的觀點，其結果是「否定了歷史劇的特點，取消了眞正的歷史劇」。⑫

(2)**歷史劇的古爲今用**。陳渠認爲：所謂借古喻今、影射現實，都是方法的問題。能否採用這種形式要先看內容，後看形式。借用古人要看對誰和爲誰，要看它用之是否得體，只要能擊中要害，同樣是符合藝術地反映生活和認識生活的規律的。⑬對於歷史劇的教育作用，吳晗認爲主要是「普及歷史知識」⑭。李希凡認爲歷史劇給予人們的是藝術的認識生活的作用，藝術的教育作用。至於普及歷史知識，歷史劇承擔不了這樣的任務。⑮關於如何古爲今用，茅盾認爲：「我們只要反映了歷史眞實，就是古爲今用。用歷史唯物主義反映了歷史眞實，就是對人民進行了正確的歷史教育和愛國主義思想教育，這就是古爲今用。」⑯石凌鶴則認爲：「不能爲眞實而眞實。」⑰李健吾提出要「反對歷史客觀主義」，但也不應以今代古⑱。

這次討論時間之久和影響之大，均超過了上述幾次討論。茅盾在爭論期間寫的十萬字的長篇論文《關於歷史和歷史劇》⑲，論述全面，資料豐富，很值得重視。

此外，還討論了歌劇問題、話劇藝術的民族化和有關戲曲的「推陳出新」等問題。這幾次討論，與五〇年代相比，在討論的範圍和論述的深入方面，都有很大進步。這表現在由討論創造新英雄人物和寫眞人眞事這樣一般性的問題，轉入戲劇本身創作規律問題的討論；由學術批判轉入學術建設，不像後來批判「鬼戲」那樣用上綱上線的辦法解決不同意見的分歧。可到了一九六二年九月八屆十中全會後，由於黨內左傾思想的再次抬頭，以致全面否定一九四九年以來戲劇創作和理論批評所取得的巨大成績，全盤肯定並發展了戲劇工作中出現過「左」的錯誤——這具體表現在提倡「大寫十三年」，提倡寫「千萬不要忘記階級鬥爭」的作品，組織圍剿孟超創作的崑曲《李慧娘》的文章。在這種情況下，正常的學術討論再也無法進行，戲劇理論建設再次陷入停滯的局面。

第二節　關於戲劇觀、話劇等問題的爭鳴

一、關於悲劇問題的再次討論。

「文革」結束後，一批揭露「四人幫」給廣大人民造成不幸和災難的作品，紛紛登上舞臺。對

此，有人鼓掌歡迎，也有少數人對社會主義時期存不存著悲劇、作家能不能寫悲劇提出疑問。對這個疑問，廣大理論工作者認爲實踐已做出肯定回答，用不著再進行論證。因此，新時期有關悲劇問題的討論，不再像六〇年代初那樣局限於悲劇的定義和社會主義文學能否寫悲劇一類問題上，而將重點放在：

⑴**社會主義時期悲劇形成的原因**。一種意見認爲：除了階級矛盾的存在是產生悲劇的重要原因外，制度上的不完善、執行方針政策時所產生的錯誤、人民內部的矛盾和鬥爭、人們頭腦中的舊思想意識和舊傳統觀念，都有可能釀成悲劇。⑳另一種意見認爲：社會主義制度「本身已不再是個人、集體、整個社會悲劇的製造者」㉑。社會主義時期的悲劇，是「黨內的陰謀家、野心家推行機會主義所產生的惡果」。不能說在正確的方針路線下，由於執行政策的偏差或人民內部的矛盾鬥爭，也會成爲滋生悲劇的土壤。㉒此外，還有論者認爲：在人和自然鬥爭中，由於主觀認識和客觀條件的限制，對大自然規律一時無法認淸和掌握，也會導致悲劇。另有人認爲：愚昧無知、不學無術，也是悲劇出現的另一個原因。

⑵**關於悲劇的主角**。一種意見認爲：悲劇主角必須是正面人物或具有正面素材的人物，因爲悲劇是描寫「好人」的不幸或毀滅。另一種觀點和這種看法相似，認爲英雄人物和正面人物是悲劇的主角，因爲只有代表先進思想和維護人民利益的人物遭受苦難或犧牲，才能構成眞正的悲劇。第三種意見認爲：反面人物也可以成爲悲劇主角。如果認爲只有正面人物或英雄人物才是眞正悲劇的主角，那

一大批不是以此類人物做主角的著名悲劇作品，將被逐出悲劇世界，且會造成悲劇題材與樣式的單調。這種看法很值得重視。與此相關聯的是凡英雄人物遭難是否都是悲劇，對此也有不同看法。一種觀點認爲：凡英雄人物犧牲都是悲劇。這種看法顯然過於籠統。另一種觀點認爲：不能把悲劇的內涵無限擴大。像《江姐》應看做是帶有悲劇內容的正劇，因爲它的主要內容不是寫人物的不幸和死亡等悲慘遭遇，而在於表現人物的革命鬥爭歷程。

(3)**關於悲劇的美學效果**。多數人認爲：悲劇的美學效果主要表現在能引起人們一種特殊的審美情感即痛感——愉悅美感中的痛楚之感；它給人最突出的效果就是崇高感；它還帶著「淨化」作用，給人以深刻的倫理感動，促使道德品格的昇華；它還通過審美享受給人們以認識生活眞理的有益啓示。另一種意見認爲：「憐憫和恐懼」也是悲劇的美學效果。這裏講的憐憫不是一般的同情，而是帶有更高的道德情操和更深的認識理解；恐懼也不等於是害怕，其中帶有深刻的理性因素，使觀衆嚴肅地對待生活。另一種意見認爲：如果悲劇的主角是英雄人物，他們的命運引起的情感應該是強烈的愛或恨，而不是「憐憫與恐懼」。

二、關於劇本創作座談會。

一九八〇年一月二十三日至二月十三日，中國戲劇家協會、中國作家協會、中國電影家協會在北京聯合召開了劇本創作座談會。會議結合沙葉新創作的話劇《假如我是眞的》(又名《騙子》)及另兩個電影劇本《在社會檔案裏》、《女賊》等作品，就粉碎「四人幫」三年來的文藝成就、如何認識時代和文藝任務、關於眞實性和創作方法、關於文藝批評、關於學習和提高等問題展開了討論。中央宣傳部長胡耀邦在會議結束時作了長篇講話。

這次會上，對《假如我是眞的》等作品進行了討論。有的人認爲：無論從動機、效果、眞實性、主題的深刻性各方面看，這些作品都是好作品。有的人持相反意見：這些作品的思想傾向不好，藝術上不眞實，只能產生有害的社會效果。經過討論，雙方意見都做了一定程度的修正，大多數人認爲：這些作品的作者動機是好的，有觸及尖銳的社會問題的熱情和勇氣，作品也有一定的積極意義，但仍存在著思想上與藝術上的重大缺陷。像《假如我是眞的》戲裏出現的幹部和青年的形象，雖有一定的生活依據，但對於環繞著他們、促使他們行動的時代環境的描寫，眞實性和典型性都顯得很不充分。同時，作者在對騙子的描寫上，不適當地傾注了過多的同情，把他行騙的罪責全部歸於幹部的特殊化，並且提出了這樣的命題：假如我是眞的，那麼就是合法的。這就容易使人做其他方面的聯想和誤解。

對這次會議本身，有不同評價。有人認爲，這是黨對文藝重視的表現。其實，由領導人出面召開座談會，這本身就定了調子，不同意見不可能充分發表，這是用行政手段干預文藝的傳統做法，它開了變相禁戲的先例。後來有一些劇團衝破「軟禁」的做法，將《女賊》改編成話劇上演。但《假如我是眞的》仍無法上演，只好由委港拍成電影，再暗流到內地。

三、關於戲劇觀問題。

提起戲劇觀，人們很自然會想到佐臨在二十多年前發表的《漫談「戲劇觀」》。但當時提出後，並沒有引起人們應有的重視。新時期以來，人們又重新議論起這一問題。先是《劇本》一九八一年第五期發表了陳恭敏的《戲劇觀念》，《戲劇報》於一九八四年第十二期又發表了《爲什麼首都近期幾齣話劇上座不佳》，重點提出更新戲劇觀念的問題。過後，《戲劇報》開設了「關於戲劇觀念問題的討論」欄目，《戲劇學習》在此時也發表了不少討論戲劇觀的文章。討論中涉及到以下幾個問題：

⑴**什麼是戲劇觀**。有四種理解：A、戲劇觀是戲劇手段的「系統化」和「體系化」，或對整個戲劇藝術的理解；B、高行健認爲：對「戲」的理解才叫戲劇觀。即「到底什麼叫戲？」有人說：「戲劇觀，這不只是個理論問題，同戲劇創作實踐關係很大。到底什麼叫戲？目前公認的戲是易卜生式的戲，也還有不同於易卜生的戲的寫法，則都來源於不同的戲劇觀。」㉓C、認爲戲劇觀是戲劇家對戲劇藝術的總體看法。如丁揚忠認爲：戲劇觀「包括戲劇家的哲學、美學思想，對戲劇社會功能的認識，所恪守的藝術方法、原則等等許多複雜內容。」㉔D、認爲戲劇觀是關於戲劇觀點的全部總和。如陸瑋認爲：「戲劇觀包括從戲劇的本質及其藝術特徵，到什麼是戲劇性、戲劇要表現什麼內容、發揮什麼社會功能、追求什麼審美理想，直到編劇、導演的表現方法等種種問題的全部觀點。」㉕

⑵**如何看待戲劇觀念的更新**。著名導演陳顒認爲：戲劇觀念更新涉及到對傳統習慣的現實主義創作方法的重新認識，對戲劇結構多樣化的嘗試，對舞臺假定性和非幻覺表現手法、象徵因素的運用，

對人物心理空間的多層次表現，以及各種藝術媒介的舞臺綜合，也包括劇場建築原則、演出方式，與觀衆交流的態度等各個方面。㉖《WM—我們》一劇導演王貴等主張開放性的、多元化的戲劇觀，主張站在歷史的縱橫線上進行高層次的思考。所謂戲劇觀的多元，要求不僅有幻覺主義的寫實戲劇、非幻覺的寫意戲劇，而且有介於兩者之間的非寫實、非寫意的戲劇，兩者交融渾然一體的戲劇。㉗馬也對戲劇觀念更新一說持質疑態度。他認爲：「時代變了，戲劇觀要更新。」此說沒有多少道理。戲劇觀所需要的恰恰是接近藝術規律的穩定和正確。我們的戲劇觀在某種意義上說，不是需要「更新」，而是要「回復」，回復到賀拉斯或者莎士比亞，當然最好是回到馬克思。㉘杜清源批評了馬也這種狹隘的戲劇觀。㉙至於陳恭敏的《當代戲劇觀的新變化》㉚，被稱爲「南派」理論的代表作，「一代探索戲劇的綱領性宣言」。該文概括出當前戲劇觀念變化的四個走向：從訴諸感情向訴諸理智的轉化；從重情節向重情緒的轉化；從規則向不規則的轉化；從邊緣清楚向邊緣模糊的轉化。並認爲這不僅是中國，而且也是世界戲劇觀念的新變化。「北派」理論家的代表譚霈生在地處首都的《戲劇報》上撰文反駁。孫葳則認爲：陳恭敏所概括的四大轉化，「既不是今後中國話劇的走向，也非世界範圍內戲劇的走向，它只是中國目前探索話劇的走向而已。」㉛

(3) **如何評價佐臨的「戲劇觀」理論。**許多人認爲：佐臨從改革話劇以探求具有中國民族特色的社會主義話劇這一總體的目標出發，提出了一個雖粗略但有系統的綱領。他對「戲劇觀」的界定也許有破綻，但他針對話劇形式日益趨向僵化、陷入自然主義的傾向所做的尖銳批評，爲突破古典戲劇的

「三一律」和資產階級客廳劇的「四堵牆」，要求「哲理性高深、戲劇觀開闊」的呼籲，至今仍有重要的現實意義。馬也持相反的看法，他認爲佐臨對「戲劇觀」的解釋既矛盾又混亂。這矛盾和混亂源於他對這一概念理解上的錯誤，由於佐臨在某一名詞後面不恰當地加上「戲劇觀」三個字，因而「污染了戲劇觀這個概念，造成了理論上的混亂」。㉜

這場討論涉及到如何看待「形式革新」，如何看「思考大於欣賞」，涉及到戲劇美學、戲劇形式、觀衆結構等一系列問題，內容十分豐富複雜。雖然一時難於做出結論，但有助於改變戲劇不景氣的狀況，創造出具有我國民族特色的戲劇。

四、關於話劇問題的討論。

多年來話劇藝術幾乎一直是由單一的流派、單一的表現方法統治著，無法適應改革時代的要求。爲了改變這種現狀，《戲劇報》等報刊組織了專題討論，涉及的主要問題有：

⑴**關於話劇的前途和創新**。多數人認爲：話劇現狀不令人樂觀。除上座率不高外，與豐富多彩的現實生活相比，話劇確實遜色而無力。那麼，話劇究竟是否要消亡？有人認爲：戲劇危機是世界性的，這是電影、電視發展所帶來的必然結果，在我國也不例外。多數人認爲，不必由此產生恐懼心理，話劇仍然有它的生命力，絕不會被電影電視所取代。正如前蘇聯戲劇家馬爾扎諾夫所說：「不管人們如何預言戲劇的末日，戲劇將永遠不會死亡。」對話劇應如何擺脫目前的困境問題，有人提出應揚長避短，發揚話劇藝術演員與觀衆活人交流的特長，克服話劇缺少記敘性的短處，要在風格多樣化

做文章，在通俗化上打主意。更重要的是解決劇作的創新問題。創新，不能光停留在舞臺手段上的黑場、定格、追光、投影加幾何景等演出形式上，而應首先立足於內容的創新，或者說是「形式和內容同步更新的創新」。㉝

⑵**如何評價探索性話劇**。對《絕對信號》、《車站》、《街上流行紅裙子》、《十五樁離婚案的調查剖析》、《一個死者對生者的訪問》、《WM—我們》……這些五光十色的話劇，學術界有不同的評價。筱平認爲：應充分肯定這些話劇對戲劇藝術的貢獻。他仔細地分析了上述探索性話劇的藝術特色：戲劇結構從封閉式轉向開放式，突出了「內在戲劇性」，表現手法的多樣性，吸收了象徵主義、表現主義及荒誕派劇作的一些手法，話劇的輪廓線模糊，開始和其他姊妹藝術互相滲透。話劇在探索中出現的這些變化是「哲學觀念、美學觀念和戲劇觀念的變化，它顯示出戲劇已突破了單一的藝術審美形式而向多元發展」㉞鄭伯農的觀念有些守舊，他認爲：對有些探索性話劇不宜評價過高。像高行健的《車站》，我們在這部作品裏「看不到一點光明面的影子，看不到一點改革的希望。所有這一切描寫，對我們的現實、我們的未來，是一種不眞實的、歪曲的反映」。㉟

⑶**關於話劇表演藝術的討論**。一九八三年十一月，《戲劇報》就如何進一步提高話劇表演藝術水平展開討論。討論會的大部分發言，陸續發表在《戲劇報》一九八四年一～九期上。大家認爲：缺乏體現的技巧、人物形象不鮮明，是話劇演員普遍存在的問題。也有許多人指出：絕不能因爲話劇演員普遍存在缺乏體現手段而忽視體驗問題。表演上的公式化，仍然是話劇舞臺上普遍存在的弊病。大家

紛紛強調：思想、生活、技巧，是提高話劇表演藝術水平三個不可缺的環節。討論還涉及到對斯坦尼斯拉夫斯基體系的評價問題。胡導說：「斯氏體系是體驗藝術發展到更成熟階段的標誌。它提出了一整套的心理創作理論，給演員提供了創造人物精神生活的技巧和方法。」阿甲說：「斯氏認為情感是不能表演的，必須從人物的行動裏流露出來，所以要從行動開始，這完全合乎生活邏輯。但在具體實踐時，我感到斯氏的按照人物的邏輯去積極行動便會產生情感之說，仍有些問題。我認為：舞臺情感除從角色的行動邏輯出發之外，還應該有表演情感的技巧，這種技巧不能沒有體驗。表現人物情感的特殊形式要下苦功訓練，不是在舞臺假定的規定情境下有了角色的積極行動，就會自然產生的。」馬惠田說：「斯坦尼常把摹仿和刻板匠藝的表演結合在一起，其實，摹仿是表演藝術的一種技能，是演員獲取創作素材的重要環節，它有助於演員創造鮮明的舞臺形象。」關於體驗派和表現派，大家普遍主張體驗與表現相結合，並均承認自己是結合派。討論還涉及戲劇藝術和表演的優勢、話劇表演的現實主義傳統、建立中國表演學派等問題。

(4)**話劇如何爭取觀衆**。《戲劇報》一九八三年第一～十一期開闢專欄討論這一問題。羅毅之認為：要爭取觀衆必須發揮話劇所長。他不同意有人把分場分幕的限制以及有幾百平方米的表演區看成是話劇的局限性，他認為這恰好為話劇形成集中、凝煉、鮮明、濃鬱的藝術特點提供了嚴格而又規範的基礎。丁揚忠認為：有兩個模式對提高話劇水平危害最甚，一是教條主義地觀察生活；二是僵死地表現生活的編劇模式。不從這兩個模式中突破出來，話劇的局面就不會好轉。耘耕說：對話劇如何爭取觀衆，人們在假定性這個形式問題上考慮多了些，而對演員的修養和技巧如何從表演的角度提高話劇藝術的吸引力，以及更爲重要的劇本質量的提高，似乎考慮少了些。《人民戲劇》從一九八一年下半年到一九八二年，還展開了話劇民族化問題的爭鳴。

五、關於戲劇美學問題的討論。

全國性的戲劇美學問題討論會，一共舉行了兩次。一次是一九八六年的珠海會議，另一次是一九八八年的沈陽會議。此外還發表了許多文章，涉及到以下幾個問題：

⑴戲劇美學的定義。余秋雨認爲：「二〇世紀的戲劇美學以哲學爲武器研究戲劇美的本質；以心理學爲武器研究戲劇場中的實現；以社會學爲武器研究戲劇美在社會歷史上的實現。它是一門邊緣模糊、內容寬泛、變化劇烈的學科。」㊱王世德認爲：戲劇美學是研究戲劇藝術的審美特徵和審美規律的學科，是狹義的藝術美學的一個分支。㊲葉長海則認爲：戲劇哲學、戲劇心理學、戲劇社會學均屬戲劇學範疇，而戲劇學與戲劇美學並不完全是一回事。㊳周來祥認爲：戲劇美學主要由戲曲美學和話劇美學兩部分構成，它著重研究戲曲和話劇各自相對特殊的審美規律。㊴

⑵關於中國戲劇的審美特徵。夏寫時認爲：中國戲劇審美特徵在中國古代戲曲、現代戲曲中得到最集中的表現。環境劇情和表演各門類藝術高度的綜合性，是中國戲劇反映生活的獨特的藝術規律，也是中國戲劇獨特的審美特徵之一。另一特徵是具有抒情性。就廣義而言，中國戲劇都是詩劇，具有如詩的意境。第三個特徵是傳神。㊵一些人認爲：戲劇審美特徵處在一個不斷變化過程中，當前迫切

需要對傳統藝術精神重新認識。另一些人認爲：全面考察這些年來的戲劇創作證明，它們都是不同程度拓展和強化了戲劇藝術自身特點的結果。

⑶**關於戲劇思維**。有的人認爲：對戲劇思維的研究可能是戲劇美學研究深入發展的新起點和突破口。今天，戲劇藝術家應當在富有活力的傳統的藝術精神、現代審美意識和戲劇形式規律自身運動這個三維的開放空間中，發展創造性的戲劇思維。有的論者指出：現代戲劇思維模式應當是對個體與群體相統一的人性建構運動的整體的感性觀點。有的論者闡述了新的戲劇思維方式的整體性、開拓性、創造性、開放性和預見性等特徵。還有人從話劇導演、戲曲導演、戲曲音樂等具體的藝術創作環節入手探討了發展現代戲劇思維的問題。㊶

六、歷史劇討論的發展和深化。

「文革」前流行的歷史劇觀點是：「歷史劇是文藝創作」，㊷因此「歷史劇是藝術，不是歷史」。㊸這種觀點近年被鄭波光撰文提出根本性的否定，認爲持這種觀點的人犯了「把悲劇理論簡單地套在史劇理論上」的錯誤。須知，悲劇與史劇對歷史的要求是有很大差別的，「悲劇要求歷史服從藝術，史劇要求藝術服從歷史」，悲劇「對歷史卻無需嚴格要求，甚至可以完全違背歷史」。至於吳晗說的「歷史劇是藝術，也是歷史」㊹。鄭波光認爲它正確地解決了歷史劇中歷史與藝術的關係，是歷史劇這種藝術形式的特點最完滿的概括。㊺但也有人認爲對歷史劇概念的理解，宜寬不宜緊。魏峨說：「凡反映歷史生活的戲劇，都可以叫做歷史劇，無需另立什麼傳奇劇、古代故事劇等名目。」㊻在上海戲劇學院一九八三年六月舉行的歷史劇學術討論會上，對歷史劇的類型提出了兩種不同的意見。一種意見認爲，歷史劇歷來存在兩種類型：一種是較爲嚴格地遵照史實，同時依照歷史事實加以虛構而再現歷史眞實的歷史劇，可稱爲歷史化歷史劇；另一種是只取某個時代的歷史背景或個別歷史人物的身影、憑藉作者想像力進行大膽虛構以表現某種意圖的歷史劇，可以稱爲非歷史化的歷史劇。另一種意見認爲，所謂非歷史化的歷史劇，是個缺乏科學性的概念：既然是非歷史化的，又怎麼是歷史劇呢？把歷史上的傳奇、故事、演義改寫的戲劇都稱爲歷史劇，就失去了歷史劇的特殊性，也等於取消了歷史劇。㊼關於歷史眞實，鄭波光提出：它應包括兩個內涵，這就是黑格爾所說的「眞正客觀」的兩個定性——「過去存在」與「現代生活」。這是兩個對立統一、互相依存的內涵，兩者缺一不可，否則就會造成歷史劇創作的失誤。㊽陳植鍔則認爲，以歷史爲題材的文藝作品，按照後世人的面貌來改鑄古代人，乃是一種非常普遍的現象。假若只有忠於歷史的眞實這個唯一的尺度，那麼不管在哪一種社會條件下寫出來的歷史作品都會是一樣的，這可能嗎？歷史工作者不必要求作家寫歷史劇「無一事無來處」，文藝家也不必強調自己的一切都是對歷史眞實的反映。㊾余秋雨觸及到過去談得極少的歷史劇審美這一問題。他說：「我們看到了兩條迎面而來的線索，歷史上美的延續線和現實人們回顧性的審美視線。當這兩條線交叉並進而發出火花，便是歷史劇的審美生命之所在。」他認爲歷史劇的審美特徵表現在遠近感知的雙重性，比一般現代劇更要求審美上的完整性和鮮明性，對哲理性領受的加強等方面。㊿《新劇作》還展開了歷史劇創作中「歌頌」問題的討論。

新時期的戲劇理論批評界還討論了關於戲曲推陳出新問題，關於整理改編戲曲傳統劇目問題，關於京劇流派及滑稽戲等問題。從這些問題的討論中，可以看出新時期的戲劇理論批評史，其實是一部戲劇理論批評爭鳴史。這裏爭鳴的無論是「十七年」接觸到的如悲劇、歷史劇問題，還是未接觸到的如戲劇美學問題，均是對我國傳統的戲劇理論穩定性的突破，是對那種只重視戲劇教育作用模式的超越，由此產生對傳統戲劇理論的重新評價，並在這個基礎上做出積極的開拓。從這裏還可以看出，戲劇理論也和整個文學理論一樣，正處在激烈的變革時期。儘管它還存在著研究古代、現代戲劇多，研究當代戲劇少；研究戲曲的多如繁星，研究話劇尤其是新歌劇、兒童劇的寥若晨星；研究一般戲劇理論多，研究導演和表演少等缺憾，但只要對戲劇理論的發展寄予清醒的期待，我們就可堅信，中國的戲劇理論批評一定能開創新局面，推向一個新的境界。

註釋

① 《論戲劇衝突》，《雨花》一九六一年第二期。
② 《論戲劇衝突》，《文學評論》一九六一年第二期。
③ 《關於戲劇衝突問題的討論》，《戲劇報》一九六一年第七～八期。
④ 《也談喜劇》，《文匯報》一九六〇年十一月二十七日。
⑤ 《關於悲劇》，《文匯報》一九六一年一月三十一日。

⑥《漫談悲劇問題》，《光明日報》一九六一年五月十三日。
⑦《也談悲劇》，《文匯報》一九六一年四月十五日。
⑧《光明日報》一九六一年六月十三日。
⑨《也談歷史劇》，《文匯報》一九六〇年十二月二十五日。
⑩《「史實」和「虛構」》，《戲劇報》一九六二年第二期。
⑪《歷史劇是藝術，不是歷史》，《光明日報》一九六二年五月八日。
⑫《關於歷史劇的爭論》，《文學評論》一九六〇年第五期；《再談歷史劇的爭論》，《文學評論》一九六三年二期。
⑬《革命性與科學性的結合》，《四川文學》一九六一年第六期。
⑭《歷史劇是藝術，也是歷史》，《戲劇報》一九六二年第六期。
⑮《「歷史知識」及其他》，《戲劇報》一九六二年第六期。
⑯《關於文學藝術創作的五個問題》，《河北文學》一九六一年第五期。
⑰《從〈西域行〉的創作談歷史》，《江西日報》一九六一年五月十四日。
⑱《〈甲午海戰〉與歷史劇》，《文學評論》一九六〇年第六期。
⑲《文學評論》一九六一年第五期。
⑳參看向彤：《文藝要不要反映社會主義時期的悲劇》，《光明日報》一九七八年十一月三日；王西彥：

《悲劇成因》，《文匯報》一九七八年十二月三日。

㉑董學文：《談談馬克思、恩格斯的悲劇觀》，《光明日報》一九七九年一月十九口。

㉒參看范培松：《也談悲劇成因》，《光明日報》一九七九年三月十六日。

㉓高行健：《論戲劇觀》，《戲劇界》一九八三年第一期。

㉔丁揚忠：《談戲劇觀的突破》，《戲劇報》一九八三年第三期。

㉕陸瑋：《關於戲劇觀的思索》，《江蘇戲劇叢刊》一九八三年第五期。

㉖陳顒：《把握當代戲劇變革中社會交往與信息傳遞的特徵》，《戲劇學習》一九八五年第三期。

㉗王貴、胡雪樺：《開拓高層戲劇構思——再談拓展戲劇觀》，《戲劇學習》一九八五年第三期。

㉘馬也：《話劇何以缺少曠世之作》，《戲劇報》一九八五年第三期。

㉙杜清源：《戲劇觀念漫議》，《戲劇學習》一九八五年第三期。

㉚《戲劇報》一九八五年第十期。

㉛孫葳：《理論的誤區——近兩年戲劇理論的反思》，《文藝報》一九八八年七月二十三日。

㉜馬也：《與佐臨同志的商榷》，《藝術新觀》一九八三年第五期。

㉝賈鴻源：《話劇創新首先是劇作的創新》，《戲劇報》一九八三年第七期。

㉞筱平：《探索性話劇對戲劇藝術的貢獻》，《語文導報》一九八六年第三期。

㉟《〈車站〉三人談》，《戲劇報》一九八四年第三期。

㊱《文藝新學科新方法手冊》，上海文藝出版社，一九八七年版。
㊲《美學辭典》，知識出版社，一九八六年版。
㊳葉長海：《中國古代戲劇學諸說》，《文藝研究》一九八四年第五期。
㊴周來祥：《漫話戲劇美學》，《戲劇叢刊》一九八四年第三期。
㊵夏寫時：《論中國戲劇的審美特徵》，《戲曲研究》第十二輯。
㊶參見李春熹：《戲劇美學研究的深入和困惑——第二屆全國戲劇美學研討會記述》，《人民日報》一九八八年八月十六日。
㊷李希凡：《「史實」與「虛構」》，《戲劇報》一九六二年第二期。
㊸王子野：《歷史劇是藝術，不是歷史》，《光明日報》一九六二年五月八日。
㊹吳晗：《歷史劇是藝術，也是歷史》，《戲劇報》一九六二年第六期。
㊺鄭波光：《試論史劇理論與悲劇理論的區別》，《文學評論》一九八三年第五期。
㊻魏峨：《歷史劇創作漫談》，《劇壇》一九八三年第一期。
㊼呂宋、薛澍：《探索和研究歷史劇的基本理論》，《戲劇藝術》一九八三年第三期。
㊽《試論史劇理論與悲劇理論的區別》，《文學評論》一九八三年第五期。
㊾陳楨鍔：《借他人酒杯，澆自己塊壘》，《學術月刊》一九八三年第九期。
㊿余秋雨：《歷史劇的審美特徵》，《新劇作》一九八三年第五期。

第三章 戲劇理論家及其論著

第一節 張庚：傑出的戲劇學學者

張庚（一九一一～），湖南長沙人。一九二七年開始參加戲劇活動，三〇年代在上海參加左翼戲劇運動，主要從事戲劇理論批評工作。於一九三六年出版了《戲劇概論》。一九三八年到延安，任魯迅藝術學院戲劇系主任。一九四二年出版了在「魯藝」講課用的教材《戲劇藝術引論》（一九八一年由文化藝術出版社再版），並發表了《話劇民族化與舊劇現代化》一文，提出了「話劇民族化與舊劇現代化」的口號。抗戰勝利後，到東北擔任魯迅文藝學院副院長。一九四九年參加中國戲劇家協會，後擔任中央戲劇學院副院長。一九五三年任中國戲曲研究院副院長，從事戲曲改革工作，並任《戲劇報》主編。「文革」後任文化部文學藝術研究院副院長、中國戲劇家協會書記處書記等職。一九四九年後出版的理論著作有《新歌劇論文集》（一九五一年）、《擴大上演劇目的幾個問題》（一九五六年，通俗文藝出版社）、《〈秦香蓮〉的人民性》（同上）、《論新歌劇》（一九五八年，中國戲劇出版社）、《論戲曲表現現代生活》（同上）、《戲曲藝術論》（一九八〇年，中國戲劇出版社）、《張庚戲劇論文集（一九四九～一九五八）》（一九八一年，中國社會科學出版社）、《張庚戲劇論文集（一九五九～一九六五）》（一九八四年，文化藝術出版社）。並主持了《中國戲曲通史》、《中國大百科全書·戲曲卷》、《戲曲藝術概論》等書的編寫工作。

作爲一個資深的戲劇理論家，張庚從不看風行事，他堅持眞理，敢講眞話。從五〇年代初期起，他就致力於反對戲曲領導工作中的教條主義和戲劇研究中的庸俗社會學。他先後寫了《正確地理解傳統戲曲劇目的思想意義》①、《反對用教條主義的態度來「改革」戲曲》②等文章，反對唯成分論，認爲「衡量一個劇目中有無人民性，絕不能單單抓住其中的肯定或否定人物的階級成分來予以強調」，反對「把階級鬥爭的複雜圖案簡化爲一邊是壞人——統治階級，一邊是好人——勞動人民和一切被壓迫者」。在認爲傳統戲是傳播封建思想的渠道的年代，要做到這點非常不容易，這不僅需要勇氣而且還要眞正精通戲劇藝術。在忠、孝、節、義的評價問題上，也表現了張庚的卓識。他認爲：「忠、孝、節、義的思想，固然有封建性的一面，但也不是沒有人民性的一面。」並舉《楊家將》等戲爲例說：「《楊家將》、《精忠記》的人民性，正是表現在那與『奸』尖銳對比起來的『忠』」。「《三上轎》所以感人，那也還是有人民性的『節』」。對鬼戲，他也不全盤否定。他認爲鬼魂形象宣傳恐怖、迷信，爲封建統治服務，就是壞鬼戲；鬼魂形象反映了人民的思想感情、願望，就是好鬼戲。這種觀點，在今天看來很平常，但在庸俗社會學流行的年代，講出這一眞話卻要付出巨大的代價。六〇年代初的《戲劇報》，爲此發表了十多篇文章，整整批了他一年（同時挨批判的還有趙尋、岳野的創作和理論）③。不管別人如何厲聲質問，他就是不輕易承認錯誤，還寫了爲自己辯護的文章。④。他回到《戲劇報》後，仍堅持原來的觀點。他之所以不隨風起舞，是因爲他堅信對待錯綜複雜的戲曲史現象決不能簡單化，用人民性的標尺來衡量古代戲曲藝術不會錯。

張庚常常站在歷史與現實的交接處思考。在五〇年代初期，他既反對全盤繼承，反對戲曲改革的錯誤主張，也極力反對拋棄傳統，用話劇的方法改造戲曲的做法。「文革」後不久，戲劇戰線颳起了徹底否定戲劇傳統、否定藝術規律、否定戲曲的冷風後，張庚沒有像某些人那樣弄得暈頭轉向，而是旗幟鮮明地反戲曲衰亡論、戲曲夕陽論，提出戲曲尙處於自己發展的史前期的鮮明論斷。這自然不是故作驚人之語，而是他經過長時間深思熟慮的結果。

他以爲：當前的世界文化，既不可能是西方文化單獨發展，也不可能是東方文化一花獨放，而必然是東西方文化的相互影響、相互滲透、相互交融。在這個大背景下，各民族文化會進一步發掘自己的價值，做出超越本體的躍進。戲曲也將在東西方文化的交融的大趨勢下，進一步發掘自己的價值，做出超越本體的躍進⑤。這個預測是有科學根據的。的確，對現代戲曲藝術來說，它在影視的衝擊下不但不會消亡，反而會在新舊交替的蛻變中獲得新生。正是在這個意義上，張庚稱它尙處於自己發展的史前時期，並不言過其實。

張庚在五〇年代中期寫的論戲曲改革的論文，雖然有許多地方對庸俗社會學做了認眞的批判，但這種批判並不是簡單地摒棄了事，而是帶有鮮明的建設性。他在《反對用教條主義的態度來「改革」戲曲》一文中，寫了段小註：「戲曲改革」是在一九四九年後提出來的。那時的戲曲由於反動勢力的長期統治，形成了十分混亂的悲慘情況，如不大力整頓就無法挽救。那時提出「改戲、改人、改劇」完全必要，但那時到現在已過七年，情況完全不同，「三改」基本任務已完成，「戲改」就沒有了具體內容。如果把「戲改」這個名詞搬用到戲曲藝術的發展提高上來，必然導致什麼都「改」，而藝術的發展是不能用「戲改」的方法去做的。「因此，我提議取消『戲改』或『戲曲改革』這個名詞而代之爲戲曲工作、戲曲整理、戲曲藝術等名詞。」這個建議非常大膽。誠然，「戲曲改革」這個名詞是否應廢止還可以討論，但他一直感到無休止地「改戲、改人、改劇」，給戲曲藝術帶來了極大的破壞性，卻是鐵的事實。他這段小注，提出了應注重學術建設，不要動輒「大破大立」的大問題，這對緩和緊張的文化氣氛，形成正常的戲曲理論批評的文化環境是非常有益的。正是從注重建設出發，張庚在一九六二年、一九六三年接二連三地記述了自己關於「劇詩」——戲曲應稱爲「戲劇體詩」或「詩化戲劇」的主張。

張庚學貫中西，有深厚的外國文藝理論功力。「劇詩」說便是以西方文藝理論爲參照提出的。在我國古代文論中，並無「劇詩」的概念，而據西方的傳統看法：「劇作也是一種詩，和抒情詩、敍事詩一樣，在詩的範圍內也是一種詩體。」⑥，這和我國古代美學家把戲曲看做詩（非案頭閱讀的狹義的詩）的觀點是一致的。張庚的「劇詩」說，自然不是簡單地沿用前人的傳統觀念，而是在深入研究中國文學和戲曲的基礎上，發展了中外傳統美學思想，體現了整體性的觀點，與過去某些戲曲研究家機械地羅列藝術現象的做法有顯著不同。它抓住了戲曲有別於其它戲劇藝術最本質的特點，是立足於我國戲劇實踐提出的一種嶄新美學見解。從他對「劇詩」的內涵、「劇詩」的傳統、「劇詩」的言志、「劇詩」的構成、「劇詩」的意境等問題的記述可以看出，他把「劇詩」當抒情詩、敘事詩並列，不僅是把戲曲提高到詩的境界看，而且是爲了改變戲曲與文學日益分離的局面。他的本意並不是要去掉戲曲的綜合性，變成與文學相差無幾的品種，而是要求戲曲既要有文學性又要有戲劇性，有行動、有嚴整的結構，即用詩的形式寫有戲劇性的、行動中的人物性格。張庚對「劇詩」的理解有過一個發展過程，他在一九四三年寫的《魯藝工作團對於秧歌劇的一些經驗》和一九四八年寫的《秧歌劇與新歌劇》中講的「劇詩」，主要局限於秧歌劇、新歌劇和話劇，研究的範圍多半指劇本語言形象精煉、感情濃烈、節奏鮮明的詩化，後來才逐漸擴展到戲曲藝術，尤其是戲曲藝術的整體詩化上。在《戲曲藝術論》中，他用了一整章的篇幅來記述「劇詩」問題。他認爲：戲曲與詩歌關係源遠流長，口頭的詩歌發展走了一條民歌——說唱——戲曲的道路。戲曲不論從編劇、表演角度看，還是從整個舞臺藝術上看，它都是舞臺演出的詩，屬詩的範疇。戲曲的審美特性可以舉出千條萬條，歸納成一條就是詩性，這便是張庚「劇詩」說的核心所在。由於張庚比較科學地把握了戲曲藝術的本質和特殊規律，因而它不僅對戲曲藝術的革新實踐有巨大的推動作用，而且完全有可能在此基礎上發展成爲一個有特色的美學學派。

張庚在戲曲研究方面著述甚豐。他的專著、論文集和他主編的書籍，有十六種之多（截至一九八六年止），論文約二百多篇，其中《戲曲藝術論》既是他的代表作，也是現代戲曲學的奠基之作。他與郭漢城共同主編的《中國戲曲通史》，托體宏富，立論精深，史料翔實，把中國戲曲發展的全部歷史囊括在結構通顯、風格獨具的框架之內，駕馭在前後久遠、上下廣袤的時空之中，可以和王國維的《宋元戲曲考》的結構相媲美。在戲曲方志學方面，他是領導者和帶頭人。在聲腔劇種史方面，他同樣有開創性的貢獻。縱觀他的戲曲研究，他總是將戲曲作爲一種綜合的舞臺藝術進行全面的探討，不論是寫「論」、寫「史」、寫「誌」，他都把包括戲曲在內的戲劇藝術看作是一個高度的綜合整體，把戲曲文學與舞臺藝術、音樂藝術和表演藝術結合起來。在他看來戲曲既是時空藝術的綜合體，也是語言藝術、音響藝術、造型藝術的綜合體，因而從事戲曲研究不但不能像某些理論家那樣將其視爲案頭作業，而且也不能孤立地將其拆零研究，而必須緊緊抓住戲曲作爲一種獨特的綜合性的舞臺藝術的特點進行探討。張庚自己研究戲曲，不但把綜合性看做戲曲的一種屬性，而且把它作爲自己研究的出發點。爲此，他取得了新的研究成果，較早較快地進入了戲曲本體論的領域。如《中國戲曲通史》，注重加強藝術部分的記述，闢專章論析音樂、表演、舞臺藝術。這種案頭文學與舞臺藝術緊密結合的結構方式，充分地體現了戲曲作爲綜合性舞臺藝術的特徵。在《戲曲藝術論》中，談到中國戲曲的形成過程時，他也設了「戲曲藝術的統一性」專節，專門論述戲曲爲什麼叫綜合藝術，並對各有個性的藝術，如何在綜合中發揮爲故事本身服務，以及如何讓各種不同的藝術，在一個戲裏發揮其所長的問題做了精彩的論述。在《中國大百科全書·戲曲卷》的前言中，他把自己的觀點歸納爲戲曲的與「表演藝術緊密結合的綜合性，使中國戲曲富有特殊的魅力。它把詞曲、音樂、美術、表演的美熔鑄爲一，用節奏統馭在一個戲裏，達到和諧的統一。這樣就充分調動了各種藝術手段的感染力，形成中國獨有的節奏鮮明的表演藝術」。把戲曲看成是綜合藝術，前人早就有這種看法，但把綜合的概念用來研究戲曲藝術，則是張庚的獨到之處。這種研究方法的意義，可以更好地總結戲曲史的經驗教訓，爲指導當代戲曲的發展服務。

張庚不僅是戲曲理論家，而且在戲劇史領域卓有建樹，他研究戲劇史是在極其困難的條件下進行的。還在一九三二年，他就從事現代文藝史的研究，在武漢的《煤坑》上發表了《五四運動與新文藝之開展》的論文。一九三八年，他在魯迅藝術學院講授《戲劇概論》的同時開設了中國話劇史課程。在史料奇缺的情況下，他親自整理油印了《中國話劇運動大事編年》，後來發表在一九四九年東北出版的《人民戲劇》上。一九五四年，他又在《戲劇報》上連續發表了《中國話劇運動史初稿》第一、第二章，其筆墨始終集中在話劇本身，尤其努力突出話劇演變的歷史軌跡。由於作者沒按流行觀點著重分析早期話劇的政治思想內容，而從藝術規律上分析總結；再加上評價歷史人物時堅持實事求是的原則，對胡適派的戲劇理論和戲劇活動沒採取一筆抹煞的態度，這便招來嚴厲的批判，致使「初稿」無法再寫下去。

張庚的戲劇理論具有很強的實踐性。與那些從書齋裏培養出的理論家不同，張庚是從戲劇藝術實踐走向研究工作崗位的。他研究戲劇時刻不忘總結舞臺經驗，又反過來指導戲劇創作實踐。他總結的實踐經驗，除了半個世紀以來我國戲劇運動的實踐外，還有他本人三〇年代探討話劇、四〇年代探討秧歌劇，一九四九年後由歌劇轉到戲曲的一系列藝術實踐。其次，他的理論研究具有強烈的時代性。他寫的研究論著均是給同時代人看的而不是爲下世紀的讀者準備的，因而他的論著均打上了鮮明的時代烙印。他在三〇年代末發表的《話劇的民族化與舊劇的現代化》，就提出了話劇向戲曲學習與戲曲改革的問題。一九四九年後，他根據毛澤東提出的《百花齊放，推陳出新》的方針，闡述了舞臺上各類劇目的價值和意義，對傳統劇目的挖掘整理、改編和新編以及現代戲的創作，均做了許多精闢的和使人信服的論述。在領導《中國戲曲誌》等一系列藝術工程時，他仍密切關注著戲劇的現狀和走向，並適時地提出了中國戲曲表演體系和建立戲曲美學的構想。

再次，他的理論研究並非是封閉型的。早在五〇年代初，他就對外國的歌劇、舞劇與中國的戲劇做過比較。在《中國大百科全書·戲曲卷》前言中，又將中國戲曲與希臘悲劇和喜劇、印度悲劇進行比較，在比較中闡述了戲曲形態的特殊綜合性、虛擬性、程式化，從而得出戲曲是「獨樹一幟的戲劇文化」的結論。可見東西方戲劇現象均在他的研究視野之中。多年來，他一方面反對用洋人的模子改造中國戲曲；另一方面又極力主張吸收地方戲劇中有益的養料來提高自己、壯大自己。他堅信人類未來的藝術必然是東西方文化精華的融匯。促進具有東方特色的戲曲藝術現代化，讓它不斷適應新的時代的需要和觀衆的需要，是他這位傑出的戲劇學者一貫的追求，也是値得我們加以總結和發揚光大的地方。

第二節　將藝術的批評化作批評的藝術的李健吾

李健吾（一九〇六～一九八二），山西運城人。一九二四年開始創作短篇小說和劇本。一九三〇年畢業於清華大學西洋文學系。一九三一年赴法留學，返國後繼續從事小說和劇本創作，其中劇本創作成就最大。據統計，他一生中創作多幕劇十一部、獨幕劇十一部，根據外國名著改編的劇本十四種，翻譯莫里哀、高爾基、契訶夫劇作多種。他是中國現代戲劇史上鮮見的多產作家。他不僅擅長風格獨具的悲劇，而且工於新穎別緻的喜劇。既能駕馭大型的多幕劇，又擅長小型獨幕劇。他的代表作是《這不過是春天》。根據他的劇本《青春》改編的評劇《小女婿》，曾一度風靡全國。他在文學理論批評方面也有卓犖的建樹。他一生共寫過近百萬字的文藝評論。一九四九年前出版的主要文學評論著作有《咀華集》（一九三六年，文化生活出版社）、《咀華二集》（一九四二年，文化生活出版社）。一九四九年後任中國社會科學院外國文學研究所研究員、法國文學研究會名譽會長，論著有《戲劇新天》（一九八〇年，上海文藝出版社）、《李健吾戲劇評論選》（一九八二年，中國戲劇出版社）、《李健吾文學評論選》（一九八三年，寧夏人民出版社）、《李健吾創作評論選》（一九八四年，人民文學出版社）。

從三〇年代中期起，李健吾便開始了他的文藝評論生涯。那時他用的筆名是劉西渭。這個筆名，正好用來劃分他從事文藝評論的兩個不同階段。在第一階段即一九四九年以前，他對魯迅、郭沫若、茅盾、巴金、曹禺、沈從文、葉聖陶、徐志摩、夏衍、何其芳、李廣田、戴望舒、廢名等知名作家，以及朱大枬、羅淑、華玲、陸蠡、穗靑、郁茹、路翎、蘆焚、蹇先艾、林徽因、葉紫、蕭軍等當時還未成名或知名度較小的作家，做了獨到的品嘗和評騭。一九三五年，他頭一回寫評論評的是曹禺的《雷雨》。那時《雷雨》還不怎麼有名氣，可他盛讚這是一齣動人的戲，一部具有偉大性質的長劇⑦。後來《雷雨》名聲越來越大，大到名揚四海，這正說明了作者的預見性。他對巴金小說的評述，也是一種發現，以致使巴金感動不已、讚揚不已。用巴金自己的話來說是「我讀一段我讚美一段」⑧。比起李健吾當時的小說、戲劇、散文創作來，他的文藝評論無疑更能顯示他超然不群的藝術個性。然而過去的《中國現代文學史》對他的理論批評幾乎都不加記載，據說是因爲他不屬於左翼文藝陣營，甚至被認爲是與左翼文壇相背的。理由是他否定過左翼評論家的批評方法，反對政治對文學的影響，這個理由是不能成立的。從他的《咀華集·序一》等文章中可以看出，他並沒有籠統地反對政治對文學的作用，相反地他在自己的話劇中，第一次刻畫了革命先烈李大釗的形象，只不過是他更著重文學批評的自身規律，對三〇年代文壇上的敎條主義批評方法和關門主義習氣曾痛加針砭罷了。另一理由是因爲他長期信奉人性論，對這點必須具體分析。人性論誠然有它的弱點，但作爲一種思想武器，只要它是用來捍衛人的尊嚴和反封建主義，就應該肯定它的進步意義。

一九四九年後，李健吾在研究歐洲喜劇、社會主義喜劇和其它戲劇方面做出了一定成績。但也不必諱言，由於文藝政策上左的傾向，李健吾的文藝評論在政治的強硬指揮下有時也難免顯得手足無措。在大抓階級鬥爭的一九六四年，作者選擇了《社會主義的話劇》、《社會主義話劇的戲劇衝突》這樣與政治緊密關聯的題目，他的論述只能先取《千萬不要忘記》一類戲劇做爲評述對象，因而不可能獲得應有的成就，不過，他還有一類文章仍保持了過去鑑賞式批評的特色。他一向認爲：「一個批評家，與其說是指導的、裁判的，倒不如說是鑑賞的。」⑨，這就是說，文學評論不應等同於一般的思想評論和政治評論，不應把自己研究對象只局限在客觀理性認識的狹窄範圍內，而應把自己的研究對象首先看做是審美感受和藝術體驗的對象。藝術體驗自然不排斥邏輯思維和理性領悟，但眞正意義上的文學批評應從藝術規律出發，不應從條條框框出發，以致在批評開始時就應「自行繳械，把辭句、文法、藝術、文學等等武器解除，然後赤手空拳，照準他們的態度迎了上去」⑩。這「赤手空拳」，即不帶任何偏見而只憑作品說話的批評法，正是李健吾能深入發掘和公正評價作品的藝術個性的奧秘所在，也是他在一九四九年後有些文章較少受庸俗社會學影響的一個重要原因。

下面是他寫的短評《戰歌——看話劇〈東進序曲〉》的開頭：

這是一首響亮的戰歌。序幕才一揭開轟隆轟隆的槍砲聲就把戲帶到了雄壯的強音。新四軍挺進縱隊從日寇手裏把重要據點橋頭鎮奪過來了。×××蘇魯皖游擊隊放過日寇，卻向挺進縱隊要橋頭鎮。整個戲環繞著橋頭鎮。不是橋頭鎮的戲也爲了橋頭鎮。頭緒似乎紛亂，線條卻是一個：動蕩爲了集中。每一場戲都在提高觀衆的興趣。挺進縱隊艱苦應戰，觀衆恨不得人人都是鄭老頭，個個全做鄭秀蘭，有糧送糧，有力出力。戲上的群衆只是代表，觀衆才是眞正的群衆。

觀衆忘記了是看戲。「衝呀！」的喊聲不斷從觀衆席中發出。忽然回想是看戲，便又哄起了一片歡笑聲。陳主任端起了茶杯，我身旁的女觀衆喊道：「別喝！」她的好心腸得到個個觀衆的共鳴。

這是一首戰歌，主唱是演員、伴唱是我們這些觀衆。《東進序曲》就這樣足足演了四個小時。觀衆的熱情超過了天氣的熱度。

在這裏，作者以導遊的身份去進行他的「靈魂的冒險」，用流暢的文筆寫出他對作品的審美印象，同時也反映出所有觀衆的感受。他不說此戲的結構是如何緊湊、集中，而只是用漫不經心的口氣說：「不是橋頭鎮的戲也爲了橋頭鎮」；不說觀衆看戲時產生了強烈的共鳴，受到了鼓舞和教育，而只說：「觀衆恨不得人人都是鄭老頭，個個全做鄭秀蘭」。這種淡化理性和論辯色彩，多用描述的方法表達自己感受的筆法，形成李健吾不大「講理」的鑑賞式評論的特色。值得注意的是，作者十分注意讀者再創造的作用。當時雖然還沒引進接受美學的概念，但李健吾無疑是以接受美學的方法評戲的。在他看來，戲劇不僅是作者創造的產物，而且也是讀者接受再創造的結晶。劇作家將他體驗到的思想和藝術用栩栩如生的形象展示到觀衆的面前，而觀衆欣賞戲劇時被引發的豐富聯想，則活躍和延續了作品的人物形象的生命。那「衝呀」、「別喝」的喊聲就是劇作家、演員和觀衆交流情緒的結果。這樣，舞臺形象就成了作者與觀衆的共同創作。

李健吾的批評功力不僅在於用自己創造性的敘述使作品復活起來，也不僅在於邏輯說服力與藝術感染力的融洽，而主要在於見解的深邃、目光的獨到。他寫於六〇年代初的《莫里哀〈喜劇六種〉譯本序》，站在文學史的角度，聯繫政治形勢、社會思潮、文化狀況、文藝思想及莫里哀的生活道路，將莫里哀的六種劇作放在寬廣的背景上透視，將自己的研究心得建立在廣博的知識基礎上。文章總結的莫里哀反映浮沉昇降的社會世態的方法，無疑有不少値得我們借鑑的地方。李健吾還寫了不少戲劇隨筆。這些隨筆雖然篇幅較短，但仍然閃耀著智慧的火花，有鞭闢入裏的分析。如人們通常以爲繆塞（一八一〇～一八五七）是法國十九世紀一位浪漫主義詩人，以寫愛情詩聞名於世。可讀了李健吾的《爲繆塞的戲劇「平反」》後，才曉得這個繆塞，名氣雖然沒有雨果、小仲馬大，但他的戲比他們寫得好。「他是法國十九世紀前半世紀最偉大的劇作家，遲到後半世紀才由一個女演員平了反。」這不是在提高他，而是通過比較得出的科學結論。別看文章不長，它卻建立在作者精深、系統的研究基礎上。一九七九年寫的《讀〈闖江湖〉偶感》也很短，作者只用了一個「土」字，就概括了《闖江湖》劇作的特色。《話劇與話》、《讀〈三塊錢國幣〉》，同樣言短而意不短，其分析之透徹，可教讀者咀嚼好半天。

李健吾是一位有獨立意識，不趨炎附勢的批評家。他的批評觀與流行的看法不甚相同。他認爲「一個批評家明白他的使命不是摧毀，不是和人作戰；而是建設，而是和自己作戰。」他唾棄黨同伐異的批評，嚮往客觀公允的批評，認爲「批評最大的掙扎是公平的追求。」籠統地反對「摧毀」與「和人作戰」，不是要取消一切必要的思想鬥爭，而是指「恨不把人凌遲處死」、以「揭發陰私」爲主要內容的宗派主義的相互攻訐。基於這種看法，他很少寫論戰文章，以超脫的態度看待文藝論爭，並使他能破除門戶之見，廣泛閱讀和評論各種派別的作家作品。就是在一九四九年後，他仍然信奉批評家應當是自由的，「他絕不是一個清客，伺候東家的臉色」⑪的原則，儘可能少寫那些趕浪頭的文章。這在當時看來，是缺乏政治熱情的表現，但對那個年代的左記「東家」，遠離一點還是對的。值得注意的是，在反右鬥爭前夕，他寫了《看〈同甘共苦〉的演出》的短文。《同甘共苦》係岳野所作，此作品曾被批判爲「是對合作化高潮中農村生活的明顯歪曲，是對一些散發著資本主義腐爛氣息的人物的美化和歌頌」⑫，可是李健吾怎麼看也未發現有什麼政治問題。戲中寫的愛情場面，他也沒感到「混亂、下流與充滿低級趣味」，只覺得劇本有生活、有性格，是一齣「動人的好戲」。要說有什麼不足，那只是某些細節安排欠細緻，第四幕上下場有斧鑿痕跡，以及主角「蒔荆」的名字過於文雅之類。這眞是褒時熱情地褒，貶時溫情地貶，與那種靠鼻子、帽子、棍子、牙齒爲武器的八股文章完全不同。李健吾對戲劇藝術的這種赤誠與執著，來源於他對戲劇藝術的眞誠和對文藝批評的熱愛。他選擇了文藝尤其是戲劇，把自己的畢生心血傾注在其中。他在寫劇本時，是在從事嚴肅認眞的勞動；他在寫評論時，不立足於摧毀而立足於建設，從而使他的批評成了注重文本的批評、建設的批評，而非「爆破」的批評。

與建設的批評相關的，李健吾主張建立一種眞誠、坦率的文風。所謂眞誠，是指以心換心、以情換情，以自己的灼見和作家們做眞誠的對話；所謂坦率，就是絕不隱瞞自己的觀點，那怕是老朋友或自己所敬仰的老作家，看到了他的作品缺憾，也不閃爍其詞、轉彎抹角，而直截了當地指出。他曾借批評陸蠡散文的機會，借題發揮指出批評家應具備坦率的品德：「他的率直能夠給人不留餘地，應當或者不應當，黑即黑，白即白，二者之間並無灰色的存在。」⑬巴金是李健吾的好友，李健吾非常推崇巴金的藝術熱情，但不滿意巴金用長序來解釋自己的作品，認爲這是「更想在藝術之外，用實際的利害說服讀者」，而「一件藝術品——眞正的藝術品——本身便該做成一種自足的存在，它不需要外力的撐持。還批評巴金的《霧》的失敗由於窳陋、《電》的失敗由於紊亂。對人導演焦菊隱，李健吾打從心眼裏敬佩他的導演藝術，但對他導演的《第二個春天》，李健吾不客氣地指出《海軍報》女記者「一出現，我就走了戲。」⑭以上這些均表現了一個眞正批評家開誠佈公的坦率精神。

李健吾的部分文學評論之所以能顯出一種誘人的學術前景，建立起一種獨立不倚的學術品格，和他的獨特批評文體分不開。這裏講的文體，是指內容的表達方式、形式，包含筆調、筆法、風格等因素。李健吾的批評文體，首先在於用創造的批評、用敏銳細膩的藝術直感和清新活潑的語言去描述自已經過昇華的、富生氣貫注的對作品的審美感受，創造出一種與評論對象相協調的情緒氛圍，讓讀者閱讀時受到極大的感染。他的批評風格也有變化，後期加強了理性分析，但他的分析從不將作品的思想與藝術肢解開來。其次，他的評論文章沒有固定的模式、套子，思路千變萬化；讀他的戲劇評介，就好似步入佈滿語言珠貝的富美海灘，色彩斑爛的比喻俯拾即是；讀他寫的研究莫里哀喜劇的論文，就像面對有豐富礦藏的大山，仰之彌高，挖之不盡；讀他寫的《迎成都市川劇院》的短文，就像和他坐在田頭聊天、站在礦口吹風，有無窮的興味。他時而旁徵博引，無遠不達；時而俏皮風趣，灑脫動人，如論述莫里哀《逼婚》裏的人物「小姐是大大方方地無恥，公子是客客氣氣地毆打，我們的商人是斯斯文文地挨打。」這種幽默薈萃著中式西式的精英，使人讀來頓覺滋味無窮，口角生津。可惜由於受「左」的影響，李健吾未能像過去那樣完全將藝術的批評化爲批評的藝術，使自己的所有理論文章就像劇作那樣保持著一股藝術的魅力。

第三節　顧仲彝、陳瘦竹的戲劇理論研究

顧仲彝、陳瘦竹均是活躍在「文革」前戲劇論壇上的老一輩理論家。他們的著述儘管有時代的局限，但畢竟達到了當時應達到的學術水平。其中陳瘦竹的學術觀點，在「文革」後還得到了進一步的發展。

陳瘦竹（一九〇九～一九九〇），江蘇無錫人。一九二八年開始發表短篇小說，次年入武漢大學外文系讀書。一九四〇年在四川江安國立戲劇專科學校執教。抗戰勝利後一直任中央大學、南京大學中文系教授。此外，還任中國話劇研究會名譽會長。一九四九年後出版的戲劇研究著作有：《易卜生〈玩偶之家〉研究》（一九五八年，上海文藝出版社）、《論田漢的話劇創作》（一九六〇年，上海文藝出版社）、《現代劇作家散論》（一九七九年，江蘇人民出版社）、《論悲劇與喜劇》（與沈蔚德合著；一九八三年，上海文藝出版社）、《戲劇理論文集》（一九八八年，中國戲劇出版社）。

從四〇年代開始，陳瘦竹立志要建造一座中國式的戲劇理論眞善美的殿堂，搭起一座連接中西戲劇理論的宏偉橋樑。爲了實現這一宏偉目標，他努力研究西方戲劇理論，寫了關於歐洲戲劇理論、莎士比亞劇作的論文三十餘篇，分別發表在《新觀察》、《東方雜誌》和《文史雜誌》上。五〇年代，他對中國現代話劇創作進行精細的掃描，爲郭沫若、田漢、曹禺、老舍、丁西林等劇作家，寫下了一批頗有影響的論文，如《論丁西林的喜劇》（一九五八年）、《丁西林〈孟麗君〉的喜劇風格》（一九六二年）、《論郭沫若的歷史劇》（一九五八年）、《再論郭沫若的歷史劇》（一九七九年）、《論田漢的話劇創作》（一九六〇年）、《論田漢的歷史劇〈文成公主〉》（一九七九年）、《曹禺的語言藝術》（一九七八年）、《讀〈王昭君〉》（一九七九年）、《老舍劇作的藝術風格》（一九七九年）、《郭沫若悲劇創作的歷史地位》（一九八四年）等等。尤其是他對田漢話劇的全面闡述與評價，在國內有開風氣之先的作用。

從二〇年代末開始的田漢研究，雖然取得了一定的成績，但研究視野畢竟不夠開闊，多半停留在單篇作品的推薦與評析上，縱橫捭闔的宏觀綜合研究一直未能出現。就是一九四九年後，對田漢民主革命時期話劇的研究格局仍顯得狹窄，有不少在田漢創作道路上有重要意義的課題未能得到開掘，基本上停留在就作品論作品、就人物形象論人物形象的層次上，更談不上從別的角度研究田漢。陳瘦竹的長達近十萬字的論文《論田漢的話劇創作》，在一定程度上彌補了這個缺陷。全書雖然是分時期論述田漢的作品，但並沒有把前後期的作品孤立起來，而是把它們當做一個互相區別又互相聯繫的整體看待，從發展的眼光評價田漢劇作的思想內容和藝術特色。這是作者對過去田漢研究所做的超越。他認為：田漢的思想和藝術道路經歷了三個階段：從一九一九到一九二九年的最初十年是前期，從一九三〇到一九四九年前的二十年間是中期（再可分為抗日戰爭前後兩段），從一九四九年以後十年來是後期。應該說，這三階段的劃分是大體符合田漢的創作實際的。它較清晰地勾勒出田漢話劇創作道路的輪廓，並由此支撐起全書的結構大廈。此書的另一特色是用許多精闢細緻的分析充實基本論點，或針對作品傾向性、藝術性，指要見微；有的闡明題旨，有的簡析風格，有的比較前後版本的變化，有的提供時代背景，有的指出唯美傾向，前後著重點不強求一致，意盡則止，有助讀者更全面地理解田漢的戲劇。對《關漢卿》的分析，更說明作者對劇作的認識沒停留在膚淺的認同而深入到內層結構去辨異。關漢卿是有爭議的人物，作者並不認為他是沒有節操的花花公子，而是把他看做是「為人民而鬥爭的戰士」；對關漢卿與朱簾秀的愛情，作者認為是在和阿合馬之流的鬥爭中建立起來的，完全合乎人物性格的發展。它既有助於讀者認識與「無心正法」的官吏們鬥爭的複雜性與尖銳性，又顯示出主角崇高的品德和作品的深刻社會意義。所有這些見解均反映出作者對田漢戲劇作品一貫的深刻理解與體察入微的特點。當然，囿於時代的局限，該書雖然談到了《十三陵水庫暢想曲》的某些不足，但畢竟沒從根本上指出這是一部配合形勢的失敗之作。該書後面的綜合論述也嫌份量不足。限於當時封閉的歷史文化環境，作者較多地著眼於田漢對本民族文化傳統的回溯繼承，而較少著眼於世界各流派戲劇對田漢的影響，這反映了田漢研究的共同弱點。

在六〇年代初所展開的「戲劇衝突」問題討論中，陳瘦竹寫了《論戲劇衝突》⑮，批評了李超的無衝突論觀點（認爲所謂「沒有落後人物，沒有對立面」的《階級兄弟心連心》是「爲反映我們這豐富多采充滿革命浪漫主義色彩的現實，打出了一條新的創作道路」）；還批評了李超將「沒有衝突就沒有戲劇」這一藝術規律當做「十九世紀資產階級理論」而加以反對⑯的「左」的認識。這篇論文的出現，是對當時一味破所謂「資產階級文藝理論」的大合唱中跳出的不和諧之音。

正當陳瘦竹寫了有關《中國戲劇發展輪廓》及《外國戲劇發展輪廓》等近百萬字的論著初稿後，一場天崩地裂的地震——「文化大革命」爆發了。在這場「革命」中，「手執鋼鞭將你打」的紅衛兵將陳瘦竹積累數十年之久的學術資料及其論著革得片紙不留。於是，陳瘦竹的戲劇研究也只好陷入停頓狀態。粉碎「四人幫」特別是黨的十一屆三中全會後，伴隨著整個歷史進程，中國的戲劇研究進入了一個嶄新時期。陳瘦竹在這時期戲劇研究最引人注目的變化，是不再滿足於對本國劇作家的劇作做單調的評述，而力圖從宏觀上研討近三、四十年來的歐美戲劇理論。像《當代歐美悲劇理論述評》，主要根據收錄當代歐美劇作家及理論家論悲劇的文集——《悲劇》等外文資料，在悲劇人生觀、悲劇衝突、悲劇人物、悲劇節奏和悲劇快感方面做了精闢的述評，彌補了我們長期來只知道以亞里士多德和黑格爾爲代表的歐洲古典悲劇理論，而對當代歐美悲劇理論知之甚少的缺憾。對歷來被奉爲圭臬的理論，作者也高揭著主體精神，提出不同的見解。如在《論悲劇精神》中，作者指出亞里士多德關於「憐憫和恐懼」的理論並不完全正確。他認爲悲劇精神的實質是悲壯而不是悲慘，是悲憤而不是悲涼，是雄偉而不是哀愁。它的作用主要在於歌頌，目的是振奮人心。其中最典型的就是英雄悲劇，其他還有普通人的悲劇和失誤造成的悲劇。在社會主義時期，創作這三種類型的悲劇都有生活的依據。關於悲劇問題，學術界的看法還很不一致。陳瘦竹這些看法，均表明他是以自己的獨特研究成果而不是以流行的看法來參加學術爭鳴的。

陳瘦竹的戲劇評論雖然多半從社會學角度出發，但他有不少文章常常從審美功能著眼來評判戲劇家作品的基本特色和藝術風格，這又成爲他的戲劇評論區別於他人的一個重要特徵。比如他認爲以表現高級知識分子生活見長的丁西林劇作，顯得玲瓏精緻，是接近英國機智喜劇的一種幽默喜劇。郭沫若善於運用充沛的感情、富於詩意的語言表現人物性格，具有巨大的感人力量；而老舍擅長從廣闊的生活橫斷面和紛繁的矛盾構成舞臺形象，生活氣息雖然濃厚，但缺乏驚心動魄的場面和雄偉的氣勢。作者還用比較的方法研究劇作家的藝術風格，指出郭沫若的歷史悲劇中詩的意境以雄健見長，慷慨悲壯；而田漢劇作中的詩以委婉見長，情深意遠。其它對同一劇作家不同時期作品的比較，如對曹禺從《雷雨》到《北京人》、從《膽劍篇》到《王昭君》的比較，也深刻地揭示出它們各自的傳統、特點及其相互間的交融、深層關係。作者還十分重視劇作的結構分析，如與沈蔚德合作的《論〈雷雨〉和〈日出〉的結構藝術》⑰，對曹禺善用回顧式和橫斷面的結構方式進行了全面深入的探索。此文開闢了曹禺研究的新方向，即標誌著由過去對曹禺劇作主題、人物等較單純的思想生活內容闡釋，或對曹禺世界觀與創作方法關係的定性，到向微觀地探討藝術形式規律邁進。

顧仲彝（一九〇三～一九六五），浙江餘姚人。一九二四年東南大學文學院畢業，後任教於暨南大學、復旦大學，講授西洋戲劇史、莎士比亞研究等課程。抗戰時期，曾同于伶等組織上海戲劇社，創作、編導了《孤島男女》等十多個話劇劇目。一九四九年從香港回到北京，歷任上海戲劇學院教授、中國戲劇家協會理事、上海電影工作者協會副主席。理論著作有《文學概論》（與朱志泰合作。一九四五年，上海永祥印書館）、《電影藝術概論》（一九五〇年，上海群益出版社）、《編劇理論與技巧》（一九八一年，中國戲劇出版社）。

《編劇理論與技巧》，是顧仲彝於一九六三年應中央戲劇學院之約講學使用的講義。該書內容豐富，共分六章：緒論、戲劇題材與主題思想、戲劇衝突、戲劇結構、戲劇語言。像這種篇幅宏大、材料豐富的編劇理論基礎書，在「文革」前是少有的。

作爲一位研究編劇理論著稱的學者，戲劇本體論是顧仲彝戲劇思想的一個重要組成部分。顧仲彝認爲：戲劇本體論的核心是戲劇衝突。他這種觀點其源出於法國戲劇理論家布倫退耳。這位理論家提出「沒有衝突就沒有戲劇」的著名論斷，認爲「我們要求於戲劇的是表現爲爭取達到目標而自覺地運用著它的手段的情景……，戲劇所表現的是人的意志與神祕力量或自然力量之間的衝突」。後人便將這種衝突概括爲「意志衝突」。顧仲彝無疑是讚同「意志衝突」說的，這自然也是一家之言，像顧仲彝在書中舉出的《搶傘》、《爭上十三陵》這類劇目，確實不能用「性格衝突」去解釋。但顧仲彝用階級鬥爭觀點將布氏的「意志衝突」說改造成爲「社會衝突」說——「人與人之間的意志衝突也是社會階級矛盾衝突的具體表現」，那又從一個片面陷入另一個片面，而且是更大的片面。因爲這種「社會衝突」說，抽掉了「衝突論」中做爲支柱的人之具體的心理內容，抽掉了靈魂衝動和動機，爲階級鬥爭、路線鬥爭進入話劇舞臺製造了理論根據。在六〇年代人們對西方戲劇理論了解不多的情況下，顧仲彝對「衝突論」的介紹並沒有引起多大的回響，但他在批駁「無衝突論」中提出來的創作原則卻引人注目。這原則是必須根據「藝術家規定的主題思想，來挑選、集中、概括、提高、突出某一方面的矛盾衝突，把生活中的必然因素和偶然因素加以清理、挑選和整理出一條前後有密切因果關係的線索，把人物和事件重新加以安排和創造，使它成爲『比普通的實際生活更高、更強烈、更有集中性、更典型、更理想，因此就更帶普遍性的藝術作品』」。這種創作模式由於忽視了人物心靈的各種情感、動機、意志所構成的心理內容，簡化了創作過程最艱難、最複雜的部分，因而在客觀上爲「文革」前表現人爲的階級衝突和階級意志的作品開了綠燈。

指出顧仲彝「社會衝突」說的局限性，並不是要全盤否定《編劇理論與技巧》。作爲學貫中西的教授、作爲我國第一位有系統地總結和講授編劇理論的學者，顧仲彝的戲劇理論還是有不少值得肯定之處。如在戲劇人物論問題上，他學習西方戲劇理論就並非是教條主義的學習，而是在借鑑的基礎上加以創造性的發展。大家知道：西方戲劇理論家——從亞里士多德到英國戲劇理論家阿契爾、現代戲劇理論家勞遜都不大重視人物形象的塑造，認爲人物是從屬情節的，而不是情節從屬人物。顧仲彝不讚同這種觀點。他認爲在戲劇創作中，「人物塑造和情節結構都是重要的缺一不可，但人物第一、結構第二，情節結構必須以人物性格爲依據，從人物性格中衍生出情節來；不是先有情節結構，再把人物一一安插進去。」他還創造性地運用高爾基的情節是「某種性格、典型的成長和構成的歷史」的理論，提出了解和分析人物性格的三個主要方面，並歸納列表如下：

(1)人物性格的社會性方面：

階級成份、階級出身

家庭影響

教育

職業

社會關係和地位

政治態度

宗教信仰

業餘愛好和娛樂等

(2)人物性格的心理方面：

傾向性

氣質

興趣

情感

意志

能力

想像等

(3)人物性格的形體外貌方面：

性別年齡

身材

容貌

姿態

眼睛
服裝
健康情況
遺傳等

這裏羅列的性格內容，作者的本意並不是要大家依據它替人物塡表格。如果爲了寫一個人物將上面各項均寫到，也不一定能將人物寫得栩栩如生。作者只不過是爲了說明劇作家對他筆下的人物必須瞭如指掌。儘管顧仲彝受了左傾思潮的影響，過分強調人物的階級身份，不恰當地要求劇作家必須把人物排成對立的陣營和反面陣營，帶有形而上學的傾向，但他不是將上述三方面割裂開來，而是統一起來，這就比高爾基的關於典型人物個性的論述顯得全面。⑱

與西方某些戲劇理論相比，顧仲彝的戲劇理論還帶有明顯的實踐性。它與戲劇創作實踐緊密結合，來自創作實踐，用於舞臺實踐，極少做架空的思辨議論。這不僅與中國戲劇理論家崇尚務實、注重實際，強調理論從實踐中產生的文化思想品格有關係，而且與顧仲彝本人多年的藝術實踐有關係。正因爲顧仲彝有豐富的創作經驗，不搞案頭研究，所以他的理論往往以實用爲目的。這從他對戲劇結構的論述可進一步得到證實。在《編劇理論與技巧》中，他將戲劇性結構具體化爲：

(1)開場和說明
(2)戲的開端，上昇動作
(3)戲的進展
系結

(4)高潮
(5)戲劇衝突的解開，戲的下降
(6)結局
解結

這六個部分，作者是爲了分析的方便才分開的，其實不見得每個劇本都有這樣齊全的結構。有的戲一開場就以尖銳的衝突吸引觀衆、有的戲發展到高潮後不再畫蛇添足，它們雖然沒有完整的六部分，但仍不失爲有藝術魅力的好戲。

這個綱目，不僅吸取了德國戲劇理論家弗萊泰格的五段「金字塔公式」，古希臘著名學者亞里士多德的「頭、身、尾」三段式的長處，而且融合了中國傳統的起、承、轉、合的技法。可見，顧仲彝在寫作此書時，一方面汲取中外戲劇家的寶貴經驗，一方面繼承中國戲劇文化的優良傳統，並結合自己多年的創作實踐，深入細緻地探討戲劇結構一類的規律和技巧。作爲一部具體闡述戲劇編劇技巧的理論專著，它不僅爲初學創作者提供了入門的鑰匙，而且爲戲劇劇本創作理論的建設和發展，做出了自己的貢獻。

《編劇理論與技巧》又是我國較早出現的一部力圖批判地繼承古今中外優秀劇作和理論名著遺產的論著。它對歷代的劇作和理論都有較科學的評價。它的視野較爲廣闊，引進美國勞遜的「人像展覽式」概念，構成中國戲劇界廣爲流傳的戲劇結構三分法。雖然還有不完善的地方，但畢竟對中國話劇產生了一定的影響。作者運用比較法研究中西戲劇理論的異同，這在當時來說也是難得的。全書文筆順暢，寫得深入淺出，可讀性較強。雖然限於歷史條件，從哲學層次研究編劇理論不夠，有些例證也已過時，但《編劇理論與技巧》仍不失爲一本有價值的戲劇理論專著。

在六〇年代初開展的喜劇與悲劇問題討論中，顧仲彝曾寫了一系列的文章參與論爭：《漫談喜劇的矛盾衝突》⑲、《中國傳統戲曲喜劇的幾個特點》⑳、《再談喜劇的矛盾衝突問題》㉑、《傳統喜劇的戲劇衝突和正面人物》㉒、《什麼是英雄喜劇?》㉓、《漫談悲劇問題》㉔。這些文章，缺乏懷疑和批判的目光。如他認爲反映人民內部矛盾的劇本是「不可能」寫成悲劇的，其理由是「因爲人民內部矛盾是一種非對抗性的矛盾，可以在黨的領導下通過批評與自我批評、通過『團結——教育——改造』的方針得到解決的」。㉕這種看法顯然不符合現實生活實際，正如青年評論家余開偉在與他商榷的文章中所說：「在新社會裏人民內部矛盾所包含的面又是極其廣泛的，在人民群衆內部中間善與惡的鬥爭、美與醜的鬥爭、正確與錯誤的鬥爭也都普遍存在，在某種意義和特殊情況下，它們都有可能構成一定的悲劇衝突。」㉖寫這類悲劇的意義，在於「能使我們更加深刻地看到舊勢力的殘餘影響及對我們革命事業所引起的嚴重危害作用」。㉗顧仲彝的看法不及這位年輕人，說明他在大抓階級鬥爭的歲月中也有心靈的創傷。

第四節 余秋雨的戲劇理論工程

余秋雨（一九四六～ ），浙江餘姚人。一九六八年畢業於上海戲劇學院戲劇文學系，現爲上海戲劇學院教授，並於一九八七年由國家科委和文化部表彰命名爲「國家級有突出貢獻的專家」。學術著作有《戲劇理論史稿》（一九八三年，上海文藝出版社）、《戲劇審美心理學》（一九八五年，四川人民出版社）、《中國戲劇文化史述》（一九八六年，湖南人民出版社）、《藝術創造工程》（一九八七年，上海文藝出版社）。此外，還主編了《外國現代派藝術辭典》。

一九七五年，正當「文革」接近尾聲的時候，曾是「石一歌」寫作組成員的余秋雨在《人民日報》上發表了讀新發現的魯迅佚文《慶祝滬寧克復的那一邊》㉘的文章，引起了人們的注目。此文難免帶有那個舉國皆狂年代的烙印，但文中體現的獨到見解和瀟灑的筆調，畢竟顯示了一個很有希望的開端。「文革」結束後，余秋雨對過去盲目地淪爲他人觀念的傳聲筒做法作了深刻反思。在反思中，他的藝術理論工程終於從地平線上崛起。他先是寫了戲劇創作的理論與技巧方面的論文，揭開了他自己戲劇理論研究的新篇章，給人留下了他的美感觸角的機敏和鋒利的初步印象。接著他又獻出了長達六十七萬字的《戲劇理論史稿》。此書時間跨越二五〇〇年，空間橫跨十四個國家，充分展示了視野開闊、觸類旁通的宏觀理論氣派。全書材料多而不雜，篇幅長而不冗，從古希臘亞里士多德的《詩學》、古羅馬賀拉斯的《詩藝》到文藝復興時期義大利、西班牙等國的戲劇理論、莫里哀等人的古典主義戲劇理論、狄德羅等人的啓蒙主義戲劇理論、歌德等人的浪漫主義戲劇理論、黑格爾的戲劇美學、車爾尼雪夫斯基等人的現實主義戲劇理論，以及東方印度的《舞論》、日本世阿彌的戲劇秘傳書、中國李漁等人的戲劇理論，他都做了富有特點的介紹和評述。全書交織著熱烈的主觀情緒與冷靜的理智分析。從嚴謹的邏輯思維與生動流暢的敍述交融中，使人看到了這位學者善於駕馭重大理論題材的才能和氣勢恢弘的學術研究氣魄。

世界戲劇理論史本是使人望而生畏的領域。研究它，不僅要有較高的理論修養和掌握豐富的史料，而且在研究方法上也應做出新的嘗試，才能更好地揭示出戲劇理論的發展規律和走向。余秋雨充分意識到選題的這種難度。他迎難而上選用了比較研究和總體研究的方法去跑完《戲劇理論史稿》這一艱難的長途。

這裏講的總體研究，是指反映不同歷史時期的不同國家，在認識戲劇的審美本質過程中既各具特點又互相滲透的過程。總體研究並不要求點滴不漏，拿「史稿」來說，作者把異常豐富複雜的十九世紀到二〇世紀的戲劇觀念，概括爲「現實主義戲劇理論的新發展」、「戲劇理論的多方面展開」、「體系化的演劇流派」，這難免會有遺珠之憾，但一旦置身於這種結構之下，無論是別林斯基論悲喜劇、王國維論中國戲曲，還是布萊希特的敍述體戲劇體系的共通性和個性，均顯得淸晰可辨。在比較方法上，作者十分注意橫向比較和縱向比較相結合的方法。在論述同一時代的戲劇理論家對某一問題的看法時，進行橫向比較分析各家各派理論主張的異同，論述他們在戲劇理論批評史上所產生的影響和地位；縱的比較主要是爲了體現歷史的繼承和發展。比如西方戲劇理論的「三一律」，以及悲劇與喜劇、情節與性格等帶普遍性的問題，均是不同時代的理論家共同探討過的題目。作者在敍述戲劇理論的發展史時，注意比較不同歷史時期的理論家對這些問題的不同看法，並以不同的文化系統和歷史背景進行比較，以加強論述的歷史感。無論是橫的比較還是縱的比較，作者均沒有停留在表面現象上，而是注意不同流派的理論家探求戲劇問題的共通點，或在相同流派的理論家中比較其對同一問題的相異點，從而加強了作品的理論深度。

「史稿」在寫法上也有特色。考慮到該書的評述對象有不少讀者較爲陌生，因而採用了述評式，且述多於評。但敍述的節奏前後略有不同。如有些年代久遠的理論，爲了方便讀者了解敍述便較爲詳盡；對今天讀者較易了解的戲劇理論家及其論著，則敍述從簡。這種由慢到快的速度，正好「大致符合戲劇理論發展本身前期緩重滯穩、後期更迭頻繁的總體趨向」。㉙在文字表達上，該書並不顯得艱澀，有不少地方使人感到氣韻生動而又酣暢淋漓。這一切，均得力於他那支富於靈性的筆。

一九八五年我國文藝界倡導新方法，一九八六年探討新觀念，一九八七年籌建新學科。這三點一線，顯示了文藝理論建設創新浪潮的軌跡。這股創新浪潮，在余秋雨那裏反應極爲迅捷。還在別人大談新方法的時候，他已完成了《戲劇審美心理學》專著。此書從觀衆審美心理入手，有系統地研究了戲劇審美心理、綜合的心理需要、反饋流程、劇場感知、觀衆的注意力、觀衆感情的捲入、觀衆的理解和想像、心理厭倦、心理定勢等問題。作者談這些問題均有自己的範疇系列、概念系列及獨特的視角，具有文藝新學科的品格。作者無論涉及那種戲劇現象都不是在孤立地談論、封閉地解釋，而總是把論述的問題置於立體交叉的座標系和廣泛對應的參照系裏來觀照；從觀衆感知心理的直觀性、心理流動過程去闡述戲劇美的根本特徵；從綜合心理需要和各種心理機制的視角說明戲劇文學和表演、導演各類美學問題。最後再以各種心理因素結合後產生的積極與消極成果，跟戲劇社會學掛鉤。作者正是在這種寬廣的思維空間中，獲得了新的理論發現，摘取了新的學術果實。

我國的戲劇理論尤其是戲劇美學的研究向來就很薄弱。以觀衆爲主體的戲劇審美專著，則從未有人寫過。這和其它門類美學比較起來，很不相稱。《戲劇審美心理學》的出版，不僅在於塡補了這個空白，而且在於作者從探討觀衆的審美心理爲出發點，進而對戲劇的藝術規律和導演、表演問題、舞臺美術設計以至戲劇社會學問題做了體察入微的闡述，從而建築起自己以觀衆爲對象的戲劇審美心理學大廈。此書雖然帶有很強的思辨性，但並不是純粹出發於理論歸結於理論來談戲劇，像某些人的文章那樣只見論者內宇宙的活動，延伸不到外宇宙的戲劇母體。相反，它帶有很強的實踐性。雖然作者未充分運用調查法、實驗法、統計法去研究觀衆審美問題，心理實證事例較少，但作者在論述中常常結合我國戲劇創作、演出的過去和現在、經驗和存在問題，啓人於迷津，化人於淺薄，指陳創作表演得失，發蒙戲劇的本質，誘發人進行藝術探索，推舉戲劇度過「危機」的方法和途徑。

寫完一「史」一「論」之後，余秋雨又重返史的領域，挑選了《中國戲劇文化史述》這一題目，去彌補《戲劇理論史稿》對東方尤其是中國戲劇論述不足的缺陷。此書與同類書的不同之處在於沒有採用傳統的歷史學角度、考據學角度，而是採用過去很少人用過的戲劇文化視角。這種角度主要著重於戲劇文化發展的規律，旁及政治、經濟、哲學等多種因素，對中國戲劇的演變做非平面的闡述。具體說來，他的戲劇文化意識的覺醒，在「史述」中表現爲戲劇創作從對生活作政治、社會把握到作文化審美把握的轉化。而對文化、審美的把握，作者尤其注意深入劇作家所展現的人物文化心理世界和深入戲劇創作的審美本質。這種深入，是對中國各個時代戲劇發展狀況、經驗和規律的準確把握與深入開掘。

過去的中國戲劇史的格局，往往以各個歷史時期的理論活動或戲劇思想鬥爭爲經，以戲劇作家作品爲緯；在論述戲劇作家作品時，著重突出各個歷史時期影響重大的劇作家，以其它的劇作家作品分屬於各個時期之末。這種劇作家本位制的寫法，存在著缺乏史的整體感的缺陷。余秋雨的《中國戲劇文化史述》，在打破舊格局方面做了較大的革新。它從史的角度著眼，打破了板滯型的劇作家本位制，自成一體：⑴邈遠的追索。上溯中國的原始社會直到先秦時代，從圖騰、巫覡、祭祀到儒家的詩教、古優的活動中來探尋產生戲劇的因素；⑵漫長的流程。主要分析從漢到唐多種戲劇萌芽狀態的產生和發展，去揭示中國戲劇在現實主義基礎上的風格化、象徵化的特殊美學色彩；⑶走向成熟。由宋雜劇與諸宮調、唱賺等戲劇胚胎孕育而成的宋元南戲、元代雜劇，屬中國戲劇的歷史過渡期；⑷石破天驚。這主要是描述中國戲劇史上的黃金時代——元雜劇的繁盛期；⑸傳奇時代。描述元雜劇的衰落與明傳奇的興盛原因和情況；⑹走向新紀元。主要概述近代與現代戲劇發展情況。這種體例的長處在於史論結合，將文化運動與戲劇創作有機聯繫起來；在於點面兼顧，即既有以見全貌的綜合研究，又有重要劇作家和重要流派的述評。這種探索雖然還有未盡善之處，但畢竟克服了過去點面游離及平鋪直敍的缺點，反映了一種新的戲劇史觀念的崛起。

作家的藝術創造，以它的獨特魅力引起各個不同時代讀者的驚嘆。研究作家藝術活動的創造本性，是理論家的迫切任務。余秋雨的《藝術創造工程》一書，從美學角度，緊密聯繫創作實際，探討了作家、藝術家創造的奧秘。不同於那些與作品內涵與作家創作心態脫節的論著，作者的理論思考著重於藝術家在創作實踐中遇到的具體問題的藝術感受，側重於與藝術家的對話。這幾種側重再加上作者使用的清麗曉暢、情意充沛的散文筆調，有些地方也許會使人感到沖淡了學術著作應有的肅穆神韻，但讀者讀後不能不佩服作者是那樣善於把艱澀的理論苦果變得靈動而有趣味，處處顯出理論思考的深刻性，又不乏藝術的誘惑力。

余秋雨不僅是具有獨特學術風格的理論家，而且是出色的散文家。後來，他不滿足像過去那樣對戲劇做過多的發言，把自己的研究方向轉入整體藝術理論和對文化史的思考，而後又終於從學術研究中睡眼惺鬆地出走，騎上散文的毛驢在華夏大地苦旅，在遠離塵囂的山中寫下一篇篇震撼中國文壇的筆記。

第五節　步態穩健的譚霈生

譚霈生（一九三三～　），天津薊縣人。一九六二年中國人民大學研究生畢業（曾爲「馬文兵」寫作組成員），現爲中央戲劇學院教授。著有《論戲劇性》（一九八一年，北京大學出版社）、《電影美學基礎》（一九八四年，江蘇人民出版社）、《戲劇藝術的特徵》（一九八五年，上海文藝出版社）、《話劇藝術概論》（與路海波合作；一九八六年，中國戲劇出版社）、《論影劇藝術》（一九八六年，湖南文藝出版社）。

還在「文革」前，譚霈生就寫過一些有關戲劇理論爭鳴的文章。這些文章儘管有見解，但由於缺乏有份量的作品，因而未引起人們廣泛的重視。「文革」結束後，當譚霈生以自成體系的戲劇理論研究成果，展示出他的理論的獨特追求——尤其是寫出了第一部「國產」的電影美學論著時，人們終於向他投來驚異的目光。

一定的戲劇理論不可避免地要打上它的時代烙印。譚霈生的戲劇理論明顯地帶有八〇年代中年評論家的屬性。他受傳統教育和知識結構的制約，在評論意識和社會責任感方面與老一代戲劇理論家有許多共通的東西。但譚霈生仍有較強的時代感，對接受戲劇的新觀念、新事物的敏感仍沒有喪失，心靈中還有相當的活性因子，在這一點上又使譚霈生與老一代戲劇理論家區別開來。比起「新派」戲劇理論家來，他比較冷靜沒有那麼多的偏激，這是譚霈生的長處；但他的某些文章缺乏銳氣，戲劇思維空間還不夠開闊，這是他的短處。

關於這些，可以從譚霈生八〇年代發表的一系列評論和研究戲劇現狀的文章可以看出。

戲劇進入八〇年代中後期，好似做了一場春夢。夢醒時，那些熱情的觀衆大都投入了影視的懷抱。對這種「戲劇危機」，不少好心者開了解除「病情」的藥方，或主張繼承戲劇尤其是話劇的「戰鬥傳統」，或主張深化現實主義，或主張加強戲劇的哲理性，或要求發展多種流派，或主張反傳統，徹底革新藝術形式，或要求走民族化的道路。對這些「藥方」，譚霈生有讚成的，也有不讚成的。比如「繼承戰鬥傳統」這一觀念，他就不讚成。他認爲：「『繼承戰鬥傳統』的觀念，首先強調的是戲劇與政治、戲劇與社會的緊密結合。片面強調這種關係，可能導致忽視戲劇作爲藝術的自身規律。」㉚爲了維護戲劇藝術的自身規律，譚霈生寫了一系列反對庸俗社會學，主張藝術應是形象的深層而不應是政治的附庸和概念圖解的文章，爲「還戲劇以自身的品格」，把戲劇尤其是話劇由政治宣傳的戰車上拉回到藝術的軌道上來做了很大的努力。對繼承「戰鬥傳統」這一點，他與某些老一輩的戲劇理論家的看法顯然有差別。爲了解決「戲劇危機」問題，譚霈生在他的文章中還提出了一個「根本問題說」：「話劇的根本問題是沒按現實主義的人學觀辦事，沒有把「人」寫好、寫活。沒有寫好的原因是受了「典型就是社會本質」理論的影響，把人的社會性看成是一切，導致無心理剖析。「要解決個性的問題必須從心理學的角度把『人學』深化」㉛他這種把人看做是戲劇中心的理論，與許多老一輩戲劇家（如老舍）的戲劇觀念是接近的，與「京派」的大部分劇作家（如蘇叔陽）仍堅持傳統的現實主義道路上探索的藝術實踐，也是一致的。譚霈生的理論追求還表現在善於吸收新的知識，在老命題與新知識、新觀念之間找到一種新的綜合。如前面講到的「戲劇應以塑造人物形象爲中心」這樣一個老命題，他不主張局限在社會學角度，而主張應同時重視「心理學」的內容，或將兩者辯證結合起來。他又如對「易卜生的傳統」，他不同意某些論者所說的只有否定這個傳統才能爲話劇找到新的出路。他認爲：「對於易卜生，我們應該深入、全面地研究它的實踐經驗，全面研究這位現代戲劇的先驅者的戲劇觀念。同時，我們也應該深入研究當代劇作家通過不同途徑發展易卜生傳統的、廣泛的實踐經驗，從中找出可供借鑑的東西。」㉜這種把老的未必能輕易拋棄的觀念與新的知識嫁接起來的做法，說明譚霈生的理論有彈性、有活力，而且他的觀點和主張也是時代所需的。

在新時期的戲劇探索的論爭中，如果說「海派」的理論工作者給人的印象是激進活潑的「少壯派」的話，那以譚霈生爲代表的「京派」理論家給人的印象是成熟穩健的「中年人」。「海派」理論家的代表作是陳恭敏的《當代戲劇觀的新變化》㉝。此文從訴諸感情到訴諸理智、從重情節到重情緒、從邊緣清楚到邊緣模糊、從規則走向不規則等四方面概括出當前一批探索劇目的流向，並將此流向看做是中國話劇的發展方向和世界範圍內戲劇的走向。此文儘管有以點代面、誇大其詞之處，但它所概括的四個走向確實反映了我國新時期戲劇觀念的變化和探索話劇的特點，其中體現的藝術視野是比較廣闊的。再加上作者簡練、明晰的文風，因而獲得不少人的讚賞以致稱其爲「一代探索戲劇的綱領性宣言」。㉞對陳氏文章致力於中國話劇走現代派的道路這一點，譚霈生作爲堅持現實主義的理論家，旗幟鮮明地表示不讚同。他寫了《當代戲劇觀的新變化質疑》㉟，對陳氏的觀點逐條進行反駁。儘管譚氏文章有些觀點顯得褊狹，但不能不承認，他對「形式革新」等問題的論述是入木三分的。他不像「海派」理論家帶著露水、披著月光就匆忙上路，概括出幾點新變化做爲全國效法的「方向」。他似乎對「深」比對「新」更有興趣，對「穩」比對「闖」更有感情。如果還要以人做比，那他考慮問題的方式不像虎虎有生氣的青年人，而更像思想成熟、步伐穩健的中年人，是「京派」劇作家堅持開放的現實主義方向給了他理論上的強大支持；而中央戲劇學院這一戲劇界最高學府所提供的持久、穩重的戲劇學術研究活動，則是充分發揮他的理論才能，並形成他的戲劇觀必不可少的條件。

譚霈生對戲劇理論的貢獻不僅表現在深入細緻地診治中國當代話劇的痼疾上，更重要的是體現在他富有成效的學術理論探討上。他的幾本有關戲劇的書均是學術界期望已久的、填補空白的專題學術著作，無論是《論戲劇性》、《戲劇藝術的特徵》，還是《話劇藝術概論》，作者均能站在一定的理論高度，俯看戲劇現象，探討戲劇創作規律，建立自己的理論體系。《論戲劇性》從主體性入手，分戲劇動作、戲劇衝突、戲劇情境、戲劇觀念、戲劇場面、結構的統一等六個方面探討了戲劇性問題。作者在該書的結尾中有這麼一段話：「戲劇藝術的對象是人，是人與人的關係，是人的生活命運。在實踐中對戲劇動作、戲劇衝突、戲劇情境、戲劇觀念、戲劇場面的構思和處理，包括對戲劇動作的時空組織——劇本的總體結構，都不應離開這個基點。」這說明作者是將現實主義的人學觀作爲批評意識的主體觀念貫穿全書的。由於觀點鮮明，所以全書論述的邏輯顯得清晰明朗。《話劇藝術概論》作爲討論戲劇藝術基礎理論和基本知識的綜合性論著，從戲劇學的角度來說，它是一門剛建立的分支學科。作者將這門新興學科的研究對象列爲以下幾個部分：戲劇藝術的構成、戲劇的本質特徵、戲劇的種類、戲劇的流派、戲劇的社會功能。第一部分討論的只是戲劇藝術構成的外部因素；第二部分進入戲劇藝術的內部核心。其它各部分講述的雖然仍是戲劇基礎理論，但比作爲《戲劇知識叢書》撰寫的《戲劇藝術的特徵》更注意理論的嚴密性，並力求知識性和學術性相結合。如果說《論戲劇性》是由點到面、由內到外的體系的話，那《話劇藝術概論》則是由面到點、由外而內的體系。兩本書均具有從理論闡述到指導藝術實踐的內在結構，這又使它們打上作者鮮明的理論個性烙印。

這幾本專著的另一共同點是不囿定見，力去陳言，在吸收前人研究成果基礎上提出自己的獨特見解。如《論戲劇性》對戲劇衝突的解釋、對所謂「性格衝突」特定涵義的闡明，都有與以往文藝理論不相同的地方。在《戲劇藝術的特徵》一書中，作者並不否定衝突在戲劇創作中的重要性，但否定了長期流行的戲劇衝突是戲劇藝術的本質和基本特性的觀點，對「情境說」做了重新的解釋，並認爲「情境」是戲劇藝術中心問題，這對破除「十七年」形成的至今仍有影響的重大社會衝突等於重大戲劇價值的觀念，具有不可忽視的意義。《話劇藝術概論》對話劇藝術本質特徵的論述，比《論戲劇性》又有所前進。尤其是對觀衆學的論述，爲人們從事「觀衆學」這門新學科的建設，提供了良好的基礎。

譚霈生的戲劇研究專著，人們不但會發現研究目的的鮮明性和針對性，而且同時感到他對於研究方法的強烈自覺性。他總是在研究課題的要求與研究對象的限定自由地選擇著，把社會學評論方法與其它學科的研究成果結合起來，把戲劇的研究同文化心理的剖析融合，從西方悲劇理論發展的描述導向當代悲劇流向的剖析。他致力於劇作家、導演和觀衆的三維動態中闡述戲劇性問題，不僅努力闡明戲劇性的具體內涵，而且透徹地解釋各種流派的戲劇產生如何適應了時代的要求，以及怎樣的社會條件和文藝風尚造就了這些流派的戲劇連同欣賞這些戲劇的觀衆。這種開闊的研究視野顯然是單純的戲劇本體研究難於企及的。

這幾本戲劇專著也存在著一些缺憾，特別是《論戲劇性》，由於寫得較早使人感到對有些問題的論述不夠深透，觀點過於拘謹，尤其是對當代中外戲劇的新情況、新問題、新經驗涉及較少。他在別處中提出「經典性作品所體現的規律和經驗」、「時空局限性」和「綜合性」是固定不變或不可突破的觀點㊱，也不一定妥當。

第六節　阿甲、曲六乙對戲曲藝術的探討

戲曲理論批評，大都和藝術理論批評關係緊密，同時與文學理論批評有重疊交叉之處。現在是各

種學科交叉的時代，爲了擴大讀者視野，本節特選取阿甲、曲六乙兩位評論家的戲曲理論批評加以述評。

阿甲（一九〇七～　），原名符律衡，江蘇武進人。自幼酷愛京劇藝術。一九三八年到延安，後擔任平（京）劇院副院長等職務。他參與編導演出的新編歷史京劇《三打祝家莊》，曾受到毛澤東的稱讚。一九四九年後，擔任中國京劇院總導演、名譽院長、中國戲劇家協會副主席等職。一九六四年，以他爲主要編劇、導演的革命現代京劇《紅燈記》，獲得了很大的成功。他的主要理論著作有《戲曲表演論集》（一九六二年，上海文藝出版社）。

阿甲是大陸當代著名的導演藝術家和戲曲理論家。他在半個世紀的文藝生涯中，不僅從事藝術實踐，做導演、當演員，而且從事戲曲理論研究工作。他對戲曲理論的貢獻很多，其中一個重要建樹是爲古老的京劇表演現代生活闖出了一條新路。早在延安時期，他就主張改革戲曲藝術，讓它擔負反映新的時代、新的人物的任務。可是當時不少文藝工作者以爲舊劇是封建社會的產物，它的內容只能是宣揚封建迷信，歌頌帝王將相，不可能有無產階級的內容，它的前途只能隨著時代的進步而消亡。阿甲著文批評了這種否定歷史遺產的看法。他認爲，舊劇雖然受過封建統治階級的影響，有宣揚封建思想以及色情、恐怖等表演的糟粕，但也有不少劇目表現了勞動人民追求自由幸福的理想，堅持仗義執言的鬥志，讚揚捨己爲人的美德。像這種爲人民喜聞樂見的藝術理應將其繼承過來，加以改造。在當時的論爭中，阿甲對民族虛無主義的批判引起了大家的重視，使不少認識不清的人覺悟過來。一九四九年後，阿甲仍一如既往地堅持京劇改革的工作。在五〇年代後期，他和鄭亦秋合作導演了京劇《白毛女》，雖然演出中碰到不少困難，但並沒有動搖他的決心。他始終以爲「要求京劇表現現代生活，以及今天的現實生活，這條路總是要走的……，一定要走」，並寫了《我們怎樣排演京劇〈白毛女〉》㊲的文章，從「要講究形式」、「用京劇手法來處理規定情景」、「從事件開始」、「先下地動起來」、「導演的案頭設計」、「演員的創造」等七方面總結演現代戲的藝術經驗。六〇年代排演《紅燈記》，他又總結了利用和改造舊程式的藝術經驗，爲研究戲曲導演學提供了豐富的實踐基礎。他這種幾十年如一日的改造京劇的努力，使古老的京劇獲得了新生命，從而避免了像日本歌舞劇那樣逐步遠離人民大衆，走上了「博物館藝術」的道路。

阿甲有長期舞臺演出、劇本創作和戲改工作的豐富經驗，所以他的戲曲論文總是與實際相連接，言之有物；又因爲阿甲有較高的思想和藝術水平，所以他的戲曲理論又和教條主義針鋒相對。五〇年代初期，阿甲參加了中央戲劇學院舉辦的由斯坦尼斯拉夫斯基的學生列斯里主持的導演訓練班。阿甲通過學習認爲：將斯坦尼斯拉夫斯基體系引進戲曲界，對改變戲曲表演中呆板和賣弄技術的傾向，促進建立和健全戲曲編導制度和演出的完整性，均有一定的積極意義。但他不讚成按照斯坦尼斯拉夫斯基體系，認爲演員只要有了「內心活動」便會自然產生完美的「外形動作」。如果先掌握了一套表演技術（即程式），那就不符合「內容決定形式」的原則。阿甲和這種教條主義的學習方法即用斯氏體系來取代我國戲曲藝術的創作規律和方法的做法唱了反調。他在一九五六年文化部第二屆戲曲演員講習會所做的《生活的眞實和戲曲表演藝術的眞實》專題報告，就是爲了批評當時學習斯氏體系不從中國戲曲的實際出發這種教條傾向而作的。但該文並沒有爲批評而批評，而是立足於建設，從中國戲曲藝術的特點出發，深入有系統地論述了舞臺程式中關於分場、時間空間的特殊處理等問題，幫助消除人們對戲曲的誤解或責難。

長期以來，我國對戲曲藝術的研究一直比較薄弱，遠遠落在藝術實踐的後面。阿甲對此很早就有切膚之痛，並決心爲改變這種狀況做了極大的努力。他在《戲曲表演論集》及其它文章中，對戲曲藝術的基本特點、對程式和生活的關係、對戲曲藝術的獨特虛擬手法、對戲曲表演的特殊體驗性質和體驗方法、對戲曲表演與觀衆的直接交流方面，做了精闢的論述，爲建立我國戲曲表演導演理論奠定了基礎。

至於中國戲曲藝術的特點，有人將其概括爲：流暢性、伸縮性、雕塑性、規範性；也有人將其概括爲包含了唱、唸、做、打的綜合性。這些特性其實並非中國戲曲所獨有。無論是古希臘悲劇、莎士比亞劇場還是現代的伸展式舞臺，都程度不同地存在著這些特性。阿甲對中國戲曲藝術的主要特徵看法與上述論者不同。他認爲中國戲曲的表現特點是：「主要是用分場和虛擬的舞臺方法，通過唱、唸、做、打，作爲自己藝術手段的一種特殊的戲劇表現方法。」並具體闡述說：「一是分場（上、下場）的舞臺方法。這種方法，它表現舞臺的時間和空間有無限的自由，舞臺雖小，變化很多；它可以不受任何限制地表現深遠廣闊的故事內容，反映社會生活的全貌。二是虛擬動作，這種動作不僅表現角色的思想感情，還表現角色所處的環境（自然環境和社會環境）。沒有這種動作的虛擬，假想的舞臺空間和時間，就失去具體的內容。三是唱、唸、做、打的表現手段。唱、唸、做、打（歌唱、表演、道白、舞蹈的結合），是分場的舞臺方法和虛擬動作的具體化。如不是唱、唸、做、打，舞臺上的空間、時間的表現和虛擬的表演就不容易說明它複雜的內容。阿甲在論述這三個問題時，並不是將其分割開來，而是將其有機地統一起來。他首先確立了分場方法在戲曲表現特點中的主導作用。其次，說明了分場方法和虛擬動作，唱、唸、做、打的表現手段之間的制約關係；同時，也就賦予虛擬動作和唱、唸、做、打以特定的內容。即是說，這裏所說的虛擬和唱、唸、做、打本身，已經包括了虛擬環境、創造自由時空的內容。㊳阿甲對傳統戲曲主要特徵的理解，體現了它對戲曲藝術審美本質的深刻認識和理論上的獨創精神，這對建立中國戲曲理論體系和促進戲曲藝術的發展都具有重要的意義。

對程式與生活關係的論述，同樣是阿甲戲曲理論的精華部分。阿甲認爲：「程式是戲曲表現的形式材料，是對自然生活的高度技術概括。」「它是依據生活邏輯，又依據藝術邏輯處理的結果。」他這裏指出程式來源於生活，但又不是生活的翻版和模擬，而是經過概括、誇張、裝飾乃至變形。如戲曲中的跑馬，表演者不直接摹仿生活，「而是用踢腳、耍鞭、翻身、打轉、蹉步、圓場等程式來表達感情。這樣騎馬的眞實性差了，但在神似上、在全身線條韻律上卻更見意境了。」

程式既然是中國戲曲藝術藉以存在的物質條件，是戲曲反映生活的最基本表現手段，那演員應如何對待和使用這些程式呢？阿甲認爲：「演員只有掌握了這些程式的規則及熟練的技術，才會獲得創作自由；但必須是在眞實體驗人物的基礎上，結合創造角色的個性來活用程式。演員的創造，不能讓程式所桎梏。」阿甲認爲：前輩藝術家能在空曠的舞臺上創造出馬可虛、鞭子不能虛一類的虛實結合的手法。今天，我們有了比前人更好的物質條件，更應該發展程式，讓程式隨同生活一起前進，與藝術的變革一起前進。阿甲對程式問題的論述，有助於演員正確認識程式、掌握程式，從而爲繼承和發展戲曲藝術開闢道路。

長期以來，由於我們片面地強調學習斯坦尼斯拉夫斯基戲劇理論，以至認爲「體驗派」是現實主義唯一正確派別，而把「表現派」打入冷宮，誤認爲是形式主義的貨色。阿甲對這一流行看法另有自己的思考。他堅持從實際出發研究戲曲藝術的表現特性，並闡明它獨特的體驗方法，科學地解決了體驗與表現的相互關係。具體說來，阿甲認爲體驗與表現在戲曲演員身上既是矛盾又是統一的，即演員在體驗角色時要明確自己既是體驗者又是角色本身，不能以演員自身的感情來表現角色；戲曲程式是不同歷史時期的演員體驗和表現累積起來的。它不僅具有體驗的因素，還有表現的因素。戲曲體驗與話劇不同的地方還在於舞臺性極強，它是需要經過處理的舞臺情感的體驗，要通過程式才能鮮明地體現出來。戲曲演員必須經過嚴格的技術訓練，熟練地掌握程式技術，才能進入體驗人物、創造舞臺形象的過程。演員創造角色時，內心體驗和外部程式設計不是分別進行，而是齊頭並進；戲曲體驗如無程式設計做後盾，便無法深入進行。反之，程式設計脫離體驗也就成了沒有生命的驅殼。兩者互爲促進，相輔相成。阿甲對戲曲表演的特殊體驗方法的論述，不僅爲「表現派」恢復了名譽，促進了戲曲藝術本身的向前發展，而且對話劇等其它藝術品種的實踐也有深刻的影響。

在中國，觀衆學是一門有待建立的新學科。八〇年代以來觀衆對戲曲感興趣，這種情況促使了阿甲進一步研究戲曲與觀衆的關係。他在《談談京戲藝術的基本特點及其相互關係——爲了研究現代京戲的改革》中認爲：「觀衆看戲有理智的批判，有感情上的共鳴，還有美的欣賞。中國戲曲是用這樣的方法和觀衆打交道的。」㊴他這裏提出的「打交道」的方法，說明了戲曲藝術與觀衆的密切關係，這種關係使戲曲成爲一種假定性極強的戲劇樣式。戲曲藝術時刻離不開觀衆的支持，與觀衆同命運。它依靠各種事先與觀衆約定的符號反映生活眞實，並通過調整觀衆的聯想最後與藝術家一道完成創作過程。阿甲對戲曲與觀衆關係的辯證論述，爲深入研究觀衆這種「戲曲的要素」提供了良好的基礎。

阿甲的戲曲理論研究既能深入進去，又能跳出來。他認眞了解傳統戲曲和其它戲劇體系的表演、導演藝術規律的目的，是爲了指導當前的舞臺實踐。他的文章和講話樸素無華，深入淺出，言簡意賅。他曾用三句話和話劇演員講解三種不同表演藝術方法的區別：史坦尼斯拉夫斯基是講「我演他，我就是他。」；布萊希特要求「我演他，我不是他。」；而中國戲曲藝術則要求「我演他，我就像他」。㊵這個「像他」用畫家的行話來說是「妙在似與不似之間」。既然「像他」就包含形似和神似，也包括虛寫和實寫，誇張、變形、表現、強化等多種因素。由此可見，阿甲的戲曲理論帶有強烈的東方色彩。特別是在戲曲理論界很少有人研究、有研究也多半偏重於劇本創作和音韻格律方面的情況下，阿甲關於戲曲表演、導演的論著無疑給中國戲曲理論建設增添了一筆寶貴的財富。

曲六乙（一九三〇～　），遼寧復縣人。一九四六年就讀於四川大學工學院機電系。一九四九年二月進入解放區，先後在開封中原大學、武漢中南文藝學院學習。一九五六年任中國戲劇出版社編輯，從此開始了戲曲評論工作。粉碎「四人幫」後，先後任中國戲劇出版社副總編輯、中國戲劇家協會研究室主任、《中國戲劇年鑑》主編。理論著作有：《中國少數民族戲劇》（一九六四年，中國戲劇出版社）、《藝術，眞善美的結晶》（一九八〇年，長江文藝出版社）、《戲劇舞臺奧秘與自由》（一九八四年，百花文藝出版社）。另與董維賢合作編著《戲曲的雜耍技巧》（一九六〇年，中國戲劇出版社）。

曲六乙年輕時的理想是當工程師。進入中原解放區之後，他因一個偶然機會被分配去學戲，從此與戲劇結下了不解之緣。三十年來他在從事話劇表演、豫劇、評劇創作尤其是「做藝術裁縫」——戲劇編輯工作的同時，寫下了三百多篇戲劇評論文章。這些文章內容廣泛，有話劇與戲曲，有創作與表演導演，有現代劇目與古代傳奇，有戲劇思潮掠影與劇目評論，有少數民族戲劇與漢族戲劇，有論爭文章與學術探討……。這種廣博的研究範圍正體現了作爲「雜家」的編輯論劇的特點。但作者並沒有滿足廣博，而是在廣博的基礎上有所側重和專注，那就是對中國戲曲的評論與研究。《關於整理老藝人的藝術經驗》、《藝術流派三題》、《戲曲口訣初探》、《崑曲表演藝術風格問題》、《說技巧》、《麒派千秋》、《意取尖新》、《善學者還從規矩》，以及《梅蘭芳藝話》、《蓋叫天藝話》、《麟派劇目》、《程派劇目》，就是他這方面的代表作。這些文章緊密結合戲曲藝術實際，認眞探討了戲曲藝術創作與表演的規律，其中包括戲曲時空觀念的發展變化，戲曲藝術的眞與美，戲曲表演的法度與自由等問題。對戲曲表演藝術中常見到的「客觀逼眞，主觀認眞」、「處處入心，處處無心」、「曲與圓」、「逢醜必俊」等現象，作者均做出辯證的分析，從舞臺實踐昇華到戲曲理論高層次。一九八二年後，作者又轉向戲劇美學的研究。《戲劇——征服觀衆的藝術》、《舞臺生活幻覺及其他——戲曲美學枝語》、《戲曲特技及其審美功能》、《悲劇論》、《喜劇論》等文章，從高層次上把握戲劇藝術的本質，探索戲曲自身的審美特徵、戲劇的藝術形式及其表現手段，從美學意義上尋找戲劇的眞正涵義，從而在觀念上完成從「戲劇作爲藝術」向「戲劇就是戲劇」的飛躍。

作爲一名編輯家，又使得曲六乙的戲劇評論和研究與戲劇運動、戲劇演出保持密切的結合。讀過他的論著的人均可明顯地感受到他的文章所體現的鮮明的時代氣息與實踐精神。像收集在《藝術，眞善美的結晶》中的《歷史劇縱橫談——歷史劇三十年的回顧》、《鬼魂戲管窺——兼及建國以來有關鬼魂戲的論爭》，涉及到當代戲劇思潮史的重要方面，然而卻很少經院味，也沒有某些宏觀研究文章所存在的抽象玄虛毛病。這些文章有翔實的材料，有強烈的針對性和論辯色彩，讀後能使人深切地感受到作者寫作的時代氛圍與積極的進取精神。曲六乙不僅注意戲劇思潮的研究，還十分重視綜合性的現狀研究。如一九六三年的戲曲「推陳出新」座談會、一九六四年京劇現代戲會演、一九七九年慶祝建國三十週年獻禮演出、紀念「五四」運動六十週年活動、一九八〇年的劇本座談會，都在他的《藝術，眞善美的結晶》中得到評論和反映。爲了寫這類文章，作者廣泛地累積材料，對某一階段或某一年度的主要上演劇目逐次進行分析研究，用銳敏的觀察力發現新的經驗和問題，因而使讀者從中看到我國戲劇運動發展前進的足跡。

戲劇評論本身是一門學科，它有自己的規律和獨特的研究方法。要改變那種應景式、感想式的非科學模式，克服實用主義的傾向，評論者除必須有獨立的品格，不看風行事外，還必須將自己的評論建立在紮實的研究具體劇目的基礎上。長期以來，我們所缺乏的正是有眞知灼見，既有科學性又有一定戰鬥性的戲劇評論；而這種評論在曲六乙的論著中卻經常可以看到。一九六一年三月，曲六乙寫了評論京劇《海瑞罷官》的文章，有膽有識地肯定了歷史學家吳晗刻畫的「南包公」海瑞，面對滿目瘡痍的社會，羞爲「甘草」庸醫，甘願當醫國扁鵲的精神，並指出歷史人物的現實主義藝術形象的塑造只能建立在對大量歷史材料的科學認識的基礎上，還認爲作者如能把想像的翅膀張得更大，有更多的幻想和虛構，徹底的不讓歷史材料束縛住，那麼海瑞的形象將更豐滿、更動人。這些意見完全經得起歷史的沉澱，充分反映了作者評論眼光的獨到和精深的美學見解。在同年九月，作者又寫了《個性以竦，風格以情——觀北崑〈李慧娘〉偶得》的文章，盛讚孟超不僅以劇作家而且以詩人的整個心血灌溉了自己的主角李慧娘，比起其它版本的李慧娘的性格，人性（當然有階級性）比鬼性的描寫似乎更多一些。這裏雖然對「人性」加了括號說明，但仍爲姚文元等所不容。在他們的筆尖底下沒有放過曲六乙，使其成爲《海瑞罷官》、《李慧娘》兩起冤案的直接受害者。江青反革命集團被粉碎後，作者的冤案得到了平反，這時他以更飽滿的政治激情，站在思想解放運動的前列，熱情地支持「大膽而直率地揭示了現實生活中的尖銳矛盾，眞實而不加修飾地描繪了各種人物的精神面貌，表達了人民群衆壓抑多年的思想情緒，反映了在新時期開端裏新舊交替的時代特徵」的《報春花》、《權與法》、《未來在召喚》等一大批話劇。而這些戲劇，在當時曾讓少數人瞠目結舌、迷惑不解甚至橫加干涉。曲六乙在這種情況下堅定不移地支持戲劇工作者砸碎「四人幫」極左路線和文化專制主義的思想禁錮，衝破「十七年」遺留下來的各種清規戒律，正表現了他的理論家眼光和勇氣。這種眼光和勇氣還體現在戲劇創作與戲曲改革中有爭議的問題上。在《論施世綸與黃天霸》一文中，曲六乙極力反對施世綸是「鎭壓農民起義的劊子手」、黃天霸是「綠林的叛徒」的似乎是定論的看法。對《四郎探母》，他也發表過不同的意見。這說明他飽經磨難後，銳氣仍不減當年。

戲曲藝術是一座琳琅滿目、取之不盡的寶庫。這寶庫，在藝人身上有突出的體現。在編輯工作中，曲六乙不僅有幸和一些健在的藝術大師、著名表演藝術家接觸，而且還先後接受了編輯梅蘭芳、程硯秋、周信芳、歐陽予倩、蓋叫天、洪深、宋之的等前輩藝術家和劇作家的文集、選集的任務。他充分利用這一有利條件，反復鑽研大師們的文稿，觀摩他們的表演藝術，然後寫出總結他們藝術成就的文章。這些文章由於事前經過充分準備，所以寫得材料翔實、內容豐富、說理透徹、邏輯清晰。像將梅蘭芳的表演藝術概括爲博、精、化、新、深五個方面的《品梅五瓣味長馨》，既全面又深刻地闡明了梅蘭芳所取得的藝術成就。《周信芳的藝術道路》一文，從美學和社會歷史學的雙重角度，對麟派藝術的歷史地位做了科學的評價。《京劇流派藝術初探》、《崑曲表演藝術風格淺析》，接觸到了重視流派劇目建設與發展多種多樣的表演藝術風格問題。這些均說明作者在探究傳統戲曲藝術美的領域邁出了堅實的步伐，取得了可喜的成就。

少數民族戲劇是大陸戲劇遺產的一個重要組成部分。長期以來，很少有人對這個研究領域做出探討。曲六乙從六〇年代初期寫的一系列研究兄弟民族戲劇藝術的論著，填補了這段空白，這是他對戲曲事業又一項難得的貢獻。

註釋

① 《文藝報》一九五六年第十三期。

② 《文藝報》一九五六年第十八期。

③ 這些文章是：朱卓群《戲曲應該超越古人的成就而不斷前進——就戲曲遺產估價問題與張庚同志商榷》，《戲劇報》一九六〇年第一期。朱卓群《從如何理解人民性談起——與張庚同志商榷》，《戲劇報》一九六〇年第二期。朱卓群《不要混淆人民性和封建性的政治界限——再評張庚同志「忠孝節義有人民性」的論點》，《戲劇報》一九六〇年第五期。李寅《「推陳出新」與正確對待戲曲遺產——兼評張庚同志的論點及其他》，《戲劇報》一九六〇年第七期。南開大學中文系地方戲研究小組《階級界限不容抹煞——評張庚同志對色情兇殺戲的錯誤觀點》，《戲劇報》一九六〇年第八期。祝新飴《不要混淆人民性的階級界

限——向張庚同志質疑》，《戲劇報》一九六〇年第十期。郭漢城《道德、人民性及其他——向張庚、朱卓群兩位同志就正》，《戲劇報》一九六〇年第十二期。袁初《必須正確認識藝術與政治的關係》，《戲劇報》一九六〇年第十七期。南開大學中文系戲劇評論組《推陳出新，不斷革命——評張庚同志關於戲曲藝術規律的錯誤觀點》，同上。馮其庸《評張庚同志對封建道德的錯誤觀點》，《戲劇報》一九六〇年第十九~二十期。劉皓然《堅持戲曲工作的不斷革命精神——駁張庚同志〈反對用教條主義態度來「改革」戲曲〉一文中的若干論點》，《戲劇報》一九六〇年第二十二期。

④《推陳出新及其他》，《戲劇報》一九六〇年第十一期。

⑤參看沈堯：《錚錚兮似青松，浩浩兮如煙海》，《戲劇評論》一九八七年第二期。

⑥張庚：《關於「劇詩」》，《文藝報》一九六二年第五~六期。

⑦《李健吾戲劇評論集·〈雷雨〉》。

⑧《〈愛情的三部曲〉作者的自白》。

⑨《答〈魚目集〉作者》。

⑩《愛情的三部曲》。

⑪《咀華集·序一》。

⑫沙新：《虛假的衝突，僞造的人物——批判岳野在〈同甘共苦〉創作上的錯誤傾向》，《戲劇報》一九六〇年十一期。

⑬《陸蠡的散文》。
⑭《社會主義的人物抒情詩——致佐臨同志》。
⑮《文藝報》一九六一年第四期。
⑯《戲劇報》一九六〇年第十四～十五期。
⑰《文學評論》一九六〇年第五期。
⑱參看吉佐之：《略說戲劇衝突問題》，《戲劇報》一九六〇年第十八期。
⑲《文匯報》一九六〇年十一月二十一日。
⑳《上海戲劇》一九六〇年第十二期。
㉑《電影藝術》一九六一年第一期。
㉒《上海戲劇》一九六一年第七～八期。
㉓《光明日報》一九六一年十二月十六日。
㉔《光明日報》一九六一年五月十五日。
㉕同上。
㉖《人民內部矛盾不能構成悲劇衝突嗎？——與顧仲彝同志商榷》，《光明日報》一九六〇年六月十三日。
㉗同上。
㉘《人民日報》一九七五年十月十五日。

㉙ 余秋雨：《戲劇理論史稿·後記》。
㉚ 《戲劇觀與藝術實踐》，《戲劇學習》一九八五年第二期。
㉛ 《人物形象與人學觀》，《戲劇創作》一九八五年第三期。
㉜ 《戲劇觀與藝術實踐》，《戲劇學習》一九八五年第二期。
㉝ 《戲劇報》一九八五年第十期。
㉞ 孫葳：《理論的誤區》，《文藝報》一九八八年七月二十三日。
㉟ 《戲劇報》一九八六年第三期。
㊱ 《戲劇觀念與戲劇規律》，《戲劇》一九八六年第一期。
㊲ 《戲劇論叢》一九五八年第二輯。
㊳ 王培森：《什麼是傳統戲曲的主要特點》，《戲劇論叢》一九八三年第二輯。
㊴ 《文藝研究》一九八一年第六期。
㊵ 夏鈞寅等：《阿甲老師和話劇演員談戲》，《戲劇評論》一九八八年第一期。

第四章　劇作家的理論主張

第一節　佐臨的「寫意戲劇觀」

佐臨（一九〇六～一九九四），本名黃作霖，廣東番禺人。一九二五年在英國伯明翰大學學習時，即對戲劇產生濃厚興趣。一九二九年畢業回國後，曾在南開大學英文系兼「蕭伯納」、「西洋戲劇」等課。一九三五年至一九三七年，再度到英國留學，在劍橋大學專攻莎士比亞和導演學。回國後除在戲劇學校任教外，還在上海等地的劇團任編導。一九四九年後，任上海人民藝術劇院院長、導演，中國戲劇家協會副主席。主要著作有《導演的話》（一九七九年，上海文藝出版社），內收入從一九四九～一九七八年論文十六篇。

佐臨是國內外知名的導演藝術家和戲劇研究家。多年來，他致力於中國戲曲、斯坦尼斯拉夫斯基、布萊希特戲劇理論的研究。尤其是對後者的評價和研討，他走在我國其他戲劇理論家的前面。還在一九五一年元月，他就向上海人民藝術劇院的演員系統介紹了布萊希特戲劇體系。他的理論代表作是一九六二年發表的《漫談「戲劇觀」》①。在此文中，他依靠自己戲劇知識的博學、視野的開闊和多年的實踐經驗，針對標榜寫實爲摹仿生活的理論，提出了「寫意」的主張。這是佐臨戲劇觀的核心和精髓。

「寫意」是佐臨對中國古典戲劇與西方傳統話劇進行比較後，對戲劇本質所做的概括。在長時期的藝術實踐中，他一直尋找著有助於形成我國戲劇表演體系的完整理論的表述。直到一九六二年在廣州召開的全國話劇、歌劇、兒童劇創作座談會上，他在《漫談「戲劇觀」》的發言中才正式提出「寫意戲劇觀」這重大課題。他這裏講的「寫意」的「意」，屬於藝術的對象，而非作者的主觀表現。但由於「寫意」一詞是從中國畫的技法術語中借用過來的，因而牽涉到「寫意」這一中國古典藝術概念的內涵時，他由於理論準備不足還無法做出令人滿意的闡釋。最使人難以讚同的是他受了當時文藝政策的影響，把很有學術價值的「寫意」與毛澤東提出的「革命現實主義與革命浪漫主義相結合的創作方法」②等同起來。由於佐臨對「寫意」一詞的解釋出現疏漏和不夠嚴密之處，沒明確指出「寫意」就是「寫其大意」、「得意忘形」、「不求形似」等意思，因而讀者理解時難免仁者見仁、智者見智，有的甚至與佐臨原意有極大的出入。但佐臨並未因此而放鬆自己「寫意」科學解釋的研討。一九七九年，佐臨與美國著名戲劇家阿瑟·密勒交談時觸及到這一問題，並在英文中想出了一個與「寫意」相對應的詞——intrinsic alistic 內在的、本質性的。佐臨解釋說：「我們必須找到內在的眞實、找到事物及其相關聯以及情感的本質，並把它從非本質的東西中分離出來。」③翌年，當佐臨爲英文版《京劇與梅蘭芳》一書寫《梅蘭芳、斯坦尼斯拉夫斯基、布萊希特戲劇觀比較》時，發現了一個較易理解的詞：essenee——本質；佐臨爲提高他的理論層次，加上一個後綴，成爲essencialism，即「寫意性」。同年，德籍中國學者夏瑞春教授在譯佐臨的「寫意」時借用了imagism——意象這個詞，佐臨明確表示不恰當，因爲imagism（意象派）原指二〇世紀初以德國詩人龐德等爲代表的一個表現主觀之「意」的流派，而他的寫意說與意象派完全不同。這就進一步從反面對「寫意」做了界定，可見佐臨提出寫意說的意圖十分清楚：「繼續堅持文藝反映生活的現實主義原則，但要打破只能在『四堵牆』內摹仿生活的框框，努力從戲曲中吸取離形得似、得意忘形等長處，以『粗獷的筆觸，大筆勾勒』，創立一種能更加廣闊並盡可能深刻地反映生活的新型戲劇——『寫意』戲劇」④。下面我們再看看佐臨自己對「寫意戲劇觀」審美特點和藝術功能的解釋：

總括地說，除了前述的四種外部特徵之外，我國傳統戲劇還有以下四種內在特徵：

⑴生活寫意性，就是說不是寫實的生活，而是對生活加以提煉、集中、典型化。創作不應當僅僅是來自生活，而應當是提煉過的高於生活的東西。

⑵動作寫意性，即一種達到更高意境的動作。

⑶語言寫意性，即不是大白話，而是提煉爲有一定意境的藝術語言，達到詩體的語言。

⑷舞美寫意性，即不是實際的環境，而是達到高度藝術水平的設計。⑤

這些論述使人領悟到佐臨倡導「寫意戲劇觀」的藝術追求和意向。這個意向可以概括爲三個方面：

一是重在表現。佐臨提出「寫意戲劇觀」，其矛頭決不是指向現實主義戲劇。從他對《母親》、《夜店》、《悲壯的頌歌》、《千山萬水》等現實主義作品的鍾愛，可以看出他對寫實戲劇觀幷非水火不容。他不能容忍的是模擬生活、照抄生活的自然主義傾向。話劇《激流勇進》在「文革」前演出時，上海市委的一位負責人對廠長的眞實性表示懷疑，理由是在現實生活裏他會是這樣子的嗎？這種以生活中的事實來衡量藝術中的眞實做法，正是佐臨深惡痛絕的。由此也可看出他提出「寫意戲劇觀」的用心良苦。他對「寫實戲劇觀」的看法，還可從他於一九六五年五月作的《談談我的導演經驗》講話中得到證實：「寫實戲劇觀我不反對，寫意戲劇觀我也不反對，『寫實』『寫意』結合、虛實結合的戲劇觀我更讚成。寫實不是自然主義，寫意不是抽象主義。自然主義是純客觀的東西，抽象主義是純主觀的東西，二者都不能正確地反映事物本質，反映眞理。」⑥由此可見他反對的是自然主義，提倡的是重在表現的虛實結合。本來藝術的「寫意」與「寫實」並不是完全對立的，而是相互交流的。在再現與表現的矛盾中，它們的元素相同；它們之間的不同，只是元素結構上的不同。事實上，「寫意」與「寫實」均爲藝術反映生活的不同途徑。「寫實戲劇觀」在反映生活的本質眞實時，強調的是逼眞的生活外貌，重在再現；「寫意戲劇觀」在反映內部眞實的前提下允許重新組合和形變生活，它所強調的是想像、聯想、虛構與變形，這就是重在表現。如佐臨在一九五八年導演時事劇《八面紅旗迎風飄》時，他特別提醒演員不要考慮布景道具。這個戲基本上沒有什麼舞臺道具。佐臨不把自己的精力花在外部的眞實上，而是在人物形象的眞實感方面，這正是他重在表現、離形得似的思想的體現。對話劇《生命·愛情·自由》的構想，他也曾有過這樣的意見：「既嚴肅地尊重歷史，又不過於拘泥於歷史的細節。以戲劇手段寫出那個時代的精神、風貌、特點和具有典型意義的歷史人物，揭示歷史潮流的必然趨向，從而給人以新的啓迪。」⑦佐臨在這裏講的主要不是史實而是史詩，即尋找的是「內在的眞實」，並要「把它從非本質的東西裏分離出來。」一旦分離，詩意便更多地被保留下來。

二是破除生活幻覺。佐臨在介紹布萊希特舞臺實踐的特徵時說：「他反對所謂舞臺魔力，認爲演戲不是變戲法、晃眼術。他反對把舞臺變成催眠陣地，因而主張廢除第四堵牆。他反對演員用傾盆大雨的感情，人工地將觀衆胃口吊起，造成生活幻覺，把觀衆引入迷離狀態。」⑧佐臨這裏講的「幻覺」，它來源於拉丁文Iiiusio，張庚將其譯爲幻象；朱光潛將其譯成逼眞的幻覺；佐臨譯成幻覺；王道乾譯成幻想；羅婉華又將其譯成假象。不管如何譯，對「幻覺」這個詞均不能望文生義地理解爲「虛幻的感覺」。在戲劇創作中，它是指戲劇作品模擬現實到了以假亂眞的地步，以致觀衆把舞臺上的表演當成生活本身，戲劇作品和它表現的對象同化了，這才叫幻覺。當然，在通常情況下，戲劇的編導並不故意充當「騙子」，要他的觀衆統統去做「傻子」，但愚弄觀衆的戲劇還是有的。出於維護藝術的尊嚴及其社會功能的需要，佐臨反對用戲劇手段以生活中非本質的東西製造假象來牽動觀衆的感情，使他們「入乎其內」，硬充其中的角色而無法「出乎其外」。這便是佐臨所要破除的生活幻覺的主要方面。還應明確的是佐臨的「破除」對象，主要是指「寫實戲劇」。儘管「寫實戲劇」也不可能徹底「寫實」，它同樣存在著某種假定性，但從整體上說它並不強調這種假定性。相反，它想盡千方百計將其淡化乃至從觀衆心目中完全消失。同樣的道理，「寫意戲劇」雖然也不可避免地要用「寫實」手法，如逼眞的道具與生活化的表演，但從整體上說它努力在顯示戲劇的假定性，並在演出過程中經常用「自報家門」等方式提醒觀衆，這是表演而非生活本身的照搬。佐臨極力推崇和讚美的我國傳統戲曲，就從來「不造成眞實的生活幻覺」，或「先天就不追求生活幻覺」。

三、側重暗示。「寫實」戲劇忠實地再現客觀對象的本相，「寫意」戲劇巧妙表現客觀對象的意態。這裏講的「巧妙」便包含暗示這一手法。在「寫實」戲劇舞臺上，其布景雖然也有對生活本來面貌的變形；但從總體上來說，它強調一目了然，側重對生活原形的模擬。而在「寫意」戲劇舞臺出現的布景，常常不依賴具體形象，也不限定舞臺空間的實質屬性，不說明環境內容而依賴表演的密切配合，創造出一種心理的、聯想的戲劇性空間。一句話，它側重的是暗示而非具象，比「寫實」戲劇的布景更簡練、更含蓄和更有裝飾性。在表演上，「寫意」戲劇也不用直接的手法去逼眞地創造幻覺的眞實，而更多的是使用間接的暗示手段，訴之於理解、想像的眞實。它從不墨守於「三一律」之類的時空框套，而直接服從於「寫意」，即整體生活和理性的邏輯。如中國戲曲舞臺上表現「大批軍隊通過」，完全不採用斯坦尼斯拉夫斯基的那種「把觀衆矇騙過去的花招」，而憑藉的是「三、五步行遍天下，七、八人百萬雄兵」帶有暗示意義的假定性原則。中國的傳統藝術，不僅是戲曲，而且還有詩歌，均強調暗示性，反對和盤托出、一覽無餘。把中國藝術早已有的暗示性提高到「戲劇觀」的高度認識，並作爲「寫意戲劇」的一種重要技巧，這應歸結於佐臨的介紹和倡導。

佐臨提出的「寫意戲劇觀」，並不單純是爲了標新立異，而是爲了適應時代變革的需要、文藝變革的需要。當時呈現在戲劇家面前的情景是各種不同的作品描繪著氣象萬千的生活，各種不同的形式負載著各種不同的意涵；老作家在不斷超越自己，文藝新秀一亮相就獨張新幟。在這種情況下，佐臨不滿足於斯坦尼斯拉夫斯基體系，不滿足於易卜生的戲劇模式，不滿足於室內心理劇的手法，要求衝破古典戲劇的「三一律」和資產階級客廳劇的「四堵牆」，正是爲了促使戲劇家和時代的密切結合。「寫意戲劇觀」還紮根在深厚的民族土壤裏。佐臨雖然兩次出國深造，對外國戲劇非常熟悉，但他更喜歡自由灑脫、時空靈活運用的中國古典戲劇。他在與阿瑟·密勒談到中國戲曲時，說了一段諺語：「虛戈作戲，眞假宜人。眞像不是戲，不像不算藝。悟得情和理，是戲又是藝。」佐臨在這裏讚揚的是中國古典戲劇的寫意精神。他的「寫意戲劇觀」無疑吸收了中國古典戲劇的理論精華，帶有強烈的東方色彩。此外，寫意戲劇觀又是佐臨在比較中國戲劇與西方戲劇異同基礎上，融合它們各自的長處而提出來的創立中國話劇演劇學派的宣言。無論是斯坦尼斯拉夫斯基，還是布萊希特、梅蘭芳，他都不粗暴否定，也不全盤接受。這種獨立意識，正是他創立「民族的演劇體系」的思想基礎。

佐臨的《漫談「戲劇觀」》，是中國話劇史上的重要文獻之一。他提出的「寫意戲劇觀」，對開闊戲劇工作者的視野，活躍中國戲劇藝術創作、演出，起了極大的推動作用。具體說來，在藝術實踐上，它促進了我國戲劇多樣化的發展，糾正了人們多年來把寫實戲劇看作是現實主義的唯一表現的偏見。它增強了民族自豪感，使我們敢於名正言順、理直氣壯地承認自己獨特的戲劇觀念，不再像過去那樣極力迴避中國戲劇與斯坦尼斯拉夫斯基體系的不同之處，以致把戲曲獨有的高度劇場性、視覺環境的不確定性、程式看做是跟不上時代潮流的舊包袱。佐臨關於「寫意」與「寫實」兩種戲劇觀的論述，還促進我國戲劇美學研究的深化。過去我國的戲劇理論大都是從前蘇聯引進的，基本上是「寫實」戲劇理論的一統天下。現在佐臨一手伸向外國，一手伸向中國古典傳統，這種比較研究對開闊戲劇家的眼界，使理論家們從一個廣闊的視角去觀察戲劇文化、多層次地建設戲劇美學，提供了十分有利的條件。當然，佐臨畢竟是側重於實踐活動的藝術家，在表達自己的戲劇觀時，難免在定義界說、邏輯論證上有不嚴密之處，乃至在遣詞用句上有不準確之處，因而馬也寫了《戲曲的實質是「寫意」或「破除生活幻覺」的嗎——就「戲劇觀」問題與佐臨同志商榷》⑨。這種商榷不僅有利於彌補「戲劇觀」提出者的某些漏洞，而且有利於佐臨的改革話劇的綱領得到充實和發展。

第二節　郭沫若對歷史劇理論的貢獻

從一九二〇年九月開始，郭沫若共寫了十多部影響很大的歷史劇。郭沫若在創作歷史劇的同時，還發表了一系列有關歷史劇的文章。這些文章雖然有許多是以創作談的形式出現的，但在不少問題上觸及了歷史劇創作的共同規律，因而有一定的參考價值。

郭沫若對歷史劇的看法，有一個發展的過程。從「五四」到北伐戰爭前，他的歷史劇理論以倡導積極的浪漫主義創作方法著稱。抗日戰爭後，他的歷史劇理論走向成熟。一九四九年後，他又寫了(或由別人整理)《序俄文譯本史劇〈屈原〉》(一九五〇年十月)、《談〈屈原〉劇本中的宋玉》(一九五三年九月)、《由〈虎符〉說到悲劇精神》(一九五一年七月)、《爲〈虎符〉的演出題幾句》(一九五六年十二月)、《〈蔡文姬〉序》(一九五九年七月)、《談〈蔡文姬〉的創作》(一九五九年二月)、《我怎樣寫〈武則天〉》(一九六〇年八月)、《〈武則天〉序》(一九六二年六月)、《談戲劇創作》(一九五八年六月)等文章，進一步豐富和補充了他原有的歷史劇理論。

六〇年代，戲劇界曾展開過一場歷史劇是「歷史」還是「藝術」的爭論。郭沫若雖然沒有直接著文參與論戰，但從他一九四九年前後的一貫論述看，他認爲歷史劇雖有歷史成份在內，但它畢竟是戲，應劃入藝術範疇。他在談《武則天》時曾說：「我依然相信兩千多年前的亞里士多德在他的《詩學》中所說過的話：『詩人的任務不在敘述實在的事情，而在敘述可能的——依據眞實性、必然性可能發生的事件。史家和詩家畢竟不同。』」⑩在古希臘，詩包括戲劇。他這裏強調的是歷史學家和藝術家的不同。他在接見《劇本》記者的採訪時又指出：「寫戲不同於寫歷史教科書，藝術有想像的天地。」「藝術家寫歷史題材，當然也要佔有材料，材料不足就需要推想，以想像來豐富材料。藝術家主要是寫可能性，沒有的人物、事件，容許虛構。」⑪這裏指出的也是歷史劇是藝術創作而非歷史教科書。他這種看法不僅和古希臘的亞里士多德一致，而且也和德國的戲劇家萊辛、法國理論家狄德羅所見略同。如果說還有什麼不同的話，那就是郭沫若並不認爲歷史劇因是敍述可能發生的事件而可以完全不顧「實在的事情」，不必花精力去研究歷史。相反，他認爲：「優秀的史劇家必須是優秀的史學家。」當然，這是在史劇家對於所處理的題材範圍內，必須是研究的權威⑫前提下而言的。在一九六二年總結《武則天》的創作經驗時，他再次強調寫歷史劇總得有充分史料和仔細的分析才行。他自己創作歷史劇時，就十分注意佔有史料和研究史料。如創作《棠棣之花》，他對《戰國策》、《竹書紀年》和《史記》做過考證。他寫《武則天》，察看了《舊唐書》、《新唐書》、《資治通鑑》、《全唐詩》、《唐文粹》、《唐詩紀事》及武則天的著作。郭沫若和亞里士多德、萊辛等人的另一不同是，他不僅看到了科學和藝術、歷史和戲劇的區別，而且還辯證地看到了它們之間的關係。他在一九六二年寫的《武則天》序中說：「我是想把科學和藝術在一定程度上結合起來，想把歷史的眞實和藝術的眞實放在一起有程度地結合起來。說得更明顯一點，那就是史劇創作要以藝術爲主、科學爲輔；史學研究要以科學爲主、藝術爲輔。」這個方法非常辯證。本來寫歷史劇，既要有忠於史實的科學精神，又要有跳出史實的藝術創造精神。如果藝術脫離了科學，或藝術眞實不以歷史眞實做基礎，那就無法創作出優秀的歷史劇。

郭沫若寫歷史劇，絕不是爲了發思古之幽情，而是爲了藉歷史題材灌漑現實的蟠桃，藉歷史故事撥動今天觀衆的心弦。古爲今用，是郭沫若創作歷史劇的一貫原則，也是他寫歷史劇的主要動因。但在如何古爲今用的問題上，他前後期的看法側重點不完全相同。在早期，他強調的是作家的想像和創造而不是史料的大量佔有。用他自己的話來說：「是藉著古人的皮毛來說自己的話。」⑬正如歌德寫《浮士德》是把浮士德當做自己的化身描寫一樣，郭沫若在《湘累》中寫屈原，也是一種「自我表現」，把自己身在異邦受到的迫害而激發出的愛國主義情感傾注在屈原的憂國哀民的悲痛中。後來，他確立了唯物主義世界觀之後，由強調表現自我轉向強調「人民本位」，由「借些歷史上的影子來馳騁我創作的手腕」到強調「優秀的史劇家必須是優秀的史學家。」⑭可見，他的古爲今用的歷史劇理論經歷了一個發展成熟過程。一九四六年，他還借用《詩經》賦、比、興的比喻，把歷史劇古爲今用概括爲三點：一是再現歷史的事實，次是以歷史比較現實，再次是歷史的興趣而已。⑮這裏講的第一點，就是再現歷史人物、事件的本來面貌，但不是爲寫歷史而寫歷史，而是通過揭示歷史矛盾的本質眞實，正確反映人類前進的歷史，使人們更好地認識昨天，吸取古人的智慧和經驗爲今天的現實鬥爭服務。第二點講的「比」，離不開象徵和影射手法。郭沫若寫《屈原》，是把對現實的憤怒復活在屈原的時代裏去。「換句話說，我是借了屈原的時代來象徵我們當前的時代」⑯。郭沫若把這種象徵手法概括爲「先欲制今而後借鑑於古」與「據今推古」的原則⑰。這也就是他寫於抗戰後期的作品，爲什麼喜歡選擇社會矛盾異常激化的戰國時代和元末、明末這些朝代的原委。在談《虎符》時，他又說：「我寫《虎符》是在抗戰時期，……我不否認，我寫那個劇本是有些暗射的用意的。因爲當時的現實與魏安釐王的『消極抗秦，積極反信陵君』是多少有點相似。」⑱郭沫若講的暗射，是建立在揭示歷史本質眞實基礎上的，是利用現實和歷史的某種相似，用形象的手法將其共通點揭示出來，引起人們的聯想，達到以古喻今、以古鑑今、以古諷今的目的。第三點講的「歷史的興趣」，強調的是淡化功利意識，不要求每齣戲都要配合現實鬥爭。但興趣也不可能完全超脫功利。作者對某一段歷史事實或某一個歷史人物感興趣，必然會有作者自己的傾向性。一有了傾向性就難免有某種功利目的，只不過這功利目的不像《屈原》那樣與政治密切相關罷了，如郭沫若一九四九年後寫《蔡文姬》，其用意是爲曹操翻案，並不是用來影射當時的政治鬥爭，而純粹是歷史人物評價的不同看法。

要做到古爲今用，關鍵是處理好歷史題材。對此，郭沫若認爲既不能完全拋開歷史眞實，但又可在發掘歷史眞實基礎上發展歷史眞實，乃至「無中生有」地「製造虛點」。歷史劇既然是藝術而不是歷史教科書，作者就有想像和虛構的權利。像郭沫若《棠棣之花》中的春姑、《屈原》中的嬋娟、《虎符》中的魏太妃、《高漸離》中的盲人歌者，都是查無實據、「無中生有」的。這些人物雖在劇中沒擔任主角，但他們一旦出現在舞臺上，就成了作品的有機組成部分，他們的出現更加強了作品的歷史眞實感。其次，處理歷史題材還意味著作者「可以推翻歷史的成案，對於既成事實加以新的解釋，新的闡發，而具體地把眞實的古代精神翻譯到現在」。⑲郭沫若自己創作的歷史劇就是這樣做的。如他雖然不否認秦始皇統一中國的功勞，但他認爲在秦統一之前，如果楚國按屈原的主意辦事，也會出現大統一的局面，甚至「自由的空氣一定更濃厚、藝術的風味也一定更濃厚」。⑳。他雖然認爲反對分裂是戰國時代的人心所向，他也是按照這種時代氛圍來進行創作的，但他並不認爲在秦始皇統一中國之前抗秦就大逆不道；相反，他對屈原的思想和品格加以高度的讚揚。並在《屈原》作品的末尾，讓屈原聽從人民的代表「衛士甲」的召喚，「決心去和漢北人民一道，做一個耕田種地的農夫」。至於一九四九年後寫的《蔡文姬》，更是做翻案文章的突出例子。再次，處理歷史題材要「盡可能追求著人、地、時的三統一」。㉑這樣做的目的，是爲了使劇本寫得更加集中、完整和統一。如他寫《武則天》，就與宋之的寫法不同。他把徐敬業的叛變作爲中心，圍繞著這個中心事件來組織他所選擇的事件和人物。他把地點局限在洛陽，把時間局限在調露元年（公元六七九年）至光宅元年（公元六八四年）的六年間，這樣做便使作品達到高度的集中和凝煉。

在現代文學史上，對悲劇理論做出重要貢獻的除魯迅外，還有郭沫若。郭沫若對悲劇尤其是歷史悲劇，有許多精湛的見解。他要求歷史悲劇要反映時代精神，充分表現巨大的歷史內容，從而揭示悲劇衝突的歷史必然性。他在五〇年代末談及《蔡文姬》時曾說：「我對悲劇的理解是這樣的，譬如方生的力量起來了，但還不夠強大，而未死的力量還很強大。未死的力量壓倒方生的力量，這是有歷史必然性的，這就產生悲劇。像屈原的遭遇就有這樣的悲劇性質。」㉒他這裏講的「方生的力量」，是代表正義的、進步的或革命的力量。郭沫若認爲，悲劇是腐朽勢力戰勝新生勢力，是進步力量的毀滅。他對悲劇的理解言簡意賅，揭示了悲劇文學的本質。

郭沫若不僅對悲劇的本質，而且對歷史悲劇的審美價值及其實現的方式做了精闢的論述。一九五一年，郭沫若在談悲劇的教育意義時指出：「一般說來，悲劇的教育意義比喜劇更深。促進社會發展的方生力量尚未足夠壯大，而拖延社會發展的將死力量也尚未十分衰弱，在這時候便有悲劇的誕生。悲劇的戲劇價值不是在單純的使人悲，而是在具體地激發起人們把悲憤情緒化爲力量，以擁護方生的成份而抗鬥將死的成份。」有人認爲悲劇的結束「容易使人感到正氣下降、邪氣上昇」，郭沫若不同意這種看法。他認爲：「事實是相反的，人們看到悲劇的結束正容易激起滿腔的正氣以鎭壓邪氣。」他這裏講的悲劇，當然不是一般的悲劇，而是指悲壯劇。這種歷史悲壯劇要求創造出具有悲壯的鬥爭精神，因爲悲壯的鬥爭精神，能給人一種崇高感，能充分表現悲劇的審美理想，從而體現歷史悲劇的社會價值。爲了更好地體現歷史劇的社會價值，他提出抒情與哲理相結合、詩與劇相融合這一藝術表現方式。這裏講的詩與劇的聯姻，不僅是指詩意與劇情融爲一體，而且是指詩情與戲劇結構的和諧。他在一九四九年前就提出：「史劇的創作注重在構成而務求完整，愈完整才愈算得是構成。」㉓一九四九年後，他又進一步提出劇作者即使材料掌握不多，也應在劇中「組織成一個完整的世界」。㉔郭沫若自己寫的《蔡文姬》，就是戲劇的詩化典範。它雖然用散文寫成，但處處洋溢著戰鬥的詩情，不愧爲詩人寫的劇本。在結構上也顯得異常完整。這種詩境與戲劇結構的有機結合，對於渲染劇作的氣氛和人物性格的發展，起了重要的作用。

郭沫若抗戰期間一共寫了六大部悲劇。一九四九年後，他沒再寫悲劇，而是寫了悲喜劇《蔡文姬》和翻案劇《武則天》。他之所以沒再寫悲劇，也沒有對悲劇理論做進一步探討，有其認識上的局限。早在一九四九年前夕，他針對《白毛女》中的喜兒「由鬼變成人」這一點，便認爲「今天更是大規模的悲劇解放時代」，「中國的封建悲劇串演了二千多年，隨著這《白毛女》的演出，的確也快臨到它最後的閉幕」㉕言外之意，隨著新中國的誕生，隨著勞動人民翻身作主，新社會已不再存有產生悲劇的土壤，這可從他一九五九年的談話中再次得到證實：「敵我矛盾可以產生大悲劇，但人民內部矛盾產生不出大悲劇，只有在歷史轉變時期，新舊力量交替的鬥爭中，才往往產生大悲劇。」㉖這一認識顯然經不起實踐檢驗。當時的「大躍進」由於國民經濟比例失調，就造成了許多人爲的悲劇。正如陳毅在一九六二年所說：「我們總是不願意寫悲劇。說我們這個新社會沒有悲劇。我看吶！我們有很多同志天天在那兒造悲劇、天天在那兒演悲劇。我們爲什麼不可以寫悲劇呢？……說我們這個社會哪裏還有壓迫？哪裏還有專橫、黑暗？當然舊的壓迫、舊的黑暗是沒有了，但是有些時候、有些地方，『壓迫』還是有的，陰暗的東西還是有的，悲劇性的東西還是有的。只要站在正確的立場，爲什麼不可以寫？」㉗陳毅對社會主義時期仍存在悲劇的論述，顯得何等深刻、精闢！郭沫若的思想不夠解放，和他受極左思潮的影響是分不開的。

郭沫若是大家公認的浪漫主義文學家。他在詩歌領域，未能將浪漫主義理論貫穿到底，出現了倒退的局面，而在歷史劇領域，他倒建立了自己的浪漫主義理論體系。即使這樣，他的歷史劇創作成就在總體上仍未超過一九四九年前，也是屬於思想上「進步」了，藝術上卻在倒退的一種典型。

第三節　焦菊隱：「出」中國話劇民族化之「新」的戲劇理論

焦菊隱（一九〇五～一九七五），原名承志，天津人。一九二二年開始文學活動，早期以詩歌創作爲主。一九二四年入北京燕京大學。一九三四年赴法國深造，在巴黎大學專攻戲劇，寫有論文《中國現代戲劇》等數種，在法國出版。抗戰勝利後，任北平師範大學英文系主任。一九四九年後，任北京師範大學文學院院長。一九五二年起，任北京人民藝術劇院第一副院長兼總導演。二十多年來，他導演了中外名劇數十種，其中有蘇聯高爾基的《布雷喬夫》、郭沫若的《蔡文姬》和《武則天》、老舍的《龍鬚溝》和《茶館》、曹禺的《明朗的天》，曹禺、梅阡、于是之的《膽劍篇》、田漢的《關漢卿》等。主要理論著作有《焦菊隱文集》。此文集收入作者各類著作、譯作約四百萬字，計有十二卷，其中戲劇理論四卷、譯文六卷、作品二卷。第一卷爲理論文集，收入作者一九二七～一九四〇年一月間寫的戲劇論文共十四篇，於一九八六年由文化藝術出版社出版。另有《焦菊隱戲劇散論》（一九八五年，中國戲劇出版社）、《焦菊隱戲劇論文集》（上海文藝出版社）。

焦菊隱是大陸著名戲劇家，也是優秀的教育家、翻譯家。他獻身文藝事業五十多年，爲我們留下了一百多萬字的戲劇理論著作，形成了自己的導演體系，爲戲劇理論建設做出了可貴的探索。一九四六～一九五六年爲他創作的前期。這時他運用的是現實主義創作方法，在導演中追求「深入的體驗」和「逼眞地再現生活」的技巧，力圖讓西方話劇形式在中國大地上紮根。一九五六～一九六六年是他創作的後期。他在繼承民族藝術的美學傳統的基礎上，「探索中國話劇的民族形式，從而在理論與實踐的結合上形成了他以民族化爲核心的導演學派」。㉘他這時期的理論代表作有《略論話劇的民族形式和民族風格》、《〈武則天〉導演雜記》、《導演、作家、作品》、《豹頭、熊腰、鳳尾》、《守格、破格、創格》、《連臺、本戲、連臺本戲》、《和青年導演的談話》、《中國戲曲藝術特徵的探索》以及兩篇尙未完稿的論文提綱《論民族化》、《論推陳出新》。

作爲一位學貫中西的理論家，焦菊隱既熟諳歐洲話劇藝術，又對中國傳統戲曲有深湛的研究。「欣賞者與創造者共同創造」，就是他在中西戲劇比較基礎上提出的美學理論。還在一九三八年，他在用法文寫的博士論文《論今日中國之戲劇》中，就初步認識到讓觀衆加入進去，共同創造富有理論感染力的舞臺氣氛的必要性和重要性。到了一九五九年，他在一次會議發言中，提出了中國話劇藝術必須打破「你演我看的局面」的重要觀點㉙。在他看來，話劇必須向戲曲學習，不能把觀衆問題看成是戲劇的外部關係，以爲它與戲劇機體的生命運動沒有直接關聯。要留有餘地調整觀衆的想像，讓他們一起參與藝術創造，否則話劇就難於在中國土地上生根。在他一九六三年準備動手寫的計有九條的論文提綱《論民族化》中，更是開宗明義地把「欣賞者與創造者共同創造」列爲第一條。這第一條的具體涵意是「不直不露，給觀衆留有想像、創造的餘地。但關鍵又在觀衆的懂，如齊白石畫蝦，畫面上只有蝦，而欣賞者『推』出有水。如果欣賞者什麼也看不出，如何『推』，又『推』向哪裏去？這正是中國戲曲傳統的特點，既喜聞樂見——懂，與欣賞者是交融於一起的，又留有『推』的餘地」。㉚這段話告訴我們：首先應使觀衆看懂，絕不能讓他們如「丈二和尙——摸不著頭腦」。只有看得明白才能進行雙向交流，爲「共同創造」打下基礎。其次，要從作品所表現的有限內容中推想出無限豐富內容的東西。這就要求藝術家要尊重觀衆，不要和盤托出；要令觀衆入迷，使他們隨時有所期待、有所猜測、有所預計，包括爲古人擔憂的心理活動在內，這正是觀衆欣賞戲劇的一種快樂。

在對待觀衆態度問題上，東西方戲劇有重大的差別。斯坦尼斯拉夫斯基要求演員表演時「目中無人」，即當做沒有觀衆在看戲，把自己「孤立」起來。布萊希特與斯氏體系不同，他要求「目中有人」，相信觀衆就在臺下，他們是單純爲受教育而進入劇場的。而我國的傳統藝術，卻強調表演者與觀衆共同合作，臺上與臺下要有情感交流，觀衆不是被動地受教育而來，他們也參與藝術的共同創造。正是有了觀衆的參與，戲劇才獲得了眞正的生命形式。

觀衆與演員共同合作，爲戲曲藝術特性所要求。戲曲不似話劇，漠視觀衆的存在。它不是單純的我演你看，而是要求「看」的同時也要想、也要思考，用自己重新組合過的審美意象去補充、豐富乃至修改舞臺形象。戲曲不否認劇場性，它把觀衆看作是生活的見證，以自己含而不露的表演影響他們的想像力，通過觀賞時產生的情緒反應造成衝擊波，反饋到舞臺，當場直接影響演員的表演，共同完成藝術創造。而西方戲劇十分強調寫實，要求觀衆所看到的舞臺上的一切視覺形象，都和生活中眞實的自然狀態一模一樣，用這種生活幻覺迷惑觀衆、俘虜觀衆。也有強調劇作家直接披露傾向性，強行向觀衆灌輸某種思想，把觀衆排斥在舞臺生活的外面。不論是哪種情況，都不需要欣賞者的共同「合作」。在《豹頭·熊腰·鳳尾》一文中，焦菊隱明確地闡述了我國傳統藝術與西方戲劇的根本區別。他指出：「我國戲劇和西方戲劇美學觀點的根本區別，在於我們不但承認藝術作品是一種意識形態，是通過作家主觀世界所反映出來的客觀世界，是作家所認識的世界而且進一步還承認觀衆對於客觀世界同樣也有認識，承認觀衆對於舞臺上所反映出來的世界也有他們自己的認識，並承認他們有這種權利。而西方的劇作家則只承認作家認識世界，彷彿觀衆完全不認識世界。西方作家把自己對客觀世界的認識，強加於觀衆，不承認觀衆自己對世界也有認識，不承認觀衆對舞臺上的世界也有認識，因而剝奪了觀衆這些權利。」㉛正是通過這種中西戲劇觀的比較，焦菊隱堅定地把「欣賞者與創造者共同創造」看作是戲劇藝術創造的特點和規律，即視觀衆爲戲劇創作內部關係的重要環節，爲戲劇有機體生命運動的內在動力。

強調戲劇藝術的魅力，在一定程度上依賴於觀衆審美心理功能的發揮，這絕不等於輕視戲劇藝術家的作用。沒有他們的創造，觀衆的聯想或想像便成了無本之木。應該怎樣才能充分調整觀衆審美再創造的能動性呢？焦菊隱認爲要增強戲劇的詩意，在詩的意境上會心。他說：「西洋古典文學把戲劇劃入詩的範疇，我國古典的或現代的戲曲也是詩。話劇一般是用散文寫的，自然不必勉強列入詩類。

但它並非詩體，卻不可沒有詩意，演出更不可一覽無餘沒有詩的意境。」㉜這是針對戲劇尤其是話劇創作直、淺、露的毛病提出的。另一導演大師佐臨也說過：「關於哲理，我認爲這是我們戲劇創作中最缺乏的一面。」加強戲劇的哲理性，亦是爲了克服戲劇創作和演出中存在的一覽無餘的傾向。優秀的戲劇作品往往有濃鬱的詩意與深刻的哲理，像莎士比亞的《哈姆雷特》、易卜生的《培爾·金特》，都是通過象徵或隱喻，使形象上昇到具有哲學思辨的理性高層次，然而又讓這理性與栩栩如生的藝術形象緊密地溶化在一塊。焦菊隱導演的作品均具有濃鬱的詩意，像《茶館》快結束時，出現了三個老人撒紙錢自奠的場面，眞是言有盡而意無窮，使人感到作品創造了一種不同尋常詩的意境。在《龍鬚溝》中，當觀衆看到瘋子管理自來水那得意而又認眞的神態，不禁發出會心的微笑，並在這微笑中和舊社會訣別，與劇中人一起分享新社會把「瘋子」變成正常人的時代歡樂。這中間同樣有哲理，有詩意。

焦菊隱的戲劇理論範疇系統廣泛地涉及到戲劇本質論、創作論、鑑賞論、觀衆學等。從宏觀角度看，焦菊隱的戲劇理論範疇體系中有一對地位極爲突出的範疇，這就是推陳與出新的統一。

推陳與出新的統一就是繼承與創造的統一。沒有繼承，就談不上創新；徹底否定傳統，出新也就成了一句空話。在「陳」與「新」關係問題上，焦菊隱著重批評粗暴地否定傳統的虛無主義傾向。他指出：「新」並非獵奇和全盤照抄他人的藝術經驗。把傳統一腳踢開然後貼上新標籤，並不叫「新」，因爲它們既丟掉了傳統，又了無新義，只不過是炒冷飯而已。在《論推陳出新》的寫作提綱中，他提出了「無陳（原有基礎），出不了『新』和不出新，也推不了陳」的著名論點。這裏應特別引起重視的是他對「陳」的新解釋，即不把「陳」簡單地理解爲陳舊乃至糟粕的同義語，而認爲「陳」相對「新」而言，是指「原有基礎」。這就難怪焦菊隱在後面談「如何推陳」時，講了「推動——發展變化」、「推移——移植」、「推究——找規律，爲創新找道路」、「推敲——精益求精」、「推論（衍）——舉一反三，爲創新找靈感」，可就是沒將「推陳」的「推」解釋爲「推翻」。在他看來，如果將「陳」推翻了，「新」的生長土壤也就不復存在了。「推陳」做爲創新的準備階段，是不可少的。所謂「從零開始」，是根本不可能的。我們固然是在和各種舊觀念進行最徹底的決裂中建立自己的文化藝術，但它也絕不拋棄人類文化的優秀傳統；相反，它繼承了人類所創造的包括戲劇藝術在內的一切優秀文化成果。

從微觀角度看，焦菊隱戲劇理論中有一系列對立統一的概念範疇。生活眞實與藝術眞實便是其中重要的一對。有不少人認爲：「生活是眞的，演戲是假的；生活是眞的，藝術是假的；演戲就是眞眞假假、假假眞眞等。」這種把生活的眞實與藝術的眞實對立起來的看法，焦菊隱不讚成。他在一九六三年九月到瀋陽講課時認爲：「戲劇藝術是認識和反映客觀世界的一種特殊形式。它是眞實地體驗了生活、認識了生活，又運用戲劇手段反映出來的。如果說反映出來的是假的，那是說不通的。」有人之所以認爲戲劇是「假的」，是因爲他衡量的尺度是生活的具體事實而不是生活的本質眞實。他們不懂得「以少勝多」，舞臺上的眞實不等於生活眞實㉝的道理。即使是歷史劇，其藝術眞實也可以與歷史事實有一定程度的出入。它只能採取歷史事實之一端（而不是全部照抄），加以推斷、創造，融入情感，使史實性的東西變爲親切可感的形象。戲劇家比史學家精通的不是歷史事實本身，而是歷史事實中人的情感世界。焦菊隱導演《武則天》，就不滿足於揭示歷史眞相，而且還考慮在表現歷史眞相時如何點燃觀衆的情緒，引起當代人的美感。在多年的導演實踐中，他明確地意識到：「有兩種反映生活眞實的藝術方法。一種是，通過逼眞的外在形象，表現生活內在的或本質的眞實，這是話劇的基本藝術方法；另一種是，通過近似的外在形象，表現生活內在的或本質的眞實，這是戲曲的基本藝術方法。」㉞戲曲程式雖然是依據生活創造出來的，但它經過誇張、變形，已與逼眞的生活形態不甚相同。特別是它經過觀衆的共同創造後，已成了一種舞臺藝術符號。焦菊隱使用「舞臺的眞實性」概念將生活眞實與藝術眞實區別開來，表現了他的理論的獨立性。

焦菊隱一九四九年後的戲劇理論，總體說來是「推」西方戲劇理論和斯坦尼斯拉夫斯基體系之「陳」，「出」中國話劇民族化之「新」。在六〇年代前期，他本來還要寫三、五萬字的文章來論述話劇民族化和戲劇推陳出新問題，可是限於當時的政治氛圍，他的文章未能寫成。

第四節　田漢戲劇理論的建設性和實踐性

田漢（一八九八～一九六八）字壽昌，湖南長沙人。他是「五四」以後出現的傑出詩人、劇作家和戲劇活動家。於一九二一年和郭沫若等組織「創造社」。一九二二年創辦《南國》半月刊，並從事話劇創作和演出活動，著名的作品有《咖啡店之一夜》、《獲虎之夜》、《名優之死》等。一九三〇年參加左翼作家聯盟，同時籌備成立「左翼戲劇家聯盟」，擔任「左翼戲劇家聯盟」黨團書記。這時的作品有《顧正紅之死》及歌劇《揚子江的暴風雨》等幾十部。抗戰期間寫了大量的以反抗侵略爲內容的戲劇劇本。抗戰勝利後的作品有《麗人行》。一九四九年後擔任文化部戲曲改進局局長、中國戲劇家協會主席、全國文聯副主席等職。寫有話劇《關漢卿》、《文成公主》及戲曲《謝瑤環》等。他論戲劇的文章，主要見於《田漢論劇作》（一九八三年，上海文藝出版社）。

田漢是現代中國戲劇藝術的集大成者，一位現代戲劇史上的立交橋式的人物。他不僅溝通著新、舊兩個時代和中外不同民族的戲劇文化，也匯集了中國戲劇龐大而獨特的群體建築：話劇、戲曲、歌劇與電影。㉟他論述戲劇創作涉及的範圍同樣非常廣：從戲劇文學到導演、表演、舞臺美術、音響、唱腔；從電影、詩歌到木偶、繪畫、音樂等姊妹藝術。他的評論對象不僅有話劇，也有新歌劇與戲曲；有中國的，也有外國的，時間從古代到當代。這充分反映了田漢廣闊的藝術視野。他的理論批評同樣具有恢弘和綜合的特色。他無論是評論劇作還是談理論問題，從不靜止地、孤立地就事論事。論戲劇，總要涉及到內容與形式、演員與劇作家、文學創作與舞臺藝術，唱、做、唸、打的全局；論戲曲，同樣要涉及到歌舞劇、滑稽戲和漢代百戲、角觝的武技傳統；論中國作品，常常以外國作品做爲參照系；論當代作品，少不了與古代作品進行比較。這種評論方法有助讀者開拓視野、活躍思想、增強創新意識。

田漢作爲一個有豐富經驗的戲劇家與組織活動家，他與廣大戲劇工作者有密切的聯繫。他曾鄭重地指出：「不重視藝人也就是不重視遺產，不重視群衆的創造，提高些的話就是不尊重人民。」㊱正因爲他十分尊重藝術家的創造性勞動，所以他一九四九年後寫的一些評論文章，是作爲他們的代言人身份出現的。如寫於一九五六年的《必須切實關心並改善藝人的生活》㊲、《爲演員的青春請命》㊳等文章，表現了他關心藝人生活的疾苦，敢於主持正義、批評領導人的官僚主義和教條主義的可貴品格。對戲改中出現的粗暴地否定一切傳統的錯誤傾向，他更是提出了尖銳的批評。五〇年代初期，根據形勢的需要，一方面在話劇、地方戲特別是民間小戲中發展現代戲；另一方面，對流行的傳統劇目進行清理和改革，這是必要的。但在改革的同時也出現了「不論什麼戲，拉過來都改一下」的做法。他在一九五〇年十一月十四日劇協上海分會藝委會上講話時，針對這種現象指出：「毛主席敎我們推陳出新，現在是推翻有餘而推進不足。」㊴他認爲戲改工作必須分清精華與糟粕，不能用今天的標準苛求古人，將「孩子」和「髒水」一起潑掉。只要傳統戲有認識作用，就不能完全否定。在他看來，傳統戲是一種複雜的、歷史的精神現象。在封建社會中產生的傳統戲，它難免帶有時代的局限，然而這局限又常常和民主性精華糅合在一起。如果說評論就是判斷，那麼面對內容複雜的傳統戲，唯有採取具體問題具體分析的態度，才能做出科學的判斷。基於此，他在五〇年代初期寫的一篇文章中，曾爲被很多人視爲「壞戲」的作品辯護。如他對傳統劇目《裴度還帶》中所出現的因果報應思想是這樣評價的：「雖與我們的新人生觀有距離，卻也可以鼓勵人家爲善和對社會負責任。」他認爲京劇《百壽圖》中的「福祿壽」思想，不見得都是應破除的舊觀念，因它「很合乎人類普遍的要求。」對所謂「同情叛徒」的劇目《四郎探母》，他認爲楊延輝畢竟還有「『思家鄉懷故土』之心」，「比那些替敵人做前驅向祖國進攻的要可原諒得多。」㊵針對輕視傳統的傾向，他在一九五六年七月二十五日《中國青年報》著文大聲疾呼：「不要忘了祖宗」。這種從實際出發不亂砍亂殺、容易被人說成右傾的做法，無疑要有勇氣。不僅如此，他對片面地強調工農兵佔領舞臺而不要傳統戲的觀點，也持保留意見。他認爲如果按此方針行事必會產生三種消極結果：「第一、使傳統發掘整理工作因而鬆懈停頓，影響中國劇藝的正常健康發展；第二、使現代劇的表現形式脫離傳統和民族特點，因而脫離人民的傾向；第三、新一代演員以爲不需要追求技術，不認眞地及時地跟前輩學習，這樣必然會逐漸降低中國戲曲藝術水準，失去它的民族特點。」㊶這種看法，在今天看來很平常，然而在極左思潮盛行的年代，卻認爲是大逆不道，是只要民族化不要革命化，是走復古主義的道路。㊷

在戲劇發展的方向問題上，田漢與流行的單向性思維方式也不同。在五〇年代，不少出於好心的評論工作者均一口咬定現代戲是戲劇發展的唯一方向，田漢的看法不同。他在一九五六年八月十七日劇協上海分會成立大會上講話認爲：現代戲誠然要提倡，但它不能取代傳統戲，最好的辦法是兩條腿走路，不要把現代和古代截然分開，認爲搞現代的東西才是方向，歷史劇就不是方向。㊸按田漢的習慣用語：「歷史劇是指傳統戲。」他主張：「戲劇要發展，一手要抓現代戲，另一手要抓傳統戲。不能把傳統戲都看成是封建統治階級的專有物，何況對『封建』不能籠統否定。封建社會作爲一種社會形態，它的存在有其合理和進步的一面。在封建社會裏產生的許多優秀戲劇，對中國戲劇乃至世界的戲劇發展做過積極的貢獻。戲劇工作者既要向當代勞動人民學習，又要吸取古人有益的智慧和經驗。總之，要有兼古今而有之的氣魄。」這正反映了田漢藝術的眼光和一種兼容的器度。

夏衍曾說：「中國的話劇運動離開田漢是沒有辦法寫的。」㊹這話一點也不誇張。在創作上，田漢不僅創作了「五四」以後第一批話劇劇本，而且在一九四九年後，寫了《中國話劇藝術發展的道路和展望》㊺、《話劇要有鮮明的民族風格》㊻等文章，對話劇的創作理論問題做了精闢的闡述。

田漢對外國戲劇抱「敬神而不爲神所支配，禮魔而不爲魔所誘惑」㊼的態度，所以總體說來是建立在民族傳統基礎上的。在話劇問題上，他一直反對話劇與傳統戲曲分離乃至對立的觀點。「五四」前後，曾有過一場所謂新（話劇）舊（傳統戲）戲劇的論爭，其中戲曲被當做封建藝術的靶子受到猛烈的攻擊。對這場論爭，田漢在一九二八年寫了《新國劇運動第一聲》進行批評。他認爲：「我們只知道把戲劇分成歌劇與話劇，說歌劇便是舊劇，話劇便是新劇，不能說公平。因爲不獨歌劇有新舊，話劇也有新舊。」㊽這種新舊正名法，批評了當時論爭的盲目性和概念上的混亂，觸及了問題的本質。一九四九年後，他仍將歌劇（傳統戲曲）與話劇一視同仁，並努力促進話劇與戲曲的關聯。五〇年代末，他談到他自己從來不把戲曲和話劇截然分開。㊾在同時期寫的另一篇文章中，他又進一步闡述了這一戲劇觀念：「作爲話劇作者，我們不少人都是易卜生的學生，從近代劇的洪流中吸取了營養，因此同志們都有把話劇完全看成外來形式的。但我個人一直以爲中國話劇藝術的原始形式可以追溯到我們唐代的參軍戲。在作劇方法上也可以而且應該向自己的傳統戲曲學習，那裏面包含著我們各劇種共同寶貴的東西。」⑩這種看法，一方面從傳統的戲曲裏找到了話劇的因素，使話劇的發展能更好地根植在民族的土壤裏；另一方面，也爲話劇這種「舶來品」的改造，即在內容上反映中華民族生活、民族精神、民族氣質，在形式上更好地爲中國觀衆喜聞樂見找到一條新的出路。談到學習的具體內容時，田漢認爲話劇要多學習戲曲語言的動作性、音樂性、形象性、準確性和性格化。爲了解決話劇演員說話聽不眞，送不遠，缺乏節奏感的問題，他提倡向傳統戲曲取經，講究些陰陽四聲，噴口、呼吸之類。㉑在布景方面，則可學習戲曲把藝術主要擺在演員的表演上的方法，以便「用布景而不太受它的限制」。㉒至於學習方法，田漢認爲必須經過自己的消化，切忌生呑活剝：「學了要化成自己的東西」，「一切硬搬硬套古人或外國人的東西都不好。……硬搬傳統，食古不化，也建立不了新的民族風格。」㉓

田漢提倡話劇的民族化，並不等於提倡國粹主義。他從不讚成閉關自守、盲目排外，更沒有把民族化與民族性等同起來。對外國戲劇，包括十九世紀末二〇世紀初興起的現代派戲劇美學和創作，他主張應敢於學習和善於借鑑、吸收。有一次，他與吳雪議論話劇時說：「話劇在『五四』以後既與傳統脫節，學習外國也不夠。」㉔在一九六二年贈給歐陽予倩的詩中，他寫道：

斯氏精神極嚴謹，晚年卓見有加添；切磋喜得他山石，消化應如入水鹽。
正爲鬥爭求改革，不單形式競新尖；中華自古梨園國，金碗沿門莫太謙。

這裏，用精煉的詩句表達了作者對借鑑外來形式的精闢見解。這充分說明田漢不是「國粹」的崇拜者，也不是「全盤西化」的擁護者。

作爲革命戲劇運動的領導者與戲曲改革運動的先驅，田漢對戲曲改革問題的論述，也很値得重視。他認爲戲曲改革，不能就戲改戲，而應當與政治、經濟、文化的改革結合起來。改革的內容，不僅應包括藝術形式，也應將內容考慮進去。總之，是「內容和形式的全體」㊺。這裏講的「全體」，既包含戲曲的各個部門：劇種、劇目、劇團、劇人等等，也包括每個部門的各個部分。總之，是全面的改革，而非小修小補。田漢還主張改革應綜合地進行。這裏講的「綜合」，並不是機械的湊合，而是有規律的組合，有如戲曲一開始就不斷學習歌舞劇、滑稽戲的長處那樣。這種綜合是對昔日傳統的繼承，同時又是在新的歷史條件下的發揚光大。爲了加快改革的步伐，田漢還主張戲曲界要聯合文藝界的力量一起實踐。他強調戲曲要向姊妹藝術學習；但反對同化，反對戲曲走「話劇化、京劇化、電影化」㊻的道路。

田漢是由文學戰線進入戲劇界的。正因爲他從文學營壘中來，深知文學在戲曲創作中的重要性，所以歷來對只重視演員的作用而輕視文學作者的做法十分不滿。早在一九二九年，他就指出：「原來戲劇與文學是一體的，它需要有舞臺性，也應當有文學性，那才是所謂戲劇文學。但以後卻漸漸地分離了。」爲了讓它們再度結合，他做了許多工作。其中一項重要工作是強調戲劇創作的文學性和文學價值，增強戲劇在文學中的地位。他曾一再表示，他非常喜歡「話劇加唱的形式」㊼，特地在《南歸》、《關漢卿》、《文成公主》等戲中加進一些朗誦詩和歌曲。這自然不是爲了炫耀自己的寫詩才能，而是爲了加強作品的抒情效果，使戲劇作品更有文學色彩，以恢復和提高文學家在戲曲綜合中的作用。難怪一些導演深有體會的說：「只有通過與田老的合作，我們才感到文學修養的重要；也只有較高的文化修養，我們也才能理解和排演好田老的劇作」㊽。

田漢的戲劇理論批評，雖然不夠集中和系統，但他注意理論的建設性和實踐性。態度熱情、誠懇、眞摯，從不講套話、假話和以勢壓人的大話，處處體現了他的廣博學識與深厚功力。

第五節　老舍論戲劇語言

老舍（一八九九～一九六六），滿族，原名舒慶春，字舍予，北京人。在「五四」新文學運動中開始用白話創作。一九三七年，他的代表作《駱駝祥子》問世。一九四六年赴美講學並進行創作。一九四九年應邀回國，任中國文聯副主席、中國作家協會副主席等職。一九五〇年寫了優秀話劇《龍鬚溝》，獲「人民藝術家」的光榮稱號。另有話劇《茶館》等二十多種。他一九四九年後出版的論創作集有：《和工人同志們談寫作》（一九五四年，工人出版社）、《福星集》（一九五八年，北京出版社）、《小花朵集》（一九六三年，百花文藝出版社）、《出口成章》（一九六四年，作家出版社）。他去世後由他人整理出版了《老舍論創作》（一九八〇年，上海文藝出版社）、《老舍生活與創作自述》（一九八〇年，香港三聯書店）、《老舍論劇》（一九八一年，中國戲劇出版社）、《老舍文藝評論集》（一九八二年，安徽人民出版社）、《老舍曲藝文選》（一九八二年，中國曲藝出版社）、《文學概論講義》（一九八四年，北京出版社）。

作爲戲劇理論家的老舍，和作爲劇作家的老舍一樣，均對我國戲劇事業做出過獨特的貢獻。他論戲劇的文章，雖不像他一九三〇～一九三四年在山東齊魯大學文學院講學時撰寫的《文學概論講義》那樣有系統，但他無論是談戲劇改革和創作問題，還是總結自己的創作經驗，評論他人的作品，均有眞知灼見。

老舍論戲劇，和田漢一樣十分注重戲劇的文學性。他深知：要是光強調戲劇的綜合性而忽視文學性，戲劇就難以在舞臺上站立起來。老舍認爲：「戲劇的文學性，主要體現在人物形象的刻畫上。小說與戲劇既重故事，更重人物。作者的眼睛要老盯住書中人物，不因事而忘了人；事無大小，都是爲人物服務的。」㊾

戲劇的文學性還表現在語言的運用上。老舍不僅是語言大師，而且是語言藝術理論家。他論戲劇的文章幾乎每篇都要講到語言問題。他對戲劇語言的要求首先是性格化：「劇中人物的對話應該是人物自己應該說的語言」，而不應該變成劇作者的廣播員，這就是性格化。⑥⓪性格化對劇作所以如此重要，是因爲劇本屬代言體，它不像小說那樣有敍述人的語言，而只有人物語言。劇作家必須把他所要表現的全部生活內容轉化爲人物語言及其動作。這裏講的「生活內容」，包括故事情節的發展、人物性格的揭示及作品的思想傾向。在「轉化」時，人物語言必須符合說話者的身份、經歷、地位、性別、年齡特徵、個性習慣。老舍寫北京市民，由於對人物瞭如指掌，對他們的心理狀態十分熟悉，所以通常只寥寥數語，就讓觀衆不僅了解說話者的身份，而且了解他當時的心態和環境，眞可謂是「話到人到」，聞其聲如見其人。一個人物的性格掌握住了，再看他在什麼時間、什麼地點，就可以琢磨出他將會說什麼與怎麼說。⑥①這確是經驗之談，很值得學習和借鑑。

老舍對戲劇語言的第二個要求是通俗易懂，而又富於詩意。戲劇語言不能過分文雅。因爲小說中的語言還可以容人去細細揣摹、體會，而舞臺上的語言要立竿見影發生效果，就更不容易。所以戲劇語言要既俗（通俗易懂）又富於詩意，才是好語言。⑥②老舍自己寫的戲劇所用的幾乎均是淸淺明白、自然流暢的北京人日常語言。別人嫌棄「大白話」不像話，他卻「充分地信賴大白話；即使是去說明比較高深一點的道理，我也不接二連三的用術語與名詞」。⑥③當然，他運用「大白話」時，並非全部照抄，而是經過加工提煉，所以才顯得既然唸出來就能被聽懂，同時又富有詩的魅力，如《龍鬚溝》程瘋子要馮狗子把手伸給他看，然後深沉地說：「啊！你的也是人手，這我就放心了。」這就既好懂又耐人咀嚼。它雖然是口頭語，但由於蘊含著哲理（哲理本身就是詩的光輝），所以用不著去強記背熟，就會自然地與觀衆的思想溝通，在心田上紮根。

爲了使劇本的語言既通俗又有於詩意，老舍主張劇作者練習語言「不專仗著寫劇本或某一種文體，而是需要全面學習。」比如可以學習莎士比亞「用寫詩的態度來寫劇本的對話」。還可在寫戲之外練習寫鼓詞，這會給自己的創作帶來不少好處。「鼓詞既有韻語的形式限制，在文字上又須雅俗共賞，文理結合」。學習它，會教給我們白話文與文言文巧爲結合的方法。學習寫戲曲的唱詞乃至舊體詩詞，同樣會使劇本的語言既通俗又不淺陋，既開口就響又耐人尋味。

老舍對劇本語言的第三個要求是風趣幽默。尤其是喜劇語言，「必須有味道，令人越捉摸越有意思，越有趣」㊿。可是這種生動風趣的語言，在舞臺上很難遇到。當時人們只求說得對，而不太要求說得既對又精采、既正確又風趣。老舍認爲：這種情況的造成是因爲思想有顧慮，受了流行的「不求藝術有功，但求政治無過」的思潮的影響。另方面是因爲本領不夠，沒下苦功夫學習語言，沒向關漢卿、王實甫們取經。爲改變這種情況，首先要解除顧慮，不求平平安安，要敢於出奇制勝。要明白：「劇本是文學作品，它的語言應當鏗鏘作金石聲。寫劇本不是打報告」㊵，應去掉公文腔，做到既「想得深」又「說得俏」㊶，從中找出作者的才華與智慧。此外，還應向評書與相聲學習，學習它們的語言不僅動聽悅耳，而且使聽衆能因語言之美去喜愛那說話的人。學習時要注意分寸，明確「風趣不是謾罵，逗笑不可一瀉千里，失去含蓄；幽默不是亂開玩笑；諷刺也不是對人身的挖苦。假若悲劇的語言是月暈晴雷、風雲不測；喜劇的語言便應是春曉歌聲、江山含笑。它使我們輕鬆愉快、高興開

朗，熱愛我們的語言！」㊻

學習語言不能捨本逐末，光在文字上下功夫，還應和生活結合起來。有的作家語言運用得好，不僅是因爲他平時注意累積詞彙和錘鍊語言，還因爲他有豐富的生活經驗。「語言脫離了生活就是死的，語言是生命與生活的聲音。」㊽事實確是這樣。只有生活基礎雄厚，對人物的思想面貌和心理狀態異常了解，才能做到「開口就響，聞其聲知其人，三言五語就勾出一個人物形象的輪廓來」。㊾老舍之所以能在《茶館》的第一幕一下子介紹出二十幾個人，就因爲這些人物說的話雖不多但都是高度個性化的，是從作者的生命與生活的源泉流出的。《茶館》中的人物原形，作者從前與他們過從甚密，給他們都批過「八字兒」與婚書，還知道他們的祖宗三代。而《青年突擊隊》的人物對話所以失敗，以致成了「劇作者的廣播員」，用老舍自己的話來說：「是因爲人物所說的差不多都是我臨時在工地上借來的，我沒有給他們批過『八字兒』。」㊿總之，是生活的漂浮，造成了那些話沒有幾句足以感動聽衆的不良後果。

老舍論劇，雖然欠缺理論深度，有些內容也前後重復；但作者實話實說、言之有物，這是難得的。

第六節　高行健「完全的戲劇」理論

高行健（一九四〇～），江蘇泰州人。一九六二年畢業於北京外語學院法語系。一九七八年開始在《當代》發表散文，後來從事小說和戲劇創作。一九七九年加入中國作家協會，一九八一年調北京人民藝術劇院從事專業創作。一九八七年赴歐，即滯留法國未歸。主要劇作有《絕對信號》、《車站》、《野人》等。出版有論著《現代小說技巧初探》（一九八一年，花城出版社）、《對一種現代戲劇的追求》（一九八八年，中國戲劇出版社）。另有《高行健戲劇集》（一九八五年，群衆出版社）。

高行健是一個不僅致力於創作實踐，而且還注意理論探索的作家。他研究現代小說技巧的文章，在沸沸揚揚的八〇年代文壇上，曾引起強烈的回響。他後來倡導的「完全的戲劇」理論，站在一個縱橫的交叉點上，面對著「戲劇危機」的挑戰，進行著歷史的思考。

大家知道，一部中國話劇史主要是易卜生的戲劇和斯坦尼斯拉夫斯基方法的引入、推衍、成長的過程。對這兩位大師所確立的戲劇模型，新時期以來已引起越來越多革新者的懷疑。高行健正是在反傳統戲劇潮流中湧現出的佼佼者，他認爲易卜生的戲劇文學和斯坦尼斯拉夫斯基的表演、導演理論不過是戲劇史上的兩家，戲劇藝術的發展並不到他們爲止，從表演、導演到劇作法都有衆多的探索。當他再向兩邊橫視時，發現戲劇所陷入的困境：一是面臨著兩位咄咄逼人的「新貴」——電影與電視的巨大挑戰；二是戲劇觀念的老化，把話劇僅僅視爲說話的藝術，而沒有強調它「做爲表演藝術這一面」。縱向思考，使他增強了超越前人的勇氣；橫向思考，幫他更好地找準探索的突破口。他的理論或許是受了布萊希特《小工具篇》文體論的影響，跳躍性較大，未能充分展開論證，但他的理論主張還是非常鮮明的。

戲劇是什麼？這是戲劇理論家多年探討的問題。對此，高行健有過各種不同的解釋。(1)「戲劇是動作」。從顧仲彝到譚霈生都是將「動作是戲劇的本質」寫入他們的戲劇教材之中。高行健所以再次強調這一點，是因爲當代戲劇理論家們在說話上大做文章，而沒有很好找到形體動作這一戲劇自身的活力。(2)「戲劇是過程」。高行健解釋說：「無論結構一個故事，還是講述一個事件，都得展現它的過程，所以『戲劇是過程』」。這樣認識便進入了一個新的階段。「基於戲劇是過程的這種新的認識，現代戲劇藝術也就更多地成爲時間藝術。」⑪(3)此外，高行健還認爲：「戲劇也可以是差異，戲劇也可以是對比，以及戲劇還可以是驚奇、突變等等。」正是這種多視角的觀察，使高行健的思想顯得異常活躍，使他對戲劇本質有新的發現，使他的戲劇理想獲得了不同他人的理論支柱，使他能在寫實與寫意、在現實主義與象徵主義、表現主義乃至荒誕藝術的多重互補中，創立一種全新的「完全的戲劇」。

具體說來，高行健戲劇理論與流行的戲劇理論的差別，主要表現在下列幾方面：

一、「戲劇是一種綜合的表演藝術，歌、舞、啞劇、武打、面具、魔術、木偶、雜技都可以熔於

一爐，而不只是單純的說話的藝術。」⑫把戲劇最本質的屬性概括為表演，這是高行健比較東西方戲劇的差異後得出的結論。在他看來，東西方戲劇藝術觀念上的不同，首先表現在東方戲曲都是將歌舞說唱（或唱唸做打）融為一體。觀衆到劇場來看戲，主要是看演員們的演技，諸如嗓子、做功、身段和扮相，劇情倒在其次。在這個意義上，東方戲曲其實是一種演員的戲劇。而西方戲劇主要訴諸語言，演員的表演只是其中一個環節，雖然也是很重要的環節。除表演之外，人們還要看劇作、導演和舞臺美術。

當然，高行健並不追求一種「純表演」的戲劇，而是追求一種多視象的「綜合藝術」。高行健在考察了我國南方長江流域許多民間的說唱、玩把戲的和賣狗皮膏藥的、農村的草臺班子、山區的各種臉殼戲以及西南少數民族的戲劇之後，看到了中國戲劇某些原始形態的東西至今仍有生命力，因而他下決心要揀回這些失去的手段，把前人沒有做完的事情做下去，至少可以將音樂、舞蹈、相聲、雜技、武打、魔術、木偶、面具、啞劇等容納進來。為了取得更強烈的「多視象交響」的舞臺效果，高行健將左手伸向中國，將右手伸向外國去揀。敘述手段便是他從布萊希特的「小工具」箱子揀回的。他說：「我主張回到更樸實的敘述方式中去，這樣可以把劇場變得更親切。」他創作的《野人》正是依靠敘述手法，表現了七八千年到如今的縱深的時間跨度，和一條江河的上下游、城市與山鄉這樣廣闊的空間跨度。這在「三一律」式的話劇中，是不可想像的。高行健還對音響進行了精心的設計。在《絕對信號》等探索戲劇中，他把音響當做不出場的人物處理，使其成為他多種戲劇手段的新夥伴。

他還將音響當做劇中人物心理動作總體的外在體現，用它來溝通人物與觀衆的結合。這均極大地擴大了傳統話劇中的音響功能。

二、「戲劇是劇場裏的藝術，儘管這演出的場地可以任意選擇，但追根究底，還得承認舞臺的假定性。因而也就無需掩蓋是在做戲，恰恰相反，應該強調這種劇場性」。⑬「劇場性」，是高行健探索戲劇旗幟上所書寫的三個大字。不過，他追求的劇場性，並不是製造生活的幻覺，而是追求多維型的藝術思維，以及觀衆的參與和交流。他一向認爲：當西方戲劇在劇場中使勁追求逼眞感的時候，東方戲劇尤其是中國戲曲卻旗幟鮮明地強調舞臺藝術的假定性，從不諱言是在做戲，在幾乎沒有什麼布景的舞臺上，靠虛擬的表演調動觀衆的想像力，用演員精湛的技藝去折服觀衆。高行健在《野人》演出的建議與說明中寫道：「本劇強調演出時的劇場性……通過觀衆的接觸與交流，在劇場內造成一種親切而熱烈的氣氛，讓觀衆參加一次愉快的演出，也好比過節一樣，身心可以得到愉悅。」觀衆的參與和交流正是劇場性的精髓，也是影視文化所難以企及的。觀衆看電影或電視時，只保持著「演員→觀衆」式的單項情緒交流，而觀衆看戲劇時，所保持的是「演員↔觀衆」式的多項有來有往的情感交流與感染。電影電視演員們聽不到觀衆的唏嘘嘆息，更聽不到觀衆的掌聲，戲劇演員在創作過程中的那份愉悅，他們就享受不到，活人與活人之間的這種活生生的交流，在藝術創作中沒有比這更動人心弦的了。⑭強調審美主體與接受者的雙向交流，是世界文學潮流出現的新的審美風尚。高行健對劇場效果的追求和不滿「四堵牆」切斷觀衆和演員的交流的描述，以及要求劇場成爲人們在一起交流思想感情的公共場所，變爲演員與觀衆見面的場所，反映了他對新的藝術思潮的領悟和時代審美信息的敏感。他的探索戲劇《絕對信號》、《車站》在小劇場上演時，觀衆不是在臺下，而是圍坐在演員中間，這就縮短了演員和觀衆的距離，使觀衆感到演員表演的故事就好似發生在自己身邊。高行健對劇場性的追求，改善了觀衆在戲劇審美活動中的位置，使他們由單純看戲變爲主動參與藝術創造，這與焦菊隱講的「欣賞者與創造者共同創造」的戲劇思想是一致的。

三、復調主題。高行健說：「當戲劇贏得像文學一樣的自由、不受時空限制的時候，在劇場中就可以創造出各種各樣的時間與空間的關係，把想像與現實、回憶與幻想、思考與夢境，包括象徵與敍述，都可以交織在一起。而這種多視象又伴隨著多聲部的語言交響的話，這樣的戲劇自然不可能只有單一的主題和情節，它完全可以把不同的主題用不同的方式組合在一起，而難得有什麼簡單明瞭的結論。其實，這也更加符合現代人感知和思考的方式。」㉟在《野人·關於演出的建議與說明》中又說：「本劇將幾個不同的主題交織在一起，構成一種復調，又時而和諧或不和諧地重疊在一起，形成某種對立。」復調，是從音樂學借用過來的名詞。它原指多聲部音樂中，若干旋律同時進行而組成相互關聯的有機整體。在戲劇創作中，是用來比喻創作主題的豐富多義。高行健探索戲劇的主題思想，就不像正統戲劇那樣單純明朗，它常常難以肯定而引起人們的非議，認爲其「主題模糊」、「意蘊艱澀」。其實對戲劇創作來說，並不是什麼題材的作品都要有尖銳的衝突，平列有時也是戲劇性不可缺少的要素。但這種平列並不是呆板的排比，而是具有獨立意義的不同事物的對照，是美學效應的二元對立。

作者不用同一價值觀念去評判一切、不用統一的價值尺度表現人物命運，爲的是促使人思索，引起觀衆的理性思考。這種復調主題（如《野人》的主題據說多達七、八個），應該說是內涵豐富、藝術深刻的表現，而不是有意晦澀，愚弄觀衆。在高行健的探索戲劇中復調主題的產生，是由多重的視覺形象，即多聲部的人物對話，多層次的視覺形象，多變的時空關係，多媒介、多手段的總體構思，多線索的結構形式，在重疊反復或衝突中造成的。它的作用在於喚起觀衆的品味和思考。

高行健的總體目標是在吸取中西戲劇長處的基礎上，建立一種與衆不同的戲劇美學。這種美學與世界流行的最新戲劇理論有相通之處，並以戲劇一開始就有的最本質特性爲唯一歸依。用他自己的話來說：「這種獨立的戲劇美學是不想重復西方傳統戲劇的格式，也不願受東方戲劇傳統的束縛。」⑯有人只看到後一點便指責高行健弄的是西方現代主義老一套，這不符合事實。對西方，高行健並不盲目崇拜。他在一篇文章中曾提出「化西方」的響亮口號，⑰這種口號是以「我」爲本，以「洋」爲用。具體說來就是要將話劇改「姓」，不以說話爲主而以東方的唱、做、唸、打爲主，唱、做、唸、打又不是照抄中國傳統戲曲的程式，而是在借鑑融合中創立一套既有傳統色彩又有現代精神的演員表演的規程。有人還指責他的戲劇探索是「反戲劇」，這也沒有了解高行健試驗的眞正目的和努力挖掘的是戲劇這門藝術自身的潛力，而不是導致對這門藝術的否定。即與「反戲劇」者相反，他從事的工作恰恰是力圖恢復這門藝術自它誕生時起就擁有的生命力。⑱

我國戲劇觀念從七〇年代末起就有所萌動。首先在上海表現出來，繼而在北京：高行健率先在北京人民藝術劇院這個「京派」話劇的強大堡壘中破門而出，給易卜生的戲劇模式打了個問號。那時，許多人還陶醉在易卜生的「佳構」和斯坦尼斯拉夫斯基的「幻覺」中，可是高行健以他的藝術敏感，覺得戲劇除了傳統的寫法外，還可以有布萊希特、阿爾托、格羅多斯基等人「另一種樣式」的寫法。儘管高行健對「完全的戲劇」的理論探索還有破綻，還有值得質疑之處，他的戲劇理論與創作實踐之間也還存在著某些矛盾，但他的探索作爲一種戲劇意識的覺醒，已較充分地體現出自身的文化價值：並非僅僅爲話劇的改革增添一兩個新品種，而是促使人們對藝術功能觀、藝術發展觀等問題的重新審視和估價，激發他人踏出更多的新路，並由此帶來人們對一種開放的、多元的藝術發展觀的理解和認同，從而激發戲劇觀念、結構、視點、技法等一整套戲劇範式的變革。

註釋

① 《人民日報》一九六二年四月二十五日。
② 佐臨：《總結·借鑑·展望》。
③ 見阿瑟·密勒Chinese Encounters (New York 1979)。
④ 孫惠杜、龔伯安：《黃佐臨的戲劇寫意説》，《戲劇藝術》一九八三年第四期。
⑤ 《梅蘭芳、斯坦尼斯拉夫斯基、布萊希特戲劇觀比較》，《百花洲》一九八二年第一期。
⑥ 《導演的話》，二二二頁。

⑦羅國賢：《意態·意象及其他——佐臨戲劇觀研究筆記》，《戲劇藝術》一九八四年第二期。
⑧《導演的話》，一三六頁。
⑨《戲劇藝術》一九八三年第四期。
⑩《我怎樣寫〈武則天〉》，《光明日報》一九六二年七月八日。
⑪郭沫若：《談戲劇創作》，《郭沫若論創作》，上海文藝出版社。
⑫郭沫若：《歷史·史劇·現實》，《戲劇月報》一九四三年一卷第四期。
⑬《創造十年》，《沫若文集》七卷。
⑭引文分別見於《歷史人物·序》、《棠棣之花·附白》，一九二〇年十月十日《時事新報·學燈增刊》、《歷史·史劇·現實》。
⑮郭沫若：《談歷史劇》，《文匯報》一九四六年六月二十六日。
⑯郭沫若：《序俄文譯本史劇〈屈原〉》，見《奴隸制時代》，新文藝出版社。
⑰《沫若文集》第十一卷《從典型說起》；《沫若文集》第三卷《我怎樣寫〈棠棣之花〉》。
⑱郭沫若：《由〈虎符〉說到悲劇精神》，《奴隸制時代》，新文藝出版社。
⑲《沫若文集》第三卷《我怎樣寫〈棠棣之花〉》。
⑳《沫若文集》第十二卷《論古典文學》。
㉑《我怎樣寫〈武則天〉》，《光明日報》一九六二年七月八日。

㉒ 郭沫若：《由〈虎符〉說到悲劇精神》，《福建日報》一九五一年八月四日。
㉓ 《歷史·史劇·現實》，《戲劇月報》一九四三年第一卷第四期。
㉔ 《郭沫若同志談〈蔡文姬〉的創作》，《戲劇報》一九五九年第六期。
㉕ 郭沫若：《悲劇的解放——爲〈白毛女〉演出而作》，《華商報》一九四八年五月二十三日。
㉖ 《郭沫若談〈蔡文姬〉的創作》，《戲劇報》一九五九年第六期。
㉗ 《在全國話劇、歌劇、兒童劇創作座談會上的講話》，《文藝報》一九七九年七月號。
㉘ 參看蘇民等：《論焦菊隱導演學派》，文化藝術出版社。
㉙ 轉引自蘇民等：《論焦菊隱導演學派》第六章。
㉚ 《論民族化（提綱）》。
㉛ 《焦菊隱戲劇論文集》，二八三頁。
㉜ 《焦菊隱戲劇論文集》，十二頁。
㉝ 《論民族化（提綱）》。
㉞ 《焦菊隱戲劇論文集》，三八九頁。
㉟ 鄧興器：《田漢與現代戲曲》，《文藝研究》一九八四年第二期。
㊱ 轉引自秦燕：《至今桃李憶春風——悼念田漢同志》，《陝西戲劇》一九七九年第四期。
㊲ 《戲劇報》一九五六年七月號。

㊳《戲劇報》一九五七年十一月號。
㊴《有關崑劇劇本和演出的一些問題》。
㊵《怎樣做戲改工作》，《人民戲劇》一九五〇年六月（一卷第二、三期）。
㊶《從首都新年演出看兩條腿走路》，《戲劇報》一九五九年第一期。
㊷參看《戲劇報》編輯部：《田漢的戲劇主張爲誰服務》，《戲劇報》一九六六年第二期。
㊸《中國戲劇協會上海分會成立大會紀念文集》。
㊹《悼念田漢同志》，《收穫》一九七九年第四期。
㊺《戲劇論叢》第二輯。
㊻《戲劇報》一九五七年第八期。
㊼田漢：《惡魔詩人波陀雷爾的百年祭》，《少年中國》三卷第四、五期。
㊽上海《梨園公報》一九二八年十一月八日。
㊾《雜談觀察生活和戲劇技巧》，《劇本》一九五九年七月號。
㊿《快馬加鞭發展話劇》，《人民日報》一九五九年三月十九日。
51 轉引自陳仁：《田漢論話劇民族風格問題》，《江蘇戲劇》一九八四年第十期。
52 田漢：《談〈麗人行〉的創作》，《劇本》一九五七年五月。
53 54 轉引自陳仁：《田漢論話劇民族風格問題》。

㊺《我們需要這樣一種「票房」》，《新聞報》一九四七年九月八日。
㊻《劇藝大衆化的道路》，《周報》一九四六年第三十八期。
㊼《田漢劇作選·後記》。
㊽轉引自鄧興器：《田漢與現代戲曲》，《文藝研究》一九八四年第二期。
㊾㊿64 65 66 70《戲劇語言》，《劇本》一九六二年第四期。
60《語言·人物·戲本》，《劇本》一九六三年第一期。
61《出口成章》，十六頁。
63《我是怎樣學習語言》，《解放軍文藝》一卷第三期。
67《喜劇的語言》，《文匯報》一九六一年一月三十日。
68《語言與生活》。
69《出口成章》。
71《動作與過程》，《隨筆》一九八三年第四期。
72 75 76 77 78《對一種現代戲劇的追求》，《文藝研究》一九八七年第六期。
73《要什麼樣的戲劇》，《文藝研究》一九八六年第四期。
74《談劇場性》，《隨筆》一九八三年第二期。

第七編 建設中的電影文學理論批評

第一章 動向與趨勢

第一節 以外在特性爲本體、内在特性爲手段

一般說來，是先有藝術作品後有評論，但中國的電影評論卻有些例外。中國第一部影片誕生於一九〇五年，可現在能找到的最早的中國電影評論，卻是發表在一八九五年九月五日出版的《游戲報》第七十四號上，題爲《觀美國影戲記》。這裏講的美國「影戲」即早期電影。但中國的電影理論的產生，並不以此爲標誌，而應以一九二〇年我國最早的電影刊物《影戲雜誌》創刊算起。從二〇年代初，中國電影理論的核心誠如這雜誌名稱所標明的那樣：影戲不分，「影」（電影）不過是「戲」（戲劇）的一個變種，是不講話的戲，「是用攝影術照下來的戲」①。侯曜在他出版於一九二六年的《影戲劇本作法》一書中，更是直截了當地指出：「影戲是戲劇的一種。」在電影功能上，侯曜所持的亦

是從倫理上教化觀衆的觀點，即認爲電影與戲劇的出現，均是爲了「表現人生，批評人生，調和人生，美化人生。」

三〇年代以夏衍爲代表的「左翼電影」理論，雖然對侯曜的理論有所突破，但其基本模式未變。這突破主要體現在洪深的《電影術語辭典》、孫瑜的《電影導演論》、陳鯉庭的《電影軌跡》等著述中。這些一身而二任的作家兼理論家，均不滿足於二〇年代的戲劇敍述形態模式，而初步確立了以蒙太奇做爲電影特殊表現手段的觀念。但「這一觀念僅僅是把電影的內特性做爲外特性服務的敍事表現手段，而不是完全獨立的具有主體性意義的電影理論內層構體。」②這時的外特性內涵也起了變化，即由倫理內容轉到政治內容，要求電影爲喚起民衆的覺悟，抨擊黑暗的舊社會服務。當時著名的青年電影評論家王塵無寫的《中國電影之路》③，便典型地體現了這一主張。其他影評家夏衍、洪深、阿英、柯靈、唐納、凌鶴、魯思，也基本上持這一觀點。

當代中國電影評論和研究，是在《橋》、《白毛女》、《鋼鐵戰士》、《趙一曼》等系列電影創作的推動下發展起來的，它同時又繼承了由三〇年代所確立的以「倫理——政治」教化爲外在特性內核做爲本體，以蒙太奇做爲敍述結構工具，即以內在特性爲手段敍事電影理論模式。這一模式從五〇年代到七〇年代不斷得到強化和完善。對內在特性的探討，在五〇年代主要體現在張駿祥的《關於電影的特殊表現手段》一書中。此外，史東山的《電影藝術的表現形式》④、蔡楚生的《對分鏡頭劇本和文字劇本的一些看法》、袁文殊的《電影中的人物、性格和情節》、夏衍的《寫電影劇本的幾個問題》，均從不同角度探討了電影的內在特性。他們對有些具體問題的看法儘管不一致，但均十分重視銀幕形象的逼眞性、鏡頭敍述的視覺性、構成元素的綜合性，尤其重視蒙太奇技巧。在六〇年代，對電影特性的探討有了進一步的深入，其代表作是陳西禾在一九六二年《電影藝術》連載的《電影語言的幾種構成元素》，分別論述了人、景、物、光影、構圖及色彩等各種表現元素的特性和功能，並分析了使用這些元素的技巧。冀志楓一九六二年出版的《蒙太奇技巧淺探》，則專門探討了陳西禾來不及論述的蒙太奇問題。它不同於陳西禾靜態上剖析畫面的構成，而側重從動態上把握鏡頭組接技巧。這兩篇重要論著，儘管角度不同，但共同補充，把對電影特性的一般研討引向對電影語言的專門探討。

在電影理論研究走向深入的時候，中國電影史的研究也受到了重視。一九六三年出版的長達九十萬言的《中國電影發展史》⑤，以豐富的史料，讓讀者清晰地看到了中國電影事業所走過的曲折而又艱難的道路。書中對三〇年代電影成就和影響的評價，雖然有可商榷之處，但基本觀點是站得住的。它的問世，標誌著中國電影史這門學科的誕生。

五〇年代的電影理論，深受蘇聯的影響。這影響有積極的一面，即蘇聯電影理論及其電影創作，爲中國電影工作者上了啓蒙的第一課。但照搬它的敎條主義理論，則是不對的。從六〇年代起，形勢起了變化，大陸陸續翻譯了美國、德國和法國有進步傾向的電影論著，初步改變了蘇聯電影理論一統天下的局面，使電影理論工作者的視野從單一中逐步解放出來。

在外在特性方面，由於將「倫理——政治」教化絕對化，致使「文革」前的電影理論批評，受政治運動的干擾特別大。每次開展政治鬥爭，差不多都是拿電影開刀。一九五一年對電影《武訓傳》的批判，是衆所周知的。幾乎是與此同時對電影《關連長》及《我們夫婦之間》的批判，也是粗暴的，遠非實事求是的。尤其是停映《關連長》的行政措施，更是開了後來凡是一經批判的電影便禁映的先例，其不良後果更加嚴重。這裏還不應忘記當時成立的「電影指導委員會」。這個委員會，開了我國以行政手段領導電影事業的先河。儘管較早發現無法「指導」下去而解散，但它給電影事業所造成的副作用決不可低估。如把電影看做是政治的附庸，是政策的圖解，等等。左傾思潮對電影評論的影響，還可從一九五七年批判鍾惦棐的《電影的鑼鼓》可看出。當然，「十七年」時期並非全是極左思潮在統治。一九六一年，周恩來、陳毅在文藝工作座談會和故事片創作會議以及次年於廣州召開的戲劇會議上強調尊重藝術規律後，瞿白音寫了《關於電影創新問題的獨白》，對庸俗社會學做了勇敢的衝擊。一旦抓階級鬥爭，電影界的生態平衡再次受到破壞。尤其是江青、康生後來在影壇亮相，偶露崢嶸，給電影理論與創作帶來無窮的災難，最後惡性發展爲史無前例的十年浩劫。

第二節　銳意創新的新時期電影理論批評

在經歷了「百花凋零，萬馬齊喑」的荒蕪期之後，中國電影理論批評逐漸獲得了發展自身、認識自身的主客觀條件，在不長的時間內達到空前活躍的局面。它所取得的理論成就，有如在歷史與未來的臨界點上樹起一座令人矚目的里程碑。

從五〇年代到七〇年代，人們對電影本身的認識，基本上停留在三〇年代所確立的以外在特性爲本體、內在特性爲手段的敍事電影理論模式上。要說有改變，主要是電影比過去靠攏政治，依附政治，從屬政治。十一屆三中全會後，中國電影理論批評從噩夢中眞正甦醒過來，終於結束了長期形成的封閉格局和電影觀念單一保守的局面。各種學科互相滲透和交叉，爲研究電影提供了衆多的角度，而高校對電影課程的開設，使人們對電影理論的探討進入了文化深層。中國電影藝術研究中心的成立，使電影理論的學術地位進一步得到社會的承認。視野的擴大，使許多重要的然而未很好開發的處女地得到了開墾。其中一個突出成績是介紹和研討世界電影與電影觀念史，使人們不僅知道愛森斯坦、普多夫金、庫里蕭夫，而且還結識了西方電影研究理論代表人物：巴贊、克拉考爾、米特里、麥茨，以及相應的理論體系，包括存在主義、現象學、結構主義、第一第二符號學、精神分析和女權主義批評等等。其中巴贊理論和紀實美學的代表作，有邵牧君翻譯的克拉考爾的《電影的本性——物質現實的復原》以及他自己撰寫的《西方電影史概論》一書。周傳基、李陀的《一個值得重視的電影美學流派——關於長鏡頭理論》⑥、羅慧生的《綜合美學的興起》⑦，肯定了內特性在電影理論和創作中超越工具手段的獨特價值，直接或間接地影響了新時期先後湧現的「求眞」浪潮和「綜合」浪潮，對傳統電影理論做出了重大的突破。其他電影理論家，對巴贊美學，對其它電影美學流派，對整個世界電影美學思潮流向的把握，也取得了顯著的成績。如陳犀禾的《論巴贊的電影眞實觀》⑧、孔都的《蒙太奇是默片觀念的集中體現》⑨、崔君衍的《現代電影理論信息》⑩、羅慧生的專著《世界電影美學思潮史綱》⑪、李幼蒸的專著《當代西方電影美學思想》⑫，都較早或較系統地介紹了西方重要電影理論流派，爲中國傳統電影理論的更新提供了參照系。

面對嶄新的電影理論世界，面對電影創作不斷提出的新課題，廣大理論工作者不再滿足舊有的電影理論框架。一九七九年三月，《電影藝術》發表了張暖忻、李陀的《談電影語言的現代化》，標誌著我國電影理論發展的新階段。此後在短短的幾年內，先後提出「電影與戲劇『離婚』」、「電影文學性」、「電影新觀念」、「電影民族化」、「電影的影像說」、「電影的文化意識」、「探索電影」、「娛樂片」、「謝晉模式」、「《老井》《紅高粱》現象」等一系列與電影創作密切相關的或新或舊的理論課題。這些課題的提出，與改革、開放的形勢相適應。如果不是掀起解放思想、撥亂反正的大潮，人們便很難對「劇作是電影思想、藝術的基礎」、「電影是以自己特殊手段完成的文學」的觀念提出挑戰；就很難用文藝的「補償」說、「宣泄」說去解釋電影的娛樂作用，「探索」片的討論就不可能在寬鬆的氣氛中進行，對「謝晉模式」也不可能產生疑問。這些命題的提出，還表明大陸電影評論家理論意識的覺醒，並開始顯示電影理論的個性和獨立的價值，即創作不再是衡量理論價值的唯一尺度，理論的價值不再與實踐價值劃等號。電影理論家爲此獲得了自由，他們不再單純爲電影作品做評論與注釋，而且還爲社會提供思想性的成果。如「電影新觀念」，以面向現代的創造性思維的勇氣和活力，體現了自身的理論價值，爲中國電影理論從劇作理論向電影的形象本性、電影的影像造型、電影鏡頭的美學性能、電影的聲音等電影本性的轉移做了輿論準備。

如果說，在一九八三年之前理論批評與創作實踐的發展步伐還相一致的話，那到了《黃土地》、《一個和八個》等探索片出現後，這種平衡就不再存在。當時一些評論家對此反應遲鈍，後來有人企圖用傳統的電影理論解釋這一嶄新的藝術現象，如用紀實美學的觀點去評價它們，但很快發現此路不通。以後便出現了「影像」論，這雖然有深刻的本體論意義，但仍無法對探索片做出令人滿意的解釋。到了一九八七年新範式引進後，人們的思想慣性、心理結構開始得到了改變，範式理論成了熱門話題，許多評論家調整自己的思維方式，用新觀念、新方法去評論探索電影，出現了語言學模式、人類學模式、精神分析模式、意識形態模式、敍事學模式等等。這其中固然有生搬硬套的，但也有不少是根據中國電影實際加以靈活運用的。

對新時期的電影理論批評，有不同的評價：一種是認爲在銳意創新，一種認爲在蛻化。其實，蛻化是談不上的。拿「十七年」的電影理論來說，在外特性方面均以文學理論爲父，不少重要電影理論概念依文學理論衍生而成。新時期以來，電影理論的勃興，喚醒了中國電影自身學科建設的自覺意識，紮實地聯繫本國實際進行電影本體論研究，先後出版了個人或集體編寫的各種電影學概論、電影劇作概論。這些「概論」，不再像過去那樣停留在電影與政治、電影與生活等一般問題的闡述上，而對電影本體及其形式、語言規律做出了較新的概括和歸納，其命題不再像從前那樣貧乏和單一。這些論著對藝術家主體的研究，不以歐洲「作者電影」那樣自足於主體，而是將主體再次磨煉，即從歷史高度把握形象，從而將藝術家的「自我」提昇成「一種歷史的個性」。這種研究，恢復了電影作為文化、作為藝術的尊嚴和獨立價值，是一種藝術生產力的解放。

新時期電影理論批評不僅注重整體性研究，而且還注重層次性研究。如對驚險電影、美術電影、科教電影，就做了較系統的研究，出版了一些專題研究著作。這些著作，雖然質量參差不齊，但畢竟在逐步改變著我國電影理論認文學理論爲父的貧弱狀況。在電影藝術各門類專題性研究方面，鄭洞天、黃健中對電影導演藝術問題的論述，《崔嵬的藝術世界》⑬、《石揮談藝錄》⑭的出版及其他表演藝術家和評論家對藍馬、趙丹、上官雲珠、劉曉慶、潘虹等人表演藝術的專題討論，倪震關於電影造型的研究，王雲階對電影音樂的研究，韓尙義對電影美術的研究，葛德對電影攝影的論述，周傳基關於電影聲音、剪輯、寬銀幕等特性的研究，都有相當的理論深度，不少方面均取得了可以與外特性相抗衡的主體地位。

在電影理論和外國電影研究空前活躍的情況下，中國電影史的研究曾受到過不同程度的冷落。但在實際上，對它們的研究一直沒有終止過。繼《中國電影發展史》後，又出版了青年學者周曉明的《中國現代電影文學史》⑮以及劉建勛等人主編的《中國當代影視文學》⑯。在電影藝術家評傳方面，除了蔡洪聲的《蔡楚生的創作道路》⑰外，尙有陳堅的《夏衍的生活和文學道路》⑱、陸榮椿的《夏衍創作簡論》⑲等數種。這些專著，不僅提供了豐富的史料，而且注意從藝術角度研究和總結這些電影前輩的創作經驗，尋找和發揚中華民族的電影藝術傳統。

按鍾惦棐的說法，「電影之有理論，始於二〇年代，而電影之有美學，則是在五〇年代開始」⑳。但五〇年代的電影美學，剛一出現就遭到風霜刀劍的襲擊。直到一九八〇年一月，《文藝研究》編輯部、電影藝術研究所（中國電影藝術研究中心的前身）和中國電影資料館在北京聯合召開電影美學問題討論會，才預示著中國電影美學作爲一門新學科的興起。之後，在鍾惦棐等大力倡導下，電影美學的研究取得了一定的進展，先後出版了鄭雪來的《電影美學問題》㉑、譚霈生的《電影美學基礎》㉒。這些著作，雖然在體系建構上或觀點上還有可商討之處，但它們畢竟對傳統電影的外特性有所突破。這在鍾惦棐主編的《電影美學：一九八二》㉓、《電影美學：一九八四》㉔中也有體現。至於電影心理學、電影經濟學、電影觀衆學以及「情節劇」問題的提出，在新時期電影學的研究中，作爲嶄新意識的萌芽也非常引人注目。它同樣推動了電影審美觀念的更新，豐富了中國電影理論形態，打開了一條久被封鎖的藝術個性的通道。

新時期的電影理論，也有不少趨時隨俗之作，以致有的來得快去得也快。有的則有矯枉過正之處，廓大「影像」意義，割裂了影像與藝術敘事人的關係。有的爲求創新，不惜以偏概全，在選擇論據時流露出爲我所用的傾向。有的脫離實際，忙於搭理論框架，匆匆燒了幾鍋夾生飯就熄火，而無視或卑視創作實踐提出的新課題，有的則把對某一部影片的具體意見上昇爲規律的東西。所有這些，均拉長了建設具有中國特色的電影理論體系的時間。

註釋

① 《影戲雜誌》一九二〇年第二期。
② 參看錢海毅：《當代電影理論的歷史進程》，《語文導報》一九八七年第五期。
③ 《明星月刊》一九三三年第一卷。
④ 後修改爲《電影藝術在表現形式上的幾個特點》，與作者的另一篇文章《論電影的鏡頭組接》合輯出版。
⑤ 程季華、李少白、邢祖文編著。
⑥ 《電影文化》一九八〇年創刊號。
⑦ 《電影藝術》一九八一年第七期。
⑧ 《當代電影》一九八四年第一期。
⑨ 《電影藝術》一九八五年第八期。
⑩ 《世界電影》一九八五年第二~四期。
⑪ 山西人民出版社一九八五年版。
⑫ 中國社會科學出版社一九八六年版。
⑬ 中國電影出版社一九八二年版。
⑭ 魏紹昌編，上海文藝出版社一九八二年版。
⑮ 高等教育出版社一九八五年版。

⑯ 廣西人民出版社一九八六年版。

⑰ 文化藝術出版社一九八二年版。

⑱ 浙江文藝出版社一九八四年版。

⑲ 重慶出版社一九八四年版。

⑳ 《電影策》，一三六頁。

㉑ 文化藝術出版社一九八三年版。

㉒ 江蘇人民出版社一九八四年版。

㉓ 中國文聯出版公司一九八三年版。

㉔ 中國電影出版社一九八五年版。

第二章 討論與爭鳴

第一節 政治運動對電影爭鳴的干擾

「十七年」的電影理論批評雖然取得了一定的成績，但畢竟存在著嚴重的缺陷和失誤。創作主體意識受到壓抑，理論家對電影本體的探索受到限制，藝術規律得不到尊重，百家爭鳴的方針無法眞正貫徹，以致使人認為在那個年代只需要一個理論家就足夠了。這種情況的造成，主要是由於狹隘的文藝方針，政出多門的粗暴干涉及行政領導方式造成的。這在一些電影問題的討論中表現得特別明顯：

一、一九五六年十一月至十二月在上海《文匯報》所開展的《為什麼好的國產片這樣少？》的討論。此討論先後發表了四十篇文章，主要有石方禹的《需要合乎藝術規律的領導》、孫景璐的《最重要的是關心人》、上官雲珠的《讓無數埋藏的珠寶放光》、艾明之的《從題材的選擇談起》、陳鯉庭的《導演應該是影片生產的中心環節》、孫瑜的《尊重電影的藝術傳統》、韓非的《沒有喜劇可演》、老舍的《救救電影》、吳永剛的《政論不能代替藝術》、瞿白音的《放手及其他》等等。這些文章，或從編劇、導演、演員、美工的角度，以親身的體會談應怎樣才能發揮創作人員的積極性和創造性的問題；或從電影的生產體制聯繫到審查制度、領導方法和製片組織等問題。大部分文章均呼籲有關領導部門應最大限度地調動一切積極因素，解放藝術生產力，而不應再束縛編導人員的手腳。鍾惦棐以《文藝報》評論員名義發表在該刊一九五六年第二十三期上的《電影的鑼鼓》，對這場討論做了評述性的總結。他指出：電影創作上的公式化、概念化和題材狹窄是帶有普遍性的創作傾向，「絕不可以把文藝爲工農兵服務的方針和電影觀衆對立起來，絕不可以把影片的社會價值、藝術價值和影片的票房價值對立起來」，應充分重視群衆的審美要求。文章尖銳地批評了「以行政的方式領導創作，以機關方式領導生產」和「關心過多，也往往變成干涉過多」的偏向，強調應「尊重中國電影的傳統」。並認爲調動藝術家的積極性和創造性是電影藝術事業不斷向前發展的重要保證。此文對有些問題的論述也許不甚全面，但作者提出的問題是打中了要害的。在傳達電影外在特性方面，堪稱當代電影理論批評史上最有影響的文章。反右派鬥爭開展以後，此文被判爲「右派向黨進攻的帶頭羊，右派反黨的電影綱領」。組織那場討論的《文匯報》，也作爲「資產階級方向」的一種表現做了檢討。

二、關於電影民族形式問題的討論。一九六二年，《電影藝術》新設了「電影民族形式問題」專欄。徐昌霖以《向傳統文藝採勝求寶》爲題，率先提出了向中國傳統藝術學習的意見。此文在《電影藝術》一九六一年第一、二、四、五期上連載，共有十八個小回目，涉及的範圍相當廣。作者企圖從電影藝術創作的角度去探索傳統文藝的藝術表現方面的問題。全文計有七、八萬字，資料非常豐富，例證十分生動，談到了傳統文藝的結構以及人物刻劃、衝突和情節、語言對話、細節描寫、喜劇問題、環境設計、配角及其它各方面。涉及的藝術種類有詩歌、小說、戲曲和各種民間曲藝，而戲曲方面又有雜劇、傳奇以及京戲、川戲、越劇、錫劇等形式或劇種。至於引證與發揮，則涉及到古今中外的理論與創作。作者對於傳統文藝創作的藝術手法與技巧的分析，顯得具體細緻。文章一發表，就受到了電影界的重視和讀者的歡迎。袁文殊、藝軍也撰文提出向民族傳統學習的重要性，指出「向民族傳統學習的一個重要環節在於如何創造性地將姊妹藝術的語言『化』成電影的語言」。中國傳統藝術有悠久的歷史，門類極多，且大多來自民間，有深厚的群衆基礎。如何使中國的電影創作一天比一天爲觀衆所喜聞樂見，如何使中國有更多具有民族風格的影片屹立於世界影壇，研究和吸收中國豐富的古典文藝遺產，確是重要的課題。可是到了「左」傾文藝思潮惡性發展的一九六四年，徐昌霖很快成了批判的靶子。《電影藝術》先是在該年第三期上發表了調子比較溫和的《在什麼道路上「探勝求寶」》，和徐「商榷」學習傳統文藝的問題。後來調子越唱越高，以強詞奪理的語言和無限上綱的手法將文章「批倒」，將作者「批臭」：認爲徐的觀點不是一般的偏頗，而是「半封建半殖民地文化思想的大雜燴」①。這一冤案一直到「文革」後才平反，徐昌霖並在此時重新整理原作，出版了《電影民族形式探勝》②的單行本。

三、關於電影創新問題的討論。

爲了糾正一九五八年「大躍進」以來文藝工作的失誤，周恩來在一九六一年六月十九日作了《在文藝工作座談會和故事片創作會議上的講話》。此講話闡述藝術民主、物質生產與精神生產、階級鬥爭與統一戰線、文學藝術規律等問題，批評了違反藝術規律的種種錯誤做法。在這個報告的鼓舞之下，不少電影藝術家和理論家解放思想，探討電影藝術規律有關問題。一九六二年，在全國影協紀念毛澤東《在延安文藝座談會上的講話》發表二十周年的座談會上，瞿白音做了發言。由於受紀念會的限制，他不得不借古人之口，以隱晦的語言抒發他對電影被陳言充斥的強烈不滿。對爲政治服務以及創作方法只能有現實主義等妨礙創新的關鍵問題，作者限於歷史條件沒做出質疑，反而做爲立論的依據。即使這樣，這篇根據發言稿整理而成的《關於電影創新問題的獨白》，在當代電影理論批評史上仍佔有重要的地位。這是繼《電影的鑼鼓》之後傳達外在特性方面的又一篇影響重大的論文。作爲一九四九年後向新中國電影創新之路投出的第一塊問路石，實屬大智大勇之舉。作者在這篇文章中，呼籲破除主題、結構、衝突方面的條條框框，呼喚新的思想、新的形象、新的藝術構思。爲闡明這一主旨，作者論述了創新的緣起，創新內容與形式的辯證關係，創新的要素，創新與傳統，創新與風格，創新與藝術規律等問題。文章指出：「電影雖是最年輕的藝術，但也已經有了陳言充斥的情況」。他這裏講的「陳言」，是指「在作品中復述文件指示、經典著作中講過千百次的話」。問題提得非常尖銳。文章還提出了電影創新的三要素：「新的思想——作家對生活的獨特見解；新的形象——生活中正萌芽滋長，或作家獨具慧眼發現和創造的性格；新的藝術構思——作家運用想像發現和創造了的新情境」。這些觀點現在看來也許覺得很一般，但在普遍流行「只求政治無過，不求藝術有功」的年代，卻令人震動。回想當年銀幕上出現的英雄人物，大都是挺胸凸肚，怒目圓睜；奸惡之徒不是鼠目獐頭，就是齜牙咧嘴；正面人物也盡多咬緊牙關，獨承重任，而一遇阻力，立即請示上級。在這種情況下，瞿白音舉起創新的旗幟，的確表現了他的藝術膽識。後來發表羽山的《續貂篇》③、方學的《讀〈續貂篇〉有感》④、郭實的《「創新」談》⑤、黎青的《關於電影創新的幾個問題》⑥，儘管意見不完全一致，有些問題還進行過爭辯，但總的傾向是讚成創新的。可好景不長。隨著康生點名誣陷影片《北國江南》、《早春二月》、《逆風千里》，電影界又掀起了大批判的熱潮，瞿白音傾刻之間成爲待罪之身，惶惶不可終日。再加上當時柯慶施批判此文是「以三〇年代壓倒十三年」，《文匯報》便聞風而動，立即發表了鄭義、俊隆的文章《論電影藝術的創新及其他》⑦，殺氣騰騰地向「獨白」開火。接著《電影藝術》也發表了伊靜的《電影創新問題之我見》⑧、白夫的《關於電影創新中的幾個問題》⑨、吳蔭循的《電影創新的兩條道路——斥瞿白音的〈關於電影創新問題的獨白〉》⑩、李茨東的《瞿白音反對「三神」提倡「三新」的實質是什麼》⑪，把瞿白音這篇充滿銳氣的文章看做是「沒落的資產階級文藝觀向戰鬥的無產階級文藝觀的挑戰書」，「是反黨反社會主義的電影綱領」。到了「文革」初期——一九六六年六月，丁學雷在《解放日報》發表了《瞿白音的〈創新獨白〉是電影界黑幫的反革命綱領》後，一片「紅色恐怖」籠罩了整個電影界。

四、關於驚險影片和喜劇問題的討論。一九五四年，由王宗元等編劇的《智取華山》，受到觀衆的一致好評，驚險片由此引起大陸電影界的重視。當時中央電影局召開座談會，對驚險片的藝術特點展開了探討。這次座談會後，又出現了《渡江偵察記》、《平原游擊隊》、《羊城暗哨》、《永不消逝的電波》等影片。爲此，《中國電影》在一九五九年第三、四期，分別發表了《試論驚險樣式的情節和人物》、《關於驚險反特電影創新的問題》的論文，《電影藝術》於一九六一年第六期發表了白景晟的《驚險電影中情節和人物的二三問題》、一九六二年第一期發表了羽山的《驚險影片中的人物塑造》。這些文章，接觸到驚險片必須刻畫人物和英雄形象；情節必須眞實，反對爲驚險而驚險等問題。此外，還探討了反特片中公安人員與群衆的關係，地下鬥爭影片中黨的地下工作原則問題。這些意見，對提高驚險片的思想性與藝術性，無疑有指導作用。

在一九五七年的反右鬥爭中，有「第四種劇本」之稱的諷刺喜劇《新局長到來之前》、抒情喜劇《布穀鳥又叫了》均先後受到不同程度的批判。在一段時間裏，喜劇創作成了「禁區」，無人敢於問津。喜劇要生存下去，只能走迴避矛盾衝突，特別是迴避幹部思想作風問題的羊腸小路。於是，在五〇年代末、六〇年代初，反映生活深度較差，但輕鬆愉快、格調不低的《五朵金花》、《今天我休息》聯袂走上了銀幕，引起了評論界的強烈興趣，展開了一場「十七年」少有的，即不是以政治批判的方式而是以百家爭鳴的方式進行的學術探討。在一九六〇年第六期的《電影藝術》上，開闢了「暢談喜劇」專欄，發表了馬少波、田漢、李健吾、馮牧、冰心、陳默、葛琴、趙子岳、袁文殊、蔡楚生等人的文章。《電影文學》一九六一年第一期發表了王炎的《對電影喜劇的探討》，第五期發表了呂文的《喜劇問題初探》，第六期發表了李厚基的《試論電影喜劇的構成》，第八期發表了李成城的《試就〈五朵金花〉和〈今天我休息〉談電影喜劇的幾個問題》，《電影藝術》一九六一年第二期發表了藝軍的《試論社會主義的電影喜劇》。這些文章，集中在怎樣建立社會主義喜劇問題上，諸如社會主義喜劇與傳統喜劇是否存在著本質的區別，傳統的喜劇概念今天是否完全適用，今天是否有一些新的喜劇原則代替傳統喜劇原則。在討論中，有人主張把喜劇分成兩大類，即諷刺性（暴露性）喜劇和歌頌性喜劇，並以此做爲社會主義新喜劇和舊喜劇的分野。由「歌頌性喜劇」這個概念，又引伸出「正面的喜劇性格」、「正面喜劇形象塑造」的問題。相比之下，對諷刺性喜劇探討得很不夠，有些文章甚至流露了排斥的傾向。後來，《電影藝術》在一九六一年第六期上發表了瞿白音用「顏可風」筆名寫的《喜劇電影討論中的一個問題》，對討論中出現的錯誤意見進行了澄清。作者充分肯定了諷刺手法在喜劇中的作用，批評了一些文章貶低和排斥諷刺在社會主義時代的喜劇創作中的作用的片面性論斷。該文還論述了經濟基礎的變革與藝術形式的關係，「歌頌式喜劇」的命名是否恰當，喜劇中的矛盾衝突，喜劇中正反面人物等理論問題，足以匡正討論中某些論者爲「無衝突論」辯護的偏頗。

此外，「文革」前還討論了影片中反面人物形象的塑造問題以及如何表現人性美和人情美等問題。這些正常的學術討論，終因政治運動的干擾無法深入下去，以致使電影評論工作長期存在驚人的單一模式化現象。如評價一部電影的得失多從流行的政策觀念出發，談藝術性也無非是主題、人物、情節以及典型性等幾個方面，而很少探討電影各門類自身的活動規律，乃致造成了中國電影理論研究範疇的極度偏狹性。

第二節　沒有結論的熱烈爭辯

新時期電影理論無論是內在特性還是外在特性，它們的建設或更新都充滿了熱烈的爭辯。這些爭辯，儘管不一定有結論，但都是對只重視教育作用的傳統電影理論的反叛，對多元的電影理論的產生的呼喚。做爲置於爭辯漩渦中的理論家，雖然沒有一個是勝利者，但他們都不愧爲英雄。是他們，推動了電影理論的進步。他們的爭論，是從外特性：電影與政治的關係以及如何表現人性問題開始的，以後發展爲一系列關於電影特性和本性的爭論。

一、關於電影與戲劇能否「離婚」一案。白景晟最先提出這個問題。他在《丟掉戲劇的枴杖》⑫中，以反傳統的戲劇電影觀念姿態出現，呼籲說：「電影是到了丟掉多年來依靠『戲劇』的枴杖的時候了。」他認爲：電影作爲綜合藝術，並不是以戲劇爲基礎的綜合。它綜合了各種藝術之後，遠遠超出了戲劇的範圍。電影劇作者應改變用戲劇構思創作劇本，學會用「聲畫結合的蒙太奇構思」。中年電影創作者張暖忻、李陀的靈感來自白景晟的文章，但他們合寫的《談電影語言的現代化》⑬在立論上大有發展。他們從國際電影歷史的發展，論證現代電影語言的發展趨勢，必然是「越來越擺脫戲劇的影響，從各種途徑走向更加電影化」。邵牧君在《現代化與現代派》⑭一文中，與張、李爭鳴。他認爲電影語言「總的說來並不存在以新代舊、新陳代謝的淘汰發展過程，有的只是一個不斷創新、新舊並存累積式發展過程」。他指出：「非戲劇化，也就是反對以戲劇衝突來推動劇情發展並從而突出人物性格特徵的理論與實踐，是同馬克思列寧主義美學原則格格不入的。」正當雙方爭辯得難解難分的時候，鍾惦棐繼白景晟之後，又形象地提出「挑撥電影與戲劇離婚」的主張⑮。他認爲：「電影作爲第七種藝術，它和諸姐妹藝術的關係是分不開」的，但是「任何藝術形式只有當它是以和鄰近的形式相區別的時候，它的造型運動才算告一段落。」「這種分開，即是藝術形式發展中的必然，又在總體上符合各方面對電影的要求。」張駿祥就「戲劇性」問題談了自己的意見。他在《電影文化》一九八〇年第二期發表的文章中認爲，懸念、高潮這些戲劇文學的看家本領，只要我們講劇場效果，就不能丟掉。「電影文學對敍事文學、戲劇文學、抒情文學要兼收並蓄，就叫做『一夫多妻』吧。」環繞「離婚」問題，先後發表了三十多篇文章。論戰雙方，看似觀點針鋒相對，其實互相滲透和補充，從不同的角度接觸了電影本性的問題。這場討論，也可以看做是一九六二年討論創新問題的繼續。所不同的是，議論的主旨不在該不該掃蕩陳言，而在於創新之路應如何走。經過近二十年漫長的苦難歷程，電影的創新問題終於從「喃喃自語」唸叨創新的重要性，發展到了電影創新要不要拋掉戲劇枴杖。後來，又從這個問題延伸到下一個問題——

二、關於「電影文學性」的爭鳴。自張駿祥提出「眞正的電影文學的完成形式是最後在銀幕上放映出來的影片」⑯後，圍繞這個問題的爭鳴達數年之久。對什麼是「電影文學」問題，大體有四種意見：(1)「電影就是文學」。王願堅支持張駿祥提出的電影是文學，而且「必須首先是文學」的意見，認爲電影是「看得見的文學」⑰。梁曉聲則形象地說電影是「用攝影機的『筆』寫在膠片上的文學。」⑱⑵「電影並非文學而是藝術」。鄭雪來認爲，「電影不僅不是『語言藝術』，甚至可以說，它主要不是語言藝術」，是與「文學、戲劇、美術、音樂、舞蹈等等藝術門類並列」的藝術⑲。王忠全認爲，「電影和文學，乃屬兩種藝術形式，兩種形象結構，兩種思維方式，一句話，兩種不同的美學範疇。」⑳⑶「劇本是基礎」，是未完成的電影文學。邵牧君認爲，「尚未在銀幕上得到體現的電影劇本並不是一個本身完整的作品，只有當它在銀幕上得到了兌現，由完成了影片來證實了它的電影性之後，它才能插足於電影文學之林」，因此，電影文學應該是「已經存在的影片的全部思想和藝術內容的文字記錄作品，一部電影文學作品不能脫離作爲它的視聽對等物的那部電影而獨立存在。」㉑這個意見雖與張駿祥說的「眞正的電影文學的完成形式是最後在銀幕上放映出來的影片」有相似的一面，但仍有一定的區別。鄭雪來的觀點也類似邵牧君。⑷電影文學劇本是一種獨立的文學樣式。在討論中不少人認爲，電影文學「是用文字敘述電影綜合藝術全貌的一種獨特的文學形式」。紀葉認爲電影文學劇本「具有兩重性」。創作電影劇本，大部分作者均是爲了搬上銀幕，「但除了拍電影以外，爲何不應該成爲供廣大讀者閱讀的電影文學作品呢？」無論拍與不拍，「它都是獨立存在的電影文學著作。」對沒有拍的作品，你能大喝一聲：『不行，沒有拍在銀幕上，就不是最後完成的電影文學』嗎？」㉒。在關於電影的文學性或文學價値問題上，也有兩種意見。張駿祥認爲，文學價値首先是指作品的「思想性或者哲理性」，其次是「人物典型形象」，另外還有「作品的風格、樣式、氣氛、節奏，也應該說是由劇本提供，由導演率領各藝術部門力求體現的文學價值」，最後是用來體現主題思想的文學技巧和手段。㉓鄭雪來認爲任何藝術都有思想性等問題。同時，也並不是任何文學都有哲理性。如果一定要用「價值」這個概念的話，那麼，「各種藝術所要體現的可說是『美學價值』，而未必是『文學價值』」，「將文學高踞於其他一切藝術之上，是既不符合藝術的客觀規律也不符合藝術發展歷史的。」㉔這場討論涉及的範圍相當廣，雖未取得一致意見，但仍有助於突破傳統研究範疇與研究模式，尤其是有利於改變過去電影研究與一般的文學研究範疇區分不開，因之不具備電影理論特徵的狀況。

三、關於電影觀念問題的探討。上述兩個問題，多從電影的外部關係議論電影。思考電影觀念問題，卻把人們的注意力引向電影自身。

一九八一年，在電影界熱烈爭論「離婚」問題與電影的文學性時，張暖忻在《沙鷗》的導演總結中，第一次使用了「電影新觀念」一詞，並將自己的創作上升到理論加以闡發。㉕這一問題的提出，很快引起了人們——尤其是中青年電影創作者的重視。可有人否認電影新觀念的存在。鍾惦棐則認爲新觀念不容否定，「這就是電影作爲第七種藝術，從它綜合時期，走向更高階段的自我完成期。」但具體解釋起電影觀念來，各人說法不盡相同。鄭雪來認爲，「所謂『電影觀念』……，就是指對電影的看法（或認識）。」邵牧君卻認爲「是對電影的美學界說，或者叫做電影的藝術規定性」。究竟是用「電影新觀念」還是「電影觀念」、「現代電影觀念」的提法，各人看法也有差異。鄭雪來主張用「現代電影觀念」。因爲使用「新觀念」一詞，會使人「以爲什麼都愈『新』愈好，那也可能走向另一極端」。關於電影觀念的實質性內容問題，涉及的範圍更廣，以致使爭論出現了多「焦點」式的交叉。對這「新觀念」，有人將其概括爲：㈠非戲劇化：包括反對電影中有情節、反對因果關係、反對巧合。㈡多義性：反對主旨單一，提倡讓觀衆思考。㈢紀實性美學。這是被人認爲「新觀念」中最有價值的部分，它在十年來的中國電影中已引起了一定的反響。邵牧君在《電影美學隨想紀要》㉖中，反對電影觀念的單一化，認爲鼓吹「電影新觀念」，「實際上就是對巴贊和克拉考爾的電影本性論的採納。」他認爲世界觀相同的人，可以有不同的電影觀念；電影觀念相同的人，所採用的創作方法也不一定相同，這不存在「解決」電影觀念的問題。對鄭雪來提出的「現代電影觀念」出現在第二次世界大戰之後的觀點，以及把電影觀念區分爲「美學含義」和「詩學含義」的做法，邵牧君也提出不同意見。邵牧君在這篇論文所表達的對一系列重大電影理論問題的看法，引起了人們的高度注意，使前面幾次的論爭在更高的層次，即美學的層次中進行。後來，鄭雪來發表了《當前電影美學研究的若干問題》㉗，對邵牧君的「隨想紀要」進行爭鳴與答辯。緊接著，羅藝軍又發表了《電影民族化論辯——評〈電影美學隨想紀要〉之六》㉘。這樣一來，使電影觀念的爭鳴呈現出一種蓬勃發展的勢頭。

四、關於電影民族化的探討。《文藝報》一九八〇年第七期，發表了《關於電影民族化問題的探討》，報道了許多電影藝術家在一次座談會上對電影民族化的看法。之後，出現了一系列討論文章，對「電影民族化」的含義出現了不同的理解。有的人把「電影民族化」看做是「電影都要有民族特色」。有的則把「化」當做「溶化」、「消化」來理解，即認爲電影是外來的東西，我們要把它溶化、消化，變爲自己的東西，而不要食洋不化。有的論者則兩者兼而用之。

電影民族化是一個長期爭論不休的問題，爭論的一個焦點是「要不要提倡民族化？」所不同的是，「文革」前主要是從政治角度即電影藝術應怎樣才能做到爲群衆喜聞樂見角度切入，而新時期則主要從美學角度入手探討。羅藝軍是較早注意到了電影民族化的學者。他在《電影的民族風格初探》㉙這篇長文中，分九個方面論述了電影民族風格問題。他在此文及《電影民族化三題》㉚等有關文章中，認爲電影的民族風格是內容和形式的辯證統一，既表現在對社會生活的特色（人物的民族氣質、社會環境、自然環境的民族風貌）把握上，也顯現在民族審美經驗、審美習慣的追求中。對於電影這種外來的藝術形式，在繼續向外國借鑒的同時，也要重視對民族美學傳統的繼承。這種繼承不是對古典文學、戲曲、國畫的某些技法、程式的生吞活剝，而是按照電影藝術的特性吸取傳統美學的精神。例如傳統美學關於主觀和客觀、情與理、人物與環境、創作與欣賞，都有許多辯證的論述，值得加以繼承和發展。「這是創造有中國特色的社會主義電影和電影理論的一個重要環節」。邵牧君不讚成提「電影民族化」的口號，但他卻肯定電影的民族特色這個命題。他和藝軍的分歧在於：邵牧君是以影片中反映民族生活內容的眞實性和深刻性做爲衡量其民族特性的鮮明性的唯一尺度。至於藝術形式，他不認爲存在民族特色問題。拿《被愛情遺忘的角落》來說，其藝術形式「無論在敘事方法、性格刻劃和細節表現方式上，我實在找不出什麼有別於其他國家的電影的地方」。㉛楊延晉在《表現手法和技巧不存在民族化問題》㉜中也認爲：「電影的表現，特別是技巧，不存在民族化的問題。」「民族化的關鍵在於，我們是否熟悉中華民族的生活，我們民族的精神是否充滿了作者的靈魂，並且在影片中表現了出來。」張維安則認爲，民族風格應該提倡，但容易引起誤解，認爲容不得半點「洋味」的「民族化」的口號應該緩提。㉝這場討論，雖然歷時極久，但在一些重要問題上仍未形成共同的看法。

五、關於電影傳統與革新問題的討論。

這場討論，係由對「謝晉電影模式」的不同評價引起的。這評價，反映了在電影藝術創新的過程中，在一些問題上存在的分歧。如怎樣理解電影藝術創作中的「現代意識」，怎樣估價許多導演多年所堅持的以《天雲山傳奇》、《高山下的花環》等作品爲代表的電影創作道路，怎樣更新電影觀念，等等。

一九八六年七月，上海《文匯報》發表了一組關於「謝晉電影」的討論文章，其中江俊緒的《謝晉電影屬於時代和觀衆》㉞，從題材、人物等不同角度，反駁了謝晉電影是「電影儒學」的看法，指出謝晉具有強烈的歷史使命感和憂患意識，因而他的作品總是充滿了強烈的時代感。謝晉電影不是好萊塢式的道德神話，而是生活實際的眞實反映。朱大可的《謝晉電影模式的缺陷》㉟，從文化的觀點考察謝晉電影，認爲它是中國文化變革中一種具有既定模式的俗電影，體現了一種以煽情性爲最高目標的陳舊美學意識，它把觀衆拋向任人擺佈的位置，讓他們在情感昏迷中被迫接受其化解社會衝突的好萊塢式的道德趣味。謝晉一味迎合的道德趣味，與所謂現代化意識毫無關係，而是一種被改造了的電影儒學。謝晉影片中的婦女形象，是由柔順、善良之類的品質堆積而成的老式女人的標準圖象。

謝晉是大陸著名的導演，對他的電影的批評實質上涉及到對新時期的電影評價乃至中國電影應向什麼方向發展的大問題。邵牧君的《中國電影創新之路》㊱，把這場圍繞謝晉電影的討論引向「傳統與革新」問題的討論。邵牧君認爲，電影創作存在局限性是不足爲奇的，它受電影創作的集體性、觀賞對象的群體性和創作成本的經濟制約。他認爲中國電影史上的第一個創新蓬勃年代是四〇年代後半期。一九四九年後的十七年是沉寂期，文革十年是窒息期。從七〇年代末，中國電影又開始了第二個創新蓬勃時期。李少白不同意這種觀點，認爲三〇年代的左翼電影，是一個革命和創新。一九四九年後的十七年，「即使說失敗多於成功，它也是開創性的，它的創新意義也是不應抹煞的」。在電影傳統與革新討論的聲浪中，《北京青年報》把這個討論題目落實到長春電影製片廠這樣一個大廠、老廠，並以《長影廠，平庸電影的集中產地嗎？》爲通欄標題㊲，發表了北京青年電影評論學會的批評文章，斷言今天的長影已近「朽木」。後來，長影的有關單位和刊物也參加了這場討論。討論中涉及到如何估價革命現實主義在電影藝術創新的活力。鄭雪來認爲，現實主義並未過時。僅以長影四十多年的創作經驗及其成果而言，就可看出革命現實主義的活力。要知道，現實主義的內涵非常寬廣，不應把創作方法和表現手法等同起來。蕭尹憲認爲，長影的傳統，是「爲政治服務」的產物。即使如優秀影片《人到中年》，更多的成就也「並非藝術上的探索，而是政治服務上的成功。」㊳關於長影影片的「農民意識」與「農民文化烙印」問題，陳犀禾認爲長影老一代藝術家是從革命根據地步入長影的，他們的思想意識和創作意識已打上了「農民文化的烙印」。㊴汪流不同意把長影的傳統籠統地稱之爲「農民意識」，因爲這種說法，「無非是想把長影的傳統說成是落後的和守舊的」。而長影生產的

《上甘嶺》等優秀影片，並非是農民意識的產物。㊵對長影傳統中的惰性因素和創新中的弱點，王雲縵認爲：「缺乏求新求變的自覺意識，缺乏多樣手段的一貫探求；缺乏宏觀深刻的時代感應」，是長影在歷史上早已存在的三點局限。長影的影片不少樣式，「往往是開端不差，起點不低，而後繼無力，缺乏發展。」㊶「傳統與革新」的討論從上海對「謝晉模式」的不同評價始，直至波及聚焦於長影，這場討論無疑會增強電影工作者的創新意識，把電影創作水平提高一大步。

新時期電影理論界還圍繞著電影劇本《在社會檔案裏》、《女賊》展開了討論，探討如何正確評價這些作品的主題和社會效果，如何正確反映反封建特權等問題。還開展了對電影《太陽和人》(根據白樺小說《苦戀》改編)的批評。後來又開展了《老井》《紅高粱》創作現象的討論。八〇年代的大陸社會正值產品經濟向商品經濟轉化，商品經濟推動中國電影向商品化邁進。正是在這種背景下，出現了娛樂片、類型片探討的熱潮。上述討論，尤其是對電影本體研究的成果，不僅改變了有些人認爲中國只有電影評論而無電影理論的看法，而且使中國的電影理論從傳統的以外在特性爲主、內在特性爲輔轉入內外特性並重的階段。就是外在特性，也從「倫理——政治」教化的單一模式轉到多種功能並重的觀念，內特性也從單純以蒙太奇做爲表現手段到蒙太奇、長鏡頭、綜合美學三者並現並初步具有獨立的主體地位。「總之，內、外特性都逐漸出現強烈的多元複雜性，這種走向鮮明地反映出我國傳統理論與國外電影理論的差異，和我國現代電影理論與國外電影理論開始平行發展的趨勢」。㊷

註釋

①吳庚舜：《半封建半殖民地文化思想的大雜燴》，《電影藝術》一九六四年第五～六期。
②江西人民出版社一九八四年版。
③《電影藝術》一九六二年第五期。
④《電影藝術》一九六二年第六期。
⑤《電影藝術》一九六三年第一期。
⑥《電影藝術》一九六三年第四期。
⑦《文匯報》一九六三年十二月二日。
⑧一九六四年第二期。
⑨一九六四年第二期。
⑩一九六四年第五～六期。
⑪《電影藝術》一九六四年第五～六期。
⑫《電影藝術參考資料》一九七九年第一期。
⑬《電影藝術》一九七九年第三期。
⑭《電影藝術》一九七九年第五期。
⑮《電影通訊》一九八〇年第十期。

⑯《用電影手段完成的文學》，《電影文化》一九八〇年第二輯。
⑰《電影，看得見的文學》，《電影文學》一九八〇年第九期。
⑱《淺談電影與文學》，《電影創作》一九八三年第七期。
⑲《電影文學與電影特性問題》，《電影新作》一九八二年第五期。
⑳《「電影作爲文學」異議》，《電影文學》一九八三年第六期。
㉑《電影、文學和電影文學》，《文學評論》一九八四年第一期。
㉒《電影文學的生命力及其他》，《電影文學》一九八三年第二期。
㉓《對當前電影創作的一些看法》，《電影新作》一九八〇年第五期。
㉔《電影文學與電影特性問題》，《電影新作》一九八二年第五期。
㉕《電影通訊》一九八一年第八期。
㉖《電影藝術》一九八四年第十一期。
㉗《電影藝術》一九八五年第三期。
㉘《電影藝術》一九八五年第四期。
㉙《電影藝術》一九八一年第十期。
㉚《光明日報》一九八三年二月十七日。
㉛《〈被愛情遺忘的角落〉四題》，《電影藝術》一九八二年第四期。

㉜《電影藝術參考資料》一九八〇年第十一期。
㉝《電影民族化的口號應緩提》，《電影文化》一九八一年第一期。
㉞《文匯報》一九八六年七月十八日。
㉟同上。
㊱《電影藝術》一九八六年第九期。
㊲《北京青年報》一九八七年一月九日。
㊳《長影何時再領風騷》，《電影文學》一九八四年第四期。
㊴《農民文化的烙印》，《電影文學》一九八七年第八期。
㊵《傳統與「農民意識」辯》，《電影文學》一九八七年第八期。
㊶《三大特徵與三點局限》，《電影文學》一九八七年第七期。
㊷錢海毅：《當代電影理論的歷史進程》，《語文導報》一九八七年第五期。

第三章　長進與開拓

第一節　夏衍的電影觀念

夏衍（一九〇〇～一九九五），本名沈乃熙，字端先，浙江杭縣人。一九二九年冬，和馮乃超、李初梨等一起與魯迅聯繫，籌建左翼作家聯盟。一九三〇年三月左聯成立，被選爲執行委員。一九三二年，應明星公司之約，與阿英、鄭伯奇任編劇顧問，從此與電影結下了不解之緣，成爲中國左翼電影的開山大師，被譽之爲「齡同世紀壽如功」。一九四九年後，任中央文化部副部長（主管電影工作），兼任中國電影家協會主席。先後出版有電影論著《寫電影劇本的幾個問題》（一九六一年，中國電影出版社）、《電影論文集》（一九六三年，中國電影出版社）、《劫後影談》（一九八〇年，中國電影出版社）以及由李子雲選編的《夏衍論創作》（一九八二年，上海文藝出版社）。另有回憶錄《懶尋舊夢錄》（一九八六年，三聯書店）。

夏衍從步入影壇起，就不僅從事電影創作，而且同時參加電影評論工作。他是三〇年代左翼電影評論小組的負責人。他的第一篇電影評論《看了〈哥薩克〉的印象》，發表在一九三〇年六月的《藝術》月刊上。在一九四九年前，他一共寫了七十多篇電影評論文章。這些文章，有的是爲推薦蘇聯的電影理論和革命影片而作，有的是對逆歷史潮流而動的電影或含有思想毒素的歐美電影的批判，有的是對風行一時的美國好萊塢影片（如《凱塞琳女皇》）所做的具體、中肯的分析。對美國的金·維多、劉別謙等著名導演，他還寫了專門的評介文章。三〇年代中期，他還以「羅浮」的筆名參加了左翼文藝工作者同劉吶鷗、黃嘉謨所鼓吹的「軟性電影」的論戰。此外，夏衍還寫了闡述自己創作主張和藝術觀念的文章，內容有關於《狂流》、《春蠶》等片的創作動機和題材選擇，關於無聲片的字幕和有聲電影的前途，以及電影與戲劇的關係和電影批評的職能等問題。這些文章，雖然從客觀上立論的不多，但它體現了夏衍的早期電影觀念：通過考察電影與現實生活的聯繫，認識電影所反映的現實眞實，從而把握電影的外部規律。

無論是在一九四九年前還是一九四九年後，夏衍都不僅從事文藝方面的工作，還從事新聞、統戰、外事方面的組織領導工作。這些工作，必然給他的電影理論批評帶來一定的影響。比如他一九四九年後寫的有關電影的論文，不少是從組織領導工作的角度進行評論的：或指導當前的電影創作，或總結一個階段的電影工作經驗，或爲今後的電影創作指明方向。具體說來，他擔負電影行政領導職務後寫的文章，有很大一部分是針對電影行政領導、體制及影片攝製及導演等問題而寫的。在這些文章中，尤其是反右鬥爭和黨內大颳浮誇風時，難免有左傾之論和歌德之詞。但總的說來，他對當時流行的文藝思潮還是有自己看法的。如他曾竭力主張文藝服務對象要廣，「應該包括知識分子、小資產階級，文藝的題材要寬廣，作家可以和應該寫自己熟悉的東西，文藝（包括創作和評論）的作用是感人而不是訓人，文藝工作者要多讀書，多聯繫人民群衆，擴大知識面，要重視技巧，反對『直、露、粗、多、假』等等，則是前後一致的。」①在六〇年代的喜劇問題討論中，他充分肯定了諷刺這一藝術手段在社會主義喜劇中的作用，批評了一位評論家只提倡歌頌性喜劇的偏頗。他的這些看法，是他多年創作經驗的結晶，在「文革」中均成了他推行「黑線」的罪行，直至八〇年代初，也還有人認爲是「資產階級文藝思想」。這正好從反面證明他的觀點是經得起時間檢驗的。

中國當代電影理論是以電影劇本創作理論爲主體內容的。早在三〇年代，夏衍受組織的派遣進入電影界，主要抓的工作就是電影劇本的創作。一九四九年後，由於電影劇本創作是發展人民電影事業的關鍵，因而受到中央宣傳部門高度重視。從一九五二年起，在上海和北京先後成立了電影劇本創作所。隨著電影劇本創作從「幕表」到提綱，最後成爲完整的文學劇本的發展過程，系統研究電影劇本創作理論便提上了議事日程。夏衍於一九五八年春爲北京電影學院導演班講課寫的專著《寫電影劇本的幾個問題》，便適應了這一要求。在此書中，他一方面吸取異域電影的精華，一方面繼承大陸電影優良傳統，並結合自己的創作實踐，將政治氣氛和時代脈搏，關於人物出場以及布景服裝音響如何爲人物性格服務，關於結構和脈絡針線，聯繫劇本的題旨表達談得透徹精闢。像蒙太奇問題，將其界說爲一種流暢的剪輯技巧，是「影片的連結法」，並認爲是影片的一種結合方法，重要的在於「合乎理性和感性的邏輯」，「看上去『順當』、『合理』，有節奏感、舒服，這就是高明的蒙太奇」。這種理解，正符合中國式影戲電影的特徵。此書還要求電影文學劇本者學習中國古典小說、戲曲的技巧，繼承中國三、四〇年代「影戲電影」的傳統，這就給戲劇式電影與蘇聯蒙太奇這一結構樣式中，加進了中國電影所特有的影戲電影的傳統，使電影這種外來樣式符合中國觀衆的欣賞習慣。這種觀念現在看來有些老套，但這本專著畢竟塡補了中國電影理論批評史長期沒有闡述電影編劇技巧專著的空白，並影響了整整一代電影文學工作者，如「文革」前及「文革」後一大批現實主義電影的敘事模式、情節框架及敘事技巧，均可以從這裏找到理論根據。

夏衍不是專業理論家，這就決定了他論電影創作的一個重要特點：從實際出發——包括自己的創作實際和當時的創作實際出發，這就避免了無的放矢。他的《雜談改編》、《漫談改編》、《談〈林家鋪子〉的改編》、《對改編問題答客問》，就是他多年從事名著改編實踐的總結。他之所以在二十多年前一再談改編，是因爲大陸電影劇本質量高的不多，無法滿足觀衆的需要。他認爲改編首要的條件是「忠實於原著」，「不傷害原作的主題思想和原有風格。」他這裏講的「忠實」，不是臨摹，不是對原作的亦步亦趨。對《早春二月》的改編者過分拘泥於原著情節、對話，他是不讚成的。他改編《祝福》，就增加了祥林嫂砍門檻的情節；改編《林家鋪子》，也增加了林老闆作爲「野狗」欺壓「綿羊」的一面，即壓迫一個零售商的場面，並刪去了老闆娘「打呃」的細節。但這些增刪，均沒有「越出以至損傷原作的主題思想和他們的獨特風格」。正是基於這一點，他讚賞出漢的話劇《關漢卿》，但不同意影片《關漢卿》對原作的損害：「離開了當時的歷史條件和人物發展的可能性，把人物處理得像個現代的地下黨員」。他還認為，改編必須「看菜吃飯」、「量體裁衣」，即「按原作的性質而有所不同」。五〇年代末，他提出區別對待的兩種改編方式：改編有定評的經典名作，無論如何要保持原作的思想、風格，不得隨意改動情節；改編神話、民間傳說和所謂稗官野史，可有較大自由的增刪。到了六〇年代初，在「改編訓練班」講課時，他又做了如下補充：「如果原作者是進步的革命家，你就應該多尊重他；如果是中間的，你可以在發揮他原意的基礎上發展一些；如果原作既有精華又有糟粕，那就有一個去蕪存菁的問題。像古代名著之類，就應發揮其進步因素，改掉它落後的東西；如果原作者的世界觀是反動的，那要麼就根本不去改編它，要麼就需要做根本性的改變。許多舊時代的戲曲歪曲歷史，把農民革命領袖（如李闖王）說成是流寇，這就需要翻案了。」這些主張，多年來指導著大陸電影工作者改編的創作實踐。當然，夏衍以作家的政治態度作為劃分改編自由度的依據，肯定敘事作品的改編、忽視乃至否定抒情作品的改編，以及斷言《阿Q正傳》不能搬上銀幕，這些觀點則是值得討論的。

夏衍從事電影工作有半個世紀的歷史。在這半個多世紀的電影創作與理論實踐中，充分體現了他下列的電影觀念②。

㈠**為群眾的**。列寧說：「在所有的藝術中，電影對於我們是最重要的。」翻譯過前蘇聯電影理論的夏衍，對此堅信不疑。在《寫電影劇本的幾個問題》中，他開宗明義地指出：「拿起筆來寫電影劇本，第一件事，就要記住：我們對象是千千萬萬勞動人民」。爲群衆的觀點必然要求電影作品通俗化，「用廣大人民群衆所能接受（看懂、聽懂）和喜聞樂見的藝術形式，來表達這部作品的主題思想」。這是「方向問題，也是最根本性質的問題」。爲了讓廣大觀衆能欣賞電影，他曾提出過「與其深奧也，毋寧平易；與其花梢也，毋寧樸質」的主張，要求影片語言及形式技巧的平實，明白曉暢。從他自己來說，看了幾十年外國電影，也鑽研過西方電影理論，對「意識流」、「非理性化」的手法不能說不懂和不會運用，但考慮到群衆的欣賞習慣，他還是有意識地割愛不用或少用。他一直認爲，電影批評「應該以大多數人能完全看得懂、看得順爲原則。」「一個電影編劇必須要有群衆觀點，時時刻刻都要記住群衆……我們拍出的片子要中國人看得懂。」

㈡和民族傳統相結合的。和「爲群衆」緊密相聯繫的是電影藝術的民族化問題。電影是舶來品。它被引進中國後，必須加以改造，使電影藝術從內容到形式都具有自己民族的特色。夏衍認爲，電影爲達到認同效果，在運用蒙太奇技巧時，「重要的是一環扣緊一環，不鬆馳，不斷線，而每一個片斷，每一個環節，又必須符合觀衆的理性和感情的邏輯。」這種戲劇式電影的特定要求，和中國古典小說的藝術經驗是相吻合的。他還把人物登場的三要素歸結爲「一、交代；二、性格；三、入戲。交代要自然、清楚。」「人物一上場就一定要性格鮮明」，「只有性格鮮明，才能引起觀衆注意」，「入戲，就是立刻向觀衆提出問題」，即構成戲劇懸念。這些，均是藝術群衆性及形式民族化的具體表現。在《關於中國電影問題——答香港中國電影學會問》③一文中，他認爲「電影民族化，最根本的一點是用電影這種『成套』引進的外國形式，來塑造出具有中國特色（包括特定的時代、特定的環境）的人物性格。也就是力求讓觀衆在銀幕上看到典型的中國環境中的典型的中國人物。」「第二，我以爲要創造有中國特色的社會主義電影」，要來一個「綜合治理」。「電影是綜合藝術……，綜合藝術需要的是統一與和諧。」如果各個部門「各行其事，各顯神通」，電影民族化是很難實現的。夏衍如此強調民族風格和民族形式，但並未導致他今隨古制，崇尚國粹，排斥學習外國。他很欣賞魯迅的「拿來主義」。他反對的只是食洋不化，把外國的電影藝術生吞活剝地引進過來。

㈢反映時代精神的。「電影是最富於群衆性，最有力的宣傳武器。」它雖然有娛樂作用，但它的教育作用不容忽視。爲了達到用形象的手法教育群衆的目的，夏衍十分強調電影作品要反映時代精神。對一部影片的評論，他不僅著眼於藝術形式，還十分注意其基本傾向，即是不是反映了社會重大問題，是否具有強烈的時代色彩。他三〇年代改編《春蠶》，充分注意到原作的時代感，沒停留在日常生活細節的表現上，而是通過老通寶一家人的生活，表現出帝國主義經濟侵略造成中國產業崩潰這一重大社會問題。他一九四九年後改編陶承的《我的一家》和羅廣斌、楊益言的長篇小說《紅岩》，總是力圖運用歷史唯物主義觀點，對原作的人物、情節加以分析與提煉，忠實地體現原作的主題思想和時代精神。在八〇年代，他更強調反映改革、開放的四化建設現實。但他並不主張急功近利反映大的政治變革。他認爲：「大的政治變革用某種文藝形式是可以迅速反映的……，但要用電影、長篇小說這樣的重武器來表現，就有些困難，應該過一段時間再寫。」對這個問題，「文革」中曾批判他鼓吹「距離論」，可是他認爲距離還是需要的。此外，他主張反映時代精神，但堅決反對「題材決定論」。在一九五九年召開的故事片創作會議上，針對不恰當強調寫重大現實鬥爭題材的觀點，他提出必須「貫徹百花齊放，增加新品種」，並尖銳地指出：不能總是老一套的「革命經」、「戰爭道」，否則「新品種」是搞不出來的。在「文革」中，這種觀點被打成所謂「離經叛道」論。

㈣革命現實主義的。 中國電影的革命現實主義始於何時、何人，這是一個有待研究的問題。但不管怎樣，可以肯定地認爲：夏衍是革命現實主義的忠實信奉者，是中國電影史上最早、影響最大的革命現實主義實行者和傳播者之一。儘管在他早期的電影評論中，沒使用過「革命現實主義」一詞，但無論是他的創作和理論，均鮮明地體現和貫穿著現實主義精神。在一九四九年後寫的電影論著中，他更是旗幟鮮明地強調革命現實主義的典型化創作原則。在《寫電影劇本的幾個問題》中，他爲典型環境下的定義是：「時代、地點、社會背景的綜合」，其關鍵是「政治氣氛與時代脈搏」。他對電影劇作家提出這樣的要求：「每一個典型環境、典型時代都有典型情景，你要抓住它。」對眞實性問題，他更是反復強調。他認爲：「眞實性是一切藝術的重要的原則。」在《生活·題材·創作》中，他針對描寫正面人物必須高、大、全的觀點，強調創作必須掌握「情理」與「分寸」，「寫作品一定要有眞實的情感」，作家刻劃人物一定要合理合情。如果過分理想化，就會「似僞」或「近妖」。此外，他還十分強調作家深入生活，豐富知識。當然，夏衍並不認爲革命現實主義是唯一的創作原則或方法。對別人運用新方法拍電影，他並不反對。但他自己決不去提倡「實驗電影」。

夏衍這些電影觀念，雖然反映了老一輩電影藝術家的追求，畢竟有些陳舊，且有些已不適應今天更新電影觀念的要求。在他寫的回憶三〇年代文藝活動的文章中，還有對魯迅和馮雪峰評價的不公允之處，說明夏衍早年和周揚結盟對付胡風、馮雪峰的宗派主義艱深蒂固，要改也難。④

第二節　從注意電影特性到提倡電影文學價值的張駿祥

張駿祥（一九一〇～一九九六），江蘇鎮江人。一九三六年留學美國學習導演。一九四〇年回中國後致力於戲劇教學和編導工作，創作有多幕劇和電影文學劇本。一九四九年後任上海電影局局長。一九七八年調任文化部電影局副局長。文藝理論著作有：《關於電影的特殊表現手段》（一九五八年，中國電影出版社）、《導演術基礎》（一九八三年，中國戲劇出版社）、《影事瑣議》（一九八五年，中國電影出版社）。

張駿祥是大陸電影界著名導演、編劇、理論家，一直爲電影界人士所尊敬。歌頌愛國主義的《雞毛信》及描寫白求恩業績的《白求恩大夫》，是其代表作。《關於電影的特殊表現手段》，則是五〇年代論述電影特徵的最透闢之作，曾產生了廣泛的影響。

此書由六篇論文組成。其中長達近三萬字的《關於電影的特殊表現手段》，係作者在上海電影劇本創作所座談會上的一次講話。它從電影劇作的角度，通過許多實例，全面論述了電影作爲一種藝術，它在表現手段上的特點和限制；電影形象思維和一般文學形象思維的不同要求；電影對話與形體動作的關係；電影蒙太奇手法；電影特性其所以被忽視的原因，等。作者論述這些問題，強調電影與一般文學作品不同的藝術規律；不了解和不會運用這些規律，就無法進入電影的大門。同時，也指出這些特性並不是高深莫測的，只要具有文學才能的人均可逐漸掌握它、駕馭它。在論述電影特性時，作者還採用了與文學及其它姐妹藝術的橫向比較法。當然，這種方法外國電影理論家也使用過，所不同的是，張駿祥並沒有把電影說成是文藝之王，而是注意電影與其它文藝樣式的聯繫，如舉了《水滸傳》中《林敎頭風雪山神廟》一類的例子，指出「其表現的簡潔、描繪的有聲有色，幾乎完全符合電影的表現原則」，以求在各種文藝形式的共同要求中探討電影的特殊性。袁文殊在他寫的《電影中的人物、性格和情節》中，也曾用這種類比方法，得出電影「介於小說與戲劇之間」的結論。張駿祥的論述比袁的論述又前進一步，他力圖從畫面的長處和局限做出發點，抓住「動作」這一點來闡述電影與小說、戲劇的相異之處。他認爲，電影是依靠直接訴諸觀衆的視聽感覺的動作而將自己與小說區分開來的。而運用鏡頭動作，發揮蒙太奇作用，又使電影與戲劇雷同。可見，張駿祥是企圖從這種聯繫中見區別，區別中有聯繫的關係中，來尋找和確定電影的特殊位置。這種探索，雖然沒從更高層次上接近電影本體，屬電影基礎理論範圍，但它對普及電影創作常識，幫助人們確立和加強對電影作爲一門獨立的現代藝術的認識和觀念，起了促進的作用。

張駿祥的電影理論，和整個當代中國電影理論一樣，均以指導創作實踐爲目的。因而在他這本書中，對藝術技巧的論述佔了相當大的篇幅。像《電影劇本爲什麼會太長》、《關於展開戲劇衝突的一些問題》、《談懸念》、《電影的對話》，均屬技巧理論範圍。他認爲電影文學劇本冗長的原因主要有三點：第一，場次繁多，片面追求大場面；第二，角色太多，人物使用不經濟；第三，以言代行，對話不簡潔。這裏探討的，是電影劇本如何才能限制在二七〇〇米膠片長度之內的技巧。其它談懸念、談對話，雖然系統性不很強，有些地方也顯得理論深度不足，但它在某種程度上道破了電影藝術魅力的奧秘，體現出一種實用美學價值。不應小視這些技巧論，因爲系統的電影理論離開了對技巧的探討，就容易脫離創作實際，無法受到電影創作者的歡迎。

如果說，五〇年代的張駿祥，以注意電影特性給人留下深刻印象的話，那麼，八〇年代的張駿祥，卻以提倡電影的文學價值使人刮目相看。這好似自相矛盾，其實不完全是這樣。在五〇年代，新中國電影事業剛剛興起，許多電影文學工作者，對電影創作常識缺乏了解，因而強調電影文學的特性，是必須的、及時的。但即使在《關於電影的特殊表現手段》中，他也沒有否定電影的文學性，而是用了長篇小說《鋼鐵是怎樣煉成的》、希克梅特長詩《索婭》說明電影性與文學性並不是對立的，而是互相溝通的。到了八〇年代初，他之所以提出重視電影的文學價值問題，是因電影界有人認爲只要把外國尤其是西方的電影手法和技巧運用好了，電影的質量也就提高了。甚至在一些人看來，影片藝術性的優劣就是看電影的表現手法如何，有人還認爲熟悉了鏡頭就可以當導演，這就促使了有些電影創作人員忽視提高自己的思想理論水平和文學修養。再加上當時理論界倡導電影要「丟掉戲劇的枴杖」，電影不僅要和戲劇「離婚」，也要和「文學」離婚，以及宣揚「電影是導演的藝術」，而無視劇作家作用，這使身兼電影劇作家、電影導演、電影理論家並負有領導責任的張駿祥感到電影發展有可能離開康莊大道的危險，於是，在一次導演總結會上，他起來大聲疾呼：要重視電影的文學價值。

對於「電影文學」的概念，張駿祥做了與衆不同的解釋。他不認爲是「電影劇本」，而是把電影歸於文學，「眞正的電影文學的完成形式是最後在銀幕上放映出來的影片。」他的有些看法表達得不夠明確，使人認爲文學與電影的關係是內容與形式的關係，電影爲文學服務，就好似形式爲內容服務。他再三強調導演要「更多重視文學價值，善於運用電影的特殊手段，把作品的文學價值體現出來。」他這裏說的「文學價值」，儘管出現了許多不同的理解，但在張駿祥看來，其內涵是十分明確的：一是指作品的思想內容，二是指形象的典型塑造，三是指文學的表現手段。在這三條中，第二條是核心部分。因爲無論是作品的思想內容還是深刻的生活哲理，都是通過人物性格的塑造表現出來的；調動文學的表現手段，也是爲刻劃人物形象服務。張駿祥這些觀點引起了一場激烈的爭論。在一九八二年下半年，許多創作人員和理論家都參加了這場論爭。鍾惦棐在《影獎隨筆》⑤中對其提出質疑，理論新秀張衛在《電影的「文學價值」質疑》⑥中提出商榷，鄭雪來從文藝學角度提出批評⑦。張駿祥寫了文章進行答辯，並在某些地方發展了自己的見解。在《再談電影文學與電影的文學價值》⑧中，有一段話對電影劇作的特點做了相當準確的論述：「我們說電影藝術家要用電影的眼睛去看生活，這不是只從導演、攝影師才開始，而是應該首先要求於電影劇作家的。我們說電影藝術家要善於用蒙太奇思維，這也是電影劇作家首先就應該具備的能力。」「一個好的電影劇本所提供的形象只能是可以在銀幕上兌現的形象，只能是暫時不得不借助於文字來表達的銀幕形象。」這說明，張駿祥認爲那些被稱做「價值」的東西，其實都是電影的，而不是一般意義上的文學的。電影劇本本身就是電影存在的一種形態。可見張駿祥在他過去的文章中，怠慢了電影劇作家，無意中把他們置於電影之外了。他過去在談「文學價值」中的文章中說電影作家不是用電影手段而只是用文學手段創造價值，與他「文革」前講的電影劇作家要按照電影的特性、使用電影的特殊表現手段，通過電影形式去表達主題確有不一致之處。但張駿祥從根本上並未放棄自己重視文學價值的主張，他爲此進行了意在維護傳統電影觀念的長達四年的論戰。他在一九八三年發表的一篇文章中的結尾強調：「不要爲了創新，就全盤否定自己的傳統。我們要創新，也要向外國借鑒，但必須在繼承自己優良傳統的基礎上進行。」他認爲，「重視電影的文學價值，重視電影文學家的作用」，正是優良傳統的一個重要組成部分。從這裏可以看出，張駿祥的電影理論和夏衍、陳荒煤一樣，也是以電影劇本創作理論爲核心內容的。這與西方電影理論家一般不太重視電影劇本和作家的作用的情況，正好相反。

《影事瑣議》中的文章除探討電影的文學價值外，還對提高故事片思想藝術質量問題做了建設性的探討，並從全局的高度對三〇年代我國電影事業的基本經驗教訓做了回顧和總結。

第三節　荒煤：傳統電影理論家

荒煤（一九一四～一九九七），原名陳光美，湖北襄陽人。一九三三年冬在上海參加左翼戲劇家聯盟活動。一九三四年開始發表文學作品。一九四二年參加了延安文藝座談會。先後創作有短篇小說集和報告文學集，並有劇作問世。一九四九年初期，任中南軍區文化部長。一九五三年後任中央電影局局長、文化部副部長等職。出版的論文集有《爲創造新的英雄典型而努力》（一九五二年，人民文學出版社）、《解放集》（一九八〇年，上海文藝出版社）、《回顧與探索》（一九八二年，中國社會科學出版社）、《荒煤文學評論選》（一九八三年，湖南人民出版社）、《攀登集》（一九八六年，中國電影出版社）。

在三〇年代，荒煤主要以作家的身份出現在文壇。雖然那時也寫了《國防文學是不是創作口號》、《關於〈雷雨〉》⑨等評論文章，但數量不多。一九四九年後，由於工作需要，他將精力主要轉向文學批評——尤其是電影理論批評。他一跨進影壇，就十分重視電影文學劇本，思考電影文學劇本創作中的問題，並形成自己關於電影文學劇本創作的一套理論。這不僅是陳荒煤也是中國其他電影理論家的一個共同特點。如一九五三年，大陸的電影藝術還十分年輕，當時的電影工作遠遠落後於群衆的需要，不能滿足日益增長的客觀要求。幾個製片廠的生產，不僅數量少，而且質量也不高。一九五一年幾乎沒生產故事片，一九五二年也僅有十多部。爲了改變電影劇本缺乏的情況，陳荒煤寫了《作家要爲創作電影劇本而努力》⑩的文章，闡明電影劇本創作的重要性，動員全國作家都來參加電影劇本的創作工作。過了兩年後，電影文學劇本創作果然有了相當的進步。爲此，他又在一九五六年中國作家協會第二次理事擴大會上做了《爲繁榮電影劇本創作而奮鬥》的補充報告，還於同年六月在全國青年創作會議上做了《關於電影文學劇本創作的特徵》⑪的發言。此發言，雖然不及夏衍後來發表的《寫電影劇本的幾個問題》那樣系統和深刻，且篇幅也要短，但它是對五〇年代電影劇作實踐共向性努力的總結。他和夏衍如此強調電影文學劇本在整個電影創作中的地位，既反映了他們對電影這門現代藝術的認識，也體現了中國電影理論以劇本爲基礎、以敍事爲本體的美學傳統。

在中國當代電影文學史上，有兩個特點值得注意：一是作家大量加入電影文學創作隊伍，使電影的文學性成爲引人注目的話題，二是像一九五六年那樣較爲安定的創作時期不多，常常爲政治運動所衝擊掉。荒煤的電影評論也反映了這兩個特點。如荒煤很重視電影的文學性，反復強調「電影雖然是一種綜合性的藝術，但它的基礎還是劇本，沒有劇本就不可能進行生產」。他反對「片面地強調電影的特性，忽視文學性，把電影劇作當做一種匠藝式的寫作」⑫。在六〇年代初期，就有不少電影劇本太缺少文學性，只是追求結構、蒙太奇、特性等等，結果讀來味同嚼蠟。另方面，荒煤由於集理論和行政領導於一身，受這種地位的限制，難免要求電影理論政策化，因而也寫過執行錯誤政策的文章。如一九五八年，他就寫過《堅決拔掉銀幕上的白旗》⑬，對一九五七年電影藝術片中出現的創新之作做了遠非實事求是的批評。在反右鬥爭中，他還在一九五七年九月十七日的《人民日報》上發表過《從「密信」看鍾惦棐向黨的第二次進攻》的時文，並主持批鬥鍾惦棐的大會。但從內心的深處來說，荒煤還是主張搞藝術化運動的，嚮往電影能在安定的環境中得到發展。一九五九年，經過正反兩方面的教訓，他寫了一篇旨在糾正銀幕上的浮誇風的文章：《提高質量是爲了更好的躍進》⑭，強調正確深刻的理論內容「只有通過高度的藝術性才能得到深刻的、豐富而生動的體現。」「脫離了藝術的體現，或者藝術表現極不生動、藝術性很低的影片，不過是一些抽象的概念罷了。」雖然語氣婉轉，立足點還是爲了所謂「躍進」，但若把此文放在歷史的螢光屏上，就不難看出它所起的補偏救弊的作用。正因爲是反冒進的，所以過了半年，因「反修」文學思潮的興起，此文就受到了批判，說荒煤主張的「『質量（而且是藝術質量）』第一，這是違背黨所提出的社會主義建設總路線的」，是「資產階級觀點」。⑮

荒煤的電影評論除對電影藝術的運行及其發展趨向做出全局性的觀察外，尚有對具體作品所做的精到而細緻的剖析。一九五三年，他讀了柯靈的《爲了和平》後，兩次寫信給作者，對作品的主題思想、情節結構和人物性格的塑造，都提了極爲中肯的建議。後來作者採納了他不少意見（如「希望能更多地看到孟輝性格的發展和她的精神面貌」），提高了影片的質量。對於東北廠攝製的第一部藝術片《橋》，荒煤爲勞動人民不再以悲劇的角色而是以主人翁姿態出現在銀幕歡呼，並對影片過分表現梁日升帶病工作的描寫提出了合乎情理的批評。對從一個人表現一個時代的《聶耳》以及《老兵新傳》、《戰火中的青春》，他在充分肯定它們的藝術成就的同時，也談了不足的地方，體現了實事求是的批評風格。

與西方電影理論相比，中國的電影理論帶有明顯的實踐性。這在荒煤身上體現得尤其明顯。翻開他的電影論文集《攀登集》，我們可以看到，他的不少電影評論均是對電影創作實踐經驗的總結。特別是在「文革」後最初兩年，他和夏衍、馮牧、張駿祥、袁文殊一道，站在思想解放的前列，總結一九四九年來領導電影事業的經驗與教訓，爲新時期電影理論的發展提供了堅實的基礎。在一九七九年五月中旬作的《認眞總結經驗，更好地發展文學事業》的講話中，他把重點放在談文藝規律上。他強調文藝有自己的「特殊規律」，也有共同規律，不能「脫離文藝的共同規律來談電影藝術的規律，不能僅僅把電影的特性諸如表現手段、表現方法、表現技巧等，看做是規律性的東西。」在另一次講話中又強調指出：「文學藝術的共同規律無非是寫人。人物是敍事性文藝作品描寫的對象和中心。」寫人無非就是「寫人物的命運、遭遇、性格，表現在現實生活中各種矛盾中的人與人之間的複雜的關係；表現人們的各種思想和情感，寫他的內心嚮往和追求。」⑯。

然而，一部當代文學批評史證明，提倡寫人不容易，在當時弄不好就會被說成「人性論」以及由此而來的「資產階級人道主義」。可荒煤明知山有虎，偏向虎山行。他認爲，談人性不可怕，人性確有共同的東西，就是對人道主義也應做歷史的具體的分析，應承認其在歷史的發展上曾起過的積極的作用。他這些觀點，顯然是針對六〇年代批判徐懷中的《無情的情人》及後來討論《達吉和她的父親》中所出現的無理指責而言的，這對七〇年代末的撥亂反正，無疑起到了分淸大是大非的作用。

爲電影的文學性呼籲，是荒煤新時期從事電影理論批評工作的另一重要題目。針對有人否認電影劇本是文學的觀點，他在一九八一年底，趁《電影劇作》即將恢復之際，寫了《不要忘了文學》，重申他歷年來的觀點：「電影文學劇本是影片的基礎，劇本是一劇之本。電影文學的發展和繁榮，是電影藝術發展和繁榮的首要條件，也是提高影片質量的關鍵。」可以強調電影劇作的電影化、電影的特性及其特殊表現手段，「可是千萬不要忘了電影文學」。荒煤這一觀點——尤其是劇本是「一劇之本」的看法，是傳統的戲劇主張在電影理論中的運用，因而引起了激烈的論爭。來自理論界的張衛、余倩、汪流、鄭雪來反對這種看法，一些中靑年導演則強調「電影是導演的藝術」，向以劇本爲基礎的傳統觀念挑戰。而王愿堅、陸柱國、艾明之等來自作家隊伍中的電影劇作家，則毫無保留地支持荒煤。

荒煤在新時期探討的另一重要問題是社會主義新人的塑造。前蘇聯的早期文藝理論「常常強調作家應該注意以性格培養性格，應該創造值得靑年一代仿效的榜樣。」荒煤的電影觀念其源出於此。還在五〇年代，他在談電影劇本的劇作特徵時，就認爲社會主義現實主義「首要的任務就是要創造我們當代的英雄人物的形象，創造一種光輝燦爛的、普通勞動人民的典型形象，作爲人民學習的榜樣。」⑰後來他對這一觀點做了反思，認爲將此強調得過分了，有絕對化之嫌。尤其是鑒於「寫英雄人物」的口號，在十年內亂中被文化激進派弄成「根本任務」論，已「不堪提起」；另方面，光提「寫英雄人物」，也容易使電影的人物形象走向模式化。爲此，他根據新形勢下出現的新特點，在《談談農村題材的創作》等文章中，用「寫社會主義新人」的口號取代了「寫英雄」的口號。這自然不是簡單的換名詞問題，而是一種觀念的變革。因爲「新人」概念的內涵遠比「英雄人物」寬廣和豐富。但當時文藝界對「新人」的具體解釋不一致，有主張「高標準」式的。也有主張不能只包括「模範人物」，也應該把普通人算在內。荒煤參與了這場討論。他在上影創作人員的一次讀書會上，對「新人」的概念做了四條解釋，力圖使其條理化和具體化。⑱可他後來發現，這樣做會產生兩種副作用：一是容易導致作品的模式化，使許多作家都按此標準寫「新人」，這就把豐富複雜的生活簡單化了；二是容易重蹈電影理論政策化的錯誤，成爲某些部門審查作品的標準，妨礙有新意的作品問世。因而當有人提議給「新人」定出幾條標準時，他的回答是否定的：「最好不要有什麼條文。一方面是因爲社會主義新人是在社會發展過程中不斷發展的，不可能固定幾條不變的標準；另一方面，如果我們根據現階段的特點規定了幾條，就會造成文藝領導、編輯部門和評論工作者拿條文去硬套一些作品，給創作帶來更大的不利」。⑲他這種宜寬鬆不宜嚴密化的思想，體現了荒煤新時期研究電影理論的一種開放態度。從這裏可看出：「一個人的思想和認識也是在實踐中不斷發展和逐漸成熟的，不可能所有的觀點都是一貫正確的。」⑳

荒煤總結一九四九年以來電影工作的經驗，爲的是給新時期的電影創作描繪出粗線條的思想系列：人學——用電影的文學性刻劃社會主義新人形象——造就社會主義一代新人。這裏使用的自然是一種社會——歷史批評方法。和這種方法相聯繫，他反對有的評論家把過去的文學統稱爲「教化文學」，更不同意從根本上否定三〇年代以來的文學的觀點。對電影界大力提倡娛樂片，他也感到極大的困惑。作爲傳統派的理論家，他對新時期許多電影現象看不慣。爲此，他極力主張電影還是應發揮對青少年進行思想、道德、情操的教育作用和感染作用。

荒煤的影片評論，和他的散文一樣，顯示出一種質樸無華的特色。他不事雕琢，文章就像他平時的講話那樣娓娓道來，在質樸的文風中閃現出思想的火花。像他寫於五〇年代末的影評《一員親切可愛的闖將》㉑，既沒有復述故事情節，又沒有「蒙太奇」之類的名詞，寫得親切、坦率，並說出了一條很重要的道理：影片之所以成功，就在於塑造了幾個有鮮明個性的人物形象。難怪夏衍讀了後，向廣大讀者推薦這篇影評。㉒但荒煤的電影評論也存在著明顯的局限：欠缺嚴密的思辨色彩，論述常常缺乏完整的系統性。這是傳統電影理論家的一貫傾向，無論是在五〇年代還是在八〇年代，荒煤對此均沒有做出更大的超越。

荒煤的評論並不局限在電影。新時期以來，他熱情扶助新人新作，是最早站出來支持引起爭議的盧新華的小說《傷痕》和劉心武的《班主任》的評論家之一。他晚年的文章，站在思想解放的前列，比其電影評論的影響大得多。

第四節 「文章辛辣留川味」的鍾惦棐

鍾惦棐（一九一九～一九八七），四川江津人。一九三六年開始發表文章，一九三八年入魯迅藝術學院美術系學習。一九五〇年開始從事電影評論工作。一九五一年調中共中央宣傳部，後到該部江青任處長的電影處任職。曾參加「武訓歷史調查團」，係《人民日報》發表的《武訓歷史調查記》一文的執筆者。一九五七年被錯劃爲右派，從此「陸沉」二十二年。後任中國電影家協會書記處書記、中國電影評論學會會長，出版有下列以電影評論爲主的理論著作：《陸沉集》（一九八三年，中國電影出版社）、《起搏書》（一九八六年，中國電影出版社）、《電影的鑼鼓》（一九八六年，重慶出版社）、《電影策》（一九八七年，上海文藝出版社）。

鍾惦棐在解釋《電影策》的書名時說：「書以『策』名……，說明我至今還是電影社會學者，總是以社會學的角度看待電影藝術的發生、發展和作用的」。㉓的確，在他所寫的電影評論中，固然有許多是探討電影藝術規律的，但他更多的是從社會學角度留心「策」。雖然他從來不是決策者，長期以來只是一名宣傳幹部，但他非常關心中國電影的發展方向和路線問題。一九五六年，由於政治文化趨於明智和寬鬆，由此促成良好思維空間，使得鍾惦棐有可能沒有顧忌或較少顧慮寫了在中國當代電影思潮史上具有重要意義的文章：《論電影指導思想中幾個問題》㉔。此文從電影的指導思想大膽向

「工農兵電影」一說㉕提出尖銳的批評：「把黨所規定的文藝爲工農兵服務的正確方針，錯誤地解釋爲『工農兵電影』，就是要使工人看機器，農民看種地，士兵看打仗，幹部看辦公！就要走到否定人的精神生活複雜性，需要的多樣性。這能說與我們黨的文藝方針，有任何共同之點嗎！」這種大膽的質疑，在當時看來是「狂妄」，其實這是深知文藝規律的眞知灼見，也是鍾惦棐《電影策》中極有價値的片羽吉光。在談第二、第三個問題即「傳統」問題和關於組織電影創作及製片工作作風的問題時，他也似乎缺乏常人所謂的平和、公允。然而人們總是眞切地感到，他唯一關注的是大陸電影的成敗。他起勁地向決策者進逆耳的忠言，爲的是導致對電影題材問題上辯證、寬鬆乃至於淡化的理解。由此可見，從社會學角度看待電影藝術貴在有膽有識。當然，這膽識不是靠拍胸脯，而是靠對電影藝術的眞正理解。對原是一個文工團員，剛進城時是負責行政事務工作的鍾惦棐來說，他終於成爲一位敢於獨張新幟、和「左」的錯誤思潮「採取堅決進攻的方針」的電影評論家，靠的正是善於學習和敢於獨立思考。一九五六年十二月十五日，他以《文藝報》評論員名義發表的《電影的鑼鼓》，㉖是他成名的代表作。此文以深邃的目光、可敬的勇氣，集中提出了電影組織領導和思想領導這樣帶根本性的問題。雖不是以個人名義刊登，但在論述重大問題上，仍反映了他做爲一個電影評論家所具有的敏銳而深刻的思想洞察力和判斷力。如認爲爲工農兵生產的電影工農兵不愛看，這就是失敗，並指出電影界在貫徹工農兵方向上做了庸俗化的教條主義理解。他爲此付出了巨大的代價，那是一九五七年一月十五日，《香港時報》發表了台灣大道通訊社所發的通訊《重重壓迫束縛下，大陸電影事業慘不堪言》。這篇通訊大量摘錄了鍾㤭棐《電影的鑼鼓》中的材料。最後，這篇通訊煽動性地寫道：「身陷大陸的全體電影工作者，被迫壓抑得太久了，現在居然敲起反暴的鑼鼓……」

毛澤東有個信條：「凡是敵人擁護的，我們就要反對」。由香港這篇報道，鍾㤭棐便很快成了毛澤東的「反對」對象。一九五七年二月二十七日，毛澤東在最高國務會議上做《關於正確處理人民內部矛盾的問題》的講演時，發出對鍾㤭棐的嚴厲批判：「共產黨裏也有右派有左派，中宣部有個幹部叫鍾㤭棐，他用假名字寫了兩篇文章，把過去說了個一塌糊塗，否定一切，這篇文章引起批評了，引起爭論了，但是台灣很賞識這篇文章。」㉗這裏所說的「用假名字寫了兩篇文章」，一是指前面提及的以《文藝報》評論員名義寫的《電影的鑼鼓》；另一篇則是鍾㤭棐化名朱耆竹在一九五七年一月四日《文匯報》上所發表的《爲了前進》。再加上陳荒煤在一九五七年九月十七日揭發鍾㤭棐給何遲等人的「密信」——直至《人民日報》發表《這是爲什麼》社論之後的第三天，即一九五七年六月十日，鍾㤭棐還在致北京周文博的信中說：「……你在回來前，必須在電影方面撒下一個大網，以便日後好去抓他們。」用陳荒煤的揭發來說：「這幾封信證明了鍾㤭棐是多麼急切、多麼堅決地企圖打起第二場電影鑼鼓來，好給他作翻案文章。」由於有這些胡風式的「密信」做「罪證」，鍾㤭棐從此受辱於莫名，罹難於無期。

一旦臘盡春回，冰山解凍，鍾㤭棐又保持了以往用社會學角度看待電影藝術的熱情，寫了《對當前電影工作的十項建議》㉘一類文章，對電影事業應如何適應四化的要求提出了許多很好的意見。特別是對做爲精神生產的電影，「仍是統一規格，統一配方，統一經營，統一檢查」，即「仍是國家統一製片」㉙的電影體制，他表示了強烈的不滿，希望大家都「敢於去碰它一碰」。由於他對電影體制的弊端持嚴厲的批評精神，故在「策」之上者，以爲他很不正統；又由於他是以社會學角度呼籲改革，因而「策」之下者，又以爲他是正統得夠可以了。這種矛盾的現象，是新舊文藝觀念碰撞的時代塑造的結果。「正統」的一面，說明他多年積累的文藝理論素養還有生命力；「非正統」的一面，則說明他運用的文藝理論並不是呈封閉體系的，而是開放型的。他在繼承傳統的同時融合了自己的反保守、反僵化的創造性思維。

由於「總是以社會學的角度看待電影藝術」，所以鍾惦棐幾十年來使用的電影批評方法是社會——歷史批評方法。他使用這種方法，總是力求以對社會現實的了解來評價電影，依仗自己對社會生活的評價來燭照電影藝術質量的優劣，從而避免了對電影批評的抽象化、玄虛化、形式化，即脫離影片的思想內容孤立地評論影片的形式和演員的技巧，把電影批評僅局限在蒙太奇技巧一類的闡釋上。如他對《被愛情遺忘的角落》的評價，就與形式主義者所寫的評論文章不同，他著重指出「角落」是「我們作家對其所經歷的時代，進行了認眞而嚴肅思考的結果」。存妮和小豹子之間的愛情貧困，正是那侮辱人的尊嚴的時代所必然造成的貧困的愛情。這種歷史的評論視角，無疑切中了作品的思想主旨。這種效果的獲得，正建立在作者對社會生活的深刻觀察基礎上。但作者使用的社會——歷史批評方法，決不是光靠對影片思想洞察的開掘奏效，而是將思想洞察與審美體驗結合起來。如他在《記張瑜》中對《巴山夜雨》張瑜表演的評價，對劉文英這個形象的思想意義與社會價值的剖析，均是建立在細膩的審美體驗的基礎上。在《冼群在導演藝術上的一個輪廓》、《評〈祝福〉》、《預示著矯健發展的明天》等文章中，他也不滿足於做社會內容的考察，而是在分析影片的思想意義的同時對影片中的導演、演員乃至攝影、音樂等方面的特色，都一一闡幽抉微，做深入細緻的剖析。這說明他的社會——歷史批評方法，既是一種有思想有熱情的批評，同時又不忽視電影的審美價值，是一種更有利於從總體上把握電影作品的價值的批評方法。

鍾惦棐生前參加觀摩座談的最後一部電影是「上影」廠的《最後的太陽》。他在會上感慨萬端地說道：「就個人的人生哲學而言，我不太喜歡《最後的太陽》的境界，而更喜歡『夕陽無限好』的境界。像我這樣的老人，我主張『活著幹，死了算』，死在寫作桌上是最幸福的！」㉚他正是以這樣的「趕快做」的精神，瀝血化珠，嘔心化玉，拚釋生命鑄銀壇，寫下了文章百萬。這些文章，集中體現了他一貫堅持的電影觀：

一、「**電影必須是電影。**」㉛他之所以這樣看電影，是基於有相當一部分電影文學家和藝術家還缺乏自覺的電影意識，總是被各種非電影的框框所限制，所以拍出來的電影不太像電影，倒像平面化的舞臺劇或銀幕化的小說。爲了改變這種情況，他在一九八〇年三月給丁嶠的《一張病假條兒》㉜表達了「挑撥電影和戲劇離婚」的想法。他認爲：「任何藝術形式只有當它立足以和鄰近的形式相區別的時候，它的造型運動才算告一段落。」可見，他這裏說的「離婚」，是爲了批評電影沿襲舞臺的陳規而自我束縛的現象，呼喚電影觀念的更新。「就其電影意識的覺醒而言，目的是爲了我國的電影有所提高，有所發展，不能成爲電影和戲劇的雜拌兒，但不反對戲劇電影。」㉝也不排除戲劇性在當代電影觀念中所佔的一席地位。對五〇年代初期電影和戲劇「結婚」所取得的成績，他也不否定。但他認爲，這種結合帶來了在概念上把電影等同於戲劇的片面性。在《「離婚」一案》㉞中，他又將自己的看法推進一步，認爲電影不僅要和戲劇「離婚」，也應該和文學「離婚」。只有這樣，才能「有意識地擺脫話劇的影響，以及在結構上的小說方式」。他這種看法，引起了軒然大波。儘管各人看法不一致，但「離婚」問題的提出，有助於電影觀念的變革，有助於從更高層次上把握電影藝術的本質，探究電影的自身審美特徵。這是鍾惦棐晚年對建設中國電影美學一個重要貢獻。

至於電影美學，還在一九五七年早春，他就想寫一本這方面的著作，已擬好題綱，準備動手。後來由於鑼鼓一聲，沉冤如海，電影美學也隨之「陸沉」。一九七九年，是中國電影美學由混沌階段進入覺醒階段的轉折點。十一屆三中全會確立的「解放思想，實事求是」的路線，使鍾惦棐的電影美學意識再度覺醒，並尋找自身。他首先是探討電影與戲劇的關係，尋求電影特有的藝術規律，這是中國電影美學眞正走向建設的準備階段。在這一階段，他也確實取得了令人可喜的實績，除寫了《中國電影藝術必須解決的一個新課題：電影美學》、《紀錄影片的美學基礎小議》、《話說電影觀衆學》等論文外，還主編了兩本書：《電影美學：一九八二》、《電影美學：一九八四》。他帶領的《電影美學》寫作小組雖然還沒有結出碩果，他本人來不及爲《電影美學概論》一書打上句號，但電影鑼鼓的獨奏畢竟生成了一部電影美學交響樂——儘管這是未完成的交響樂，但這不應成爲評價鍾惦棐對中國電影美學建設貢獻大小的依據。鍾惦棐是長於散發性思維的，從他對「離婚」等一系列問題的論述中，仍可看到他與陳荒煤完全不同的「電影必須是電影」的觀念開拓了人們的眼界，使電影理論工作者逐步擺脫對電影的狹隘的功利要求，得以依照電影「自律」——包括電影美學「自律的要求」來對待電影。

二、**「電影必須成為廣大人民群眾的」**。㉟這條之所以擺在「電影必須是電影的」後面，是因爲先有電影才能談得上爲人民服務。鍾惦棐在一九五七年擬的電影美學提綱中，第一章談的就是電影觀衆問題。㊱對於這樣一位喝過延河水的老一輩理論家來說，電影與觀衆「無疑是第一性問題」。這不僅和他的思維，甚至和他的血肉聯繫在一起。在《電影的鑼鼓》中，他提到「票房價值」，那是針對製片上的主觀主義而言的。那時只強調題材的政治意義，不考慮群衆的多樣化要求。在有些影片上座率很低的情況下，他提出「票房價值」，正可促使領導考慮放映效果，提高影片質量。但鍾惦棐從來不把電影觀衆問題歸結爲「票房價值」。他認爲觀衆問題所包含的內容，「比『票房價值』廣泛得多」㊲。他還認爲，電影觀衆問題並不是電影放映後才產生的。眞正爲人民著想的藝術家，應該在開始創作時就把觀衆放在心裏。應該認識到「電影基本上是通俗文藝，應尊重多數人愛好。」爲此，他反對「沙龍電影」，但不排斥「陽春白雪」。

三、**電影創作必須走現實主義道路**。在他看來，離開了現實主義，就容易脫離人民，乃至回到上世紀末「玩藝兒」時代。他這些看法，和夏衍、陳荒煤均是一致的。在民族化問題上，他的看法卻不甚相同。他讚成「喜聞樂見」的方針，但不同意「電影民族化」的口號。他認爲，電影的存在形式是畫面的組合，直接訴諸視聽，因此，「它的主要手段——形象，不需要翻譯，只要電影藝術家們所顯示的生活是眞實的，它——電影自然就是民族的」。基於這一看法，他認爲「民族化問題並不是中國電影的主要危險」。對這個問題大肆宣揚，實際上表示了「害怕某些『拿來主義』的傾向把中國電影弄得不倫不類。」㊳

「文章辛辣留川味，品德清廉眞陝風」。鍾惦棐強調寫影評要「九分做人，一分作文」，他自己就是這方面的典範。他爲人品德淸廉，爲文形象生動，富於情感。他那些視野開闊、健筆縱橫的電影論文，以深刻的思想給人以啓迪，以活潑的文思給人藝術上的享受。其中有打「遭遇戰」，砰叭兩槍，便算一篇的短文，如《「離婚」一案》，可作雜文讀；有的以「散放」出之的章法論電影，如《論如何實際對待現實主義的偏頗與不足》，可作散文讀。正如有的論者所說：他的評論「不以邏輯嚴密的『掘開式』思維見長。他的思路跳蕩，頗有點遐思綿綿的味道。他善於目光四射，把材料縱横勾連到『論點』的軸心上，並穿插個人的生活經歷，給人一種恢宏開闊之感」。㊴《電影〈牧馬人〉筆記》便典型地體現了這一點。當然，他由於「失學於年少，失志於年青，失時於壯年」，因而有些評論顯得功力不足：雖然提出了重大問題卻沒有展開充分論證。有少數電影評論則寫得有點似文學評論，這與他平時的主張「電影必須是電影」不完全一致。至於離開影片本身過多的抒發主觀議論，則使文章筆墨分散，顯得不夠嚴謹。

第五節　兩位「商榷型」的理論家

鄭雪來、邵牧君均是研究外國電影理論著稱的評論家。他們的電影理論，大都是在與他人商榷或論爭中體現出來的，因而本節將他們放在一起評述。

鄭雪來（一九二五～　），筆名雪楠，福建長樂人。一九四二年入福建建陽暨南大學外文系學習。一九四八年開始從事文藝理論翻譯。一九五一年到中央電影局藝術委員會，從事斯坦尼斯拉夫斯基作品翻譯及前蘇聯電影藝術理論介紹工作。一九六一年起主持《電影藝術譯叢》編輯工作。爲中國藝術研究院外國文藝研究所研究員、所長。理論著作有：《斯坦尼斯拉夫斯基體系論集》（一九八四年，中國戲劇出版社）、《電影美學問題》（一九八三年，文化藝術出版社）、《電影學論稿》（一九八六年，中國電影出版社）。

斯坦尼斯拉夫斯基（一八六三～一九三八），是世界知名的戲劇家。以他的名字命名的「斯坦尼斯拉夫斯基體系」，在世界戲劇表演中有廣泛的影響。「體系」體現了一種嶄新的美學原則。爲了借鑒外國戲劇經驗，發展大陸戲劇創作，鄭雪來接受了翻譯斯坦尼斯拉夫斯基著作的任務。一九五六年，由他翻譯的斯坦尼斯拉夫斯基的《演員自我修養》第二部出版。兩年後，出他主持譯校的八卷本《斯坦尼斯拉夫斯基全集》開始陸續問世。鄭雪來的名字，隨著這些譯作的出版，漸漸爲戲劇界、電影界人士所熟知，然而他也因此而獲「罪」。「文革」期間，《紅旗》雜誌於一九六九年第六、七期發表《評斯坦尼斯拉夫斯基「體系」》㊵，使他受到株連。

如果說，「文革」前鄭雪來是以翻譯家的身份出現在戲劇界的話，那在新時期，他卻是以一名活躍的電影理論家的身份出現在論壇。他充分利用自己長期從事戲劇、電影翻譯工作的優勢，將研究的重點放在評價國外電影創作和理論問題上。評價的目的，是爲建立中國的電影學提供新的參照系統。

電影學作爲研究電影規律的學科，首先是國際性的。各國電影理論界所面臨的問題，常常超越國界。但在具體研究時，由於研究者所持的哲學立場和美學觀點的不同，再加上各國電影界所面臨的創作實際及由電影實踐所提出的理論問題，也不可能完全一樣，因而電影學作爲一門學科的建設，必然具有本民族的特色。基於這種看法，鄭雪來認爲：「必須把建立具有中國特色的電影學提上日程。」這裏講的中國特色，主要指三個方面：「⑴以馬克思主義哲學觀、美學觀爲指導；⑵具有本國、本民族的特點。在這裏，仍要考慮到中國式的社會主義道路和四化的要求，又要估計到我國民族文化藝術傳統，以及我國電影觀衆結構的特殊性，等等。⑶具有世界先進水平。即電影學作爲學科在世界上所已達到的先進水平。」他這些觀點，是針對電影學術界所出現的「言必稱巴贊」，或認爲大談「紀實性、長鏡頭、多義性」之類的「新詞匯」便可解決問題的傾向性而言。儘管學術界對鄭雪來的觀點還有爭議㊶，但這畢竟反映了鄭雪來的一個願望：尋求電影理論的中國特色，儘量擺脫國外一些現成理論模式的束縛，力求理論研究能解決大陸電影創作面臨的實際問題。

電影美學是比電影學高一層次的學科。電影美學問題，也是鄭雪來新時期所關注的一個重要方面。大家知道，電影美學問題是一九八〇年才引起藝術理論界重視的。這與大陸對某些門類美學理論探討比較起來，已落後了一大步。爲了改變這種狀況，鄭雪來接連寫了《電影美學的研究對象、方法和範圍問題》㊷、《電影理論的若干迫切問題》㊸等文章，闡明自己對電影美學研究對象、方法的看法。鄭雪來認爲：電影美學是一門不容否認的客觀存在的學科，與電影理論既有區別又有聯繫，並不是所有電影理論都能稱爲電影美學。電影美學有自己的特殊性，這特殊性表現在它把如何運用電影藝術手段認識和反映現實的規律做爲自己的研究對象。這與邵牧君認爲電影美學與電影理論本是一回事的觀點針鋒相對：在提法上，鄭雪來強調的是電影中的美學問題，邵牧君講的是從美學角度研究電影問題。即是說，鄭更多的站在美學這一邊，邵更多的站在電影那一邊。和一般的電影理論家更傾向於邵的提法相反，美學家們更讚成鄭的提法。因爲邵強調的是美學在歷史上的含義，而鄭突出的是美學在現實中的含義。邵認爲在西方，電影美學歷來是電影詩學的同義語，而鄭雪來認爲，西方並未解決電影美學問題。顯然，對美學本身的理解鄭雪來比邵氏更勝一籌。鄭雪來對一些流行的美學觀念持不同意見，尤其是在介紹國外電影理論時和邵牧君所持的不同角度和觀點，以及所使用的不同材料，確實活躍了大家的思維，使人們能夠從不同方面了解國外電影理論狀況，從而構成比較準確的判斷。

《電影學論稿》作爲鄭雪來的代表作，雖然還不是一本系統的理論專著，但從作者對電影基本理論（電影學概說、電影美學、現代電影觀念論、電影特性論、電影劇作論、電影表演史論、電影史論）以及對外國電影思潮的專題研究，可看出作者不僅對電影藝術的重大理論問題和世界電影的複雜藝術現象做了比較深入的探索，有不少眞知灼見，而且在一定程度上可看出八〇年代以來大陸電影理論研討的情況及其發展軌跡：如「文學價值」作爲一種嚴格的文藝學概念，能否在電影理論領域存在；是提「電影文學」還是提「電影劇作」，是提「建立具有中國特色的電影理論體系」還是提「電影理論民族化」更恰當；電影創作中是否應堅持現實主義，現實主義本身究竟有無性質不同，能否加「革命」或「社會主義」限制語，電影美學的研究對象能否只用「電影語言」這個詞籠統概括，以及「電影語言要現代化」這一提法是否恰當……，均在鄭雪來的論著中得到反響和呼應。在這本論著中，我們還可以看到新時期電影理論的兩個鮮明特點：⑴出現了一批像鄭雪來及其主要論辯對象邵牧君這樣理論準備充分的專業研究人員，從而改變了「文革」前電影製作者、影評家、哲學家兼職研究的情況。⑵論著的研究深度及其系統性、科學性比「十七年」時期大幅度地增加。相比之下，五〇年代末、六〇年代前期出版的某些電影理論著作就顯得份量不足了。

鄭雪來的奮鬥目標是「趕上法國和蘇聯的電影理論。」㊹爲了實現這個目標，他勤奮筆耕，寫了一百多萬字的學術論著。這些論著在闡述自己的學術觀點時，大都以「商榷」、「論辯」的面貌出現，使他的學術具有一種很強的個性。對於他的論戰熱情和獨特的理論品格，有人曾將其戲稱爲「商榷型的理論家」。這並不帶貶義。因爲他積極參加電影理論界關於電影美學問題幾次大的論爭，不僅給電影研究領域帶來一股活力和新風，而且有助於作者的研究主體意識的施展、主體價值的實現，最終使電影理論研究在論爭中得到發展。不足的是，他有些論辯文章過於尖刻，所舉實例不夠充分，這反映了作者長期來研究國外電影流於案頭的弱點。

邵牧君（一九二八～），上海人。一九四九年畢業於上海聖約翰大學英文系。同年九月，入清華大學研究生院外文系，專攻美國現代戲劇。學習期間，曾創作過多幕劇《朝鮮事件》，由中華書局出版。一九五一年秋，到文化部電影局藝術委員會研究室，從事西方電影理論著作翻譯、研究工作。一九五六年轉至中國電影出版社外國電影書籍編輯室，並擔負編輯《電影藝術譯叢》的西方部分。一九六四～一九六五年，翻譯了德國學者齊格弗里德·克拉考爾所著的《電影的本性》一書。「文革」結束後，任《世界電影》副主編、中國世界電影學會副總幹事等職。著作有：《西方電影史概論》（一九八二，中國電影出版社）

新時期是中國當代電影理論批評史上最活躍、最具建設性的時期。這時期電影思潮的演變所走過的每一步，幾乎都衝擊著電影史研究領域，影響著電影史研究工作者的思維方法、課題選擇和研究深度，使得他們無法閉門寫作，紛紛去參與當前電影理論問題的論爭。邵牧君和鄭雪來一樣，也是在這種情況下參加電影理論批評工作的。他寫於七〇年代末的《現代化與現代派》㊺，引起普遍的重視。此文和中年電影創作者張暖忻、李陀持完全不同的觀點。邵牧君認爲，張、李的文章「把電影語言的現代化同反對電影結構的戲劇化聯繫在一起，因此，不能不給人如下的印象，即電影的語言現代化標準，就是電影的非戲劇化，或者叫做終於擺脫戲劇衝突律的影響」。邵牧君並不認爲「電影越來越擺脫戲劇化的影響『是』世界電影藝術在現代化發展的一個趨勢」。他利用自己掌握的西方電影史知識，在回顧西方電影中非戲劇化傾向後指出：「非戲劇化也就是反對以戲劇衝突來推動劇情發展並從而突出人物性格特徵的理論和實踐，是同馬克思列寧主義的美學原則格格不入的。」「非戲劇化的概念，實際上就是非情節化、非性格化，它不是個結構問題」，而是「現代派的一個非常重要的主張」。而對西方現代派，邵牧君認爲沒有什麼可取之處。「這類影片就不僅沒有什麼認識價值，而且會生產鴉片煙式的毒害作用」㊻。他擔心因反對虛假而遷怒於戲劇化，必然會「不自覺地向現代派的非戲劇化靠攏，這是一條十分危險的錯誤道路。」他由此而擔心張、李會「滑向『現代派』」，這完全是出於一種好心，但恐怕把問題看得過於嚴重了。因爲大陸是否有可能產生現代派的土壤，還值得討論。何況現代派也並非洪水猛獸，一切皆壞。

邵牧君對現代派的看法雖然偏頗，但他在具體研究西方電影的現代派時，還是很有見地的。他於一九八〇年末寫的《略論西方電影中的現代主義》㊼，提出一種分辨現代主義的標尺：「只有主張以非理性原則主宰創作活動的文藝流派，才應歸入現代主義的行列」。他認爲「先鋒派」影片是那個時代的「各種現代主義流派的大匯合」。在概括了先鋒派的藝術主張後，他把西方現代主義奉行的原則概括爲「三無主義」：「無理性、無情節和無人物性格。」這種歸納，有正確的一面，它符合先鋒派的「純」電影和詩電影以及阿倫·雷乃的意識流作品。但與現代主義著名作家的另外一些創作不完全吻合。如依據薩特話劇改編的《可尊敬的妓女》，就不是「三無」作品。

一九八一年，在電影界熱烈爭論「戲劇性」、「文學性」問題的時候，張暖忻首次使用了「電影新觀念」一詞，並引起了一場論爭。邵牧君對此也發表了看法。在長達近三萬言的《電影美學隨想紀要》㊽中，他反對電影觀念的單調，主張電影觀念的多樣化。這篇洋洋灑灑的「隨想」，不僅推動了人們對電影新觀念問題的進一步思考，同時對當時正在進行的「戲劇性」、「文學性」問題的論爭，毫不掩飾地談了自己的觀點，這就引起了各方面人士的關注，鄭雪來以及羅藝軍爭鳴文章的發表，便充分說明了這一點。

謝晉是新時期成就顯著的電影導演。一九八六年七月《文匯報》發表的朱大可對謝晉經營的所謂「儒學電影」的批評，實質上涉及到中國電影走什麼道路的問題。邵牧君發表的《中國電影創新之路》㊾，引起一場牽涉面甚廣的討論。在這篇文章中，他企圖從中國電影歷史的縱坐標和世界電影發展的橫坐標的交叉點上去把握中國電影應如何創新的問題。在談到中國電影歷史傳統時，他對公認的評價提出了挑戰，認為三〇年代的電影不應過高的評價。他這一文章發表後，李少白、鍾大豐等人紛紛發表不同意見，從而推動了對中國電影歷史的反思，並把電影界關於「傳統與革新」的討論引向縱深方面發展。

進入八〇年代以後，電影理論的重心在轉向電影美學的同時，關於外國電影理論史和電影觀念史的研究介紹，越來越引起人們的重視。在這種情況下，邵牧君寫了《西方電影史概論》一書，把西方電影發展的歷史歸納為技術主義和寫實主義兩大傳統，認為這兩個傳統並無優劣高下之分，它們常有互相交叉的現象。書中最後一部分，通過大量的既存事實歸納分析了西方電影中的現代主義，認爲「現代主義實際上是技術主義和寫實主義的極端表現，它並不是某種完全獨立於兩大傳統之外的全新事物。然而這種『極端表現』是借助於或者得力於西方其他文藝形式中的現代主義的，而並不像技術主義（蒙太奇）或寫實主義（照相本體論）那樣，比較獨立於其他藝術。」因此，他談西方電影中的現代主義時，把面鋪得更開，分「西方文藝中現代主義的興起」、「西方電影中現代主義的歷史」、「西方現代主義的技巧特點」三方面談。這些論述雖然稍嫌粗略，在體系的完整和內容的詳細賅博上有值得改進的地方，但作者善於從全局的觀點來分析和評價西方電影中的各種流派及每一個類型電影問題，並力圖運用歷史的觀點，把西方電影史寫成一個有機的相互聯繫的歷史過程，而不僅只是孤立的電影美學理論和電影美學現象，這是值得肯定的。此書還有一個特點，「儘量介紹背景材料，不講沒頭沒腦的話」，追求學風上的樸素無華和文風上的深入淺出，把許多深奧的西方電影理論闡述得通俗易懂，醒人耳目。這不僅引起讀者對外國電影史研究的興趣和重視，而且使這門很少人涉獵的學科初步呈現出一片活躍和興旺的局面。

第六節　注意理論和創作雙向交流的藝軍

藝軍（一九二六～　），原名羅毅軍，湖北新洲人。一九四四年入西南聯大求學，兩年後轉北京大學西語系學習。一九五三年到北京中央電影劇本創作所任編輯工作。一九六二～一九六六年，任《電影藝術》編輯部副主任。《電影藝術》於一九七九年復刊後，任《電影藝術》副主編、中國電影家協會書記處書記。理論著作有：《風雨銀幕》(一九八三年，中國電影出版社)。

中國當代電影評論家，主要有三類：一是來自領導崗位，如夏衍、陳荒煤；二是來自翻譯隊伍，如邵牧君、鄭雪來；三是來自編輯崗位，如藝軍。藝軍在「文革」前的十年間，發表了六、七十篇文章，約二十多萬字。這些文章可分爲兩部分：對影片的評論，對理論問題的探討。

電影社會學是中國當代電影文學中的一種主要理論。緊密追蹤創作實踐，是中國電影評論的一貫傳統。藝軍的電影評論，也不例外。在推薦優秀作品，幫助觀衆理解作品的思想價值和藝術特色，溝通銀幕和人民觀衆的聯繫方面，藝軍做了大量的工作。如他寫的《〈林則徐〉的藝術概括和人物塑造》㊿、《新時代的前哨戰——評影片〈霓虹燈下的哨兵〉》、《徹底砸斷農奴的鎖鏈——評影片〈農奴〉》、《偉大的國際主義戰士的形象——讀電影文學劇本〈白求恩大夫〉》，以評帶論，論評結合，夾敘夾議，在細膩的分析中閃耀著思想的光彩。後來寫的《影片〈傷逝〉的藝術風格》，從審美功能著眼來評析電影藝術的社會效果，是對他過去的電影社會學評論的一種超越。「文革」前，藝軍還與其他三位評論家一起用「丁四喜」的筆名，在《北京晚報》上開闢了「銀海語絲」專欄，用生動活潑、短小精悍的文藝隨筆形式，對電影創作提出了一些中肯的意見。此外，他還於五〇年代中期，和他人合譯了匈牙利貝拉·巴拉茲《電影美學》，後來又翻譯過一些電影理論和文學作品。

藝軍的影評文章，由於大部分是編餘的副產品，因而系統性不強。但即使這樣，從他論述創作和探討理論問題中，仍可看出大陸電影在風風雨雨中留下的印痕。

長期以來，大陸以政治運動方式對待藝術是非問題，動不動就批判「人性論」，使得許多電影藝術家不敢大膽反映人物眞實複雜的感情。如《情長誼深》、《無情的情人》就曾被當做「人性論」的標本示衆。一九五九年，由群立編劇的《戰上海》所刻劃的劉義形象，由於是那個特殊年代出現的比較眞實的起義將領，因而也受到非議。一九六一年初，《大衆電影》對這個形象的塑造問題展開了討論。藝軍應《大衆電影》之約，寫了《一個塑造得成功的反面形象——談〈戰上海〉中的劉義》，對這場討論做了總結。文章反駁了對劉義這個形象的挑剔和指責，大膽肯定了編劇者敢於寫他的複雜性格和感情，具有一定的典型概括意義。這對當時流行的「人的社會性就是階級性。除了階級性外，不存在共同的人性」的觀點，無疑是一種反撥。

「十七年」的電影理論批評，政治思想、政策觀念常常混入於電影理論之中，對毛澤東《在延安文藝座談會上的講話》的某些觀點，往往做教條主義的理解。藝軍也不可能完全擺脫這股思潮的影響。如他寫於一九六一年的《試論社會主義的電影喜劇》，儘管提出了一些值得注意思考的問題，文中關於喜劇正面形象的分析和其它論述，亦有可取之處，但文中援引毛澤東《在延安文藝座談會上的講話》中有關諷刺、歌頌與暴露的論述作爲「在社會主義電影喜劇中，諷刺喜劇不應成爲主流」的具體論據，則是不對的，這顯然受了當時批判《新局長到來之前》、《布穀鳥又叫了》觀點的影響。作者本想用繞開重大矛盾的辦法迴避「棍子」的襲擊，爲喜劇的生存找出一條新路。用心良苦，但效果不好。如文中對《五朵金花》、《今天我休息》的內容所做的概括：它們所「展現的是一幅美好生活的畫卷：這裏沒有一個受批判的對立面人物，也沒有一種受到譴責的落後思想。所有出現在畫卷中的事物，都沐浴在社會主義的燦爛陽光下，沒有一片烏雲，也沒有一點陰影。這兩部影片所描繪的情景，與我們現實生活的基調是十分諧和的。」這裏所描繪的無差別、無衝突境界，與當時充滿矛盾鬥爭的現實生活其實是十分不協調的。這自然不能過分責怪作者本人。我們感興趣的不是此文論斷的輕率與失誤，而是作者後來所認識到的它的存在價值：「在一定程度上代表了當時頗爲流行的一種『左』的文藝思潮，並把這種思潮的某些基本觀點在電影喜劇問題上相當集中地反映出來。」㉛

「文革」結束後，藝軍吸取了正反兩方面的教訓，所寫的文章質量比「文革」前有了顯著的提高。這主要表現在理論深度的加強，和較有計劃地對電影美學、電影特性、電影民族化等問題進行探討。像《卓別林美學問題》，對悲與喜、神似與形似、創新與因襲、單純與複雜，均做了令人欽佩的論述。從中也可看出：從美學理論中吸取營養，提高評論的研究層次，是藝軍新時期電影理論不同於以往的一個重要特徵。這點在他的代表作《電影的民族風格初探》中表現得更爲明顯。此文是當時電影界寫得較早、比較系統地論述電影民族化問題的文章。作者從「內容與形式統一」的角度來把握「民族化問題。他肯定「作品的民族性主要取決於是否反映了民族生活。內容是民族性主導的、決定性的方面」。同時，又明確地提出：「那麼，藝術形式是否有民族化問題？如果電影的藝術形式只限於某些技法，確實不存在什麼民族化的問題。然而，電影的藝術形式應包括比電影技法遠爲廣泛的內涵，諸如技術構思、人物描寫、情節結構、敍述方法、細節刻畫以及蒙太奇手法等等……電影的藝術形式是有一個民族化問題」。接著，他從「時空、動態」、「傳奇性、人物」、「意境、虛實、含蓄、凝煉……」等等方面做了長篇的論述。他這些意見後來雖然引起了爭論，但他既著眼於本民族文化傳統的回溯繼承，也著眼於世界各流派電影理論的參照，以及不搞「純理論」研究，而將自己對民族特色論述光彩投射到創作實踐中，形成理論和創作的雙向交流，這是值得肯定的。

註釋

① 《夏衍論創作·序》。

② 參看袁文殊：《夏衍的電影觀念》，《光明日報》一九八六年一月二日。

③ 《文藝研究》一九八四年第一期。

④ 參看余開偉：《千秋功罪，自有歷史評說——讀夏衍同志〈一些早該忘卻的往事〉的感想》，《文學評論》一九八〇年第四期。

⑤ 《大衆電影》一九八〇年第六期。

⑥ 《電影文學》一九八二年第六期。

⑦ 《電影文學與電影特性問題》，《電影新作》一九八二年第五期。

⑧《電影新作》一九八三年第四期。
⑨一九三七年一月《上海業餘劇人協會第三次公演特刊》。
⑩《文藝報》一九五三年第四期社論。
⑪《文藝報》一九五六年第六～七期。
⑫《從電影的「基礎」說起》，《文匯報》一九六二年五月十二日。
⑬《人民日報》一九五八年十二月九日。
⑭《電影藝術》一九五九年第一期。
⑮凝光：《這是什麼傾向？》，《電影藝術》一九六〇年第一期。
⑯《關於繁榮電影創作的幾個理論問題》，《攀登集》，六五五頁。
⑰《文藝報》一九五六年第六～七期。
⑱《在當代文學研究會一九八二年年會上的講話》，《當代文學研究參考資料》一九八三年第二～三期。
⑲《在一九八二年十一月十七日一次座談會上的講話》，《文藝情況》一九八二年第十九期。
⑳《解放集·前言》。
㉑《大衆電影》一九五九年第十三期。
㉒夏衍：《電影論文集》。
㉓《電影策·序》。

㉔《電影策》，十九頁。
㉕「工農兵電影」一詞出於電影局局長袁牧之爲一九五一年出版的《黨論電影》寫的前言。
㉖《文藝報》一九五六年第二十三號。
㉗轉引自羅藝軍：《敲電影鑼鼓的人》，《電影創作》一九九三年第五期。
㉘《文藝研究》一九七九年第四期。
㉙《電影策·序》。
㉚引自仲呈祥：《爲學爲文重爲人》，《當代電影》一九八七年第五期。
㉛《起搏書·跋》。
㉜《電影通訊》一九八〇年第十期。
㉝《論社會觀念與電影觀念的更新》。
㉞《北京晚報》一九八〇年八月六日。
㉟《電影美學：一九八二年》後記。
㊱《話說電影觀衆學》，《北京影壇》一九八一年第三期。
㊲同上。
㊳《電影形式和電影民族主義》，《電影文化》一九八一年第一輯。
㊴任仲倫：《視野宏闊，筆力縱橫》，《電影新作》一九八六年第二期。

㊵作者爲「上海革命大批判寫作小組」係余秋兩執筆。

㊶如研究世界電影的另一權威邵牧君就反對「電影學」這個概念，認爲「西方沒有這種提法」。並認爲：「電影是一種國際性的現代藝術，在探索其藝術規律與特性方面，並無本國特色可言」。

㊷《世界藝術與美學》第二期。

㊸《電影文化》一九八二年第三輯。

㊹高樹勛：《從「美國兵」到研究員》，《文藝報》一九八八年四月十六日。

㊺《電影藝術》一九七九年第五期。

㊻《略論西方電影中的現代主義》，《電影藝術》一九八〇年第十一～十二期。

㊼同上。

㊽《電影藝術》一九八四年第十一期。

㊾《電影藝術》一九八六年第九期。

㊿《文藝報》一九五九年第十期。

㊿①《風雨銀幕》，一五五頁。

餘論：九〇年代的文學批評特徵

一九四九年以來的文學批評，主要是一種服務型的批評。這裡講的「服務」，是指爲政治服務、爲階級鬥爭服務。到了「文革」期間，這種服務型的批評蛻化成爲「四人幫」篡黨奪權的陰謀政治服務。在陰謀政治這一達摩克利斯之劍的逼視下，文學批評的價值完全失落了。

在一九七六年十月那場巨變中，文學批評從死寂的狀態下甦醒過來。那時的文章，大量用來撥亂反正，推倒文化激進派炮製的「文藝黑線專政論」。其功能仍是服務型的，所不同的是服務對象有了質的變化：原先用來爲文化激進派所「開創」的「文藝新紀元」抬轎子、吹喇叭，現在則用來爲揭批文化激進派的罪行服務。

到了八〇年代，文學批評的服務型功能普遍受到質疑。人們從西方引進那麼多新觀念、新方法，爲的是取代過去與權力意志和主流意識形態關係密切的文學批評。這時的文學批評，不再代聖人立言、代政治家立言，而企圖取得文學批評的獨立地位。爲了追求批評精神的個人自由，讓批評具有個人意識和審美意識，批評家們作了多方面的探索，爲此付出了代價。但當批評家們從政治化寫作向現代化寫作、欲望化寫作過渡後，並沒有爲九〇年代文學理論批評的發展預示一種新的前景。許多批評家在從事橫的移植時忽視了縱的繼承，對西方文論多採取整體認同的態度，很少有批評家站出來，對用新潮的霓虹燈作裝飾的文論說個「不」字。還有的文論思想干癟，語言浮腫，造成批評對讀者的疏離。

到了九〇年代，文學批評出現了許多新的情況。讚之者曰發生了「深刻的變化」①，攻之者曰「九〇年代的文學批評已經開始呈現瓦解狀態」，批評家們得了「癔病」，「眞正的批評家缺席」、「失語」②。其實，後者看法過於極端。應該承認，九〇年代的文學批評比起八〇年代來，學院派批評家與專業批評家合謀營造的「貞觀之治」的盛景已不復存在，但它捨棄了八〇年代那種對多元文化的盲目樂觀態度，而對現代化批評在人文意義上作出了有價值的探討。作爲「思想家淡出，學問家凸顯」——魯迅、胡適、陳獨秀退居二線，王國維、陳寅恪、吳宓被捧上天的九〇年代，批評家們不再像過去那樣浮躁和焦慮，把西方文論一次次搬進來囫圇吞棗，而是從這個誤區走出來重返家園、重建家園，尋找自己的話語。在處理西方與中國傳統、自我與他者問題上，也不再搞二元對立，而是在更寬闊的文化背景上尋求建立有東方特色的話語體系。如有人所倡導的「圓型批評」，就吸收了中國古代哲學有關「圓的思想的合理內核。」③「第三種批評」的倡導者也沒有視意識形態爲政治怪物，而是企圖建設一種「以人文核心爲內涵」的「新意識形態批評」。以文藝學而論，如果和從前相比，它已從八〇年代的「年青氣盛」轉到九〇年代的「老成持重」；是由「多元爭勝」轉到開始意識到必須「多元對話」；不是像有些人說的「從神氣活現走向神氣黯然」，而是如杜書嬴所說的「進入了『哲學沉思』；不是像有人所說『失去了言說能力』，而是變換了言說方式。」④下面，我們著重談談文學批評。

九〇年代的文學批評，總的說來有正面，有負面，現分述如下：

其一是不熱衷於純理論的新學科研究而面對現實，跟蹤當前的創作現象，及時作出自己的反應。對賈平凹、王朔作品的評論，——尤其是王蒙用「躲避崇高」去表現這個時代美學風格的精髓，而不像孫紹振未能用富有凝聚力的概念去區別新時期與五、六〇年代的美學風格，這是個進步。此外，對《九月寓言》、《曾國藩》的藝術分析，對劉震雲、韓少功等作家的評論，均說明評論與創作的關係改善了，貼近了。在文體研究中，散文一直是薄弱的環節。可近年來對散文創作新現象的研究、對余秋雨文化散文得失的探討，也顯示了散文評論不再像過去那樣甘居下游。

但評論家們愛走極端。當他們不熱衷於純理論的新學科建設的時候，又有人去效仿思想家去做宏觀的文化批評。這種批評如寫得好，的確能給人高屋建瓴之感，但他們中的一些人的文化批評顯得大而空。這種批評的一大特徵是愛用大詞，諸如「全球性」之類。這種「全球性」的濫用，使八〇年代風行過的細讀文本的新批評相形見絀。這便造成了批評與創作的疏離。這就難怪有新的創作現象出現的時候，很少有人作紮實的研究，不少批評家對此缺乏熱情乃至不屑一顧。對「新寫實」小說的分析算是例外。到了一九九六年，又有批評家提出「現實主義衝擊波」的問題。這種提法表明了評論家對創作傾向的關注。但這種「衝擊波」的「旗號」能否在理論上站得住腳，則還有待推敲。

一方面說評論與創作關係的改善，一方面又說「疏離」，乍看起來前後矛盾，其實這正反映了九〇年代的批評特徵：批評家對經濟大潮衝擊下的複雜文學現象把握不透，時而緊跟，時而疏離。疏離的原因除有些批評家改變寫作路線外，還因爲九〇年代的創作不如八〇年代那樣能激發批評家的想像力和創造力。

其二是評論隊伍有新的分流和調整。像八〇年代把文壇弄得沸沸揚揚的評論家劉再復不再在國內耕耘，青年評論家的「精神領袖」黃子平到香港浸會大學任教，但絕大多數評論家仍活躍在國內文壇。也有一部分評論家下海經商，有的則改行寫小說（如季紅眞），有的則改寫文化評論（如吳亮），但多數八〇年代湧現的評論家並不像有些人說的在「勝利大逃亡」，如陳思和、王曉明、南帆、王幹、陳仲義等人其英姿不減當年。至於說學院派評論家都忙於「去碼理論學術」『磚著』，造成對當代作家作品的全面疏離，這是典型的情緒化評論，帶有主觀隨意性。以北京的評論家而論，他們仍寫了許多即時性的文學理論批評，學術研究並沒有削弱他們對「文本」的感受能力和銳敏的洞察力。何況，九〇年代還湧現了陳曉明、孟繁華、邵建、陳旭光等新一代批評家。

其三是中國大陸當代文學史研究取得了突破性的進展。中國大陸當代文學史的研究，從「十七年」時期就開始了。但那時的研究，淸一色是當時文學運動的注腳，拒排個人化的審美意識。新時期以來出版的三十多種當代文學史，改變了這種情況。這些文學史，確立了當代文學史的研究對象和範圍，探討了性質和分期，還對一些有影響的作家作品作了定位，使當代文學從現代文學史中獨立出來，成爲一門新興的學科。但這些當代文學史著作，其缺陷也異常明顯：對當代文學發展的規律研究不夠，在框架上大都是作家作品論的疊加，且忽略了臺港澳文學。

進入九〇年代後，這種局面有了改變。突出的標誌是首次出現了私家治史（以往的當代文學史全是集體編寫），這就是洪子誠根據他在一九九一～一九九三年在訪問東京大學期間整理的講稿《中國當代文學概說》。⑤此書和他參與編著的《當代文學概觀》⑥書名幾乎相同，但體系、內容和研究視角大相徑庭。該書最重要的特點是在處理、「重建」四十年來的文學材料、現象時，不受流行觀點的束縛，敢對取得支配地位的「文學規範」的性質及其演變作出新的闡釋。具體說來，在論述五〇～七〇年代文學時，描述了從延安時期所確立的「工農兵文學」如何取得絕對的支配地位，以及這一文學形態的基本特點。下編則揭示了這一文學規範在八〇年代逐步削弱乃至瓦解的過程，對中國作家「重建」多元化的格局作了熱情的肯定。在框架處理上，該書沒採用流行的作家作品論組合方式，而著重描述文學現象的出現、變遷的過程，但又不像趙俊賢主編的《中國當代文學發展綜史》⑦那樣以論代史，而是史論結合，在同類教材中顯得一枝獨秀。可以毫不誇張地說，此書是當代文學史教材中最有獨創性的一種。目前其影響主要在海外，但相信很快會「出口轉內銷」，促使大陸當代文學史教材的變革。

在臺港文學研究方面，九〇年代的臺港文學研究工作者各自兢兢業業寫出一批有一定質量的專史，爲整合分流的中國當代文學提供了較好的基礎。

其四是有關人文精神和城市文化的討論——尤其是前者，由學術界的中青年知識分子自發掀起，不少精英作家積極參與。在長達三年之久的討論中，正視了世紀末人文精神危機問題，反思了知識分子在精英神話受挫後重新定位的時代課題。討論的發起人之一王曉明曾把討論者的一些看法概括爲以下七條：一、我們今天置身的文化現實是遠遠不能令人滿意的，甚至可以說它正處在深刻危機之中；二、作爲這危機的一個重要方面，當代知識分子或文化人精神狀態普遍不良，人格的委縮，趣味的粗劣，想像力的匱乏和思想、學術的「失語」，正是其觸目的表現；三、從知識分子或文化人的自身原因講，就在於喪失了對個人、人類和世界的存在意義的把握，在基本的信仰和認同上兩手空空；四、知識分子或文化人的這種普遍的精神失據，是在近代以來的歷史過程中，由各種政治、軍事、經濟和文化因素合力造成的；五、要想眞正擺脫這樣的失據狀態，需要幾代人的持續努力；六、作爲這個努力的開端，討論者們特別願意來提倡一種關注人生和世界的存在的基本意義，不斷地培植和發展內心的價値需求，並且努力的在生活的各個方面去實踐這種需求精神，他們用一個詞來概括它，就是「人文精神」；七、既然是這樣一種精神，它的實踐就自然會成爲一個不斷生長、日益豐富的過程，一個通過人性和差異性來體現普遍性的過程。⑧

這場討論（包括王蒙與王彬彬的「二王」之爭⑨）總的說來是在學術民主、自由的氣氛下進行的，充分體現了知識分子可貴的社會責任感。但討論時由於各人對人文精神的內涵理解不一樣，論證不夠嚴密，有大而不當的毛病，且思想交鋒不夠，因而這場討論陷入了形式主義、與人們的生活世界相脫節的誤區，收穫不甚明顯。

其五是媚俗傾向嚴重，標「新」立「後」之風勁吹。「在這個走向世紀末的無名、無思、無畏但有欲、有性、有錢的時代」⑩，一些批評家抵擋不住世俗化的潮流，承繼了八〇年代出現的玩文學、玩批評的不良傾向，與媒體合謀聯袂表演，不斷進行商業性「炒作」製造熱點，拋出了諸如新生代、新寫實、新體驗、新狀態、新都市、新市民和私人寫作的旗號，還有什麼後現代、後批評、後殖民、後崛起、後朦朧一類的新術語。樹這些旗號和術語，多半是爲了一本雜誌的暢銷或某個作家群的推出。在商業經濟取代計劃經濟的時代，文學在走向商品化，文學批評適當用一些營銷手段，似乎無可厚非，但提口號和術語總要有一定的理論根據，要能符合文學發展實際和作家創作實際。上述口號和術語，除少數外，大都缺乏理論的建樹，經不起推敲，不似八〇年代出現的某些口號、術語，理論上能站住腳。

和這種文學包裝化的傾向相聯繫是評論家受人之託參加評獎委員會，以投票方式製造文學史。此外是作家作品研討會的流行和濫用。對優秀的或有特點的作品開個研討會，請有水平的評論家來會診，對提高作家的創作水平無疑有一定的幫助。但當這種形式被無限地使用，尤其是那些促銷性的研討會、發佈會實行「有償評論」，使批評家成爲作品的廣告商時，這種作家與評論家的合謀（而不是合作）就不值得讚揚了。

其六是不斷製造「文學事件」。隨著社會主義市場經濟體制的確立，面對洶湧膨湃的商品大潮，神聖的文學再也神聖不起來，作家感到了困擾，批評家們因不再一言九鼎陷入了困惑。爲了對抗這種商品大潮，更好地推銷自己的精神產品，評論家與作家（或編輯）再次合謀，不斷上演了一齣又一齣文學「事件」。先是有王一川策劃的文學大師排座次，茅盾被除名，金庸等人取而代之的「事件」。⑪到了氣象峥嶸或曰氣象猙獰的一九九七年，則有所謂「馬橋之爭」事件：就韓少功的《馬橋詞典》是否「抄襲」《哈扎爾詞典》⑫一事，作家與評論家、評論家與評論家之間鬧得不可開交，弄得雙方對簿公堂。其實，作爲文藝評論，求諸法律判決誰是誰非或借「專政」的力量去擊倒對方，不是一種聰明的選擇。我們提倡作家要有雅量，要聽得進不同意見——包括近似荒唐的出格意見。聽了後可以反批評，另方面也要相信時間、相信讀者，不必慌忙採用法律手段裁決。

在九〇年代，還有對謝冕等人主編的兩部《中國百年文學經典》⑬、《百年中國文學經典》⑭的爭論或曰「事件」。

這幾年，爲了適應市場的需要，一些選家（編選也是一種批評）操起了剪刀和漿糊，編了名目不同的各種「作品選」、「精品選」。而這兩部由名牌大學教授出面編的「百年文學經典」，將這種「編選熱」推上了頂峰。由於是近距離觀察，且編選標準不統一，對不少重要作品有遺漏，更重要的是「經典」一詞被泛化，被濫用，編者以文學史的名義給一批作家作品打上「經典」的紋印以便推銷，因而引起讀者以至入選者的紛紛質疑⑮，是很合符情理的事。

由於批評表演化和事件化的干擾，也由於評論刊物紛紛關門，批評文章只好寄生在報刊上，因而九〇年代文學批評總的說來顯得靈動、輕盈，不如八〇年代的厚實、凝重。這除了上面說的和商業營銷術入侵了文學批評領域外，還受了缺乏理論意義的無謂論爭的騷擾。這種騷擾有時還擴展到兩岸文學論爭中，發展爲傷害性批評，如把台灣余光中先生對朱自清的散文、戴望舒的詩的批評上綱爲「嚴辭否定新文學名家名作」⑯，把爲余光中辯護者打成「招搖撞騙」⑰乃至藉讀者來信之口，攻擊余光中是「文學上的大反攻，反攻大陸」⑱。這種在文學中玩弄政治、在政治中玩弄文學的手法用來對付彼岸的愛國作家，尤其不恰當。須知，批評不能依附：依附權力不行，依附風向不行，依附媒體的霸權或「本報評論員」話語的霸權，不許別人反批評更不行。應當把文學批評當作一門學科，而不是把文學批評弄成棍帽齊飛的訛詐恫嚇。如有這種恫嚇，還能有什麼祥和氣氛，還能有什麼寬鬆的批評環境，批評還有什麼活躍可言，又有誰還敢去從事文學批評呢？

以上論述的九〇年代文學批評其實只是一九九〇——一九九七年間的文學批評，還有三年的發展有待實踐的驗證。但受市場化、商品化的制約估計今後仍不會改變。總之在商品經濟條件下，如何求得文學批評的健康發展，值得進一步探討。

註釋

① 陳駿濤：《文學批評：從八〇年代到九〇年代》，《南方文壇》一九九七年第五期。

② 丁帆：《批評癔病的初診》，《文藝報》一九九七年六月七日。

③《全國文學批評研討會紀要》，《文學評論》一九九四年第四期。
④杜書瀛：《新時期文藝學反思錄》，《文學評論》一九九八年第五期。
⑤香港，青文書屋一九九七年版。
⑥北京大學出版社一九八〇年七月版。
⑦文化藝術出版社一九九四年版。
⑧王曉明編：《人文精神尋思錄》，文匯出版社一九九六年二月版。
⑨參看王彬彬：《過於聰明的中國作家》，《文藝爭鳴》一九九四年第六期；《黑馬與黑駒》，《新民晚報》一九九五年一月十七日。
⑩王一川：《九〇年代文學和批評的「冷風景」》，《文學自由談》一九九七年第三期。
⑪見王一川主編：《二〇世紀中國文學大師庫》，澳南出版社一九九四年版。
⑫參看天島、南芭編著：《文人的斷橋——〈馬橋辭典〉訴訟紀實》，光明日報出版社一九九七年十月版。
⑬謝冕主編，孟繁華副主編，海天出版社一九九六年版。
⑭謝冕、錢理群主編，北京大學出版社一九九七年版。
⑮參看梁適報導：《經典標準引發爭議，權威選本遭到質疑》，《文藝報》一九九七年八月二十日。
⑯⑰參看廣州《華夏詩報》本報評論員：《眞理愈辯愈明—關於「余光中嚴辭否定新文學名家名作」爭論的一個尾聲，並評古遠淸的拙劣行徑》，《華夏詩報》一九九四年九月二十五日。

⑱ 見《華夏詩報》一九九三年第五期所刊一位中學生的來信。

附錄

中國大陸當代文學理論批評大事記（一九四九～一九八九）

一九四九年

三月　中華全國文學藝術工作者代表大會召開第一次籌委會，籌委會委員由郭沫若、茅盾、周揚等四十二人組成。籌委會主任爲郭沫若，副主任爲茅盾、周揚，秘書長爲沙可夫。

五月四日，由中華全國文學藝術工作者代表大會籌委會主辦的《文藝報》周刊第一期問世。負責人爲茅盾、胡風、廠民（即嚴辰）。

七月二日，中華全國文學藝術工作者代表大會在北平隆重開幕。郭沫若於次日做了題爲《爲建設新中國的人民文藝而奮鬥》的報告。茅盾和周揚分別於四日、五日做了關於國統區和解放區文藝運動的報告。

七月十九日，第一次文代會勝利閉幕。中華全國文學藝術界聯合會正式誕生。

八月二十二日，上海《文匯報》展開小資產階級人物能否成爲文藝作品主角問題的討論，歷時二月有餘。

九月五日，《文藝報》召集北平、天津部分作家，共同探討章回小說的創作問題。

九月二十五日，由全國文聯主辦的《文藝報》半月刊正式創刊（從第一卷第八期起刊出主編名單：丁玲、陳企霞、蕭殷）。原來由文聯籌委會主辦的《文藝報》共出版了第十三期。次日討論短篇小說創作問題，由全國文協創作組主辦。

十月一日，中華人民共和國莊嚴宣告成立。台灣、香港文學從此分流。

十月二十五日，以創作爲主兼及評論的全國文協機關刊物《人民文學》（月刊）在北京創刊。茅盾任主編，艾青爲副主編。周揚在該期發表《新的人民的文藝》。

十一月十日，《文藝報》第一卷第四期頭條發表何其芳《一個文藝創作問題的爭論》，對關於寫工農兵與寫小資產階級創作問題提出了總結性的看法。

十一月十五日，大衆文藝創作研究會在北京成立，著名作家趙樹理等被選爲執行委員。王亞平在本年度出版了《從舊藝術到新藝術》（上海書報雜誌聯合發行所）。

十二月十日，《文藝報》第六期開闢《關於中國舊文學的學習問題》討論專欄，後發表了陳涌等人的文章。

十二月二十二日，彭眞在北京市文藝幹部會上做報告，其中談及《關於日前北京文藝工作的幾個問題》。此文後來發表在《人民文學》一九五〇年二月出版的第一卷第四期上。

本年出版的文學論著主要有：楊晦的《文藝與社會》（上海，中興版）、周而復的《新的起點》（群益版）、范泉的《創作論》（上海，永祥版）、周揚的《新的人民的文藝》（新華書店）、鐵馬的《論文學語言》（上海，文化版）、劉芝明和草明等《蕭軍思想批判》（大衆書店）。

一九五〇年

一月一日，《大衆詩歌》創刊，郭沫若發表了《關於詩歌的一些意見》。

一月十日，《文藝報》第一卷第八期開設美學思想問題討論專欄，發表了黃藥眠、蔡儀、朱光潛的論爭文章。

一月二十五日，《文藝報》發表了茅盾《目前創作上的一些問題》。

二月，由天津市文學工作者協會主辦的《文藝學習》創刊，刊載了胡風派理論家阿壠的《論傾向性》。在上海出版的《起點》第二期，也刊登了張懷瑞（阿壠）的《論正面人物與反面人物》。《人民文學》一卷四期發表了蕭殷《爲什麼不能本質地反映生活》。

二月八日，雙月刊《大衆文藝通訊》作爲大衆文藝創作研究會會刊，在北京出版。

二月十日,《文藝報》開設「讀稿隨談」專欄,連續發表了署名「編輯部」的《關於寫新人物》、《能不能寫小資產階級呢?》等四篇文章。該刊在封底,隆重推出下列文藝理論新書廣告:《馬克思主義與文藝》(周揚編)、《表現新的群衆的時代》(周揚著)、《新的人民的文藝》(周揚著)、《蘇聯的文學》(高爾基著,曹葆華譯)、《俄國天才的學者和批評家——車爾尼雪夫斯基》(普羅特金著)、《蘇聯文藝問題》(戈寶權、曹葆華等校譯)。

二月二十六日,《光明日報·文學評論》(雙周刊)創刊。由王淑明主持。

三月十日,《文藝報》發表十一位詩人的《新詩歌的一些問題》筆談。

三月十二日,《人民日報》副刊《人民文藝》第三十九期、四十期分別發表陳涌和史篤(蔣天佐)批評阿壠《論傾向性》和《論正面人物與反面人物》的文章,並加了《編者按》。《文藝報》在第二卷第三期轉載時,亦加了《編輯部的話》。

三月十二日,《光明日報·文學評論》專刊發表竹可羽長文《現實主義與浪漫主義結合》。

三月二十六日,《人民日報》副刊《人民文藝》在轉載谷峪的短篇小說《新事新辦》加的「編者按」中,號召作家們都來反映新生活新人物。

三月二十九日,以郭沫若爲理事長,老舍、鍾敬文爲副理事長的中國民間文藝研究會,在北京成立。

在列寧忌辰二十六周年之際,《新華月報》在本月份重新刊出列寧的《黨的組織與黨的文學》。

在北京、上海等大城市，開始放映電影《清宮秘史》。

上海於春季成立電影文學研究所。

《大衆文藝通訊》第二期發表王亞平《大衆詩歌的寫作問題》。

四月一日，由田漢任主編的《人民戲劇》月刊在上海問世。創刊號發表了毛澤東一九四四年在延安觀看了平劇《逼上粱山》後寫給楊紹萱、齊燕銘的信。

四月十日，黃裳在《文匯報》發表文章，提出「雜文復興」的主張。

五月十日，周揚的《論〈紅旗歌〉》在《文藝報》第二卷第四期刊出。本月出版的《人民文學》也刊出茅盾的《關於反映工人的作品》和艾青的《論工人詩歌》。

《大衆詩歌》第二卷第五期發表《詩人站在何處》，批評柳倩、任鈞等人的詩。

六月一日，由梅朵、王世禎任主編的《大衆電影》在上海創刊。《人民文學》根據中共中央關於在報刊上開展批評與自我批評精神檢查工作，發表題爲《改進我們的工作》文章。

六月十五日，《人民詩歌》第一卷第六期刊登上海詩歌工作者聯誼會《十個月來工作總結》。

七月十日，斯大林寫的《論馬克思主義在語言學中的問題》和《論語言學的幾個問題》，由李立三、齊望曙、曹葆華合譯後在《人民日報》上發表。

七月十一日，文化部成立以周揚爲首的戲劇改進委員會。同日成立以沈雁冰爲主任委員的文化部電影指導委員會，袁牧之、蔡楚生、史東山、江青等三十二人爲委員。

七月三十日，馮雪峰針對《文匯報》開展的「復興雜文」的討論，在上海電臺做了《談談雜文》的廣播講話，後來《文藝報》第二卷第九期轉載。

九月八日，電影指導委員會討論明年（一九五一）製片草案時，江青提出了要寫重大題材，要搞史詩樣式的片面意見，並引起爭論。

十月十日，《文藝報》第三卷第三、四期，發表企霞的《評王林的長篇小說〈腹地〉》。

十月十五日，《民間文藝集刊》（中國民間文藝研究會編）創刊號出版。鍾敬文發表《口頭文學是一宗重大的民族文化遺產》的專論。

十二月十七日，總政文化部長陳沂在全軍宣傳、教育、文化工作會議上，做了《把人民解放軍的文藝工作提高一步》的報告。

本年度出版的文學論著主要有：阿英的《下廠與創作》（上海，晨光版）、王朝聞的《新藝術創作論》（新華書店）、艾青的《新文藝論集》（新文藝出版社）、蕭殷的《論文學的現實性》（天下圖書公司）、以群的《文學底基礎智識》（三聯書店）、林煥平的《文學論教程》（廣州，前進書局）、錢小惠的《工人寫作講話》（晨光版）、齊鳴的《文藝的基本問題》（上海，光明版）、孫犁的《文藝學習》（上海，文藝版）。

一九五一年

一月二日，中央文學研究所（後改名爲文學講習所）成立。

一月十日，《文藝報》第三卷第六期連續發表批評粗製濫造作品的評論，計有：《評王亞平同志的〈憤怒的火箭〉》（立雲、啓祥、魏巍）、《評〈驢大夫〉（沙鷗作）》（段星燦）、《評〈不拿槍的敵人〉（胡丹沸作）》（方聯、蘇凡）。

一月二十八日，《人民日報》在第五版發表一九二五年六月十八日的俄共（布）中央的決議《關於黨在文藝方面的政策》。「編者按」認爲這個決議「在今天仍有現實的教育意義。」

二月十日，《文藝報》第三卷第八期發表陳企霞等人批判碧野《我們的力量是無敵的》文章，張立云在《人民文學》第四卷第五期上也發表了《論小資產階級思想對文藝創作的危害性——兼評碧野〈我們的力量是無敵的〉》。碧野的自我檢查刊於《文藝報》第四卷第五期，同期《文藝報》還發表批評卞之琳《天安門四重奏》詩作的文章和王亞平《對於〈憤怒的火箭〉自我批評》。何其芳在《人民文學》第三卷第五期上發表《〈實踐論〉與文藝創作》。

四月一日，《人民日報》刊登《一個急待表現的主題——鎮壓反革命》的文章。

四月三日，中央戲曲研究院成立，毛澤東爲該院題詞：「百花齊放，推陳出新」。

四月二十五日，沈雁冰在上海文聯做報告時，把保衛和平、抗美援朝、鎮壓反革命作為文藝家今天的三大任務。《文藝報》四卷一期發表賈霽《不足為訓的武訓》，並刊登《魯迅先生談武訓》。陳荒煤在同期《文藝報》發表《為創造新的英雄典型而努力》。

四月，中央佈置對電影《武訓傳》和《榮譽屬於誰》（後者未在全國公開批判。後修改並改名為《在前進的道路上》公開上映）的批判。為加強電影工作，電影指導委員會成立常委會，由周揚、丁燮林、沈雁冰、江青、蕭華、袁牧之、陳波兒、蔡楚生、史東山、陽翰笙組成。並成立以夏衍為首的電影指導委員會上海分會。

五月七日，《人民日報》發表《重視戲曲改革工作》的社論。

五月十七日，《光明日報》發表周揚在中央文學研究所做的《堅決貫徹毛澤東文藝路線》的講演。

五月二十日，《人民日報》發表由毛澤東執筆寫的社論《應當重視電影〈武訓傳〉的討論》。《人民日報》「黨的生活」專欄，還發表了《共產黨員應當參加關於〈武訓傳〉的批判》的短評，提出凡歌頌過武訓的人，一律要做自我批評，黨員幹部還應「做出適當的結論」。

五月二十五日，《文匯報》專刊《文學界》第七十期發表羅石《略論我們的文藝批評》，批評了文學評論中的教條主義傾向。

六月十日，《人民日報》副刊《人民文藝》發表陳涌的《蕭也牧創作的一些傾向》。

六月二十五日，馮雪峰用「李定中」筆名在《文藝報》第四卷第五期發表激烈抨擊蕭也牧的文章：《反對玩弄人民的態度，反對新的低級趣味》（十月二十五日，蕭也牧在第五卷第一期《文藝報》發表《我一定要切實地改正錯誤》的檢查）。

六月二十五日，《文藝報》第四卷第五期集中發表了一組張學星、梁南等人寫的批評電影《關連長》（小說作者朱定，載《人民文學》一九五〇年一卷三期；電影由文華影業公司一九五〇年攝製，改編楊柳青，導演石揮）的文章。該期《文藝報》還發表了下列重要文章：馮雪峰的《黨給魯迅以力量》，荃麟的《黨與文藝》，蕭殷的《論「趕任務」》。

七月十二至十五日，重慶《新華日報》發表了批判劉盛亞小說《再生記》的文章。

七月二十三～二十八日，《人民日報》連載由江青化名李進率領武訓歷史調查團寫的《武訓歷史調查記》（鍾惦棐執筆）。

七月二十八日，《光明日報》發表王淑明（筆名裘祖英）批評「用棍棒代替了批評」的粗暴做法的文章。

八月八日，《人民日報》發表周揚的文章：《反人民、反歷史的思想和反現實主義的藝術——對電影〈武訓傳〉的批判》。

八月十日，《文藝報》第四卷第八期刊登該刊召開影片《我們夫婦之間》座談會報道，與會者批評了這部影片。

九月十日，《文藝報》第四卷第十期發表企霞爲左傾辯護的《關於文藝批評》的論文，分別批評《文匯報》副刊《文學界》第七十期刊登的《略論我們的文藝批評》(羅石)、《光明日報》專刊《文學評論》第三十七期上的《論正確的批評態度》(裘祖英) 兩文。這期《文藝報》還在頭條位置發表了夏衍的《從〈武訓傳〉的批判檢討我在上海文化藝術界的工作》。封底刊登了人民文學出版社出版的兩本重要新書：由曹葆華等譯的《馬克思、恩格斯、列寧、斯大林論文藝》，葉高林等著、陳漢章等譯的《列寧、斯大林與蘇維埃文學》。

十月一日，《文藝報》第四卷第十一、十二期發表了陳涌的《什麼是〈牛郎織女〉正確的主題》，批評了新興劇團演出的《新天河配》。

十一月十日，《文藝報》第五卷第二期開展《關於高等學校文藝教學中的偏向問題》的討論，發表文章多篇。

《新華月報》十一月號發表一組文章：除轉載楊紹萱於十月三日在《人民日報》發表的《論爲文學而文學，爲藝術而藝術的危險性——評艾青的〈談「牛郎織女」〉和致〈人民日報〉的三封信》外，另有何其芳、光未然、艾青等批判楊紹萱反歷史主義傾向的七篇文章。

本年度出版的論著有：王瑤的《中國新文學史稿》(上冊，開明書店)、蕭殷的《論文學與現實》、亦門（阿壠）的《詩與現實》(三冊，五〇年代出版社)、胡風的《論現實主義的路》(泥土社)等。

一九五二年

一月十日，《文藝報》發表何其芳《用毛澤東的文藝理論來改進我們的工作》、王淑明的檢討《從〈文學評論〉編輯工作中檢討我的文藝批評思想》、敏澤的《艾明之的作品怎樣歪曲了工人階級的面貌》等文章。

一月二十五日，《文藝報》從本年第二期起，由馮雪峰任主編，馮雪峰、陳企霞、蕭殷、光未然、馬少波、王朝聞、李煥之、黃鋼任編委。這期發表了江豐、蔡楚生談改造思想，貫徹毛澤東文藝路線的文章。《人民文學》編輯部則發表了《文藝整風學習和我們的編輯工作》，檢討該刊發表的所謂「思想錯誤的作品」：方紀的《讓生活變得更美好罷》，秦兆陽的《改造》，蕭也牧的《我們夫婦之間》，白刃的《血戰天門頂》，丁克辛的《老工人郭福山》等。

《人民文學》一月號刊登下列文章：胡喬木《文藝工作者爲什麼要改造思想？》、周揚《整頓文藝思想，改進領導工作》、丁玲《爲提高我們刊物的思想性、戰鬥性而鬥爭》。

二月十日，《文藝報》第三期發表社論《文藝工作者與偉大的反貪污、反浪費、反官僚主義的鬥爭》。同時發表光未然檢討自己在中央戲劇學院工作的《正視自己的錯誤》、上海《大公報》報導《上海文藝界應糾正思想混亂現象》、高放《關於高等學校文藝教師的思想改造》。

《人民文學》二月號發表短評《向資產階級思想進行堅決的反攻》。

二月二十五日，第四期《文藝報》發表《歐陽山等人的例子證明了什麼》及華南文聯主席歐陽山的檢討。此外，還有黃藥眠的《關於文藝教學的初步檢討》及對呂熒文藝教學思想的批評。

三月十日，《文藝報》五期發表《對資產階級展開思想鬥爭是革命的迫切任務》，並組織了下列批判文章：江華的《一本爲不法商人作辯護的小說》（指張友鸞在上海《新民報》連載的《神龕記》），嚴子琤的《資產階級創作方法的失敗——關於上海電影文學研究所》，聞山的《荒謬絕倫的〈文學論教程〉（林煥平）》，姚文元批判林煥平的《注意反動的資產階級的文藝理論》。

三月十三日，《人民日報》刊登茅盾爲《戰鬥到明天》（白刃）作序一事寫的檢討。

三月二十五日，《文藝報》六期刊登企霞批判路翎的《祖國在前進》的文章：《一部明目張膽爲資本家捧場的作品》。

五月六日，中宣部在丁玲住處先後召開四次座談會批判胡風文藝思想。

五月十日，《文藝報》第九期（延至十六期）展開《關於創造新英雄人物問題的討論》，總計發表了二十五篇文章，批評了創作中公式化的傾向。該刊同時發表了批判路翎的短篇小說集《朱桂花的故事》、批判司馬藍火的《新民主主義文藝的實踐問題》（上海永祥公司一九五一年七月四版）的文章。

五月二十五日，《文藝報》第十期轉載《人民日報》爲紀念《在延安文藝座談會上的講話》發表的社論：《繼續為毛澤東同志所提出的文藝方向而鬥爭》（林默涵執筆），並發表馮雪峰的《〈太陽照在桑乾河上〉在我們文學發展上的意義》。

五月二十五日，舒蕪在武漢《長江日報》發表《從頭學習〈在延安文藝座談會上的講話〉》，《人民日報》六月八日轉載此文時加了由胡喬木執筆寫的編者按。

六月二十五日，《文藝報》第十一、十二期發表《請不要採取這樣的批評態度和批評方法》，批評了來稿中左傾的批評傾向。

《人民文學》六月號刊登丁玲《要為人民服務服得更好》，批評從概念出發寫典型。

七月十日，《文藝報》第十三期發表黃鋼批評庸俗地理解電影與政治關係的論文：《論目前電影劇本創作中的主要問題》。同期還發表了兩篇「讀者來信」批評胡風的文藝理論。

七月二十五日，馮雪峰在《文藝報》第十四期（延至十五、十七、十九和二〇期）發表長篇論文《中國文學中從古典現實主義到無產階級現實主義的發展的一個輪廓》。

九月二十五日，《文藝報》第十八期發表舒蕪《致路翎的公開信》。本月出版的《人民文學》也發表了吳倩批評路翎的文章。

十月二十五日，《文藝報》第二十期發表《〈中國新文學史稿〉（上冊）座談會記錄》，批評王瑤「立場、觀點上的錯誤」。

十二月，全國文協召開胡風文藝思想討論會。

本年度出版的主要文學論著有：荒煤《爲創造新的英雄典型而努力》(人民文學出版社)、馮雪峰《論文集㈠》(同上)、企霞《光榮的任務》(同上)、蔡儀《中國新文學史講話》(新文藝出版社)、《文藝理論學習小譯叢》第一輯十種(新文藝出版社)。

一九五三年

一月十日，《文藝報》發表社論：《克服文藝的落後現象，高度地反映偉大的現實》。

一月十一日，《人民日報》發表周揚爲前蘇聯文學刊物而寫的《社會主義現實主義——中國文學前進的道路》。

一月三十日，《文藝報》第二期發表林默涵的《胡風的反馬克思主義的文藝思想》。

二月十五日，《文藝報》第三期發表何其芳的《現實主義的路，還是反現實主義的路？》。

二月二十二日，北京大學文學研究所（一九五六年元月調整爲「中國科學院文學研究所」）成立。

二月二十八日，《文藝報》四期發表社論：《作家要爲創作電影劇本而努力》。

四月下旬至六月下旬，全國文學創作委員會組織在京作家、批評家和領導幹部四十多人學習社會主義現實主義理論。

九月二十四日，周揚在中華文學藝術工作者第二次代表大會做《爲創造更多的優秀的文學藝術作品而奮鬥》的報告。在籌備第二次文代會時，胡喬木曾主張取消「文聯」，後受到毛澤東的嚴厲批評，並撤消他主持籌備工作的職務。

十月四日，邵荃麟在全國文協代表大會做《沿著社會主義現實主義的方向前進》的總結發言。全國文協改名爲中國作家協會，茅盾任主席，周揚、丁玲、巴金、柯仲平、老舍、馮雪峰、邵荃麟任副主席。

本年度出版的重要文藝理論著作有：陳涌《文學評論集》（人民文學出版社）、秦兆陽的《論公式化概念化》（同上）、馬少波的《戲曲改革論集》（新文藝出版社）。

一九五四年

一月，上海《文藝月報》發表社論：《文學藝術創作應積極爲國家總路線服務》。

一月二十日，由中國戲劇家協會編輯的《戲劇報》創刊。張庚發表《中國話劇運動史初稿》片斷。

一月三十日，《文藝報》第二期發表侯敏澤用「李琮」筆名寫的《〈不能走那一條路〉及其批評」》，批評對青年作家拔苗助長的傾向。

三月一日，《光明日報》專刊《文學遺產》創刊。俞平伯在《新建設》三月號發表《紅樓夢簡論》。

四月十五日，《文藝報》第七期發表康濯《評「〈不能走那一條路〉及其批評」》，批評了李琮的觀點，《文藝報》還加了長篇「編者按」。

四月二十七日，由中國作家協會主辦、面向文學青年的雜誌《文藝學習》創刊。

六月三十日，《文藝報》第十二期發表侯金鏡的《評路翎的三篇小說》，對《窪地上的「戰役」》等作品提出批評。

七月，胡風向中共中央提出近三十萬言的意見書：《關於解放以來的文藝實踐情況的報告》，呈交政務院文教委副主任習仲勛轉交。

九月一日，由山東大學主辦的《文史哲》雜誌發表李希凡、藍翎的《關於〈紅樓夢簡論〉及其他》。《文藝報》第十八期奉命轉載時，加了由馮雪峰執筆的「編者按」，認爲李、藍的文章只是「基本正確」，「顯然還有不夠周密和不夠全面的地方」。

十月十六日，毛澤東給中央政治局及其他同志寫了《關於〈紅樓夢〉研究問題的信》，批評「大人物」「甘心做資產階級俘虜」。

十月二十三日，《人民日報》發表鍾洛的文章《應該重視對〈紅樓夢〉研究中的錯誤觀點的批判》。

十月二十八日，《人民日報》發表經過毛澤東審定的《質問〈文藝報〉編者》（袁水拍）。

十月三十日，《文藝報》二十期發表馮雪峰的《檢討我在〈文藝報〉所犯的錯誤》。

十月三十一日至十二月八日，全國文聯和中國作協主席團先後召開八次聯席擴大會議，討論《紅樓夢》研究中的資產階級唯心主義傾向及《文藝報》在批兪中所犯的錯誤。

十一月二十九日，《文藝報》第二十一期刊登編輯部文章：《熱烈地、誠懇地歡迎對〈文藝報〉進行嚴厲的批評》，並同時發表陸侃如《胡適反動思想給予古典文學研究的毒害》。此外，還刊登張眞的《談〈遊西湖〉的改編》，首次在《文藝報》觸及鬼戲問題。

《人民文學》十一月號發表陳涌的論文：《論魯迅小說的現實主義》。

十二月八日，全國文聯主席團、中國作協主席團擴大會議做出《關於〈文藝報〉的決議》，認爲《文藝報》錯誤性質嚴重，必須改組。周揚在這次會上做了《我們必須戰鬥》的報告。郭沫若則有《三點建議》的發言。

十二月十日，《文藝報》組成新的編委會：康濯、侯金鏡、秦兆陽、馮雪峰、黃藥眠、劉白羽、王瑤。常務編委爲康濯、侯金鏡、秦兆陽（康濯主持工作，侯金鏡抓日常工作）。

毛澤東於十一月開始閱讀胡風上書，並於十二月批示：發表、討論、批判。

本年出版的主要文學論著有：巴人的《文學論稿》（上、下冊，新文藝出版社）、亦門的《詩是什麼》（新文藝出版社）、荒草的《論部隊文藝》（新文藝出版社）、朱星的《新文體概論》（五〇年代出版社）、亦門的《作家底性格和人物的創造》（新文藝出版社）、丁玲的《到群衆中去落戶》（人民文學出版社)。

一九五五年

一月二日,《人民日報》開始刊登批判胡風的文章。
一月三日,《人民日報》發表林淡秋的《胡適的文學觀批判》。
一月十四日,胡風要求周揚不要發表他的意見書。毛澤東於次日批示周揚:「應對胡風的資產階級唯心論、反黨反人民的文藝思想進行徹底的批判」。
一月二十一日,中宣部向中共中央報送了關於開展批判胡風思想的報告。二十六日,中共中央以(五五)〇一八號文件批轉中宣部的報告。
一月三十日,《胡風對文藝問題的意見》作爲《文藝報》一、二號附冊出版。這期還發表了批評《窪地上的「戰役」》的文章及路翎的反批評。
《人民文學》一月號發表何幹之的《五四以來胡適派怎樣歪曲了中國古典文學》。
二月五日、七日,中國作協主席團召開擴大會議,決定開展對胡風文藝思想的批判。
三月八日,《人民日報》發表茅盾的《必須徹底地全面地展開對胡風文藝思想的批判》。
四月一日,《人民文學》發表郭沫若的《反社會主義的胡風綱領》。

本月，舒蕪將胡風給他的信件上交給中宣部文藝處處長林默涵。林發現信中用了許多暗語，引起他極大的警覺。

五月十一日，毛澤東看了《文藝報》送來的《關於胡風小集團的一些材料》後，將題目改爲《關於胡風反黨集團的一些材料》，並重新改寫了編者按語。

五月十三日，《人民日報》公佈關於胡風等人的第一批材料及舒蕪提供的信件，同時發表胡風的《我的自我批判》(這是胡風的二稿加三稿附記，並非三稿原貌)。

五月十六日，公安部拘捕了胡風。

五月二十四日，《人民日報》公佈《關於胡風反黨集團的第二批材料》。這批材料大部分爲私人通信摘錄，參加書信整理者主要有林默涵、何其芳、劉白羽、張光年、郭小川、袁水拍。這些材料的按語大都是經毛澤東修改，或是他親自所加。

六月十日，《人民日報》發表了《關於胡風反革命集團的第三批材料》和社論《必須從胡風事件吸取教訓》(公佈第三批材料時，「反黨集團」一律升格爲「反革命集團」)。

六月二十日，人民出版社出版《關於胡風反革命集團的材料》，毛澤東親自爲此書寫了序言和按語。

七月二十七日，《人民日報》發表《堅決地處理反動、淫穢、荒誕的圖書》的社論。

《文學研究集刊》開始出版(共出五冊)。

九月三十日，《文藝報》十八期發表任繼愈的文章：《向梁漱溟的反動思想展開鬥爭》。

十一月十五日，《文藝報》第二十一期發表林默涵爲紀念列寧《黨的組織和黨的文學》發表五十周年而寫的論文：《黨性是我們的文學藝術的靈魂》。同期發表顧明的《梁思成在民族形式問題上的錯誤》。

十一月二十六日，中國作家協會決定在創作委員會內設立理論批評組。周揚、林默涵、劉白羽出席了第一次會議。

十一月三十日，《文藝報》第二十二期轉載《人民日報》社論：《作家、藝術家們，到農村去》。並發表《積極行動起來，迎接偉大的社會主義革命的新高潮》一組文章。

十二月二十七～三十日，中宣部召開關於「丁（玲）陳（企霞）事件」的傳達報告會。

十二月三十日，《文藝報》第二十四期發表社論：《掀起文學藝術創作的高潮》，並刊登批判蕭軍《五月的礦山》的文章。這期的《文藝報》編委會人員做了更新，名單如下：康濯、張光年、侯金鏡（以上爲常務編委）、黃藥眠、袁水拍、陳涌、王瑤。

本年度出版的重要文學論著有：《胡風文藝思想批判論文匯集（一～六）》（作家出版社）、丁玲等人的《作家談創作》（中國青年出版社）、《胡風集團反革命「作品」批判》（作家出版社）、丁易的《中國現代文學史略》（作家出版社）、蕭殷的《給文藝愛好者與習作者》（中國青年出版社）。

一九五六年

一月二十一日，中國作家協會創作委員會小說組討論前蘇聯尼古拉耶娃的《拖拉機站站長和總農藝師》、奧維奇金的特寫集《區裏的日常生活》、蕭洛霍夫的《被開墾的處女地》第二部等作品，後來《文藝報》第三期作了報道，題爲《勇敢地揭露生活中的矛盾和衝突》。

一月三十日，《文藝報》第二期發表批判丁玲的專論《斥一本書主義》。

二月四日，中國作家協會創作委員會詩歌組開展討論，不少老詩人批評艾青政治熱情衰退。

二月十五日，《文藝報》第三期轉載前蘇聯《共產黨人》雜誌專論：《關於文學藝術中的典型問題》（周若予譯）。

二月三十日，《文藝報》第四期發表趙尋評論劇本《如兄如弟》的文章，後來劇協、作協於七、八月間召開四次座談會，討論這個劇本及其批評。

二月二十七至三月六日，中國作家協會第二次理事會（擴大）在北京開幕。各位領導在會上做的報告如下：周揚《建設社會主義文學的任務》、茅盾《培養新生力量，擴大文學隊伍》、老舍《關於兄弟民族文學工作的報告》、陳荒煤《爲繁榮電影劇本創作而奮鬥》。

在二月出版的《人民文學》上，唐摯發表《必須干預生活》的短論。

三月十三日，中國作協主席團做出《關於加強電影文學劇本創作的決議》，並和文化部一起發表聯合徵求電影文學劇本的啓事。

三月十五至三十日，全國青年文學創作者會議在北京舉行。老舍做《青年作家應有的修養》、茅盾做《關於藝術的技巧》的報告。

四月出版的《人民文學》，在刊登劉賓雁的特寫《在橋樑工地上》加了按語和《編者的話》，同期還發表何直（秦兆陽）《從特寫的眞實性談起》，大力提倡「干預生活」的作品。

四月三十日，《文藝報》第八期發表有張光年、林默涵、黃藥眠、鍾惦棐參加的《關於典型問題的討論》，並組織了一組《特寫——銳利的武器》的評論文章。

五月二日，毛澤東在最高國務會上提出發展科學和文化的「百花齊放，百家爭鳴」方針。

五月十五日，《文藝報》第九期發表《特寫〈在橋樑工地上〉筆談》、所雲平的《應該提倡什麼樣的戲劇衝突——評話劇〈如兄如弟〉兼談趙尋同志對它的批評》、陳涌和巴人討論典型問題的文章以及王爾宜的《且說當前的文藝批評》。

五月二十六日，陸定一在懷仁堂做《百花齊放，百家爭鳴》的報告。

五月三十日，《文藝報》第十期發表《怎樣使用諷刺的武器？》一組文章，對何遲的相聲《買猴兒》展開討論。

《人民文學》五月號發表葉櫓的論文《關於抒情詩》。

六月十四日，《光明日報》報道，不少作家藝術家在討論「百家爭鳴」方針時，尖銳地批判了學術研究中的壞風氣。

六月三十日，《文藝報》第十二期發表沈雁冰在全國人代會上的發言《文學藝術工作中的關鍵性問題》。同期發表朱光潛《我的文藝思想的反動性》。

七月十二日，徐中玉在《解放日報》發表《要批評也要實事求是，爲什麼會「人云亦云」》，批評姚文元的極左做法。

七月十五日，《文藝報》第十三期以頭條位置發表黃秋耘的《銹損了靈魂的悲劇》，高度讚揚劉賓雁的特寫《本報內部消息》(刊《人民文學》六月號)。

七月三十日，《文藝報》第十四期發表黃藥眠批判朱光潛美學思想的論文：《論食利者的美學》。

八月五日，《光明日報》發表朱偰談如何繼承詩詞的民族傳統文章，後引起爭鳴。各地開展有關鬼戲和《四郎探母》以及古典名劇《琵琶記》的討論。

八月二十四日，毛澤東在與音樂工作者談話時，提出了古爲今用、洋爲中用、推陳出新的原則。

八月三十日，《文藝報》第十六期發表劉大杰《中國古典文學與現實主義問題》。

九月二十五日，周揚在中共八大會上作《讓文學藝術在建設社會主義偉大事業中發揮巨大的作用》的發言。

九月，《人民文學》發表何直（秦兆陽）的《現實主義——廣闊的道路》。

《文藝報》成立美學小組並開展活動。

九月三十日，《文藝報》第十八期發表侯金鏡《試談〈腹地〉主要的缺點以及企霞對它的批評》。張庚發表《反對用教條主義的態度來「改革」戲曲》。

十月，《人民文學》發表陳涌《爲文學藝術現實主義而奮鬥的魯迅》。

十月，電影理論刊物《中國電影》在北京創刊（一九五九年七月改爲《電影藝術》）。

十月十六日，何其芳在《人民日報》發表《論阿Q》。

十月十九日，在紀念魯迅逝世二十周年會上，茅盾做《魯迅——從革命民主主義到共產主義》的報告。附有較詳注解的《魯迅全集》第十卷本開始出版（一九五八年十月全部出齊）。全國各報刊發表紀念、研究、回憶魯迅的文章計二六〇餘篇。

十一月十四日，上海《文匯報》開展《好的國產片爲什麼這樣少？》的討論，長達三個月，共發表文章約五十篇。

十一月二十四日，《光明日報》發表朱光潛《新詩從舊詩能學習得些什麼？》。

十二月八日，《文藝學習》第十二期發表一組文章，討論王蒙的《組織部來了個年輕人》。

十二月十五日，《文藝報》第二十三期登載鍾惦棐以評論員名義寫的《電影的鑼鼓》。《光明日報》發表郭沫若《談詩歌問題》。

十二月十七至二十五日，中國科學院文學研究所討論魯迅及《紅樓夢》研究論文。

十二月，《長江文藝》發表周勃的《論現實主義及其在社會主義時代的發展》。

十二月三十日，《文藝報》第二十四期發表張光年的《社會主義現實主義存在著、發展著》，對何直、周勃的文章提出質疑。

本年出版的文學論著主要有：陳涌的《文學評論二集》（作家出版社）、王朝聞的《論藝術的技巧》（藝術出版社）、劉綬松的《中國新文學史初稿》（上、下，作家出版社）、何其芳的《關於現實主義》（新文藝出版社）和《關於寫詩和讀詩》（作家出版社）、陳伯吹的《兒童文學簡論》（長江文藝出版社）。

一九五七年

一月七日，《人民日報》發表陳其通、陳亞丁、馬寒冰、魯勒的《我們對目前文藝工作的幾點意見》，對「雙百」方針的貫徹提出異議。陳沂在《學習》雜誌四期上，發表《文藝雜談》，對「雙百」方針的貫徹也流露出一種擔憂的、戒備的情緒。

一月八日，《文藝學習》一期刊登劉紹棠和叢維熙的《寫眞實——社會主義現實主義的生命核心》。

一月二十五日，毛澤東在《詩刊》創刊號上發表了致臧克家等人的《關於詩的一封信》，提出「詩當然應以新詩爲主體，舊詩可以寫一些」的意見。

巴人在《新港》一月號發表《論人情》。

夏衍、田漢等發出《舉辦話劇運動五十周年紀念及搜集整理話劇運動資料出版活動史料集的建議》（史料集分別在一九五八年二月、一九五九年四月、一九六三年四月出版了三集）。

二月十四日，《四川日報》報道：《成都文藝界座談〈草木篇〉》。

《戲曲研究》在北京創刊。

《新建設》二月號發表高爾泰《論美》。

二月二十七日，毛澤東做《關於正確處理人民內部矛盾》的報告。

《戲劇論叢》第一期問世。

《詩刊》二月號發表陳夢家的《談談徐志摩的詩》，後引起爭鳴。

不少報刊（如《文藝學習》）繼續討論《組織部新來的青年人》，並對《電影的鑼鼓》展開論爭。

《四川日報》、《草地》發表文章批評流沙河的《草木篇》和曰白的《吻》。

三月八日，何直在《人民文學》三月號發表《寫眞實》。

三月十日，毛澤東在接見新聞工作者時，批評陳其通等人的觀點。

三月十八日，茅盾在《人民日報》發表《貫徹「百花齊放，百家爭鳴」，反對教條主義和小資產階級思想》。

三月二十五日，《詩刊》發表臧克家文章：《在一九五六年詩歌戰線上》。《文學研究》季刊創刊（一九五九年二月更名爲《文學評論》）。許多報刊繼續發表探討社會主義現實主義的文章。

四月四日，《人民日報》發表綜合報道：《陳其通等的〈我們對目前文藝工作的幾點意見〉發表以後》。

四月九日，周揚發表有關「雙百」方針答《文匯報》記者問的談話。

四月十日，《人民日報》發表題爲《繼續放手，貫徹「百花齊放，百家爭鳴」的方針》的文章。

四月十一日，徐懋庸在《人民日報》發表《小品文的新危機》。

四月十四日，《文藝報》革新內容，改爲周刊出版。它是以文藝評論爲主的政治、社會、文學、藝術評論刊物。辦刊宗旨爲：「積極干預生活，鼓勵文藝創作，開展自由討論，加強文藝領導」。調整後的編委會爲：張光年任總編輯，侯金鏡、蕭乾、陳笑雨任副總編輯。編委有：王瑤、巴人、華山、陳笑雨、陳涌、侯金鏡、康濯、黃藥眠、張光年、鍾惦棐、蕭乾。這期組織了過去挨過批判的兪平伯、朱光潛談百家爭鳴的文章。張光年以「黎青」筆名發表了批評《電影的鑼鼓》的文章：《片面性的論斷》。

四月二十八日，《文藝報》第三期發表于晴的《文藝批評的歧路》，批評典型問題上的庸俗社會學，同期還刊登了該報召開的雜文討論會記錄，題爲《我們需要雜文，應當發展雜文》。

五月八日，劉紹棠在《文藝學習》第五期上發表《我對當前文藝問題的一些淺見》，認爲《在延安文藝座談會上的講話》其中有一部分是指導當時文藝運動的策略性理論，應與另一部分即指導長遠文藝事業的綱領性理論區別開來。

五月十六日，《文匯報》發表范瑛文章：《流沙河談〈草木篇〉》。

五月十七日，四川省文聯再次召開座談會討論流沙河的《草木篇》。

《戲劇報》第九期發表《開放劇目，提倡競賽》的社論，並發表劉芝明的《大膽開放戲曲劇目》的文章。

五月，《人民文學》發表曾華鵬、范伯群的《郁達夫論》。

五月二十六日，《文藝報》第八期以顯著位置發表蔡田的長文《現實主義，還是公式主義？》，批評了陳荒煤等人關於塑造英雄人物的觀點。從這期起《文藝報》開設「文藝茶座」專欄，發表一些尖銳潑辣的雜文。

五月，《文藝月報》發表錢谷融長文：《論「文學是人學」》。

六月，南京「探求者」起草章程和啓事。

六月六日，中國作家協會黨組召開會議，批判丁玲、陳企霞（一直至九月）。

六月七日，《文匯報》發表杜黎均的《關於周揚同志文學理論中的幾個問題》。

六月八日，毛澤東起草了關於反擊右派猖狂進攻的指示。《人民日報》發表了有關社論。

六月九日，《文藝報》第十期發表唐摯（唐達成）的論文《煩瑣公式可以指導創作嗎？——與周揚同志商榷幾個創造英雄人物的論點》，並發表了一組《讓部隊作家從清規戒律裏解放出來》的文章。

六月十一日，黎弘在《南京日報》發表讚揚《布殼鳥又叫了》的文章：《第四種劇本》。

六月十二日，《文學研究》第二期發表何其芳的《回憶、探索和希望》，紀念「講話」發表十五周年。

六月，《文藝月報》開展《如何解決文藝工作中的內部矛盾問題》的討論；《文藝學習》六月號開闢《矛盾在哪裏？》的專欄，討論劉紹棠的文章。

六月三十日，《文藝報》第十三期發表《反對文藝隊伍中的右傾思想》的社論。

六月，《北京文藝》刊登杜黎均的《論新人形象的創造》，提倡表現「性格的複雜性」。

七月一日，《人民日報》發表毛澤東執筆寫的社論：《〈文匯報〉的資產階級方向應當批判》。

七月八日，《人民文學》七月號發表李白鳳的《寫給詩人們底公開信》。

七月十四日，《文藝報》第十五期發表張光年、侯金鏡、陳笑雨的《我們的自我批評》。

《人民文學》七月號發表揚風的《巴金論》。

《新港》七月號發表王淑明聲援巴人的《論人情與人性》。

八月七日，《人民日報》發表報道：《文藝界反右派鬥爭的重大進展，攻破丁玲、陳企霞反黨集團》。

八月八日，《人民文學》八月號發表蔣和森《林黛玉論》。

八月十八日，《文藝報》第二十期發表《文藝界正在進行一場大辯論（周揚、邵荃麟、劉白羽、林默涵在作協黨組的發言紀要）》。

九月八日，《文藝報》第二十二期發表侯金鏡的文章：《一九五四年檢查《文藝報》的結論不能推翻》。

九月十二日，《文學研究》第三期編輯部發表《保衛文學的黨性原則》。

九月十六至十七日，中國作協黨組舉行第二十五次擴大會議。周揚做了總結發言，後來以《文藝戰線上的一場大辯論》爲題發表。

九月二十四日，《人民日報》發表徐遲《艾青能不能爲社會主義歌唱》。

九月二十五日，《詩刊》第九期發表黎之文章：《反對詩歌創作的不良傾向及反黨逆流》，另有報道：《反右派鬥爭在本刊編輯部》。

十月二十日，《文藝報》第二十八期發表社論：《從劉紹棠的墮落吸取教訓》。

十月，《文藝月報》發表袁水拍的《反對馮雪峰的文藝路線》和姚文元的《論陳涌在魯迅研究中的反馬克思主義的修正主義思想》。

十一月八日，韋君宜主編的《文藝學習》，在第十一期上發表《徹底糾正我們的右傾思想》。
十一月十二日，《人民日報》發表《要有一支強大的工人階級文藝隊伍》的社論。
十二月一日，《文藝報》第三十四期報道，將有大批作家到工農兵中去長期深入生活。
十二月十二日，《文學研究》第四期發表毛星《論文學藝術的特性》。
十二月十日至二十七日，中國科學院文學研究所在辯論當前研究的方針和任務時，分成「系統派」、「當前派」與「並重派」。
《文藝月報》十二月號發表李希凡、姚文元批判錢谷融和南京「探求者」的文章。
《文藝學習》出至十二月號終刊。
本年出版的文藝論著主要有：黃秋耘的《苔花集》（新文藝出版社）、蔣孔陽的《論文學藝術的特徵》（新文藝出版社）、霍松林的《文藝學概論》（陝西人民出版社）、李澤厚的《門外集》（長江文藝出版社）、《文藝報》編《美學問題討論集》（共二集，作家出版社）、公木的《談詩歌創作》（新文藝出版社）、曉雪的《生活的牧歌——論艾青的詩》（作家出版社）、沙鷗的《談詩第二集》（中國青年出版社）、金近的《童話創作及其它》（少年兒童出版社）、匡扶的《民間文學概論》（甘肅人民出版社）、臧克家和周振甫的《毛主席十八首詩詞講解》（中國青年出版社）、多人合著《爲保衛社會主義文藝路線而鬥爭》（上、下，新文藝出版社）。

一九五八年

一月十一日，《文藝報》改為半月刊，辦刊宗旨為「開展文藝思想大辯論，評介現代文學作品，刊載戰鬥性的政論雜文，報道國內外的文藝活動」。編委會改由巴人、公木、嚴文井、陳笑雨、陳荒煤、侯金鏡、張光年、王瑤組成。主編仍為張光年。該刊開始連載茅盾的長篇論文《夜讀偶記——關於社會主義現實主義及其它》（至第十期完）。並發表邵荃麟批判黃秋耘的文章。

一月二十六日，毛澤東為《文藝報》第二期「再批判」專欄重寫「編者按語」，同時發表林默涵、王子野、張光年、馬鐵丁、嚴文井、馮至討伐王實味、丁玲、蕭軍、羅烽、艾青四〇年代的作品的檄文。

二月一日，《星星》二月號發表質常彬《詩要下放》的文章。

二月五日，《文藝月報》召集批判《論「文學是人學」》的座談會。

《民間文學》第一期發表賈芝文章批判鍾敬文。

二月二十六日，《文藝報》第四期發表「反對八股腔，文風要解放」的座談紀要。

《人民文學》二月號發表茅盾《關於所謂「寫眞實」》的文章。《詩刊》二月號發表文章批判艾青的《詩論》。

周揚在科學規劃委員會古籍整理出版規劃小組成立會上，發表了有關古籍整理、出版方針等問題的講話。《人民日報》二月二十五日以《繼承文化遺產，發展社會主義新文化》爲題做了報道。

二月二十八日，《人民日報》發表周揚《文藝戰線上的一場大辯論》。

三月五日，《文藝月報》開設「再批判」專欄，由姚文元等人批判王實味、丁玲、艾青、馮雪峰、梁實秋。

三月十日，由邵荃麟主持召開首都評論工作者座談會，熱烈響應作協提出的《文學工作大躍進三十二條（草案）》。毛星在會上說，中國科學院文學研究所正在籌備成立當代文學研究組。

三月二十二日，毛澤東在成都會議上提出：「中國詩的出路，第一條民歌，第二條古典」，「內容是現實主義和浪漫主義的對立的統一。」

三月二十六日，《文藝報》第六期發表《爲文學藝術大躍進掃清道路——座談周揚同志的文章〈文藝戰線上的一場大辯論〉》，出席者有鄭振鐸、臧克家、陳荒煤、巴人、王瑤、袁水拍、艾蕪、郭小川、嚴文井、林默涵、張光年、邵荃麟等。

《人民文學》三月號開闢《秦兆陽思想批判》專欄。

四月八、九、十日，由邵荃麟再次主持文學評論工作會議，中心內容是「端正研究方向，反對厚古薄今」。

四月十四日，《人民日報》發表《大規模地收集全國民歌》的社論。

四月二十五日，《詩刊》第四期發表臧克家文章：《一九五七年詩歌創作的輪廓》。

四月二十六日，《文藝報》第八期發表華夫（張光年）的短評：《厚古薄今要不得》。

由中國作家協會上海分會文學研究室編輯的《躍進文學研究叢刊》（新文藝出版社）第一輯於四月問世。內有張春橋的長文《關於雜文》、羅蓀的《「藝術即政治」批判》、蔣孔陽的《關於現實主義的幾個問題——評〈現實主義問題討論集〉》等。

五月三日，林默涵在《人民日報》發表大批判文章《現實主義還是修正主義》。

五月九至十九日，文化部電影局提出要在電影創作中展開一個興無滅資的運動（即「拔白旗」）。《中國電影》本月發表這次會議報道，並批判《花好月圓》、《球場風波》、《上海姑娘》等影片。

五月十一日，《文藝報》第九期出版《詩人們筆談革命的現實主義和革命的浪漫主義相結合》專輯。參加者有賀敬之、臧克家、馮至、郭小川、袁水拍。

《延河》第五、六期發表胡采《批判修正主義文藝觀》。

五月，毛澤東中共八大二次會議上提出：「無產階級文學藝術應採用革命現實主義與革命浪漫主義相結合的創作方法。」

《民間文學》舉行「新歌謠討論會」。

六月一日，《紅旗》雜誌創刊，周揚發表《新民歌開拓了詩歌的新道路》。

六月八日，《人民文學》第六期發表茅盾《談最近的短篇小說》。

六月十一日，《文藝報》第十一期發表社論《插紅旗，放百花》，提出在文藝理論陣地「拔掉白旗，插上紅旗」的口號。

六月十四日，《光明日報》發表《大力發展社會主義的現代戲》的社論。

六月二十六日，《文藝報》第十二期發表劉白羽的文章《透明的還是污濁的——評南斯拉夫修正主義的文藝綱領》，同期發表該刊報道：北京大學中文系教改情況。北大中文系曾於六月十日提出「苦戰五年，建成先進的共產主義的中文系」的浮誇口號。

《星星》六月號，發表了雁翼《對詩歌下放的一點看法》，後遭到圍攻。

七月十一日，《文藝報》第十三期發表《大家都來編寫工廠史》特輯。安旗發表《從現實出發而又高於現實——試談革命的現實主義與革命的浪漫主義相結合》。

《處女地》七月號（詩專號）發表何其芳、卞之琳談新詩的百花齊放的文章，其中何其芳提出民歌體有局限性的觀點，拉開了新詩發展道路論戰的序幕。

八月十一日，《文藝報》第十五期發表《大學文學教學改革特輯》。

八月二十六日，姚文元在《文藝報》第十六期發表《論〈來訪者〉的思想傾向》。

九月八日，《人民文學》發表劉白羽的文章：《秦兆陽的破產》。

九月十一日，《文藝報》第十七期發表周揚在河北省文藝理論工作會議上的報告：《建立中國自己的馬克思主義的文藝理論和批評》。同期發表北大中文系魯迅文學社批判王瑤《中國新文學史稿》

文章。在《電影創作思想問題特輯》中發表陳默批判電影《不夜城》的文章。

九月二十六日，《文藝報》第十八期發表華夫（張光年）的專論：《文藝放出衛星來》。

《躍進文學研究叢刊》第二輯出版。

人民文學出版社九月編印的新書簡報計有：北大中文系五五級學生集體編著的《中國文學史》、北大中文系編輯的《文學研究與批判》（共四冊）、人民文學出版社編的《厚古薄今批判集》（三、四冊）。

十月六日，《新民晚報》發表譚微《托爾斯泰沒得用》的文章。

十月八日，《文學知識》月刊創刊。該刊是通俗性的文學評論刊物，闢有專欄討論巴金作品。《中國青年》十九、二十期亦對巴金《激流三部曲》展開討論。

十月二十五日，《文學研究》第三期改版。編者在卷首語《致讀者》中，認爲當前文學研究的方向是拔白旗，插紅旗；貫徹厚今薄古的方針和「雙百」方針。這期除發表了毛星《文學研究工作往哪裏去》、北京師大中文系三年級學生寫的《資產階級專家到底有多少貨色》外，還發表了批判王瑤、鄭振鐸、陳涌、秦兆陽的文章。

《詩刊》十月號發表宋壘《與何其芳、卞之琳同志商榷》。

十一月二十六日，《文藝報》第二十二期發表華夫的專論《集體創作好處多》，並繼續討論「兩結合」。

十二月，姚文元在《劇本》發表《從什麼標準來評價作品的思想性—對〈布穀鳥又叫了〉一劇的一些不同意見》。

十二月八日，《人民文學》十二月號發表郭預衡等人爲青年學生的科研成果歡呼、叫好的文章。

十二月二十五日，《文學研究》第四期連續發表批判李健吾、楊絳、孫楷弟、王瑤、王季思所謂「資產階級學術觀點」的文章。

十二月二十六日，《文藝報》第二十四期討論「怎樣展望共產主義的明天」，重點評價田漢的《十三陵水庫暢想曲》。

本年出版的文學論著主要有：《毛澤東論文學藝術》（人民文學出版社）、蔡儀《現實主義藝術論》（作家出版社）、茅盾《夜讀偶記》（百花文藝出版社）、毛星《論文學藝術的特性》（人民文學出版社）、呂熒《藝術的理解》（作家出版社）、朱光潛《美學批判論文集》（作家出版社）、《社會主義現實主義論文集》（新文藝出版社）、《再批判》（作家出版社）、《〈論「文學是人學」〉批判集》（新文藝出版社）、侯金鏡《鼓噪集》（新文藝出版社）、安旗《論抒人民之情》（新文藝出版社）、姚文元《論文學上的修正主義思潮》（新文藝出版社）、張光年《文藝論辯集》（作家出版社）、何其芳《沒有批評就不能前進》（人民文學出版社）、上海文藝出版社推出的《讀書運動輔導叢書》。

一九五九年

一月，《人民文學》發表郭沫若《就目前創作中的幾個問題答〈人民文學〉編者問》。第二期發表茅盾評一九五八年《短篇小說的豐收和創作上的幾個問題》。

一月二十六日，《文藝報》第二期討論《青春之歌》，並發表周來祥《馬克思關於藝術生產與物質生產發展的不平衡規律是否適用於社會主義文學》，同時加了較長的《編者按》。

二月十八至二十七日，中國作協召開創作會議，茅盾在《創作問題漫談》中，批評了創作中題材狹窄和用浮誇冒充革命浪漫主義的傾向。

二月二十五日，《文學評論》一期發表何其芳《關於詩歌形式問題的爭論》和王燎熒的《〈太陽照在桑乾河上〉究竟是什麼樣的作品》。

二月二十六日，《文藝報》第四期發表郭開《就〈青春之歌〉談文學創作中和批評的幾個原則問題》。同時發表張光年《誰說「托爾斯泰沒得用」？》

《文學知識》二月號發表蔡儀的《學習毛主席的文藝理論》。

三月，陳恭敏在《劇本》發表《對〈布穀鳥又叫了〉一劇及其批評的探討》，批評姚文元等人的觀點。

三月四日，《人民日報》發表陳荒煤、袁文殊《對一九五七年一些影片的評價問題》。

四月八日，《文學知識》編輯部在該刊四月號發表《本刊巴金作品討論概況和我們的幾點意見》。

四月十一日，《文藝報》第七期開闢專欄：《文藝作品如何反映人民內部矛盾》，重點討論趙樹理的《鍛煉鍛煉》。

四月二十六日，《文藝報》第八期出版《五四運動四十周年紀念專號》。

五月十一日，《文藝報》第九期發表臧克家《從〈新編唐詩三百首〉說起》、李希凡《〈三國演義〉和爲曹操翻案》、馬鐵丁《論〈青春之歌〉及其論爭》等文章。

五月，中國作協武漢分會開展關於文學創作如何反映人民內部矛盾的討論。《長江文藝》六、七月號發表了于黑丁、胡青坡、趙尋的文章。

五月二十六日，《文藝報》第十期發表王西彥的《〈鍛煉鍛煉〉和反映人民內部矛盾》，提倡「非英雄化」的觀點。

六月二十六日，《文藝報》第十二期討論杜鵬程的小說《在和平的日子裏》。

《詩刊》從六期起，刊登謝冕、孫玉石等人的《新詩發展概況》(延至七、十、十二月號)。

六月至七月，周揚、林默涵、錢俊瑞、邵荃麟、劉白羽、陳荒煤、何其芳、張光年討論改進文藝工作方案，提出《文藝十條》。

七月十九日，文化部黨組向中共中央呈報《關於提高藝術質量的報告》，對一九五八年藝術片生產中的「浮誇風」做了檢查。

《長江戲劇》第七期發表批判武克仁的《駁〈貴在責任感〉》的文章。

在全國故事片廠長會議上，夏衍在講話中反對題材狹窄，總是「老一套的『革命經』、『戰爭道』」。

《文藝月報》六、七月號和《新港》七、八月號發表討論雪克長篇小說《戰鬥的青春》文章。

七月二十六日，《文藝報》第十四期發表秦牧、冰心、菡子、柯藍筆談散文的文章。《光明日報》同日刊登何其芳《文學史討論中的幾個問題》(八月二日、九日續載)。

八月七日，《新建設》八期刊登《美學問題討論綜述》和該刊舉辦的座談會情況報道。

八月二十九日，中國文聯舉行主席團擴大會議，《文藝報》第十七期發表《反右傾，鼓幹勁，爭取文藝更大豐收》的報道。

《新港》八月號發表吳雁（王昌定）的《創作，需要才能》。

九月二十五日，《文藝報》第十八期出版「慶祝建國十周年專號」，發表有邵荃麟的《文學十年歷程》、何其芳的《文學藝術的春天》等文章。

十月八日，《文學知識》十月號發表該刊編輯部文章：《歡呼新中國文學的重大成就和發展》。

十月二十五日，《文學評論》第五期出版「慶祝建國十周年特輯」，發表下列文章：毛星《對十年來新中國文學發展的一些理解》、吳曉鈴等《十年來的古典文學研究和整理工作》、卞之琳等《十年來的外國文學翻譯和研究工作》以及《詩歌格律問題的討論》綜合報道。

十月二十六日,《文藝報》第十九～二十期在「慶祝建國十周年專號(二)」中,發表馮牧、黃昭彥(黃秋耘)的《新時代的生活畫卷(略談十年來長篇小說的豐收)》、宋爽的《五彩繽紛的短篇小說》、袁水拍的《成長發展中的社會主義的新詩歌》以及嚴文井、卞濟遠、荒煤、賀宜談散文特寫、話劇創作、電影文學、少兒文學的文章。

十月,《上海文學》發表歐陽文彬的《試論茹志鵑同志的藝術風格》。

十一月十一日,《文藝報》第二十一期頭條發表華夫的《〈創作,需要才能〉辨》。

十二月十一日,《文藝報》第二十三期發表華夫《評郭小川的〈望星空〉》和葛暢批評《電影藝術》「右傾」的《「短評」之短評》。

十二月二十五日,《文學評論》第六期出版「兄弟民族文學研究專號」。

十二月二十六日,《文藝報》發表批判李古北和海默小說的文章。

《長江文藝》從十一、十二月合刊號開始批判于黑丁等人。

《戲劇論叢》與《戲曲研究》合併爲《戲劇研究》,於本年度問世。《兒童文學研究》叢刊亦於本年創刊。

本年出版的文學論著主要有:茅盾的《鼓吹集》(作家出版社)、王朝聞的《一以當十》(作家出版社)、馮牧的《繁花與草葉》(百花文藝出版社)、李希凡的《管見集》(作家出版社)、葉子銘的《論茅盾四十年的文學道路》(上海文藝出版社)、夏衍的《寫電影劇本的幾個問題》(中國電影出版社)、天鷹的《一九五八年中國民歌運動》(上海文藝出版社)、山東大學中文系《文藝學新論》(山東人民出版社)、姚文元的《魯迅——中國文化革命的巨人》(上海文藝出版社)、袁水拍的《文藝札記》(北京出版社)、劉白羽的《文學雜記》(北京出版社)、以群的《文學問題漫論》(作家出版社)、蔣風的《中國兒童文學講話》(江蘇文藝出版社)、《詩刊》編《新詩歌的發展問題》(一~三集,作家出版社)。

一九六〇年

一月八日,李何林在《河北日報》發表《十年來文學理論批評的一個小問題》。

一月十一日,《文藝報》第一期發表林默涵長文《更高地舉起毛澤東文藝思想的旗幟!》,揭開了文藝「反修」的序幕。張光年在同一天的《河北日報》著文《駁李何林同志》。次日,以群在該報發表《並非一個小問題》。《文藝報》第一期還刊登王子野《評劉眞〈英雄的樂章〉》。

一月二十四日,《光明日報》發表蔡儀《所謂「中間作品」的問題》。

一月二十五日,《文學評論》第一期發表潔泯《論「人類本性的人道主義」——批判巴人的〈論人情〉及其他》。同時發表該刊負責人何其芳的檢討：《歡迎讀者對我們的批評》，「批評」係指對該刊去年發表的紀念建國十周年的一組文章。另有馮沅君的《關於中國文學史上兩條道路的鬥爭》。《詩刊》一期發表殷晉培批判郭小川《唱什麼樣的讚歌》的文章。

《星星》第一期發表王亞平《那不是詩歌創作的堅實道路》，批評政治抒情詩的假大空傾向。

《文藝報》第二期發表姚文元《批判巴人的「人性論」》，《新港》第一期發表批判張庚探討戲曲遺產中「人民性」、「忠孝節義」的「錯誤」觀點和海默的劇本《洞簫橫吹》的文章。《劇本》發表屠岸《駁岳野的三個論點》和卞明《斥「第四種劇本」》文章。

《文藝哨兵》（天津）第二期發表李何林《我對錯誤的初步認識和批判》。

二月十一日，《文藝報》第三期發表馬烽等人的《危險的道路——評孫謙的小說的思想傾向》。

二月二十五日，《文藝報》第四期發表許道琦（湖北省委書記）批判于黑丁的文章和《長江文藝》討論文學作品如何反映人民內部矛盾情況的報道。

《解放軍文藝》第二期發表李紀衆的《丁芒的詩在宣揚什麼？》。

《新港》、《北京文藝》二月號分別批判方紀和白刃的小說。《電影創作》開始討論《無情的情人》。《人文雜誌》批判霍松林的《文藝學概論》。《詩刊》批判王亞平和蔡其矯，並發表馮牧的批評卓如不熱情肯定李季詩作的文章。

三月二日，《文學評論》和《文藝報》聯合舉行左翼作家聯盟成立三十周年座談會。

三月八日，《文學知識》發表批判巴人《文學論稿》的文章。

三月十一日，《文藝報》發表蘇者聰批判何其芳《文學藝術的春天》的文章。

三月二十六日，《文藝報》第六期發表《馬克思主義經典作家論批判地繼承文化傳統》和《高爾基論資產階級文學遺產》的長篇語錄。

三月二十七日，《讀書》第六期發表馬文兵的《評四本文藝理論教科書》。

《延河》三期批判盧平《試論某些藝術作品不含有階級性以及什麼形象是完美的》一文。

四月十一日，《文藝報》第七期發表郭小川帶懺悔性質的《不值一駁》和李希凡的《駁巴人的「人類本性」的典型論》。

四月二十五日，《文學評論》第二期發表葉水夫、錢中文的《國際修正主義文藝思想必須徹底批判》和一組批判巴人《文學論稿》、王淑明《論人情與人性》的文章。

四月二十六日，《文藝報》第八期發表錢俊瑞《堅持文學的黨性原則，徹底批判現代修正主義》。《文匯報》同日發表文效東《批判蔣孔陽的超階級論和人性論》。

《上海文學》四月號批判張家應的《思想方法與技巧》。《湖南文學》四期批判鐵可的「修正主義」文藝思想。《雨花》第八期發表葉子銘等人的《批判吳調公等人的修正主義文藝思想》。

五月八日，《文學知識》發表文效東批駁趙尋關於創造英雄人物觀點的文章。

五月十一日，《文藝報》第九期以語錄形式發表《馬克思主義經典作家論資產階級人道主義》和

《高爾基、魯迅論人道主義和人性論》。

五月二十六日，《文藝報》發表宋爽批判陳伯吹的《「兒童本位論」的實質》。《戲劇報》第五期發表文章批判郭漢城。《文藝紅旗》發表思基的文章批判柯夫。《雨花》從九期起批判王夢雲的《社會主義文學創作可不可以寫眞實》。《解放軍文藝》第五期批判所謂「第四種劇本」。《上海文學》第五期發表王道乾的《批判蔣孔陽的修正主義文藝思想——「第三種文藝」論》。《詩刊》發表周建元的《沙鷗是怎樣一個詩人》。

六月，姚文元在《劇本》發表《論陳恭敏同志的「思想原則」和「美與原則」——答陳恭敏同志》。

六月二十五日，《文學評論》第三期發表朱寨和馮牧、安旗商榷李季評價問題的《這樣的批評符合事實嗎？》。同期發表馬文兵的《一九五七年出版的幾本文藝理論教科書》。此外，還發表有批判巴人、王淑明、李何林的文章。

《邊疆文藝》第六期發表批判曉雪《生活的牧歌》的文章。《詩刊》第六期發表批判秦似詩作的文章。

七月二十二日，中國文學藝術工作者第三次代表大會召開，周揚做《我國社會主義文學藝術的道路》的報告。《文藝報》第十三～十六期均爲這次大會和作協第三次理事會（擴大）會議專號。

《文學知識》出至第七期終刊。

九月二十五日，《文學評論》第四期刊登何其芳《正確對待文學遺產，創造新時代的文學》。

九月二十六日，《文藝報》第十七～十八期發表許之喬帶總結性批判《無情的情人》的文章。《河南日報》、《奔流》批判鄭克西的作品。

十一月十六日，《文匯報》發表《試論喜劇》，後來又連續發表了顧仲彝等人的文章。

十一月二十五日，《文學評論》第五期發表柳鳴九《批判人性論者的共鳴說》，引發了後來的文學共鳴問題的爭論，同期還發表了文效東評復旦大學中文系五七級集體編著的《中國現代文藝思想鬥爭史》（上海文藝出版社）。

十二月十一日，《文藝報》第二十三期發表何其芳的長文《托爾斯泰的作品仍然活著》。

十二月二十五日，《文學評論》第六期發表朱光潛、陸侃如等人的談山水詩的文章。該刊在「編後記」中希望大家討論山水詩的階級性問題。同日《文匯報》發表吳晗《談歷史劇》。次日，該報還報道了首都舉行歷史劇座談會情況。

十二月間，在《文藝報》的一次會上，邵荃麟認爲《創業史》中的梁三老漢比梁生寶寫得好。

十二月二十日，《詩刊》十一～十二月合刊號刊登謝冕文章：《論賀敬之的政治抒情詩》。

本年度出版的文學論著主要有：中國科學院文學所《十年來的新中國文學》（作家出版社）、賀宜的《散論兒童文學》（百花文藝出版社）、以群的《論無產階級革命文藝的發展方向》（上海文藝出版社）、《中國文學與藝術工作者第三次代表大會文件》（人民文學出版社）、《反映社會主義躍進的時代，推動社會主義時代的躍進！》（人民文學出版社）、周揚的《我國社會主義文學藝術的道路》（人民文學出版社）、《馬克思、恩格斯論藝術㈠》（人民文學出版社）、《列寧論文學與藝術》（人民文學出版社）、《斯大林論文學與藝術》（人民文學出版社）、林默涵的《更高地舉起毛澤東文藝思想的旗幟》（上海文藝出版社）、張春橋的《龍華集》（上海文藝出版社）、羅蓀的《文學散論》（上海文藝出版社）。

一九六一年

一月三十一日，《文匯報》發表細言（王西彥）《關於悲劇》。接著，該報又發表了蔣守謙、繆依杭等人的文章，就什麼是悲劇、社會主義社會有無悲劇，悲劇的主角和悲劇題材、社會主義時代悲劇的特徵問題展開討論。《戲劇報》九、十合刊號上做了綜合報道。

《文匯報》於一月八日、二十六日、三十日分別發表老舍、趙景深的文章，討論喜劇的特徵及其分類、喜劇如何反映敵我矛盾和人民內部矛盾、喜劇的戲劇衝突和表現手法等問題。《人民日報》一月十三日對此做了綜合報道。

一月八日、十五日、二十二日，《解放日報》討論英雄形象問題。

一月二十八日，《人民日報》開設「筆談散文」專欄，撰稿者陸續有老舍、李健吾、吳伯簫等。

性》。

一月三十、三十一日，《文匯報》發表南京師院中文系的文章：《論我國古代山水詩的階級性》。

二月十四日，《文學評論》第一期開闢《關於文學上的共鳴問題和山水詩問題的討論》專欄，並發表了《山水詩的討論》的綜合報道。還刊登了編委會名單，主編爲何其芳，副主編爲毛星，常務編委爲卞之琳、戈寶權、毛星、何其芳、余冠英、邵荃麟、陳翔鶴、馮至、游國恩、楊晦、蔡儀、錢鍾書。

二月二十八日，《人民日報》「筆談散文」專欄內，發表了柯靈的文章。後來《文匯報》、《光明日報》、《中國青年報》、《長江文藝》也發表了冰心、郭預衡、徐遲等人的文章。

《北京文藝》三月號發表曲六乙評《海瑞罷官》的文章：《羞爲甘草劑，敢做南包公》。另一篇評論也讚揚此劇。

三月二十四日，《文匯報》報道《新建設》探討美學研究中的幾個問題。

三月二十六日，《文藝報》第三期發表張光年執筆的專論《題材問題》，並發表了陳默《話劇創作中的幾個問題質疑》、侯金鏡的《創作個性和藝術特色——讀茹志鵑小說有感》。邵荃麟後來要求《文藝報》再寫一篇《典型問題》專論，提倡人物的多樣化。

四月五日，《人民日報》發表《關於歷史劇問題的討論》綜述。

四月十四日，《文學評論》第二期繼續討論「共鳴」問題和山水詩問題。

《上海文學》從第四期起連載秦牧的《藝海拾貝》。

天津的《文藝哨兵》停刊。

高校文科教材編選會議在北京召開，陸定一、周揚到會講話。

《美術》二期綜述山水花鳥畫問題的討論。

《羊城晚報》從四月十三日開展對于逢長篇小說《金沙洲》的討論。歷時七個月。

四月二十六日，《文藝報》分三期刊登茅盾《一九六〇年短篇小說漫評》。

四月三十日，《戲劇報》第七、八期合刊發表關於戲劇衝突問題討論的綜述。

五月二十六日，《文藝報》第五期發表一組《批判地繼承中國文藝理論遺產》的文章。執筆者有宗白華、俞平伯、唐弢等人。同期刊登王子野《和姚文元同志商榷美學上的幾個問題》。

六月一至二十八日，中共中央宣傳部召開全國文藝工作座談會，討論《關於當前文學藝術工作的意見（草案）》。

六月十三日，《光明日報》發表余開偉與顧仲彝商榷的文章：《人民內部矛盾不能構成悲劇衝突嗎？》

六月十四日，《文學評論》第三期發表嚴家炎《談〈創業史〉中梁三老漢的形象》，並發表吳晗的《論歷史劇》、劉澍德的《編寫少數民族文學史的幾個問題》、《〈北京日報〉討論〈林海雪源〉》的綜述。

六月二十三日，《北京晚報》發表《從海瑞談到「清官戲」》。

六月二十六日，《文藝報》第六期發表周立波呼應《題材問題》專論的文章。

七月二十一日，《文藝報》發表馮牧《〈達吉和她的父親〉——從小說到電影》、細言（王西彥）《有關茹志鵑作品的幾個問題》。

八月十七日，《光明日報》發表吳晗《〈海瑞罷官〉序》。

八月三十一日，《文藝報》第八期發表作協廣東分會寫的《典型形象——熟悉的陌生人》，並綜述《金沙洲》的討論。

八月三十一日，廖沫沙以繁星的筆名在《北京晚報》發表《有鬼無害論》。

九月二十一日，《文藝報》發表郭沫若、茅盾、劉綬松紀念魯迅誕辰八十周年的文章。

十月十日，《前線》開闢由吳晗、鄧拓、廖沫沙共同主持的《三家村札記》專欄（署名吳南星）。

十月二十四日，《文學評論》第五期發表茅盾的《關於歷史和歷史劇》、何其芳《關於民族文學史編寫中的問題》以及唐弢的《論魯迅的美學思想》。

十月三十一日，《文藝報》第十期綜合報道《達吉和她的父親》的討論情況。

十月二十九日，茅盾在《文匯報》發表《談文藝創作的五個問題》。

十一月十四日，《文匯報》報道《關於無產階級藝術標準問題的討論》。

十二月十四日，《文學評論》第六期發表《關於文學上的共鳴問題和山水詩問題的討論》和柳鳴九關於共鳴問題的答辯文章。

本年出版的文學論著主要有：《詩刊》編的《新詩歌的發展問題（四）》（作家出版社）、苗得雨的《文談詩話》（山東人民出版社）、振甫的《毛主席詩詞淺釋》（上海文藝出版社）、陳瘦竹的《論田漢的話劇創作》（上海文藝出版社）、吳晗的《春天集》（作家出版社）等。

一九六二年

一月八日，《光明日報》發表《九年的美學討論》綜述。

一月十一日，《文藝報》第一期發表一組評論曹禺《膽劍篇》的文章。

二月，周揚、林默涵、何其芳、陳荒煤、張光年、葉以群等二十餘人在北京新橋飯店商討《講話》發表二十周年紀念事項。

二月十一日，丁山在《文藝報》第二期著文《幾點有關古典文學研究的建議》，希望研究古典文學時多注意一些特殊的文學現象。《文藝報》在發表此文時，加了編者按，表示讚賞。

三月三日至二十六日，全國話劇、歌劇創作座談會在廣州召開。周恩來、陳毅做了糾「左」的講話。

四月十九日，在京詩人座談詩歌問題。陳毅到會肯定何其芳對格律詩的探索。

四月，糾「左」的「文藝八條」正式批轉全國執行。

五月二十三日，《人民日報》發表《爲最廣大的人民群衆服務》的社論，紀念《在延安文藝座談會上的講話》發表二十周年。

《文藝報》出版紀念《在延安文藝座談會上的講話》二十周年專號，郭沫若發表《詩歌漫談》，張庚發表《關於「劇詩」》的文章。

六月十四日，《文學評論》第三期發表何其芳《戰鬥的勝利的二十年》、王燎瑩的《〈在延安文藝座談會上的講話〉的歷史背景問題》以及孟超的《跋〈李慧娘〉》。

六月十八日，《戲劇報》六期發表吳晗的文章：《歷史劇是藝術，也是歷史》。

六月二十五日，邵荃麟在《文藝報》重點選題會上，明確提出「寫中間人物」的主張。《電影藝術》第三期發表瞿白音的文章：《關於電影創新問題的獨白》。

七月十一日，《文藝報》第七期發表張光年《「共工不死」及其他》，與郭沫若商榷毛澤東《漁家傲》一詞的評價問題。李希凡發表《是提高還是「拔高」——讀〈達吉和她的父親〉及其討論》，魏金枝發表文章爲工人作家唐克新的短篇小說《沙桂英》辯護。從本期起，馮牧從編委升爲該刊副主編。

八月二日至十六日，中國作家協會在大連召開農村題材短篇小說創作座談會。主持人邵荃麟在會上宣傳「矛盾往往集中在中間人物身上」的「寫中間人物」的主張。

文化部於本月發出《對違反當前政策精神的影片停止發行的通知》。這些影片有《十三陵水庫暢想曲》、《打麻雀》、《趕英國》等。

九月十一日，《文藝報》第九期發表沐陽（謝永旺）的《從邵順寶、梁三老漢所想到的……》，認爲中間人物是「不好不壞、亦好亦壞、中不溜兒的芸芸衆生」。同時發表焦菊隱的《〈武則天〉導演雜記》。

《火花》十月號發表兩篇評西戎《賴大嫂》的文章，主張通過寫中間人物教育中間人物。

十月十一日，《文藝報》發表《反映當前的火熱的鬥爭》的專論，開始宣傳階級鬥爭擴大化理論。

十月十四日，《文學評論》第五期發表朱寨的《關於歷史劇的爭論》、康濯的《試論近年間的短篇小說》、陸侃如的《文學史工作中的三個問題》，其中康濯文章主張寫「中間人物」和「現實主義深化」。

十一月八日，《北京日報》發表《北京市召開現代題材戲劇創作座談會》的報道。

十一月十一日，《文藝報》發表歐陽文彬評峻青短篇小說的文章：《把戰歌唱得更加嘹亮》，同時刊登周立波爲一九五九～一九六一年散文特寫選集寫的序言。

十二月十一日，《文藝報》第十二期發表黎之批判沐陽的文章：《創造我們時代的英雄形象》。《新港》十二期發表茅盾讀一九五九～一九六一年間優秀短篇小說的文章《讀書雜記》。

《新建設》十二月號發表周谷城《藝術創作的歷史地位》。

本年度出版的文學論著主要有：華中師範學院中文系編著《中國當代文學史稿》（科學出版社）、茅盾的《鼓吹續集》（作家出版社）、馮牧的《激流小集》、秦牧的《藝海拾貝》（上海文藝出版社）、姚文元的《新松集》（同上）、李希凡的《寸心集》（作家出版社）、何其芳的《詩歌欣賞》（同上）、臧克家的《學詩斷想》（北京出版社）、《筆談散文》（百花文藝出版社）、魯兵的《教育兒童的文學》（少年兒童出版社）、賀宜的《童話的特徵、要素及其他》（少年兒童出版社）、唐弢的《創作漫談》（作家出版社）等。

一九六三年

一月四日，柯慶施在上海文藝工作者座談會上提出「寫十三年」的口號。

一月六日，《文匯報》報道了柯慶施的講話。

一月十一日，《文藝報》發表劉金《歸家——一部富有特色的新作》、馮先植《戲曲評論應當有助於戲曲藝術的推陳出新》的文章。

二月十一日，《文藝報》第二期發表《記一次「關於小說在農村」的調查》。

二月十二日，爲紀念曹雪芹逝世二〇〇周年，文化部等有關單位舉辦展覽會，出版了影印本《乾隆抄本百二十回〈紅樓夢〉稿》。

《文學評論》第一期發表唐弢的《關於題材》。

三月十一日，《文藝報》第三期發表《文藝面向農民，鞏固和擴大社會主義新文藝在農村的陣地》的社論。並發表張庚等人《奪印·評劇·現代戲》的座談、錢谷融的《管窺蠡測——人物創造探秘》。

三月二十二日，《人民日報》和中國作家協會，共同召開報告文學座談會。

文化部委託戲曲研究院開辦「戲曲編劇講習班」。

四月十一日，《文藝報》發表王子野《評周谷城〈藝術創作的歷史地位〉》，並發表該刊記者寫的記北京召開的報告文學座談會的報道、趙尋《演「鬼戲」沒有害處嗎？》。

四月十四日，《文學評論》第二期發表朱寨《再談歷史劇問題的爭論》。

四月十九日，《南方日報》發表陶鑄《關於文藝下鄉問題》的講話。

在中國文聯三屆全委二次擴大會上，周揚做《加強文藝戰線，反對修正主義》的報告。

中宣部在新橋飯店召開的會上，周揚、林默涵、邵荃麟等認爲「寫十三年」有片面性，不能認爲只有寫社會主義時期的生活才算是社會主義文藝。張春橋則認爲「寫十三年」有十大好處。

五月六、七日，《文匯報》發表由江青策劃的批判《李慧娘》的文章《「有鬼無害」論》（梁璧輝）。

五月十一日，《文藝報》第五期發表揚州專區揚劇團的《創作〈奪印〉的體會》。

五月二十日，姚文元在《文匯報》發表《請看一種「新穎而獨到的見解」》，借德彪西問題向音樂界發起批判。

六月十一日，《文藝報》第六期發表《積極參加國內外階級鬥爭，做一個徹底革命的文藝戰士》的社論，進一步宣傳階級鬥爭擴大化理論，並明確提出要將這種理論應用於創作與批評領域。還發表讀者對《歸家》的意見。

六月二十七日，沙葉新在《文匯報》發表《審美的鼻子如何伸向德彪西？──與姚文元同志商榷》。

七月十日，《詩刊》七月號發表郭沫若《關於詩歌的民族化群衆化問題》。

《新建設》七月號綜述《歷史劇問題討論近況》。

八月一日，《延河》八月號發表柳青《提出幾個問題來討論》，就嚴家炎對梁生寶形象的批評做出答覆。

《文史哲》四期刊出《關於典型問題的討論綜述》。

八月十一日，《文藝報》第七、八期合刊發表周谷城的反批評《評王子野的藝術論評》、艾克恩批判蘇策的短篇小說《白鶴》的文章。

八月十四日，《文學評論》第四期發表俞平伯《〈紅樓夢〉中關於「十二釵」的描寫》。

九月二十一日，《文藝報》第九期發表趙渢有關評價德彪西爭論的《標無產階級之新，立無產階級之異》，並發表專論《一定要做戲曲改革的促進派》。

九月，康生誣陷電影《紅河激浪》是爲高崗翻案的黑電影。在此前後，柯慶施在上海指責《王孝和》等革命歷史題材的影片是專門「寫死人」，並強令停止拍攝《吉鴻昌》、《七月流火》等影片。

十月，《上海文學》刊登姚文元的《文藝作品反映社會主義革命時期階級鬥爭的一些問題》。

十月二十六日，周揚在中國科學院哲學社會科學部委員會召開的第四次擴大會上做《哲學社會科學工作者的戰鬥任務》的報告。

十月，《延河》發表蔡葵、卜林扉批評嚴家炎的《這樣的批評符合實際嗎？》。

十一月七日，《光明日報》發表周谷城《統一整體與分別反映》。

十一月十一日，《文藝報》第十一期發表張光年批判蘇聯格·丘赫萊依的影片及其言論的《現代修正主義的藝術標本》。

《上海文學》十一、十二月合刊號刊登陳遼的文章：《時代變了，人物變了，作家的筆墨也不能不變》。

十二月十二日，毛澤東在柯慶施主持整理的一個關於上海故事會和評彈改革材料上做了批示，嚴厲批評「各種文藝形式……，問題不少，人數很多，社會主義改造在許多部門中，至今收效甚微」。批示下達後，文藝界便開始整風。

十二月二十五日，柯慶施在華東地區話劇觀摩演出大會開幕式上重提「寫十三年」的口號，並搶先透露毛澤東批示內容，借以否定「十七年」文藝成績。

《兒童文學研究》叢刊於本年停刊。

本年出版的文學論著主要有：茅盾《讀書雜記》（作家出版社）、馮至《詩與遺產》（作家出版社）、孫犁《文學短論》（作家出版社）、賴應棠《創作與批評》（春風文藝出版社）、賈芝《民間文學論集》（作家出版社）、安旗《新詩民族化群衆化問題初探》（四川人民出版社）、李準《情節、性格和語言》（河南人民出版社）、張紫晨《民間文學知識講話》（吉林人民出版社）、以群主編《文學的基本原理》（上、下，上海文藝出版社）等。

一九六四年

《文藝報》一月號發表《努力反映偉大的社會主義時代》的社論，呼應「寫十三年」的口號。

一月十日，在文化部、中國戲劇家協會聯合舉辦的第二期學習、創作研究會上，陳荒煤做題爲《更深刻地反映社會主義時代》的發言。

二月十一日，《文藝報》第二期發表《大力開展社會主義新文藝的普及工作》的社論。

二月十四日，《文學評論》第一期發表曹道衡等《學習毛主席詩詞》的文章。

三月十一日，《文藝報》第三期發表陳言《漫評林斤瀾的創作及有關評論》，並發表林淡雲批評俞平伯的《評〈「紅樓夢」中關於「十二釵」的描寫〉》。

三月十六日，《文匯報》發表鄧牛頓等的《梁生寶形象評價中的幾個問題》。

四月十一日，《文藝報》第四期發表李醒塵的《周谷城美學的精神循環圈》和周谷城的《評朱光潛的藝術論評》。此外，還有「正確對待歐洲資產階級文學遺產」和「讓報告文學遍地開花」的特輯。

四月十四日，《文學評論》第二期發表討論「清官」和「俠義」的實質的文章：《清代公案小說的思想傾向》，蔡葵的關於《三家巷》和《苦鬥》評價問題的論文和朝耘整理的《對〈關於梁生寶形象〉一文的意見》。

五月十一日，《文藝報》第五期發表王子野、朱光潛對周谷城的答辯文章。

六月五日至七月三十一日，全國京劇現代戲觀摩演出大會在北京舉行。閉幕後《紅旗》雜誌、《人民日報》分別發表題爲《文化戰線上的一個大革命》和《把文藝戰線的社會主義革命進行到底》的社論。

六月十一日，《文藝報》第六期發表祝賀一九六四年京劇現代戲觀摩演出大會閉幕的社論：《京劇藝術的革命創舉》，並發表茅盾《讀陸文夫的作品》。

六月二十日，《新建設》第五、六期合刊開設「關於社會主義話劇的討論」專欄，撰稿者有老舍、李伯釗、李健吾、張立云。

六月二十七日，毛澤東在《中央宣傳部關於全國文聯和所屬各協會整風情況報告》的草稿上作批示，稱各協會「最近幾年，竟然跌到了修正主義的邊緣」，隨後文化部和全國文聯進行整風。

《文學評論》第三期發表曹禺評話劇《千萬不要忘記》的文章《話劇的新收穫》、張鍾與嚴家炎商榷梁生寶形象的論文及王元驤《對阿Q典型研究中一些問題的看法》。

七月七日，《光明日報》發表金爲民、李雲初與姚文元商榷的文章：《關於時代精神的幾點疑問》。

七月十一日，《文藝報》第七期開闢《京劇現代戲論壇》，發表馮牧等人爲京劇舞臺上的革命光芒喝彩的文章。

七月二十九日，康生點名批判由陽翰笙編劇的電影《北國江南》（海燕電影製片廠一九六三年攝製）。《人民日報》於次日發表批判文章，並加了編者按。

八月十四日，《文學評論》第四期發表繆俊傑等人《關於周炳形象的評價問題》。

八月二十九日，中共中央宣傳部發出《關於公開放映和批判影片〈北國江南〉、〈早春二月〉的通知》。

《紅旗》第十五期發表柯慶施一九六三年底至一九六四年初在華東地區話劇觀摩演出會上的講話，同時發表了批判周谷城的文章《評周谷城藝術觀點的哲學基礎》。《人民日報》、《光明日報》、《北京日報》、《文匯報》也發表了這類文章。

九月一日，《中國青年報》發表了《用階級調和思想毒害青年的小說》，批判歐陽山的《三家巷》、《苦鬥》，其它報刊也發表了十多篇這類文章。

九月九日，《安徽日報》轉載《江淮學刊》批判小說《還魂草》的文章。

九月十五日，《人民日報》和《光明日報》同時發表批判影片《早春二月》的文章，由此掀起批判高潮。僅十月份，全國共發表批判文章二〇〇多篇。

九月十六日，《吉林日報》發表《關於小說〈鄰居〉的再討論》，並加編者按。

九月二十七日，毛澤東在中央音樂學院一個學生寫的信上批示：「古爲今用，洋爲中用」。

九月三十日，《文藝報》第八、九期合刊號發表該刊編輯部兩篇文章：《「寫中間人物」是資產階級的文學主張》和《關於「寫中間人物」的材料》。

《雨花》九月號發表《陸文夫的翻案和自我吹噓——讀陸文夫給〈文藝報〉編輯部的一封信》。

十月十日，《詩刊》十月號發表謝冕文章：《階級鬥爭的衝鋒號——略談政治抒情詩創作》。

十月二十四日，《人民日報》以《文學評論工作中的一項革命性的措施》爲題，報道湖南報刊邀請工農兵參加評論現代劇的活動，並加了《請工農兵打「收條」》的短評。

十月三十日，《文藝報》第十期發表吳泰昌批判張慶田的短篇小說的文章：《〈對手〉寫了什麼樣的「英雄」》。並發表該刊記者寫的關於《三家巷》和《苦鬥》的討論綜述：《小資產階級的自我表現》。

十一月三十日，《文藝報》第十一、十二期合刊號刊登該刊資料室整理的材料：《十五年來資產階級是怎樣反對創造工農兵英雄人物的？》。並刊登陸貴山等人寫的多篇批判「寫中間人物」主張的文章和艾克恩的《〈父子〉宣揚的是什麼思想感情》。

十二月十四日，《文學評論》第六期刊登朱寨的《從對梁三老漢的評價看「寫中間人物」主張的實質》。《新建設》、《解放軍文藝》、《火花》等許多報刊也發表了這類文章）、鄧紹基的《〈李慧娘〉——一株毒草》、該刊編輯部《關於〈三家巷〉〈苦鬥〉的評價問題》。

本年出版的文學論著主要有：何其芳的《文學藝術的春天》（作家出版社）、陶鑄《思想·感情·文彩》（廣東人民出版社）、姚文元《文藝思想論爭集》（作家出版社）、李希凡《題材·思想·藝術》（百花文藝出版社）、《文化戰線上的一個大革命》（人民出版社）、延澤民《文藝學談》（北方文藝出版社）、曲六乙《中國少數民族戲劇》（作家出版社）、《美學問題討論集》（六集，人民文學出版社）、安旗《毛主席詩詞十首淺釋》（四川文藝出版社）等。

一九六五年

一月，《文藝報》第一期發表項紅的《我們和康濯同志的根本分歧——評〈試論近年間的短篇小說〉》，以及批評舒群的短篇小說《在廠史以外》的文章。

《羊城晚報》、《南方日報》本月發表批判武克仁的歷史小說《柳宗元被貶》的文章。

二月十六日，《文藝報》第二期發表顏默批判陳翔鶴的歷史小說《廣陵散》（《人民文學》一九六二年十月）、《陶淵明寫「挽歌」》（《人民文學》一九六一年十一月）的文章：《爲誰寫挽歌？》。另有《工農兵的評論好得很》的專論和讀者對《文藝報》的批評。

二月十四日，《文學評論》第一期發表余冠英等批判陳翔鶴的文章和讀者批評該刊的一組來稿。

二月十八日，繁星（廖沫沙）在《北京晚報》發表《我的〈有鬼無害論〉是錯誤的》。

《電影文學》第一、二期合刊批判電影劇本《親人》。《戲劇報》發表讀者寫的《從〈戲劇報〉的幾篇社論看它的編輯思想》。

三月一日，《人民日報》發表向群的文章《重評孟超新編〈李慧娘〉》，「編者按」認爲李劇「是一株反黨反社會主義的毒草」。

四月二十二日，中共中央宣傳部發出《關於公開放映和批判影片〈林家舖子〉和〈不夜城〉的通知》。

《電影藝術》第四期發表《「三結合」是繁榮創作的好方法》社論。

五月二十六日，《光明日報》發表《夏衍同志改編的影片〈林家舖子〉必須批判》。

六月六日，《工人日報》發表《〈不夜城〉必須徹底批判》。

六月十一日，《文藝報》第六期發表胡可、張天翼批判電影《林家舖子》的文章。

六月十四日，《文學評論》第三期發表卓如的《〈上海屋檐下〉是反時代精神的作品》和李輝凡的《「現實主義深化」論批判》。

七月二十一日，《文藝報》發表一組批判《不夜城》的文章。

八月十四日，《文學評論》第四期發表文章讚揚陳登科的長篇小說《風雷》，認為小說表現了當時農村階級鬥爭的複雜性，同時發表文章批評陳殘雲的長篇小說《香飄四季》「沒有很好地反映階級鬥爭」。

八月二十七日，《文藝報》第八期發表黃起衰批判康濯的短篇小說《代理人》的文章。

十月十四日，《文學評論》第五期發表讀者來稿，批評卞之琳《莎士比亞戲劇創作的發展》缺乏階級觀點。

十月三十日，《文藝報》從第十期起不再刊登該刊編委會名單。

十一月十日，《文匯報》發表由江青授意、姚文元執筆的《評新編歷史劇〈海瑞罷官〉》。

十一月二十九日，全國青年業餘文學創作積極分子大會在京舉行。周揚在會上做了題為《高舉毛澤東思想紅旗，做又會勞動又會創作的文藝戰士》的報告。

《電影文學》十二月號發表一組文章批判唐漠的《藝術形象雜感》。

十二月十四日，《文學評論》第六期發表《〈風雷〉有那樣好嗎？》的爭鳴文章。

十二月二十一日，毛澤東在杭州談話中說：「《海瑞罷官》的要害問題是罷官」。

十二月二十二日，《光明日報》發表朱熙與姚文元商榷《海瑞罷官》評價問題的文章。

十二月二十五日，《文匯報》發表王鴻德《不要鋤掉〈海瑞罷官〉這朵花》。

二十七日，《北京日報》刊登吳晗《關於〈海瑞罷官〉的自我批判》，《人民日報》三十日轉載時加了編者按。

本年出版的主要文學論著有：夏征農的《關於社會主義戲劇的創作問題》（上海文化出版社）、姚文元的《在前進的道路上》（人民文學出版社）、《京劇〈紅燈記〉評論集》（中國戲劇出版社）、《京劇〈沙家濱〉評論集》（中國戲劇出版社）。

一九六六年

一月九日，《光明日報》發表《不能這樣否定——與姚文元同志商榷》。在此前後，《北京文藝》、《北京日報》、《福建日報》等報刊也發表了與姚文元辯論的文章。

一月二十七日，《文藝報》第一期發表推薦金敬邁的長篇小說《歐陽海之歌》的文章，並發表批判羽山、徐昌霖的小說《東風化雨》的文章。

二月一日，《人民日報》發表雲松的文章：《田漢的〈謝瑤環〉是一棵大毒草》。

二月十二日，《解放日報》發表丁學雷文章：《〈海瑞上疏〉爲誰效勞？》。

二月二日至二十日，林彪與江青相勾結在上海召開部隊文藝工作座談會。

二月二十四日，《人民日報》發表何其芳《評〈謝瑤環〉》。

二月二十七日，陳毅、陶鑄接見《歐陽海之歌》作者金敬邁，稱讚他的作品「是一部有時代意義的作品」。

三月一日，金敬邁在《解放軍報》發表談《歐陽海之歌》創作體會的文章：《做毛澤東思想的宣傳員》。《光明日報》加以轉載。

三月八日，《人民日報》發表《戲劇報》編輯部文章：《田漢的戲劇主張爲誰服務？》。

三月十一日，《文藝報》第三期發表王春元《評夏衍同志的〈電影論文集〉》，還組織了《〈歐陽海之歌〉的成就和意義》、《文藝創作反映階級鬥爭問題探討》的系列文章。

三月十二日，穆欣在《光明日報》發表《評〈賽金花〉劇本的反動思想》。

《戲劇報》第三期發表題爲《試談「淸官戲」的毒害》的文章，將淸官戲一棍子打死。

四月一日，鄭季翹在《紅旗》第五期發表文章：《文藝領域必須堅持馬克思主義的認識論——對形象思維的批判》。

四月二日，《人民日報》發表戚本禹《〈海瑞罵皇帝〉和〈海瑞罷官〉的反動實質》。

四月三日，《貴州日報》發表楊明興等批判黃秋耘的《魯亮儕摘印》的文章。

四月十一日，中共中央宣傳部發出《關於公開放映和批判一些壞影片的通知》，這些影片有：《舞臺姐妹》、《兵臨城下》、《桃花扇》、《阿詩瑪》、《逆風千里》、《球迷》、《兩家人》。

同日，《人民日報》發表《違反毛主席軍事思想的壞影片〈兵臨城下〉》。

四月十四日，《文學評論》第二期發表編輯部文章：《文學理論批評工作者，到工農兵群衆中去！》和批判秦牧《藝海拾貝》、《對〈風雷〉描寫農村階級鬥爭的質疑》的文章。

四月十六日，《北京日報》發表《關於〈三家村〉和〈燕山夜話〉的批判材料》以及《前線》雜誌、《北京日報》的編者按。同日，中央政治局常委會否定《二月提綱》，撤銷「文化革命五人小組」，建立由陳伯達任組長，江青和張春橋任副組長，康生任顧問的新的「文化革命小組」。

四月十八日，《解放軍報》發表《高舉毛澤東思想偉大紅旗，積極參加社會主義文化大革命》的社論，社論發佈了《林彪同志委託江青同志召開的部隊文藝工作座談會記要》的內容，號召人們起來批判「文藝黑線」。

四月十九日，《人民日報》發表批判程季華主編的《中國電影發展史》的文章：《破除對「三〇年代」電影的迷信》。

四月二十六日，《光明日報》發表批判影片《抓壯丁》的文章。

四月二十六日，《四川日報》發表文章《徹底批判李伏伽的反動作品》。

四月二十九日，《人民日報》轉載《紅旗》五期史紹賓文章：《評吳晗的〈投槍集〉》。《新華日報》同日批判京劇《尖兵頌》。

四月三十日，《文藝報》第四期發表楊楠批判《中國電影發展史》的文章：《「三〇年代」文藝鼓吹者提倡一條資產階級的文藝路線》、鄧紹基的《〈賽金花〉的反動內容說明了什麼》以及郭沫若讚頌《歐陽海之歌》的文章：《毛澤東時代的英雄史詩》。

五月四日，《解放軍報》發表《千萬不要忘記階級鬥爭》的社論。

五月八日，《解放軍報》發表高炬《向反黨反社會主義的黑線開火》、《光明日報》發表何明的《擦亮眼睛，辨別眞假》的文章。後者批判《北京日報》公佈「三家村」材料是「假鬥爭，眞包庇」。

五月十日，《解放日報》、《文匯報》發表姚文元《評「三家村」——〈燕山夜話〉、〈三家村札記〉的反動本質》。

五月十二日，北京報紙發表批判影片《舞臺姐妹》的文章，月內達一百多篇。

五月十四日，《解放軍報》、《光明日報》發表批判電影《紅日》文章，月內近二十篇。

五月十五日，《人民日報》發表《請看「三家村」的反動眞面目》有關材料。

五月十六日，中共中央發出揭開「文化革命」序幕的《通知》。

五月二十日，《文藝報》第五期發表楊廣輝批判《文藝報》專論《題材問題》的文章。該刊到此停刊，同日《人民日報》發表尹文欣等人的文章：《〈北京文藝〉是「三家村」黑店的一個分店》。《電影藝術》第三期發表批判夏衍《電影論文集》和程季華主編的《中國電影發展史》文章。

六月十四日，《文學評論》「文革」前最後一期——第三期全是轉載姚文元、戚本禹的文章或捉刀代筆的工農兵聲討文章。

六月十六日，《解放日報》發表丁學雷的《瞿白音的〈創新獨白〉是電影界黑幫的反革命綱領》，《人民日報》十九日轉載。

六月十七日，《人民日報》刊登何左文的《陳其通的反動戲劇綱領必須徹底批判》。

六月二十七日，《天津日報》著文批判電影《孫安動本》。

七月二日，《人民日報》轉載《紅旗》紀念《在延安文藝座談會上的講話》文章時所加的按語：《無產階級文化大革命的指南針》。

八月六日，鄭季翹在《紅旗》雜誌發表批判周揚長文，文中認爲「形象思維論」是「現代修正主義文藝思潮的一個認識論基礎」。

八月十一日，《解放日報》發表羅思鼎批判周揚的《評「文科教材」》。

八月三十日，《人民日報》發表黎帆的《評周揚的「全民文藝」》。

本年出版的文學評論著作主要有：《全國青年業餘文學創作積極分子大會報告、講話集》（中國青年出版社編輯、出版）、《駁周揚的修正主義文藝綱領》（天津人民出版社編輯、出版）、《高舉毛澤東思想偉大紅旗，徹底鏟除修正主義文藝黑線》（甘肅人民出版社編輯、出版）等。

一九六七年

一月，《紅旗》雜誌發表姚文元《評反革命兩面派周揚》。

四月一日，戚本禹在《紅旗》雜誌第五期發表《愛國主義還是賣國主義？——評反動影片〈清宮秘史〉》。

四月十二日，為江青在軍委擴大會議上作題為《為人民立新功》的講話。

五月十日，發表江青一九六四年七月在京劇現代戲觀摩演出人員座談會上的講話《談京劇革命》，《紅旗》雜誌第六期發表的社論《歡呼京劇革命的偉大勝利》中稱：「京劇革命的勝利，宣判了反革命修正主義文藝路線的破產，給無產階級文藝的發展開拓了一個嶄新的紀元。」

五月二十五日、二十八日，《人民日報》連續發表毛澤東關於文學藝術問題的「五個文件」：《看了〈逼上梁山〉以後寫給平劇院的信》（一九四四年一月九日）、《應當重視電影〈武訓傳〉的討論》（一九五一年五月二十日）、《關於紅樓夢研究問題的信》（一九五四年十月十六日）、《關於文學藝術的兩個批示》（一九六三年十二月十二日的批示、一九六四年六月二十七日的批示）。

五月二十九日，《林彪同志委託江青同志召開的部隊文藝工作座談會紀要》在《人民日報》發表。

五月，中央文化革命小組成立文藝組。組長江青，副組長戚本禹、姚文元。
五月三十一日，《人民日報》發表社論《革命文藝的優秀樣板》。
九月八日，姚文元在《人民日報》發表《評陶鑄的兩本書》。
十月十九日，許廣平在《人民日報》發表《「我們的癰疽，是他們的寶貝」——怒斥赫魯曉夫一伙包庇漢奸文人、攻擊魯迅的罪行》。

一九六八年

五月二十三日，于會泳在《文滙報》發表《讓文藝舞臺永遠成爲宣傳毛澤東思想的陣地》，首次提出「三個突出」「作爲塑造人物的重要原則。即在所有人物中突出正面人物來；在正面人物中突出主要英雄人物來；在主要英雄人物中突出最主要的中心人物來。」
六月二十日，《解放日報》發表萬重浪的文章：《清算反共老手巴金的滔天罪行》。
七月十五日，電影藝術家蔡楚生去世。
十二月十日，戲劇家田漢去世。

一九六九年

三月五日，美學家呂熒去世。

六、七月，《紅旗》第六、七期合刊號發表上海革命大批判寫作小組文章：《評斯坦尼斯拉夫斯基「體系」》（余秋雨執筆）。

九月三十日，《紅旗》雜誌第十期發表文章，提出「學習革命樣板戲，保衛革命樣板戲」的口號。

十一月二十日，上海煤氣公司桑偉川在《文匯報》發表《評〈上海的早晨〉——與丁學雷同志商榷》。

十一月，《紅旗》發表上海京劇團《智取威虎山》劇組文章：《努力塑造無產階級革命人物的光輝形象——對塑造楊子榮等英雄形象的一些體會》。

一九七〇年

一月二十四日，丁學雷在《人民日報》發表《階級鬥爭在繼續》的文章，把桑偉川的文章打成大毒草。桑偉川後被戴上現行反革命的帽子，坐七年牢。

四月，《紅旗》雜誌發表上海革命大批判寫作小組文章：《鼓吹資產階級文藝就是復辟資本主義——駁周揚吹捧資產階級「文藝復興」「啓蒙運動」「批判現實主義」的反動理論》。

六月一日，《文匯報》發表上海電影系統革命大批判寫作組文章：《夏衍反革命一生的自供狀——評「離經叛道」論》。

十月十五日，小說家蕭也牧去世。

一九七一年

三月，周建人在《紅旗》雜誌發表《學習魯迅，深入批修》。

三月二十二日，聞軍在《文匯報》發表《路線鬥爭決不能休戰——評工明、劉少奇、周揚一伙鼓吹「國防文學」的反動性》。

六月十日，文藝理論家邵荃麟去世。

七月，國務院文化組成立。組長吳德，副組長劉賢權。成員有于會泳、吳印咸等人。

八月八日，文學評論家侯金鏡去世。

九月十三日，林彪叛逃身亡。

九月十三日，林彪事件爆發，文藝領域從此大批「天才論」、「靈感論」。

一九七二年

三月一日，《紅旗》三期發表雷軍文章：《爲什麼要提倡讀一些魯迅的雜文？》文中稱胡秋原爲「托匪」，後胡氏在台北《中華雜誌》一九七二年八月號發表《關於〈紅旗〉之誹謗答史明亮先生等》。

三月十八日，《文匯報》發表《還要努力作戰——評〈虹南作戰史〉中的洪雷生形象》。

三月二十七日，《人民日報》發表聞軍文章：《學習魯迅同反革命兩面派鬥爭的歷史經驗》。

五月一日，《紅旗》五期發表秦言文章：《努力發展工農兵業餘創作》。

六月一日，《紅旗》發表方剛文章：《文藝問題上兩種認識論的鬥爭》。《解放軍文藝》六月號發表勇征文章：《駁「靈感論」》。

六月二十日，《文匯報》發表評短篇小說《初春的早晨》的文章。

七月，毛澤東做關於調整文藝政策的講話：「樣板戲太少，而且稍微有點差錯就挨批。百花齊放都沒有了。別人不能提意見，不好」。「怕寫文章，怕寫戲，沒有小說，沒有詩歌……，缺少文藝評論」。

七月二十五日，著名文藝評論家巴人（王任叔）受「四人幫」迫害致死。

八月一日，《解放軍文藝》八期發表再批判周揚《文學與生活漫談》文章。

八月十四日，《解放軍報》發表高玉寶反「左」文章：《文藝創作不能憑空編造假人假事》。

本年出版的文學論著主要有：《堅持毛主席革命路線就是勝利》（紀念《在延安文藝座談會上的講話》三十周年論文選輯，人民文學出版社）、《徹底批判〈創作，需要才能〉》（天津人民出版社）、《深入批判修正主義的文藝觀》（吉林人民出版社）、《發展社會主義文藝創作》（天津人民出版社）、《革命樣板戲創作經驗》（江西人民出版社）。

一九七三年

一月十五日，《解放軍報》發表仲言文章，反駁高玉寶論點，題爲《搞好文藝創作的典型化》。

《安徽勞動大學學報》第一期發表《談讀一點中國小說史的幾個問題》。

二月二十一日，《文匯報》發表石一歌、聞以侖鼓吹《虹南作戰史》文章。

五月二十三日，《人民日報》發表方耘文章：《要重視抓創作思想》。

六月，李希凡爲第三版《紅樓夢評論集》寫出長篇後記，後發表於《文史哲》一九七三年第一期。

七月二十八日，江青對拍成藝術片的湘劇《園丁之歌》橫加指責。

九月十七日至二十四日，國務院文化組召開電影製片廠負責人會議，強調拍攝故事片必須貫徹「三突出」創作原則。

九月，人民文學出版社向何其芳徵求李希凡新版《紅樓夢》序言的意見。何其芳給出版社負責人寫了一封長信，反駁李希凡對他的遠非實事求是的批評。

十一月，《紅旗》第十一期發表孫文光《堅持用階級觀點研究〈紅樓夢〉》。

本年出版的文學論著有：《文藝評論集》（上海人民出版社編輯、出版）、李何林《魯迅〈野草〉注釋》（陝西人民出版社）、《讚革命現代京劇〈奇襲白虎團〉》（山東人民出版社）、《龍江風格，萬古常青》（上海人民出版社）、李希凡、藍翎《〈紅樓夢〉評論集》（第三版，人民文學出版社）、李希凡《曹雪芹和他的〈紅樓夢〉》（北京人民出版社）、《四部古典小說評論集》（人民文學出版社）、劉大杰《中國文學發展史（一）》（修訂本，上海人民出版社）、《學習魯迅，革命到底（續編）》（上海人民出版社）等。

一九七四年

一月一日，《紅旗》第一期發表初瀾文章：《中國革命歷史的壯麗畫卷——談革命樣板戲的成就和意義》。

一月十四日，《人民日報》發表初瀾評論無標題音樂討論的文章：《應當重視這場討論》。

一月二十日，由「四人幫」直接控制的《朝霞》叢刊派生的《朝霞》月刊創刊。這兩刊共同發出《努力反映文化大革命的鬥爭生活》的徵文啓事。

二月二日，《文匯報》發表墨炎文章：《孔老二把文藝作爲反革命復辟的工具》。

二月八日，《人民日報》發表江天文章：《深入批林批孔，繼續搞好文藝革命》。

二月二十日，《朝霞》月刊第二期轉載《遼寧大學學報》文章，批判短篇小說《生命》（載瀋陽《工農兵文藝》一九七二年創刊號）。

二月二十八日，《人民日報》發表初瀾文章：《評晉劇〈三上桃峰〉》。

三月二日，《北京日報》發表辛文彤文章：《〈三上桃峰〉的要害是爲劉少奇翻案》。

三月十四日，《人民日報》發表江天文章：《批判林彪與孔老二的反動文藝觀》。

三月十五日，《人民日報》發表《龍江頌》劇組文章：《〈三上桃峰〉要突破什麼框框》。

三月二十日，《朝霞》第三期發表常峰文章：《小說〈生命〉和復辟倒退的反動思潮》，並發表讀者來信批評小說《除夕之夜》（載《安徽文藝》一九七三年第十期）。

四月一日，《紅旗》四期發表方岩梁文章：《大有大的難處——從〈紅樓夢〉看沒落階級的虛弱本質》。

四月十六日，《人民日報》發表江天文章：《批判孔老二的反動音樂思想》。

四月二十日，《北京日報》發表洪廣思評浩然長篇小說《艷陽天》的文章：《社會主義農村階級鬥爭的畫卷》。初瀾也在《人民日報》一月二十六日發表過評蕭長春形象塑造的文章。

四月二十日，《朝霞》第四期發表《詩如驚雷捲濤聲——喜讀〈西沙之戰〉》一文。

四月二十四日，《人民日報》發表江天文章：《進一步普及革命樣板戲》。

五月二日，因反對「根本任務論」的山西文化局幹部趙雲龍，被活活整死。

六月一日，《紅旗》第六期發表江天評現代京劇彩色影片《平原作戰》、《杜鵑山》的文章。

六月五日，《人民日報》發表初瀾文章：《塑造無產階級英雄典型是社會主義文藝的根本任務》。

七月一日，《紅旗》第七期發表初瀾文章：《京劇革命十年》。

七月十二日，《人民日報》發表江天文章：《努力塑造無產階級英雄典型》。

七月十六日，《人民日報》發表北京大學、清華大學寫作組文章：《反映新的人物新的世界的革命新文藝——談革命樣板戲的歷史意義和戰鬥作用》。

七月十八日，《人民日報》發表方進文章：《要塑造典型，不要受眞人眞事局限》。

八月七日，《人民日報》發表中國京劇團《平原作戰》劇組文章：《堅持塑造無產階級的英雄典型》。

八月二十日，《人民日報》發表《杜鵑山》劇組文章：《疾風知勁草，烈火見眞金——塑造無產階級典型柯湘的體會》。《朝霞》第八期發表黃彩虹評浩然中篇小說《西沙兒女——正氣篇》文章：《西沙的歷史畫卷》。

九月八日，《人民日報》發表洪途文章：《文藝創作要熱情歌頌文化大革命——從話劇〈戰船臺〉談起》。

九月十三日，《文匯報》發表江天文章：《批判反動的戲曲諺語》。

十月十日，《文匯報》發表上海話劇團《戰船臺》創作組文章：《努力反映新的世界，熱情歌頌新的人物——話劇〈戰船臺〉創作體會》。

十月十四日，《人民日報》發表初瀾文章：《把生活中的矛盾和鬥爭典型化——學習毛主席關於文藝創作典型化原則的體會》。

秋，姚文元下令追查由知識青年張揚寫的手抄本小說《第二次握手》。

十一月十二日，《人民日報》發表初瀾文章：《談文藝作品的深度問題》。

十二月五日，《人民日報》發表江天文章：《研究文藝史上儒法鬥爭的幾個問題》。

本年出版的文學論著有：初瀾等著《文藝評論集》(人民文學出版社)、《批判晉劇〈三上桃峰〉》(人民文學出版社編輯、出版)、《革命現代京劇〈平原作戰〉評論集》(同上)、《革命現代京劇〈杜鵑山〉評論集》(同上)、洪廣思的《階級鬥爭的形象歷史——評〈紅樓夢〉》(同上)、《無產階級文化大革命不容否定——批判短篇小說〈生命〉》(遼寧人民出版社)、畢文波與楊匡漢的《剪除惡草，灌溉佳花》(內蒙古人民出版社)、王爾齡的《繼承魯迅的反孔鬥爭傳統》(內蒙古人民出版社)、方耘的《革命樣板戲學習札記》(上海人民出版社)、《技巧與人物——學習革命樣板戲札記》(遼寧人民出版社)、上海師大中文系的《短篇小說創作談》(上海人民出版社)、劉守華的《談革命故事的寫作》(湖北人民出版社)等。

一九七五年

《學習與批判》一期發表任犢文章:《讀〈朝霞〉一年》。

二月十一日，電影《創業》(長春電影製片廠攝製，編劇張天民，導演于彥夫)正式公映。春節之夜，江青調看了《創業》後，胡說此片「政治上、藝術上都有嚴重錯誤」。

二月二十八日，戲劇藝術家、理論家焦菊隱被「四人幫」迫害致死。

三月二日，《人民日報》發表有關上海工人文藝評論隊伍的調查報告:《用馬克思主義佔領文藝陣地的生力軍》。

三月二十日，《朝霞》月刊頭條發表任犢《讀列寧一九一九年七月致高爾基的信有感》的文章:《走出「彼得堡」!》。《人民日報》四月六日轉載。

四月四日，文化部副部長劉慶棠奉「四人幫」旨意，向吉林省有關負責人宣佈《創業》的「十條罪狀」。

五月二十日，《朝霞》發表方澤生的文章：《學習無產階級專政理論與改造文藝隊伍》。

六月，文化部查封突破「三突出」框框的影片《海霞》。

七月十八日，《創業》編劇張天民衝破重重阻力，向毛澤東匯報《創業》創作和上映眞情。

七月二十五日，毛澤東批准《創業》放映發行，以利「調整黨內的文藝政策」。

七月二十九日，電影《海霞》（北京電影廠攝製）編劇謝鐵驪等人的告狀信，由毛澤東同意打印給中央政治局所有成員。

七月三十日，鄧小平批准《海霞》公映。

八月十三日，毛澤東和北京大學講師蘆荻談話時，指出《水滸》是所謂歌頌「投降派」的「反面教材」。

八月二十三日，《光明日報》《文學》專刊創刊，登出劉禎祥等人寫的《〈水滸〉是一部宣揚投降主義的教材》。

九月四日，《人民日報》發表《開展對〈水滸〉的評論》的社論。《紅旗》九期也登載了《重視對〈水滸〉評論》的短評和方岩梁《使人民都知道投降派》的一組文章。從此，批《水滸》的文章大批湧現各報刊。

九月八日，張春橋同意創辦（不是「復刊」）由他們控制的《人民文學》。鄧小平在這個報告上批示：不相信文化部能領導辦好這個刊物。

九月十七日，江青在大寨大講《水滸》的「要害是宋江架空晁蓋」。

十月五日，《人民日報》發表余秋雨文章：《讀一篇新發現的魯迅佚文》。

十月九日，《人民日報》發表江天文章：《順口，有韻，易記，能唱》。《學習與批判》第十一期發表石一歌文章：《讀魯迅的詩論》，《紅旗》第十一期也登載任犢的《讓革命詩歌佔領陣地——重讀魯迅對新詩形式問題的論述》。

十一月二十二日，《人民日報》發表初征評電影《春苗》文章：《文化大革命新生事物的讚歌》。

十二月二十日，《朝霞》發表周天文章：《文藝戰線上的一個新生事物——三結合創作》。同時發表劉川文章：《文化大革命帶來的春天——創作修改〈第二個春天〉的一些體會》。

本年出版的文學論著有：江天《深入批林批孔，繼續搞好文藝革命》（天津人民出版社）、《〈閃閃的紅星〉評論集》（上海人民出版社編輯、出版）、復旦大學中文系《〈金光大道〉評析》（上海人民出版社）、北京大學聞衆《反面教材〈水滸〉》（人民出版社）、章培垣等《宋江析》（上海人民出版社）、北京大學中文系七二級《政治歷史小說〈紅樓夢〉》（人民教育出版社）、《時刻想著工農兵》（文藝短論集，上海人民出版社）等。

一九七六年

元月一日，《紅旗》第一期刊登袁水拍讀毛澤東新發表的《水調歌頭·重上井崗山》、《念奴嬌·鳥兒問答》的文章：《鼓舞我們戰鬥的宏偉詩篇》，《詩刊》復刊號和《人民日報》等報刊，也刊登了許多同類文章。《詩刊》在復刊時，由於沒說明是「創辦」而是沿用了以前的期數「總第八十一期」，被「四人幫」視爲「黑線回潮」嚴重事件。

元月三十一日，著名文學評論家和作家、詩人馮雪峰因受林彪、「四人幫」迫害逝世，終年七十四歲。

二月一日，《紅旗》第一期發表方鍔評影片《決裂》文章：《讓教育革命的鐘聲響徹四方》。

二月六日，張春橋向他的親信佈置「寫與走資派作鬥爭的作品」。

二月十六日，江青對《人民日報》吹捧《朝霞》叢刊《序曲》的文章作批示，要求把「寫走資派」作品改編爲電影、戲劇。

三月四日和十七日，《人民日報》發表一組《堅持文藝革命，反擊右傾翻案風》的文章。

三月二十八日，《人民日報》發表辛文彤文章：《階級鬥爭教育的生動教材——〈金光大道〉從小說到銀幕》。

三月十六日，「四人幫」在文化部的親信召集「兩校」寫作班子和主要省市的十八名作者開了一個所謂重點創作題材座談會，強調「寫走資派」作品「是一項十分重要的政治任務」。

三月二十日，《光明日報》發表袁良駿文章：《淺談魯迅小說中的復辟派形象》。《朝霞》三月發表姜思愼文章：《警惕，走資派還在走！——從不肯改悔的走資派攻擊〈春苗〉談起》。

三月二十五日，《光明日報》發表石一歌文章：《學習魯迅反復辟鬥爭的「韌性」戰鬥精神》。

《人民電影》於本月創刊。

三月十四日，《學習與批判》第三期發表紅宣文章：《文藝革命的偉大成果不容否定——斥一花獨放論》。同時發表由張春橋親自授意、署名吳耕畔的文章：《由趙七爺的辮子想到阿Q小D的小辮子兼論黨內不肯改悔的走資派的大辮子》。

三月，由上海人民出版社編輯出版的《文藝評論叢刊》第一輯發行。

四月一日，《解放軍文藝》發表洪城文章：《無產階級文藝理論的寶貴財富——讀〈革命樣板戲論文集（第一輯）〉》。

四月四日，天安門爆發一場悼念周恩來、抗議「四人幫」的詩歌運動。

四月七日，《人民日報》發表江天文章：《以「整頓」文藝爲名，行翻案復辟之實》。

五月二十二日，《光明日報》報道：國家出版局最近召開魯迅著作注釋工作座談會。

五月二十二日，《北京日報》發表辛文彤文章：《努力創作反映無產階級同走資派鬥爭的作品》。

六月十九日，《光明日報》發表李希凡文章：《要塑造典型——駁文藝創作中的一種奇談怪論》。

八月一日，《紅旗》八期發表江天文章：《鄧小平爲什麼替「老戲」招魂》。

八月二十八日，《光明日報》發表馮天瑜文章：《反潮流的傑出著作——讀魯迅的〈漢文學史綱要〉》。

九月，由西北大學學報編輯部編的《魯迅研究年刊》（一九七四年創刊號）出版。

九月，由上海人民出版社編輯的《文藝評論叢刊》第二輯出版。

九月，《學習與批判》第九期發表石一歌文章：《不斷清除革命隊伍中的蛀蟲》。

十月六日，「四人幫」反黨集團被粉碎，江青、張春橋、王洪文、姚文元被捕。

十月八日，長期受「四人幫」迫害的著名詩人郭小川逝世。

十月二十一日，《人民日報》發表任平批判張春橋的文章：《一個地地道道的老投降派》。

十月二十四日，《人民日報》發表《創業》攝製組的文章：《「四人幫」是扼殺革命文藝的罪魁禍首》。

十一月五日，《解放軍報》發表署名文章：《圍繞電影〈創業〉展開的一場嚴重鬥爭》。《人民日報》轉載時加了編者按。

十二月十三日，《光明日報》發表文化部大批判組文章：《爲誰張目？爲誰戰鬥？——評「四人幫」授意炮製的黑文〈一項重大的戰鬥任務〉》。

本年出版的文學論著主要有：《圍繞電影〈創業〉展開的一場嚴重鬥爭》（北京人民出版社）、劉再復等《魯迅和自然科學》（科學出版社）、任犢《走出「彼得堡」》（《學習與批判》叢書，上海人民出版社）、《新型的農民，嶄新的詩篇——小靳庄詩歌評論集》（天津人民出版社）、周汝昌《紅樓夢新證（上、下）》（人民文學出版社）、江天和洪途合作的《研究文藝史上儒法鬥爭的幾個問題》（人民文學出版社）、石一歌《魯迅傳（上）》（上海人民出版社）、遼寧大學中文系《修正主義文藝路線代表性論點批判》（北京人民出版社）等。

一九七七年

一月十二日，《人民日報》發表楊志傑、朱兵批判電影《反擊》的文章：《反革命狂想曲的幻滅》。

一月十五日至二十九日，文化部在北京召開全國故事片廠創作生產座談會，揭批了「四人幫」利用電影反黨的罪行，同時討論了創作中存在的問題。

二月七日，雜文家徐懋庸逝世。

二月十五日，《光明日報》發表喬山、俞起文章：《「三突出」是反馬克思主義的文藝主張》。

五月七日，中國社會科學院文學研究所成立，下設有當代文學研究等六個室和二個編輯部（前身是中國科學院哲學社會科學部文學研究所），所長爲沙汀。

七月二十四日，著名文學評論家何其芳逝世。

八月二十日，《人民日報》八期發表該刊編輯部文章：《〈人民文學〉復刊的一場鬥爭》。

九月二十日，《人民文學》九期發表何其芳的《毛澤東之歌》，轉述了毛澤東未公佈的「各個階級也有共同的美」的談話，由此引起了文藝界關於「共同美」的討論。

由上海人民出版社編輯出版的《文藝論叢》第一輯於九月出版。此期刊出鄧紹基等人的《評所謂「姚文元道路」》以及《從〈初春的早晨〉到〈盛大的節目〉——評「四人幫」鼓吹「寫走資派」的「理論」和「實踐」》。

十月八日，《光明日報》刊出劉再復等的《「四人幫」陰謀文藝的始末》。

十一月十九日，《人民文學》編輯部召開短篇小說座談會。該刊第十一、十二期分別發表了茅盾等人談短篇小說的文章。

十一月二十五日，《人民日報》發表文藝界人士座談會報道：《堅決推倒、徹底批判「文藝黑線專政」論》。

十二月二十日，《人民文學》第十二期開闢《徹底批判「文藝黑線專政」專欄》，發表嚴文井等人的批判文章。

十二月二十日，《人民日報》發表劉夢溪文章：《要給作品落實政策》。

本年出版的文學論著主要有：《「四人幫」陰謀文藝思想批判》（天津人民出版社）、《「四人幫」反革命文藝路線批判集㈠》（上海人民出版社）、《打著「寫走資派」的旗號爲復辟資本主義開路》（人民文學出版社）、北京師院中文系函授組《拿起上山下鄉這個武器——和上山下鄉知識青年談詩歌創作》（北京人民出版社）等。

一九七八年

一月一日，《詩刊》第一期發表毛澤東於一九六五年七月二十一日致陳毅談詩的一封信，文藝界由此展開形象思維問題的討論。

《學術研究》第一期發表李澤厚《形象思維續談》。

二月，《紅旗》第二期發表中國社會科學院文學研究所文藝理論組整理的《關於「形象思維」的若干資料》。

二月十五日，《文學評論》復刊。《戲劇藝術》季刊於三月在上海問世。

四月，文化部舉行揭批「四人幫」大會，爲大批受迫害的文藝家平反。

四月，由香港評論家林曼叔等著《中國當代文學史稿（一九四九～一九六五，大陸部分）》由巴黎第七大學東亞出版中心出版。

《人民文學》五期發表林默涵文章：《解放後十七年文藝戰線上的思想鬥爭》。

五月二十七日至六月五日，全國文聯第三屆全委會第三次擴大會議在京舉行。會上宣佈文聯及所屬各協會正式恢復工作，各種文藝刊物也將先後復刊。

六月十二日，著名作家郭沫若去世，享年八十六歲。

六月二十五日，《文學評論》發表周柯文章：《撥亂反正，開展創造性的文學評論研究工作》。同時發表宋培效批評李希凡的文章：《評新版〈紅樓夢評論集〉的「附記」和「後記」》。

七月，中國當代文學學會成立，會長爲姚雪垠。會刊有《當代文學通訊》。

七月十三日，《人民日報》報道由一篇蘇州評彈《白衣血冤》，引起關於表現社會主義社會中悲劇問題的探討。

七月四日至十四日，二十一所大學在京召開當代文學學術討論會籌備會。

七月十五日，《文藝報》復刊。

《安徽文藝》七期發表李漢秋文章：《「修正主義紅學派統治」論必須批判》。

八月，《人民戲劇》八期發表文化部理論組文章：《「初瀾」是「四人幫」推行文化專制主義的鷹犬》。文章指出：「初瀾」的寫作班子是從一九七四年由張春橋親自批准建立的，先後從各地網羅了七十餘人，炮製了兩百多篇黑文，是于會泳「意識形態領域裏的公安部」中的一支反革命別動隊。

八月十五日，《文藝報》二期發表朱寨文章：《革命的現實主義力量——讀近來的若干短篇小說》。

八月二十二日，《文匯報》以《評小說〈傷痕〉》爲題，發表了十篇讀者來稿討論盧新華的《傷痕》（載該報八月十一日）。八月二十九日、九月十九日、十月十四日、十月三十一日、十一月七日，還發表了荒煤、王朝聞等人的評論。《解放日報》十月十二日報道了這場討論。

九月二日至六日，《文藝報》在京召開短篇小說座談會，該刊第四期做了報道。

九月二十二日，《光明日報》報道《文學評論》於八月十五日集會討論劉心武小說《班主任》的情況。

《上海文學》第九期發表李榮峰的文章：《爲一批長篇小說恢復名譽——批判〈批判毒草小說集〉的反動觀點》。

《北京文學》第十期發表李德君評《西沙兒女》作者浩然的文章：《危險的道路，嚴重的教訓》。

十月，由《文學評論》編的《文學評論叢刊》第一輯出版。

十月二十五日，《文學評論》第五期發表《班主任》評論特輯，並發表吳黎平《關於三〇年代左翼文藝運動的若干問題》、陳荒煤的《關於兩個口號的論爭問題》的文章。

。

十月三十一日，《文學評論》召開關於實踐是檢驗眞理的唯一標準問題座談會。

《作品》第十期發表李冰之的《論李希凡之自我解剖》。

《北京文藝》第十期發表張維安等的《略談辛文彤》及辛文彤的《我們的嚴重錯誤和沉痛教訓》

十一月十五日，《文藝報》發表茅盾文章：《作家如何理解實踐是檢驗眞理的唯一標準》。並發表袁良駿文章：《魯迅研究中值得注意的幾個問題》，其中談了「拔高」、「附會」和「混淆兩類矛盾問題」。

十一月，由人民文學出版社主辦的《新文學史料》創刊。

十二月五日，《文藝報》、《文學評論》在京舉行座談會，討論給批錯的作者及其作品平反問題。

十二月九日，周揚在廣東做《關於社會主義新時期文學藝術問題》報告。後刊於《作品》一九七九年三期。林默涵的《總結經驗，奮勇前進》，刊於《作品》一九七九年四期。

十二月十九日，《人民日報》發表張光年《駁「文藝黑線」論》。

本年出版的文學論著主要有：杭州大學中文系文藝理論室編《「四人幫」反動文藝思想批判》（浙江人民出版社）、《茅盾評論文集》（上、下，人民文學出版社）、蕭殷的《習藝錄》（廣東人民出版社）、《文藝論叢》（一～五輯，上海文藝出版社）、楊志傑、劉再復的《橫眉集》（百花文藝出版社)、楊匡漢和楊匡滿的《戰士與詩人郭小川》(上海文藝出版社)、張畢來的《漫説紅樓》(人民文學出版社)、武漢師院中文系等編的《〈李自成〉評論集》(湖北人民出版社)、許懷中的《魯迅與文藝批評》(江西人民出版社)等。

一九七九年

黑龍江評論刊物《文藝百家》創刊,出版一期後便奉命停刊。

一月六日,人民文學出版社召開座談會,探討中長篇小説創作問題。

一月十二日,《文藝報》和《電影藝術》聯合舉行學習周恩來一九六一年重要講話座談會。

一月中旬至下旬,中國社會科學院文學所當代組討論編寫當代文學史問題。

一月十四至二十日,《詩刊》召開全國詩歌創作座談會。

《戲劇藝術》一期發表陳恭敏文章:《工具論還是反映論》。

一月,上海《兒童文學研究》叢刊復刊,主編賀宜。

二月十日,中國社會科學院文學研究所在昆明召開全國文學學科規劃會議。這是一九四九年以來首次文學學科會議。會議於二十二日閉幕。

二月二十二日,中共北京市委做出爲鄧拓、吳晗、廖沫沙平反,爲《三家村札記》和《燕山夜話》恢復名譽的決定。

本月，中國文聯在北京召開省、市、自治區文聯工作座談會，會議強調必須肅清「文藝黑線專政」論的流毒，必須堅決落實對作家藝術家的政策。

三月一日，文化部黨組做出決定並經上級批准，為原文化部大案錯案徹底平反。

三月十二日，《文藝報》第三期發表陳丹晨文章：《評大連會議和「中間人物」論》。

三月十六日，《光明日報》發表程代熙與董學文商榷文章：《關於悲劇問題》。在此之前，《文匯報》「文藝評論」專刊也討論了這個問題。

三月十六至二十三日，《文藝報》召開粉碎「四人幫」以來首次文藝理論批評工作座談會，由該刊主編馮牧、羅蓀主持。會議著重討論了文藝與政治的關係問題，批駁了對解放思想的各種責難。

四月十五日，黃安思在《廣州日報》發表《向前看呵！文藝》的文章，後引起一場討論。

四月，《上海文學》發表本刊評論員文章：《為文藝正名——駁「文藝是階級鬥爭的工具」說》，後引起一場爭論。《甘肅文藝》六期和《文學研究動態》十期對此佽了綜合報道。

《花城》一集發表曾敏之文章：《港澳及東南亞漢語文學一瞥》。

《國外社會科學》第二期圍繞英國H·奧斯本《論靈感》一文，發表了毛星、蔣孔陽、朱狄的一組筆談。

五月三日，中共中央批轉總政治部的請示，決定撤消中發〔六六〕二一一號文件即《林彪同志委託江青同志召開的部隊文藝工作座談會紀要》。

五月八日，魯迅研究學會籌備會議在京召開，中國社會科學院文學所魯迅研究室同時宣告成立。

五月二十九至六月八日，九十八所高校和十四個有關單位在西安舉行「社會主義文學創作方法學術討論會」，著重討論了「革命的現實主義與革命的浪漫主義相結合」的創作方法。《文學研究動態》九期做了詳細報道。

文藝理論雙月刊《文藝研究》於五月正式創刊（在「文革」末期，曾以內刊形式出版）。由張庚、林元負責。

六月，《新文學論叢》創刊，由人民文學出版社編輯、出版。

六月，《河北文藝》第六期刊登李劍《「歌德」與「缺德」》，後引起一場討論和爭鳴。

六月九日，《文匯報》討論話劇《「炮兵司令」的兒子》。

六月十二日至十九日，全國首屆郭沫若研究學術討論會在四川樂山市召開。

六月十二日，《文藝報》發表趙勤軒《什麼是毒草？》文章，對劉夢溪《澄清「四人幫」在六條標準問題上製造的混亂》（《文藝報》第三期）提出不同意見。

八月十日，中國當代文學學術討論會在長春舉行。會議討論了現實主義發展、三十年來社會主義文藝的成就和不足等問題。會議期間，中國當代文學研究會召開了首次會員代表大會，推選馮牧爲會長。會議於二十一日開幕。「中國當代文學研究會」正式成立。

八月十七日，《文藝報》、《文學評論》共同召開繼續肅清《紀要》流毒，發展文藝界大好形勢的座談會。

八月二十一日，《光明日報》發表潔泯文章：《關於「向前看文藝」》。

八月二十五日，《文學評論》發表謝冕文章：《和新中國一起歌唱——建國三十年詩歌創作的簡單回顧》和何西來等人的《重評〈現實主義——廣闊的道路〉》。

九月十二日，《文藝報》從九期起開闢《文學三十年》專欄。

十月，《星星》復刊。公劉發表《新的課題——從顧城同志的幾首詩談起》。《文藝報》一九八〇年第一期轉載時加了按語。

十月二十一日，《文藝報》第十期發表雷達和劉錫誠《三年來小說創作發展的輪廓》、鄭伯農《現實主義——曲折的道路》。

十月二十五日，《文學評論》五期發表下列文章：荒煤《努力提高當代文學研究的科學水平》、張炯和楊志傑《新中國長篇小說發展的幾個問題》、董健《試論一九五六年至一九五七年我國文藝運動中的幾個問題》。

十月三十日至十一月十六日，中國文學藝術工作者第四次代表大會在北京舉行。鄧小平代表中共中央、國務院致祝辭。周揚做《繼往開來，繁榮社會主義新時期的文藝》報告。

十一月四日，中國作家協會第三次會員代表大會在北京舉行。十一日閉會。

十一月十四日，魯迅研究學會成立。茅盾任會長。

十一月，《中國現代文學研究叢刊》創刊。

十一月，《中國現代文藝資料叢刊》（上海文藝出版社）復刊。

十二月，《解放軍文藝》第十二期刊登《關於落實作品政策的公告》。

十二月十四日，中國作家協會舉行第二次會議，決定成立理論批評委員會，由陳荒煤任主任委員。

中國人民大學語文系編的《文學論集》第二輯出版。該集爲現實主義問題討論專輯。

十二月二十五日，《文學評論》第六期發表丁振海文章：《〈水滸〉研究三十年》。

本年出版的文學論著主要有：蔡儀主編《文學概論》（人民文學出版社）、復旦大學中文系編《形象思維參考資料㈡》（上海文藝出版社）、《王朝聞文藝論集（一～二）》（上海文藝出版社）、《侯金鏡文藝評論選》（人民文學出版社）、胡采《從生活到藝術》（陝西人民出版社）、錢鍾書《舊文四篇》（上海古籍出版社）、王元化《〈文心雕龍〉創作論》（上海古籍出版社）、柯靈《電影文學叢談》（中國電影出版社）、陳瘦竹《現代劇作家散論》（江蘇人民出版社）、唐弢主編《中國現代文學史（一～二）》（人民文學出版社）、王伯熙《文風簡論》（中國社會科學出版社）等。

一九八〇年

一月十二日，《文藝報》發表黃秋耘的文章《關於張潔作品的斷想》。李希凡在該刊五期發表《倘若眞有所謂天國……》，在評價《愛，是不能忘記的》時對黃秋耘的觀點提出不同意見。《北京文藝》、《光明日報》、《文匯增刊》也就這個問題展開了討論。

一月十五日，《文學評論》一期開闢專欄，討論「文藝與政治關係問題」。同時刊有劉夢溪的《關於發展馬克思主義文藝學的幾點意見》、夏衍的《一些早該忘卻而未能忘卻的往事》。

一月二十三日至二月十三日，在北京舉行的全國劇本座談會上，對有爭議的劇本《假如我是眞的》、《女賊》、《在社會檔案裏》（王靖作，載《電影劇本》一九七九年一期）進行了熱烈的探討，中宣部長胡耀邦在會上作了長篇講話。

二月一日，《紅旗》第三期發表該刊評論員文章：《談談文藝界的思想解放問題》。

二月十日，《福建文藝》從第二期起開闢「新詩創作問題的討論會」專欄，聯繫青年詩人舒婷的創作，討論自我表現等問題。

二月十二日，《文藝報》從第二期起刊登編委會名單：主編馮牧、羅蓀。副主編唐因。

二月十六日，《紅旗》第四期開闢「文藝思想爭鳴」專欄，討論「寫眞實」問題。

二月二十四日，《文匯報》發表評論員文章：《文藝創作要考慮社會效果》。《長江文藝》從第二期起討論熊召政的長詩《請舉起森林一般的手，制止！——致老蘇區人民》。

三月十二日，《文藝報》第三期闢專欄討論繁榮雜文創作問題。

三月二十八日，文化部等單位舉辦紀念左聯成立五十周年大會。周揚做題爲《繼承和發揚左翼文化運動的革命傳統》報告。

三月三十日至四月五日，中國社科院文學所和魯迅研究學會在京舉行魯迅誕辰一〇〇周年撰寫紀念文章座談會。

四月三日至十六日，全國當代詩歌討論會在南寧舉行。會後，結集出版了《新詩的現狀與展望》（廣西人民出版社一九八一年版）。

四月十九～二十日，《文藝報》、《文學評論》、《文藝研究》在京召開「關於馬克思主義文藝理論的繼承與發展」座談會，討論了建立和發展中國的馬克思主義文藝理論體系等問題。

國際報告文學研究在京成立，並創辦會刊《時代的報告》。

黃偉宗在《湘江文藝》四期發表了《論社會主義的批判現實主義》，後引起爭鳴。

五月，香港評論家李怡在《七〇年代》（香港）發表《中國新寫實主義文藝的興起》。

五月七日，《光明日報》發表謝冕評論「朦朧詩」的文章：《在新的崛起面前》。藍翎在七月二十一日《人民日報》發表《「看不懂」的推想》，周良沛、丁力也寫了文章與謝冕商榷。
六月二日，《光明日報》闢專欄討論話劇問題。
六月四日至十一日，中華全國美學會在昆明成立，朱光潛爲會長。
六月十七日，中國當代文學學術討論會在廣州舉行。
六月二十五日至七月三日，毛澤東文藝思想學術討論會在長春舉行。
《文學遺產》復刊並改爲季刊出版。
六月，由全國高等學校文藝理論研究會和華東師範大學中文系聯合主辦的《文藝理論研究》季刊在上海創刊。
七月十七日，《北京晚報》開始討論王蒙的小說手法革新問題。該報九月八日做了報道。
七月二十日，《延河》七期發表樓適夷的文章：《爲了忘卻，爲了團結——讀夏衍同志〈一些早該忘卻而未忘卻的往事〉》。《文學評論》四期也刊出余開偉同類文章。
七月二十一日，在武漢舉行報告文學研討會，並成立報告文學創作研究會。
七月二十六日，《人民日報》發表《文藝爲人民服務，爲社會主義服務》社論。
七月三十一日至八月十五日，全國高校文藝理論學術討論會在廬山舉行。會議主要討論了文藝與政治、文藝的眞實性與傾向性、作品的社會效果諸問題。
張鍾等編著的《當代文學概觀》由北京大學出版社出版。

我國第一個兒童文學研究組織——中國兒童文學研究會在京成立。

由安徽省文學藝術研究所主辦的文藝理論季刊《藝譚》在合肥創刊。

八月十日，《詩刊》第八期發表章明《令人氣悶的「朦朧」》，從此展開「朦朧詩」問題討論。

八月十二日，《文藝報》第八期刊出杜高、陳剛批評《時代的報告》評論員文章（即《〈在社會檔案裏〉向我們提出了什麼問題》）：《我們需要怎樣的文藝批評？》。《安徽文學》、《十月》、《鴨綠江》也發表了類似文章。

八月二十日至二十一日，王蒙創作研討會在京舉行，主要討論王蒙的六篇近作。

八月二十七日，《人民日報》以專欄形式討論文藝眞實性問題。

九月十二日，王蒙在《文藝報》第九期發表《對一些文學觀念的探討》。

九月二十日至二十七日，《詩刊》召開詩歌理論座談會，討論詩歌發展道路等問題。《詩刊》十二期做了報道。

十月八日，《人民日報》發表趙丹文章：《管得太具體，文藝沒希望》。

十月十二日，《文藝報》第十期發表《怎樣把文藝工作搞活》系列文章。執筆者有巴金、林默涵等人。同期發表沙葉新《扯淡》（該刊十二期發表荒煤等人文章批評沙葉新）和楊井批評香港李怡先生的文章。

《紅旗》第二十二期發表該刊文藝座談會發言綜述：《文藝的領導體制必須改革》。

十月，由謝冕主編的我國第一家詩歌理論刊物《詩探索》創刊。

十一月五日，《新文學論叢》召開座談會，討論趙祖武關於「五四」新文學和當代文學估價問題的文章：《一個不容迴避的歷史事實》（載該刊一九八〇年三期）。

十二月十日，《詩刊》在「問題討論」專欄中，發表丁力批評謝冕的文章：《古怪詩論質疑》。

十二月，由中國當代文學研究會主辦的《當代文學研究叢刊》第一輯由上海文藝出版社出版。

本年度出版的文藝論著主要有：十四院校《文學理論基礎》（上海文藝出版社）、蔣孔陽《形象與典型》（百花文藝出版社）、《茅盾論創作》（上海文藝出版社）、《朱光潛美學文學論文選集》（上海文藝出版社）、周谷城《史學與美學》（上海人民出版社）、葉永烈《論科學文藝》（江蘇科學技術出版社）、張庚和郭漢城主編《中國戲曲通史（上）》（中國戲劇出版社）、唐弢和嚴家炎主編《中國現代文學史㈢》（人民文學出版社）、北京師大等院校編《中國當代文學史初稿（上）》（人民文學出版社）、二十二院校編《中國當代文學史㈠》（福建人民出版社）、陳荒煤《解放集》（上海文藝出版社）、黃秋耘《瑣談與斷想》（河北人民出版社）。

一九八一年

一月一日，《作品與爭鳴》月刊在京創刊。由中國當代文學研究會創辦。

《文學知識》在河南鄭州創刊。

《上海文學》第一期發表徐俊西對典型環境和典型人物關係質疑的文章：《一個值得重新探討的定義》。該刊第四期發表程代熙《不能如此輕率地批評恩格斯》。從八期起又發表了討論文章。

一月七日，《文藝報》一期發表胡耀邦的《在劇本創作座談會上的講話（一九八〇年二月十二～十三日）》。該刊從今年起改爲半月刊。

一月十四日，《人民日報》發表評論員文章：《堅持馬克思主義的文藝批評》，批評「打破馬克思主義文藝理論的一切框框」的觀點。

一月二十二日，《文藝報》二期發表蘇策文章，批評詩作《將軍和士兵》（《邊疆文藝》一九八〇年十二期）。同時發表梅朵等人座談影片《天雲山傳奇》文章。

一月二十三日，北京大學成立以季羨林爲會長的比較文學研究會，決定出版會刊和編選有關叢書。

二月二十二日，《文藝報》第四期發表易言的文章：《不可沉溺於這種境界》，批評小說《午餐半小時》（《花溪》一九八〇年第九期）、《插曲》（《花溪》一九八〇年第十二期）。

《文藝研究》一期發表戚方批評（香港）李怡《文藝新作中所反映的中國現實——〈中國新寫實主義文藝作品選〉代序》的文章，同時轉載李怡原文和香港狄思瀏在《鏡報》發表的《評李怡先生的大陸文藝觀》。

《作品》第三期發表文章批評《對「深入生活」這個口號的再認識》（《上海文學》一九八〇年第三期）一文的觀點。

三月七日，《文藝報》第五期發表華生、維水文章：《如何改進文藝理論教學和研究工作（記北大中文系部分師生座談會）》。

《詩刊》第三期發表孫紹振的《新的美學原則在崛起》，並加編者按。第四期發表程代熙的批評文章，《人民日報》四月二十九日轉載程文。《文藝報》第十期、《詩探索》第三期、《文匯報》六月十三日和二十三日，也發表了討論或批評文章。

三月二十七日，中國作家協會主席沈雁冰（茅盾）逝世。

全國馬列文藝論著研究會主辦的《馬列文論研究》（中國人民大學出版社）問世。

中國當代文學學會臺港文學研究會在廣州成立，曾敏之爲會長。

四月二日，《文學報》（周報）在上海創刊。

四月七日，《文藝報》第七期開闢「中篇小說評論特輯」專欄，並發表關於典型環境討論綜合報道。

四月十五日，《新華日報》發表批評顧爾鐔《也談突破》（載《雨花》一九八〇年第十二期）的特約評論員文章：《維護四項基本原則是革命者的崇高責任》。

四月二十日，《解放軍報》發表評白樺的電影文學劇本《苦戀》的特約評論員文章：《四項基本原則不容違反》。

四月二十一日，《時代的報告》出版報紙型增刊，刊登黃鋼的文章《這是一部什麼樣的「電影詩」？》，並全文刊載《苦戀》。

四月二十二日，《文藝報》第八期發表石泉批評張敏的《在泉邊，在山間》（載《朔方》第一期）、李劍的《女兒橋》（載《芳草》第二期）的文章：《作家的精神境界和審美趣味》。

五月十五日，《文學評論》三期發表傅繼馥、劉夢溪文章，就「文革」中出現的「評紅熱」展開討論。

六月八日，《人民日報》發表顧言的《開展健全的文藝評論》，批評批《苦戀》中出現的一些過左的做法。

六月二十四～七月三日，中國當代文學學會在廬山舉行年會，探討一九四九年以來農業合作化題材作品評價、王蒙作品創新特色等問題。

七月二十二日，《文藝報》第十四期發表王春元文章：《關於馬克思主義的「新人」說》。從第十五期起，該刊發表社會主義新人形象問題文章。第二十四期發表座談會紀要。

七月二十五日，《新觀察》第十四期發表白樺文章：《春天對我如此厚愛》，後引起爭議。

中國當代文學學會和暨南大學中文系共同主辦的《當代文學》季刊由花城出版社出版。

八月三日至八日，全國思想戰線問題座談會在京舉行。胡喬木在總結講話中認爲不能再寫文革十年、「十七年」左的錯誤，否則就會走向反面。胡喬木的報告《當前思想戰線的若干問題》發表於《紅旗》第二十三期。

九月九日，文化部和中國文聯共同召開座談會，討論文學界加強團結，克服渙散軟弱狀態問題。

九月十五日，《文學評論》第五期發表楊光治批評尹在勤《新詩漫談》的文章。

十月二日，王任重在宣傳工作座談會上講：當前主要是反資產階級自由化，實際上是反右（不那麼講）。左的不多了。這個說法被胡耀邦否定。

十月七日，《文藝報》第十九期發表唐因、唐達成文章：《論〈苦戀〉的錯誤傾向》。《人民日報》同日轉載。

十月十七日，《文匯報》發表姚正明、吳明瑛文章：《思索什麼樣的「生活哲理」？——評長篇小說〈人啊，人！〉》，並加編者按。該報的討論至十二月二十四日結束。

十月二十二日，《文藝報》第二十期發表李竹君文章，批評李劍錯誤的創作傾向。《人民戲劇》第十期發表評論員文章，批評戲劇工作中的資產階級自由化傾向。

十一月七日，《文藝報》第二十一期發表武陵的文章，批評中篇小說《月華皎皎》（載《清明》第一期）。

十一月二十二日，《文藝報》第二十二期發表孫靜軒對他的長詩《一個幽靈在中國大地上遊蕩》（載《長安》第一期）的檢查：《危險的傾向，深刻的教訓》。

十二月二十三日，《解放軍報》發表白樺的檢查：《關於〈苦戀〉的通信——致〈解放軍報〉、〈文藝報〉編輯部》。《文藝報》、《人民日報》均加以轉載。

十二月三十一日，《吉林日報》發表石海批評曲有源某些政治抒情詩的文章：《應該從中吸取什麼教訓》。

本年出版的主要文學論著有：王朝聞主編《美學概論》（人民出版社）、李澤厚《美的歷程》（文物出版社）、馮雪峰《論文集（上、中、下）》（人民文學出版社）、《邵荃麟評論集》（人民文學出版社）、馮牧《耕耘文集》（上海文藝出版社）、徐遲《文藝和現代化》（四川人民出版社）、敏澤《中國文學理論批評史（上、下）》（人民文學出版社）、北京師大等校編寫《中國當代文學史初稿（下）》（人民文學出版社）、二十二院校《中國當代文學史㈡》（福建人民出版社）、林非《中國現代散文史稿》（中國社會科學出版社）、韓進廉《紅學史稿》（河北人民出版社）、高行健《現代小說技巧初探》（花城出版社）、劉錫誠《小說創作漫評》（湖南人民出版社）、錫金等主編《兒童文學論文選（一九四九～一九七九）》（中國少年兒童出版社）。

一九八二年

一月中旬，《作品》和廣東作協理論批評委員會共同召開座談會，討論戴厚英的長篇小說《人啊，人！》。《作品》四期發表了座談紀要。

一月十八日，《新觀察》在京召開座談會，討論雜文創作的地位和命運等問題。

二月八日，《光明日報》發表文章批評禮平的中篇小說《晚霞消失的時候》(載《十月》一九八一年第一期)。《文藝報》、《中國青年報》、《文匯報》等報刊也發表了此類文章。

《文藝研究》第一期發表文章，對劉心武《我掘一口深井》(載該刊一九八一年第一期) 提出不要再提深入工農兵生活的口號問題展開爭鳴。

三月，《北方文學》第二期發表文章，批評劉賓雁的《人妖之間》「嚴重失實」。《黑龍江日報》二月十八日做了轉載。

三月十二日，《文學評論》召開人性、人道主義座談會。

三月，《民族文藝報》(原名《民族文藝論叢》) 在呼和浩特市創刊。

四月七日，《文藝報》發表袁康、曉文批評影片《天雲山傳奇》文章：《一部違反眞實的影片》，並發表易言批評小說《波動》(載《長江》一九八一年第一期) 的文章。

四月十七日，《紅旗》第八期發表胡喬木的《關於資產階級自由化及其它》。

四月二十五日，甘肅省文聯主辦的《當代文藝思潮》季刊在蘭州創刊。該刊宗旨爲：研究當代文藝思潮，追蹤文藝發展趨勢，開拓文藝研究領域，革新文藝研究方法。

四月二十九日，廣東省作協和《作品》共同召開批評遇羅錦的長篇小說《春天的童話》(載《花城》第一期）的座談會，以後，《文藝報》、《人民日報》各報刊也發表了類似文章。

五月七日，《文藝報》第五期發表雨東文章：《一個值得注意的原則——安徽省文聯所屬期刊編輯部部分同志對〈時代的報告〉一九八二年第二期的一組文章及其〈本刊說明〉提出疑義》。文章批評了《時代的報告》關於「十六年」的提法和對文藝形勢的評價等問題。以後《文藝報》、《時代的報告》、《文匯報》等許多報刊發表了討論文章。

五月十五日，《文學評論》第三期繼續發表討論王蒙創作的一組文章。

五月二十三～二十九日，全國毛澤東文藝思想研究會在長沙舉行會議，討論如何堅持和發展毛澤東文藝思想等問題。

五月二十八日至三十日，美國紐約市舉辦「中國當代文學：現實主義的新形式」國際研討會。香港評論家李怡做了題爲《中國爲什麼對文藝如此敏感》的發言，引起王蒙等中國代表的質疑。

大型叢刊《馬克思主義文藝理論研究》在京創刊。主編爲陸梅林、程代熙。

六月十～十六日，首屆臺港文學學術討論會在暨南大學舉行。會議期間審議了國內大學使用的《台灣、香港文學課程教學大綱（初稿）》。

七月十七日至二十四日，中共中央宣傳部在河北涿縣召開文藝評論工作座談會。賀敬之在會上做了題爲《做堅定的、清醒的、有作爲的馬克思主義文藝評論家》的講話（載《光明日報》八月二十九日）。

八月一日，《上海文學》第八期圍繞高行健的《現代小說技巧初探》，發表馮驥才、李陀、劉心武等人的文章，由此展開關於現代派的爭鳴。《人民日報》、《讀書》、《小說界》也參與了討論。

八月二日至八日，全國馬列文藝論著研究會在哈爾濱舉行年會，討論了馬克思《一八四四年經濟學——哲學手稿》的美學思想等問題。

八月十五日，據《人民日報》報道，由馮牧、閻綱、劉錫誠主編的《中國當代文學評論叢書》，由湖南人民出版社一九八三年三月後陸續推出，共出近二十種。

由中國民間文藝研究會主編的《民間文學論壇》季刊創刊。

九月十日，由河北省文聯主辦的《文論報》（半月報）在石家庄創刊（該報從一九九〇年元月起改爲《文論月刊》）。

十一月七日，《文藝報》第十一期轉載徐遲的《現代化與現代派》（載《外國文學研究》第一期）。武漢出版的《外國文學研究》從一九八〇年第四期起，發起「關於西方現代派文學的討論」，至一九八一年，共發表文章三十二篇。該刊主編徐遲的文章係對這一討論的總結。《文藝報》同期發表理迪的文章和他爭鳴。

十一月十六日，《紅旗》第二十二期重新發表列寧的《黨的組織和黨的出版物》的新譯文。

十一月二十四日，戲劇評論家李健吾逝世。

十二月十四日，中國作家協會在京召開有首屆「茅盾文學獎」獲得者參加的長篇小說座談會。

十二月二十八日，據《文摘報》訊：《時代的報告》在檢查自己的「左」的錯誤後編輯部做了調整，並從一九八三年起改版。

四川省作家協會和四川省社會科學院共同主辦的文學評論月刊《文譚》於十二月創刊（一九八四年改名爲《當代文壇》）。

本年出版的文學論著主要有：王燎熒主編《毛澤東文藝思想基礎》（陝西人民出版社）、中共中央書記處研究室文化組編《黨和國家領導人論文藝》（文化藝術出版社）、蔡儀《美學論著初編》（上海文藝出版社）、高爾泰《論美》（甘肅人民出版社）、金開誠《文藝心理學論稿》（北京大學出版社）、程代熙《藝術家的眼睛》（陝西人民出版社）、鄭伯農《在文藝論爭中》（寧夏人民出版社）、張光年《風雨文談》（上海文藝出版社）、陳荒煤《回顧與探索》（中國社會科學出版社）、潔泯《人生的道路》（上海文藝出版社）、朱寨《從生活出發》（人民文學出版社）、《〈創新獨白〉與瞿白音》（中國電影出版社）、《兒童文學概論》（集體編著，四川少年兒童出版社）、《鍾敬文民間文學論集》（上冊，上海文藝出版社）、《中國文學研究年鑑（一九八一）》（中國社會科學出版社）等。

一九八三年

一月十日，《當代文藝思潮》和中國文聯理論室共同召開座談會，討論徐敬亞的《崛起的詩群》

(載該刊第一期)及其所代表的一股文藝思潮。

《文匯月刊》第一期發表劉賓雁《不應銹蝕的武器》,繼續去年關於報告文學的討論。四月、六月號仍發表了這類文章。

一月十五日,《文學評論》第一期發表王慶璠等人文章,討論馬克思美學思想的哲學基礎問題。

二月七日,《文藝報》二期發表王春元的《人性論和創作思想》,批評張辛欣的《我們這個年紀的夢》、張笑天的《離離原上草》、戴厚英的《人啊,人!》。該刊第六期刊登了張辛欣的反批評。

三月十日~十一日,《文學評論》召開青年題材創作討論會。該刊第三期做了報道。

三月十五日,《文學評論》第二期發表劉思謙的《對建國以來農村題材小說的再認識》,後來引起爭鳴。

三月十六日,《人民日報》發表周揚爲紀念馬克思逝世一〇〇周年寫的論文《關於馬克思主義的幾個理論問題的探討》,同時刊登黃楠森表示不同意見的文章。《紅旗》第二十一期也發表了熊復的《對馬克思使用的「異化」概念要有正確的認識》,批評周揚有關異化的觀點。

三月二十九日,《文匯報》討論中篇小說《女俘》(四月十二日繼續討論)。

四月十五日,香港評論家璧華寫作《投向中共詩壇的一枚炸彈——徐敬亞的〈崛起的詩群〉述評》,後發表於香港的《爭鳴》。

五月十九至二十日,《文藝報》召開現代文學研究座談會。該報第七期刊登了會議報道,並陸續發表文章批評夏志清《中國現代小說史》和現代文學研究中存在的問題。

五月三十至六月二日，「雪峰研究學術討論會」在浙江義烏縣舉行。會上成立了「雪峰研究學會」。

六月三十日，《光明日報》發表張友漁《報告文學涉及的法律問題》。

七月十五日，《文學評論》第四期發表公劉文章：《關於新詩的一些基本觀點》。

七月十九日，《人民日報》開始發表一組評論員文章，宣傳鄧小平的文藝思想（七月二十六日、八月九日、八月十六日繼續發表）。

八月十日，中國文聯討論和部署學習《鄧小平文選》。《半月談》十五期發表評論員文章：《把社會主義文藝的旗幟舉得更高》。

八月二十一～三十日，由天津市和北京市文聯、河北省文聯共同主辦的「城市文學理論筆談會」在北戴河召開，討論「城市文學」的概念、範圍、特徵等問題。

八月三十一日，文學評論家蕭殷逝世。

九月五日至六日，中國作家協會創作研究室在京召開「當代作家論」寫作座談會。

九月五日，《文學評論》召開討論徐敬亞《崛起的詩群——評我國詩歌的現代傾向》座談會。該刊六期發表了部分參加者的發言。

十月四日至六日，重慶詩歌討論會集中批評了「三個崛起」的觀點。鄭伯農在會上做了《在「崛起」的聲浪面前》書面發言，後刊於《光明日報》十一月二十四日。《解放軍報》十一月十日報道了這次會議。

十月，《民族文學研究》創刊。

十月七日，《文藝報》第十期發表馮牧《對於社會主義文藝旗幟問題的一個理解》，該文概括了社會主義文藝的五個特徵。

十月三十一日，《人民日報》發表評論員文章：《高舉社會主義文藝旗幟，堅決防止和清除精神污染》。《光明日報》召開清除精神污染的座談會。在這前後，臧克家、丁玲、歐陽山、艾青等人發表了「清污」問題的談話。

十一月三日，《光明日報》發表杜高文章：《社會主義戲劇必須重視社會效果》，批評話劇《愛，在我們心裏》、《馬克思「秘史」》（載《十月》第三期）的思想傾向。

十一月四日，中國電影資料館與中國藝術研究院電影研究所合併爲中國電影藝術研究中心，陳荒煤任學術委員會主任。

十一月五日，周揚向新華社記者發表談話，檢討了自己論述「異化」和「人道主義」的文章。

十一月八日，廣東作協主辦的《當代文壇報》半月報創刊（一九八六年下半年改爲月刊）。

十一月十九日，《光明日報》發表丁振海、李准文章：《社會主義異化論和文藝領域的「異化熱」》。《文藝報》第十二期亦發表了李山的《異化是社會主義文藝的重大主題？》，批評創作和理論領域的「異化熱」。

十一月二十五日，《文匯報》發表紀煜的長文《再評小說〈人啊，人！〉》。廣東的報刊也發表了同類文章。

十二月六日，《文匯報》發表士林批評張辛欣小說創作傾向的長文：《失誤在哪裏》。《解放日報》發表應持批評《偈子》（載《上海文學》第五期）一詩的文章：《「絕望」的詩》。

十二月十二日，《工人日報》發表盧丁的文章：《剖析一首「朦朧」詩〈慧星〉》（原詩載《青年詩壇》第三期）。

十二月十五日，《文學報》刊登林默涵十一月十九日在全國文化廳（局）長會議上的講話摘要：《談文藝戰線清除精神污染問題》。

本年出版的文學論著主要有：程代熙編《馬克思〈手稿〉中的美學思想討論集》（陝西人民出版社）、李准和丁振海的《毛澤東文藝思想新論》（文化藝術出版社）、《國內哲學動態》編輯部編《人性、人道主義問題討論集》（人民出版社）、《戲劇美學論集》（上海文藝出版社編輯、出版）、王元化《文學沉思錄》（上海文藝出版社）、黃藥眠《迎新集》（百花文藝出版社）、上海師院中文系編《文學理論爭鳴輯要（上、下）》（上海文藝出版社）、吳功正《文學風格七講》（上海文藝出版社）、秦牧《語林採英》（花城出版社）、公劉《詩與誠實》（花城出版社）、謝冕《共和國的星光》（春風文藝出版社）、余秋雨《戲劇理論史稿》（上海文藝出版社）、王蒙《漫話小說創作》（上海文藝出版社）、尹均生等《報告文學縱橫談》(四川人民出版社)、陳瘦竹等《論悲劇與喜劇》(上海文藝出版社)、鍾惦棐《陸沉集》(中國電影出版社)、羅藝軍《風雨銀幕》(中國電影出版社)、鄭雪來《電影美學問題》(文化藝術出版社)、華中師範學院《中國當代文學㈠》(上海文藝出版社)、《李健吾文學評論選》(寧夏人民出版社)、尹在勤和孫光萱《論賀敬之的詩歌創作》(上海文藝出版社)、《台灣香港文學論文選(首屆臺港文學學術討論會專輯)》(福建人民出版社)。

一九八四年

一月三日,胡喬木在中央黨校做《關於人道主義和異化問題》報告。《人民日報》一月二十七日、《紅旗》第二期全文刊載這篇講話。

一月九日,《人民日報》轉載張笑天在《吉林日報》發表的有關《離離原上草》的自我批評。

一月十五日,《民間文學論壇》季刊創刊。《當代文藝思潮》一期發表用控制論、發生認識論研究美學問題的文章。

一月二十五日,《當代作家評論》在瀋陽創刊。

二月十五日,《魯迅研究》第一期發表林興宅用系統論研究魯迅的文章:《論阿Q性格系統》。《中國社會科學》第四期又登載林興宅的《論文學藝術的魅力》。

三月五日，《人民日報》發表徐敬亞《時刻牢記社會主義的文藝方向》的自我批評。

四月十九日，《當代文藝思潮》編輯部在廈門大學召開座談會，討論新技術革命形勢下文藝學的現代化問題。

《箇舊文藝》第一期就刊登遇羅錦的小說《求索》（一九八三年第四期）一事發表編輯部檢討：《我們的錯誤和教訓》。

五月十五日，《文學評論》第三期發表劉再復文章：《論人物性格的二重組合原理》。劉再復還在《文藝報》、《中國社會科學》、《讀書》上發表了他的《性格組合論》一書的片斷。《文藝報》從第九期起展開討論。第七期發表報刊討論綜述。

六月二十～二十三日，中國通俗文學學會成立，姜彬（天鷹）任會長。

六月二十二日，文學批評史專家郭紹虞逝世。

七月七日，《文藝報》第七期發表有關《街上流行紅裙子》、《車站》的爭鳴文章。

七月八日，電影理論刊物《當代電影》在北京創刊。

七月十五日，《文學評論》發表朱寨爲《中國新文藝大系（一九七六～一九八二）·理論二集》寫的導言：《歷史轉折中的文學批評》。

八月三十日，北京市延安文藝研究會成立（陝西的《延安文藝研究》十月在西安創刊）。

九月十五日，《文學評論》第五期發表許覺民（潔泯）爲《中國新文藝大系（一九七六～一九八二）·理論一集》所寫的導言：《在沉思中探索》，同時發表黃子平的《論中國當代短篇小說的藝術發展》。

九月十五日，《當代文藝思潮》出版慶祝建國三十五周年特大號，發表白樺的《建國三十五年來文藝思想鬥爭的一個輪廓》、陸學明的《建國以來我國典型理論研究述評》。另有《中國當代社會主義文藝的回顧和展望》的評論家筆談。

黑龍江文聯主辦的《文藝評論》（前身爲《文藝評論報》）創刊。

《中國比較文學》半年刊由浙江文藝出版社出版。

十月十三日，中國散文詩學會在北京成立。柯藍、郭風爲會長。

十一月七日，《文藝報》第十一期發表《綠化樹》（張賢亮）和「複雜性格」問題的爭鳴文章。

十一月十五日，中國戲劇家協會主辦的第一屆全國戲劇理論著作（一九七六～一九八三年）評獎揭曉。《中國戲曲通史》、《焦菊隱戲劇論文集》等獲優秀理論著作獎。

十一月十五日，《文學評論》第六期刊出劉再復、林興宅等人的《文學研究方法創新筆談》。《當代文藝思潮》第六期在《文藝學與現代科學》專欄中，繼續發表一組用新方法研究文藝問題的文章。

十一月，少數民族文學史編寫工作會議在京舉行。

十二月二十九日至一九八五年一月五日，中國作家協會第四次會員代表大會在京召開。張光年做

《新時期社會主義文學在闊步前進》的長篇報告。

本年出版的文學研究論著主要有：李澤厚《美的歷程》（中國社會科學出版社）、王朝聞《審美談》（人民出版社）、朱狄《當代西方美學》（人民出版社）、張隆溪等選編《比較文學論文集》（北京大學出版社）、何望賢等編《新時期文學理論論爭集（上）》（甘肅人民出版社）、胡采《從生活到藝術》（陝西人民出版社）、馮文炳《談新詩》（人民文學出版社）、譚霈生《論戲劇性》（修訂本，北京大學出版社）、《張庚戲劇論文集》（一九五九～一九六五年，文化藝術出版社）、佘樹森《散文藝術初探》（福建人民出版社）、趙遐秋和曾慶瑞合著《中國現代小說史（上）》（中國人民大學出版社）、華中師範學院《中國當代文學㈡》（上海文藝出版社）、《陳涌文學論集》（上海文藝出版社）、《羅蓀文學論集》（上海文藝出版社）、俞元杜主編《中國現代散文理論》（廣西人民出版社）、秦兆陽《文學探路集》（人民文學出版社）、閻綱《文壇徜徉錄》（上、下，人民文學出版社）、李子雲《淨化人的心靈》（三聯書店）、張韌《中篇小說論集》（福建人民出版社）、《潘旭瀾文學評論選》（湖南人民出版社）、《顧驤文學評論選》（同上）、《繆俊傑文學評論選》（同上）、《李元洛文學評論選》（同上）、汪景壽《臺灣小說作家論》（北京大學出版社）等。

一九八五年

一月五日，《文藝報》從第一期設專欄，討論文藝界、出版界大量湧現武俠、言情、偵探小説這一新現象問題。同時討論「話劇危機」問題（到第五期結束）。

一月十日，「以開放眼光開拓思維空間，用改革精神革新文藝評論」爲宗旨的文藝評論刊物《當代文藝探索》在福州創刊。創刊號發表了劉再復、謝冕等人的「閩籍在京評論家六人談」：《改革的時代與文學評論的改革》。

一月份創刊的評論刊物還有：在瀋陽出版的《評論選刊》、在西安出版的《小説評論》、在石家庄出版的《雜文報》增刊《雜文界》、在北京出版的《散文世界》。

二月七日，《文藝報》第二期刊登王蒙在中國作家協會第四次會員大會上的閉幕詞：《社會主義文學的黃金時代到來了》，並發表《把「創作自由」鮮明地寫在社會主義文藝旗幟上》的專論。此外，刊登有胡啓立的祝詞和巴金的開幕詞。《文藝報》從這期起，謝永旺爲主編，陳丹晨、鍾藝兵、吳泰昌爲副主編。

二月十日，劉再復在《讀書》第二、三期發表《文學研究思維空間的拓展》，綜述了近年來用新方法研究文學現象情況。

三月七日，《文藝報》第三期發表《文藝報》召開「評論自由」座談會記要，並刊登馮牧《關於創作自由和評論自由》。

三月十五日，《文學評論》第二期發表一組「評論自由筆談」文章，並報道該刊舉行優秀理論文章（中青年作者）頒獎會情況。

三月十七～二十二日，《上海文學》、《文學評論》、廈門大學等單位在廈門召開全國文學評論方法論研討會，會議著重討論了文學評論方法的開拓和變革等問題。

三月二十六日，中國社會科學院文學研究所新任所長劉再復在該所做報告並闡述辦所方針：一要發展，二要多元，三要建設。

四月，由廣東省文聯主辦的文藝評論雙月刊《文藝新世紀》在廣州創刊。

四月七日，《文藝報》四期報道《馬克思主義文藝理論研究》編委擴大會討論方法論問題，並設《創作心理問題討論》專欄。

四月十日，《批評家》雙月刊在太原創刊。在《評論家與評論》專欄裏，發表古遠清《謝冕的評論道路》，後引起爭鳴（見第三期）。

四月十四～二十二日，全國性的文藝學與方法論問題研討會在揚州召開。

四月二十日，報紙型《文藝報》（周報）試刊號出版。

《作家》第四期發表韓少功《文學的「根」》，引起文學「尋根」問題討論。

五月七日至九日，《中國》文學雙月刊召開通俗文學研討會。

五月十五日，《文學評論》第三期發表王富仁的博士學位論文摘要：《〈吶喊〉〈彷徨〉綜論》。此文採用了與過去不同的研究方法，後引起陳安湖等人質疑（見《文藝理論與批評》創刊號）。

五月，《文學評論家》於濟南創刊，係雙月刊。

六月六日，《光明日報》刊登朱寨《關於「報告小說」的求教》，開始「報告小說」問題的討論。尹均生後來在《文藝爭鳴》一九八六年第三期發表了帶總結性的《論「報告小說」的興起》。

六月八日，文藝理論家胡風逝世。

七月一日，《文藝報》以周報形式和讀者正式見面。

七月二至四日，《詩刊》召開詩歌觀念更新座談會。該刊從第十一期起闢「詩歌研究方法筆談」專欄。

七月六日，《文藝報》發表阿城《文化制約著人類》，並開展文學尋根問題討論。

七月八日，《文匯報》發表劉再復《文學研究應以人爲思維中心》，後引起爭鳴。

七月十五日，《文學評論》從第四期起開闢「我的文學觀」專欄，並舉辦「長篇小說筆談」，從這期起刊出編委會名單，主編爲劉再復，副主編爲何西來，馬良春等人爲編委。

八月六日，《雜文報》第四十五期發表的《何必言稱魯迅》與《青海湖》第八期登載的《論魯迅的創作生涯》對魯迅評價提出不同看法，陳漱渝等人著文反駁。

八月十五日，上海作協理論室召開座談會，討論新出現的口述實錄小說、文化歷史小說等新品種，並討論變革中的文藝理論問題。

八月二十六至三十一日，《文藝報》召開青年理論批評工作座談會，研討當前文藝批評現狀等問題。

九月五日，胡喬木在陶行知研究會和基金會上發表講話，認爲五〇年代對《武訓傳》的批判「不能認爲完全正確，甚至也不能說它基本正確」。

九月十五日，《文學評論》第五期發表黃子平、陳平原、錢理群合寫的《論「二十世紀中國文學」》，提出一種相當新穎的文學史觀，後引起爭鳴。

十月十三至二十日，全國文藝學研究方法論學術討論會在武漢召開。

十月二十九日，《文匯報》發表唐弢當代文學不宜寫史的文章，後引起爭鳴。

十一月五日，《文學自由談》雙月刊在天津創刊。由天津社會科學院文學研究所主辦的《文學探索》（前身爲「津門文學論叢」）在天津創刊。

十一月十五日，《文學評論》第六期發表劉再復《論文學的主體性》，開闢了文藝理論論題新領域，後引起一場論爭。

本年出版的文學論著主要有：吳功正《小說美學》（江蘇人民出版社）、吳亮《文學的選擇》（浙江文藝出版社）、江西省文聯編《文學研究新方法論》（江西人民出版社）、唐摯《藝文探微錄》（花山文藝出版社）、王向峰《藝術的審美特性》（遼寧大學出版社）、葉朗《中國美學史大綱》（上海人民出版社）、汪流主編《電影劇作概論》（中國電影出版社）、魯樞元《創作心理研究》（黃河文藝出版社）、滕守堯《審美心理描述》（中國社會科學出版社）、公木《詩論》（四川文藝出版社）、任愫《現代詩人風格論》（四川文藝出版社）、蔡儀主編《美學原理》（湖南人民出版社）、蔡儀《新美學（改寫本，第一卷）》（中國社會科學出版社）、趙遐秋和曾慶瑞《中國現代小說史（下）》（中國人民大學出版社）、二十二院校《中國當代文學史㈢》（福建人民出版社）、中國社會科學院文學所當代室《新時期文學六年（一九七七、十～一九八二、九）》（中國社會科學出版社）、《黃藥眠文藝論文選集》（北京師範大學出版社）、劉甲《新基調雜文創作談》（長征出版社）、顧驤編《周揚近作》（作家出版社）、劉樹林《電視文學概論》（東北師範大學出版社）。

一九八六年

一月十五日，文藝理論家胡風的追悼會在京舉行。《文學評論》第一期繼續刊登劉再復的長文《論文學的主體性》，同時開闢「新時期文學十年研究專欄」。由李玉銘主編的《文藝爭鳴》於同日創刊。江西的《文藝理論家》亦於一月創刊。

一月十九日，《文藝報》發表林默涵的短文《戰士與蒼蠅》，批評「貶損」魯迅的傾向。

二月八日，《光明日報》發表評論員文章：《創作自由和文藝工作者的社會責任感》。

二月二十一日，據天津《今晚報》報道，文化部決定在中國藝術研究院成立馬克思文藝理論研究所。同日，《光明日報》發表林默涵批評劉再復的短文《應該用什麼準則來要求作家》，《文藝爭鳴》第三期發表了王若望與之「對話」的文章。

三月六日，著名美學家朱光潛逝世，享年八十九歲。

三月十五日，《文學評論》發表一組慶賀俞平伯從事學術活動六十五周年的文章。

四月十一日，香港《大公報》發表「劉再復觀點受批判」的報道，並稱《紅旗》發表陳涌的文章「北京一些人說嗅到了十年前『兩報一刊』味道」。

四月十六日，《紅旗》第八期發表陳涌批評劉再復「主體性」的長文：《文藝學方法論問題》。之後，《紅旗》、《文藝報》、《文學評論》、《當代文藝探索》等報刊紛紛發表論爭文章。

五月一日～七日，青年評論家評論研討會在海口市舉行。會後出版了《我的批評觀》一書。

五月五日至十日，復旦大學召開新時期文學討論會。《文學評論》第四期作了報道。

五月十五日，《當代文藝思潮》第三期出版「第五代批評家專號」。

五月二十～二十七日，全國戲劇美學討論會在珠海舉行。

五月二十八日，香港《大公報》發表《陳涌文章被指有「兩報一刊」味實無根據》，變相地對四月十一日的報導作了「檢討」。

六月二十一日，上海召開「馬克思主義與中國當代文學討論會」，就澄淸某些文藝思想觀念、方法等問題的混亂進行了討論。

六月二十七～三十日，「新詩潮」研討會在北京召開。

七月一日，程代熙在《文論報》發表《評一篇聳人聽聞的報道——致港版（大公報）》。

七月十八日，《文匯報》發表朱大可等人文章，討論「謝晉電影模式」。八月一日該報發表長文報道在上海召開的謝晉電影討論會上的部分發言。

《文藝學習》於七月復刊。

八月十一日，上海文藝出版社舉行「文藝探索書系」發行報告會。該書系第一批書目有：劉再復的《性格組合論》、趙園的《艱難的選擇》、勞承萬的《審美中介論》、余秋雨的《藝術創造工程》。

九月一日，由中國藝術研究院馬克思主義文藝理論研究所主辦的《文藝理論與批評》（雙月刊）在京創刊。主編爲陳涌，副主編爲陸梅林、程代熙、鄭伯農，李希凡、敏澤、董學文等三十人爲編委。創刊號發表了關於文藝規律探討、文學主體性問題和魯迅小說「研究系統」爭鳴文章。

九月七日至十二日，中國社會科學院文學研究所在北京舉行新時期十年文學討論會。劉再復在會上作《論新時期文學主潮》發言（見《文學評論》第六期）。

九月九日至十二日，中國社會科學院文學研究所在京舉行中國近代、現代、當代文學分期問題研討會。會議報道見《文學評論》第六期。

九月二十一日，孫紹振在《文論報》發表《陳涌同志在理論上誤入歧途的三個原因》。

九月二十八日，文藝理論家王淑明逝世。

十月三日，《深圳青年報》刊登劉曉波在新時期文學十年討論會上危言聳聽的發言：《新時期文學面臨危機！危機！！危機！！！》。

十月六日至八日，新時期詩歌研討會在西南師範大學舉行。

十月十九日至二十三日，「魯迅與中外文化」學術討論會在京舉行。

十月二十九日至十一月四日，全國哲學社會科學「七五」規劃會議在京召開。會上確定十五個項目為國家文學學科首批項目，其中包括馬克思主義文藝思想的歷史發展及其在中國的傳播、文學與人道主義、文藝新學科建設工程等等。

十一月一日，《文藝理論與批評》第二期發表文章介紹馬克思主義文藝理論研究所和該刊舉行建所創刊匯報會情況，並刊登陳涌《我們要辦一個什麼樣的理論批評刊物》的文章。

十一月三日至六日，中國作家協會在上海舉辦中國當代文學國際討論會。

十一月六日至十日，全國文學觀念學術討論會在蘇州召開。會議報道見《文學評論》一九八七年第一期。

十一月十八日至二十五日，全國「馬克思主義文藝理論與改革」學術討論會在廣西召開。會議報道見《文藝理論與批評》一九八七年一期。

十二月二日至九日，全國高校第一屆文藝學研討會在海口市舉行。會議討論了大陸現代文學理論的走向和趨勢、現代文學理論的體系和形態等問題。

十二月十二日，文藝新學科大型研討會在上海召開，會議討論了文藝新學科研究對象、方法和近年來取得的成就等問題。

十二月二十六日至二十九日，第三屆臺港及海外華文文學研討會在深圳舉行。

本年出版的文學論著主要有：陳遼《馬克思主義文藝思想史稿》（四川文藝出版社）、《當代文藝思潮》雜誌編《文藝學·美學與現代科學》（中國社會科學出版社）、《紅旗》雜誌編《文學主體性論爭集》（紅旗出版社）、錢谷融《文學的魅力》（山東文藝出版社）、季紅眞《文明與愚昧的衝突》（浙江文藝出版社）、荒煤主編《中國電影文學論文選（上）》（北岳文藝出版社）、李傳龍《形象思維研究》（中國文聯出版公司）、劉再復《性格組合論》（上海文藝出版社）、譚霈生和路海波《話劇藝術概論》（中國戲劇出版社）、王世德《美學新趨勢》（四川大學出版社）、佘樹森《散文創作藝術》（北京大學出版社）、陳遼《新時期的文學思潮》（遼寧大學出版社）、王晉民《臺灣當代文學》（廣西人民出版社）、陳駿濤《文學觀念與藝術魅力》（海峽文藝出版社）、古遠淸《中國當代詩論五十家》（重慶出版社）、洪子誠《當代中國文學的藝術問題》（北京大學出版社）、中國作協創作研究室編《當代作家論（第一卷）》（作家出版社）、《謝冕文學評論選》（湖南文藝出版社）、孟繁華等《新時期小說與詩歌十講》（中國青年出版社）、楊義《中國現代小說史（一）》（人民文學出版社）、劉再復《文學的反思》（人民文學出版社）、黃子平《沉思的老樹的精靈》（浙江文藝出版社）、劉綱紀《藝術哲學》（湖北人民出版社）、《賀敬之文藝論集》（紅旗出版社）、洪汛濤《童話學》（安徽少年兒童出版社）、劉夢溪《文藝學：歷史與方法》（上海文藝出版社）、滕云《小說審美談》（百花文藝出版社）、王先霈等《文學評論教程》（華中工學院出版社）、鍾惦棐《電影的鑼鼓》（重慶出版社）、高爾泰《美是自由的象徵》（人民文學出版社）。

一九八七年

一月七日，《人民日報》發表題爲《旗幟鮮明地反對資產階級自由化》的社論。

一月十一日，程代熙發表《文品·人品·品德—讀孫紹振〈陳涌同志在理論上誤入歧途的三個原因〉有感》。

一月十三日，中共上海市紀律檢查委員會做出決定：開除中國作家協會理事、上海作家協會理事王若望的黨籍。

一月十四日，《文學評論》第一期出版後，臨時撕去劉賓雁題爲《門外議小說》的論文，然後再發行。

一月十七日，《文藝報》就開除王若望黨籍一事，發表評論員文章：《對鼓吹資產階級自由化的「特殊黨員」必須繩之以紀律》（這一天，中共安徽紀律檢查委員會做出開除原中國科技大學副校長方勵之黨籍的決定）。同日，《文藝報》開始組織「關於文學理論批評現狀及走向的討論」。

一月二十日，《人民日報》轉載《文藝報》一月三日刊登的李倩文章：《對文學理論批評現狀的幾點詰難》，文章批評了崇拜洋教條、與創作實際脫節等不良傾向。同日，《上海文論》創刊（雙月刊）。

一月二十三日，中共《人民日報》機關紀律檢查委員會做出開除《人民日報》記者劉賓雁黨籍的決定。

一月二十五日，《人民日報》發表評論員文章，批判劉賓雁的報告文學《第二種忠誠》、《人妖之間》等。

一月二十六日，《光明日報》發表題爲《王若望、劉賓雁被開除出黨說明了什麼？》的評論員文章。

一月二十七日，彭眞委員長會見延安文藝老戰士時，強調要重新學習《在延安文藝座談會上的講話》。同日，《文匯報》發表韋益明文章：《劉賓雁是怎樣歪曲現實、醜化黨的領導的？》。

一月二十九日，《光明日報》刊出上海海運學院黨委書記陳浩答該報記者問文章，指出劉賓雁取材於該院的報告文學《第二種忠誠》等作品內容有嚴重失實之處。

二月七日，《文藝報》發表評論員文章：《批判政治上的「全盤西化」論》。

二月十三日，《光明日報》轉載即將出版的《文藝理論與批評》第二期上的編輯部文章：《新春的「反思」》。

二月十四日，《人民文學》爲刊載馬建的小說《亮出你的舌苔或空空蕩蕩》（載該刊一九八七年第一、二期合刊號）做出的檢討：《嚴重的錯誤，沉痛的教訓》。《人民日報》後來也爲此事發表了評論員文章：《接受嚴重教訓，端正文藝方向》。

三月四日，《光明日報》第一版轉載《黑龍江日報》署名文章：《評劉賓雁的「揭露陰暗面」》，批判《人妖之間》、《告訴你一個秘密》等作品。

三月五日，廈門大學舉辦首屆華文文學研討會，探討東南亞華文文學與中國現代文學關係。

三月十三日，中共中央代總書記趙紫陽在全國宣傳部長會議上宣佈：資產階級自由化思潮氾濫情況已開始扭轉。

三月二十四日，《文藝理論與研究》第二期刊出謝宏寫的綜合資料：《關於文藝「反映論」的討論情況》。

四月四日至八日，全國性的文藝心理學研討會在鄭州召開。

四月六日至十二日，《紅旗》雜誌文藝部、《光明日報》文藝部、《文藝理論與批評》編輯部在河北涿州市共同召開組稿座談會。熊復、林默涵、劉白羽、姚雪垠、陳涌、孟偉哉做了長篇發言，賀敬之到會講了話。關於這次會議情況，《文藝理論與批評》一九九〇年第一期做了詳細報導。

四月七日，《光明日報》發表李方平文章：《民族化：一個戰略性的口號》，批評陳越的《民族化：一個防禦性的口號》(《文學評論》一九八七年第一期)。

四月十五日，《中國文化報》刊登林默涵文章：《堅決而持久地反對資產階級自由化》，分三個部分：關於開放和反對封建思想問題，資產階級自由化在文藝上的表現和影響，出現資產階級自由化的原因。

五月十日，全國性的紀念《在延安文藝座談會上的講話》發表四十五周年學術討論會在北京開幕。

五月十三日，中共中央代總書記趙紫陽在一次會上，做了把反資產階級自由化改爲反左的講話。

五月十五日，《文學評論》三期發表了張國民文章；《文藝學引進自然科學橫斷科學應注意的幾個問題》，批評高爾泰等人移植熵定律研究美學問題。高的答辯文章發表於同刊一九八八年一期。

六月六日，《文藝報》二十三期發表白燁的《小說文體研究概述㈠》。二十四期發表該文之二。

六月二十日，《文藝報》發表周崇坡的《新時期文學要警惕進一步「向內轉」》，對魯樞元發表在該報一九八六年十月十八日的《論新時期文學的「向內轉」》提出相反意見。《文藝報》爲此發表按語，希望大家展開討論。

七月二日，陸梅林在《文論報》就陳涌文章問題反駁香港《大公報》的報道。

七月三十日，在京部分文學評論家舉行促進文學反映改革座談會。《紅旗》八期發表姚雪垠與劉再復商榷的長文：《繼承和發揚祖國文學史的光輝傳統》。

八月二十日，兒童文學作家、評論家賀宜逝世。

九月三日，文藝理論家黃藥眠逝世。

九月二十七日，《中國文化報》發表趙士林文章：《切忌以「左」反右》，批評臧克家的《民族自豪與崇洋媚外》(載《光明日報》二月二十一日)。

九月二十八日，《電影藝術》舉辦新時期電影理論評論座談會，對新時期電影理論評論功過做了評價。

十月六日，《光明日報》報道北京地區文藝學研究生舉行首次學術研討會情況。

十月二十九日，《文學報》發表王一綱《自我孤獨與文藝創作》的文章，對吳亮的《藝術家和友人的談話》提出質疑。十二月二十日，該報發表吳亮的答辯文章。

十一月四日至六日，全國文學學科規劃小組討論文學研究形勢和任務。《文學評論》一九八八年二期做了報道。

十一月中旬，全國高校第二屆文藝學研討會在重慶召開。會議就建立新的文藝學問題交換了意見。

十一月二十日，《文學探索》從第四期起終刊。

十一月二十四日，《文藝理論與批評》以《重新構建還是堅持發展》爲題，報導八月十日至十六日在敦煌召開的全國毛澤東文藝思想研究年會上的不同觀點。

十一月三十日至十二月三日，杭州市召開小說語言研討會。

十二月十八日，《人民日報》召開中青年文學評論家座談會。《文藝報》一九八八年第一期做了報道。

《當代文藝思潮》、《當代文藝探索》出至十二月停刊。

十二月十七～十八日，《文學評論》召開「《中國當代文學思潮史》對話會」。報導見該刊一九八八年第二期。

本年出版的文學論著主要有：周介人《文學：觀念的變革》（人民文學出版社）、金近《童話創作及其它》（少年兒童出版社）、錢中文《現實主義和現代主義》（人民文學出版社）、胡經之主編《西方文藝理論名著教程》（北京大學出版社）、吳秀明《在歷史與小說之間》（時代文藝出版社）、吳亮《藝術家和友人的對話》（上海文藝出版社）、余秋雨《藝術創造工程》（同上）、孫紹振《文學創作論》（春風文藝出版社）、李元洛《詩美學》（江蘇文藝出版社）、劉魁立等編《神話新論》（上海文藝出版社）、潘旭瀾《詩情與哲理——杜鵬程小說新論》（人民文學出版社）、閻綱《文學八年》（花山文藝出版社）、何西來《探尋者的心蹤》（陝西人民出版社）、雷達《蛻變與新潮》（中國文聯出版公司）、俞汝捷《小說二十四美》（中國青年出版社）、楊光治《詩美·詩藝·詩魂》（花城出版社）、吳重陽《中國當代少數民族文學概觀》(中央民族學院出版社)、錢理群等《中國現代文學三十年》(上海文藝出版社)、吳思敬《詩歌基本原理》(工人出版社)、朱寨主編《中國當代文學思潮史》(人民文學出版社)、江西省文聯編《文藝學研究新方法論文集》(江西人民出版社)、王向峰主編《文藝學新編》(遼寧大學出版社)、郭小東等《我的批評觀》(漓江出版社)、何西來《文藝大趨勢》(湖南文藝出版社)、鄭伯農《藝海聽潮》(漓江出版社)、曾鎮南《王蒙論》(中國社會科學出版社)、南帆《小說藝術模式的革命》(上海三聯書店)、宗白華《藝境》(北京大學出版社)、姚雪垠《創作實踐與創作理論》(紅旗出版社)、呂進編《上園談詩》(重慶出版社)、張德林《現代小說美學》(湖南文藝出版社)、白燁《文學觀念的新變》(遼寧大學出版社)、許子東《當代文學印象》(上海三聯書店)、陳遼等《中國革命軍事文學史略》(昆侖出版社)、葉紀彬《藝術創作規律論》(東北師範大學出版社)。

一九八八年

一月二日，《文藝報》一期發表季紅眞長文：《西方現代主義文學與中國近年小說》，加了編者按，分二期載完。

一月十五日，《文學評論》第一期推出《語言問題與文學研究發展》一組筆談。

一月十六日，《文藝報》創辦人之一陳企霞逝世。

由宗福先主編的《文學角》評論雙月刊在上海創刊（一九九〇年停刊）。

一月二十七日，由馮驥才主編的《文學自由談》闢「直言不諱」專欄，批評《紅蝗》（莫言作，《收穫》一九八七年第三期）等一批小說，後被稱做「罵派」批評。

《南方文壇》（文藝評論刊物）在廣西創刊。

《文藝爭鳴》第一期發表曾鎮南《文學，作爲上層建築的懸浮物……》一文，批評魯樞元《大地與雲霓》（《文藝報》一九八七年十月十一日）的觀點。魯樞元在《文論報》三月二十五日著文答辯。

二月十七日，以「求新，求異，求實」爲宗旨的《百家》文學評論雙月刊在合肥創刊。創刊號發表了劉曉波《再論新時期文學面臨危機》、沈敏特和林默涵商榷的《政治意識科學化漫議》。《文匯月刊》第二期發表《劉再復談文學研究與文學論爭》。

二月二十七日，《文藝報》登載該報召開詩歌座談會紀要：《詩歌：毀譽不一的發展》。《北京文學》第二期發表黃子平文章：《關於「僞現代派」及其批評》。李國濤在《文藝報》四月九日發表文章提出商榷。

三月五日，《文藝報》召開近期文學發展趨向座談會，就該報發表陽雨（即王蒙）《文學：失卻了轟動效應之後》（一月三十日刊出）一文提出討論。

三月十五日，《文學評論》二期推出「紀念何其芳同志誕辰七十五周年逝世十周年」專輯。發表劉再復在去年十二月十五日舉行的紀念會上做的題爲《赤誠的詩人，嚴謹的學者》的報告。同期發表陳燕谷、靳大成的長文：《劉再復現象批判——兼論當代中國文化思潮中的浮士德精神》。

三月底，全國民間文學基礎理論研討會在深圳、珠海召開。

三月二十八日，全國首屆文學批評學研討會在武漢召開。會議討論了文學批評學的建設問題。

四月四日至八日，天津、上海等地評論刊物在桂林召開「文學與改革」理論筆會。

四月七日，《外國文學評論》和《文藝報》在京聯合召開「二〇世紀世界文學與中國當代文學」討論會。與會者聯繫當代世界文學現狀，研討了當今大陸文學發展問題。

四月十二日，《人民日報》刊登李澤厚和劉再復的對話《文學與藝術的情思》，批評了「玩文學」的觀點。

四月十六日，陽雨（王蒙）在《文藝報》發表《自由與失重——我們要不要、要什麼樣的文藝價值觀念》。

五月十日至十八日，當代話劇文學學術討論會在煙台召開。

五月二十四日至二十七日，《中國文學宏觀研究叢書》研討編寫會議在滬召開。

五月二十七日至二十九日，中外當代小說走向研討會在杭州召開。

六月三十日，《文藝報》藝術部召開電視片《河殤》座談會，發言刊於該報七月十六日。

六月，中共中央有關部門對胡風文藝思想等方面進行復查後，又進一步予以平反。

《理論與創作》雙月刊在長沙創刊。

《文匯月刊》六期發表姚雪垠文章，認爲劉再復的批評對他犯有「侮辱和誹謗罪」，劉、姚之爭由此引起廣泛關注。

七月一日至六日，第四屆華北文藝評論例會研討初級階段文學的若干問題。在此之前，中宣部文藝局也召開過「社會主義初級階段文藝問題」座談會。廣東《當代文壇報》開設的「初級階段文學新格局」討論專欄爲時亦有半年。

七月十二日，王若水在《文匯報》發表長文：《現實主義和反映論問題》（八月九日續完）。

七月十五日，《文學評論》第四期發表公劉文章：《從四種角度談詩與詩人——答中央廣播電視大學中文系問》（該刊從一九八九年第一期起討論公劉的文章）。

七月十六日，中國社會科學院文學研究所和《文學評論》召開「關於胡風文藝思想的反思」座談會。《文學評論》第五期發表了劉再復等人在會上的發言。

七月十九日至二十五日，全國戲劇美學研討會在撫順召開。

七月二十日，《上海文論》隆重推出由陳思和、王曉明主持的《重寫文學史》專欄，除刊登主持人的話外，另刊出戴光中的《關於「趙樹理方向」的再認識》和宋炳輝的《「柳青現象」的啓示——重評長篇小說〈創業史〉》。

七月二十五日，《文匯報》發表王若水關於反映論、主體性、人道主義問題和劉再復商榷的文章。

八月九日，《文藝報》召開「胡風同志文學活動」學術座談會，報道見八月十三日該報。

八月中旬，大衆文學學會在太原召開研討會，由會長馬烽主持。

八月二十日，《文藝報》發表柯雲路的《現代現實主義論》。

八月二十三日，楊春時在《文匯報》發表與王若水商榷的文章：《也談文學主體性與反映論問題》。

八月下旬，全國馬列文論研究會年會在呼和浩特召開，對馬克思主義文藝學的現狀和發展前景等問題展開了討論。

九月十日，「科學與文化」論壇在京舉行第二次會議，由文藝界知名人士談知識分子與思想自由問題。

九月二十四日，《文藝報》發表陳平原等人的一組「中國文學史研究」筆談：《懷疑·批判·重寫》。

十月七日，《中國作家》召開「今後報告文學發展趨勢」爲主題的座談會。

十月八日，《文藝報》發表朱輝軍長文《周揚現象初探》。

十月中旬，中國現代文學研究創新座談會在京召開。會議報道見《文學評論》一九八九年一期。

十月十一～十六日，「現實主義與先鋒派文學出路何在」研討會在無錫召開。

十月二十一～二十六日，首次全國通俗文學座談會在桂林召開。

十月十九日，李陀在《文藝報》發表《昔日頑童今何在》。該報從十一月二十日起闢《我看近兩年的小說和批評》專欄，展開爭鳴。

十一月八日，中國文聯第五次代表大會開幕，十二日閉幕。

十一月九日，文學評論家李何林逝世。

十一月十四日，《上海文論》邀請王瑤等在京學者座談「重寫文學史」問題。

十一月十五日，《文學評論》第六期在《行進中的沉思》專欄中，發表兩篇引起爭議的文章：汪暉的《魯迅研究的歷史批判》、應雄的《二元理論，雙重遺產：何其芳現象》。

十一月十七～十九日，中國作協舉行第四屆理事會第三次全體會議。馮牧在開幕詞中強調：「應創造一個保證創作和評論自由的良好條件」。

十一月二十四日，姚雪垠在《文藝理論與批評》第五期發表《不要用誹謗代替爭鳴》。

十二月三日至八日，「西方馬克思主義文藝理論與美學理論學術討論會」在成都舉行。

十二月十二日，《文藝報》與首鋼有關單位爲紀念「五四」七十周年，共同召開「本世紀中國知識分子與文學」座談會。《文藝報》以《反省自身弱點，張揚人格力量》爲題，於一九八九年第三期做了報道。

十二月二十七日，中國紀實文學研究會在京成立。李希凡爲會長，劉心武等人爲副會長。

十二月二十八日，《文藝報》召開詩歌創作座談會，該報以《在繁榮和多元的背後》爲題做了報道。

道（一九八九年一月二十一日）。

巴金在歲末接受《文藝報》記者來訪時說「胡風的『到處有生活』並沒有錯」（見十二月三十一日該報）。

《文學自由談》六期發表張放文章，批評巴金的《隨想錄》。丹晨在《文藝報》一九八九年二月十一日發表反駁文章。

本年出版的文學論著主要有：《文學評論》編《我的文學觀》（上海社會科學出版社）、《蔣孔陽美學藝術論集》（江西人民出版社）、陳晉《當代中國的現代主義》（中國文聯出版公司）、錢谷融和魯樞元主編《文學心理學教程》（華東師大出版社）、陳平原《中國小說敘事模式的轉變》（上海人民出版社）、古遠清《文藝新學科手冊》（華中理工大學出版社）、李慶西《文學的當代性》（人民文學出版社）、郭小東《中國當代知青文學》（廣東高教出版社）、敏澤《主體性·創新·藝術》（人民文學出版社）、謝冕《文學的綠色革命》（貴州人民出版社）、曾鎮南《繽紛的小說世界》（中國文聯出版公司）、呂晴飛主編《新時期文學十年》（學苑出版社）、樂黛雲《比較文學原理》（湖南文藝出版社）、王永生主編《中國現代文學理論批評史》（中冊，貴州人民出版社）、李希賢《文藝典型系統引論》（華中理工大學出版社）、王先霈等《明清小說理論批評史》（花城出版社）、陸一帆《觀衆心理學》（中山大學出版社）、劉守華《故事學綱要》（華中師範大學出版社）、陳美蘭等主編《中國當代文學手冊》（湖北教育出版社）、夏中義《藝術鏈》（上海文藝出版社）、復旦大學中文系資料室《新時期文藝學論爭資料》(上、下，復旦大學出版社)、黎山嶢《文藝創作心理學》(長江文藝出版社)、劉曉波《選擇的批判——與李澤厚對話》(上海人民出版社)、胡經之和張首映《西方二〇世紀文論史》(中國社會科學出版社)、中國電影藝術研究中心編《新時期電影十年》(重慶出版社)、葉朗主編《走向現代化的文藝學》(江蘇文藝出版社)、俞元桂主編《中國現代散文史》(山東文藝出版社)。

一九八九年

一月十五日，劉再復在《文學評論》發表《論八〇年代文學批評的文體革命》。

二月二十日，評論家鮑昌病逝。劉心武在廣東《風流人物報》發表《十年瑣憶》，爲一九八七年發生的「舌苔事件」鳴不平。

三月九日，「當代文學中女性形象的模式」討論會在京舉行。

三月二十五日，王蒙、王幹在《當代作家評論》發表《十年來的的文學批評》。

四月二十一至二十四日，全國首屆散文、雜文研討會在無錫召開。

五月十五至十九日，全國首次胡風文藝思想學術討論會在武漢舉行。

五月十六日，由《上海文學》雜誌社舉辦的中國四〇年文學道路研討會在滬召開。

五月，自吳亮在元月出版的《上海文論》發表《向先鋒派致敬》以來，在文壇引發「先鋒文學是不是需要和值得保衛?」的討論熱點。

六月十日，據新華社報道：「戒嚴部隊平息反革命暴動，進駐天安門」。

六月二十八日，中國文聯召開座談會，一致擁護經過四中全會調整後的以江澤民為首的新的領導核心。

七月六、七日，中宣部召開座談會，要求切實反對資產階級自由化和堅持四項基本原則。從此，劉再復主編的《文藝新學科建設叢書》被抹去主編名字，另有浙江人民出版社已做好紙型的十卷本《十年中國文學理論大系》被列為禁書，不許出版。

七月九日，兒童文學評論家金近去世。

七月十五日，夏中義在《文學評論》四期發表《歷史無可避諱》，後引起爭議。

七月十九日，易家言在《人民日報》發表《〈河殤〉宣揚了什麼?》。

七月三十一日，文藝理論家周揚病逝。

九月，《書林》發表董朝斌、邵燕祥、謝逸駿對毛澤東《在延安文藝座談會上的講話》重估文章，後引起爭議。

九月八日，女權主義文學及電影研討會在京召開。

九月十五日，張炯在《文學評論》第五期發表《毛澤東與新中國文學》，批評夏中義《歷史無可避諱》「反映了社會上資產階級自由化思潮的明顯導向」。

十月二十八日，《文藝報》轉載《新文學史料》第三期刊登的林默涵《胡風事件的前前後後》。

十月三十一日，《鍾山》與《文學自由談》在南京召開「新寫實小說」討論會。

十一月四日，《文藝報》發表康濯的文章《〈文藝報〉與胡風冤案》。

十一月二十三日，《文藝報》發表張炯文章《攀登與選擇——四〇年文學若干側面的反思》。

十一月下旬，首屆巴金國際研討會在上海舉行。

十二月十三日，現代文學史家王瑤去世。

十二月十八日，中宣部文藝局和人民文學出版社在京聯合召開《鄧小平論文藝》研討會。

十二月十九日，《文學自由談》編輯部就當前文學評論問題召集部分北京中年評論家座談。

十二月三十日，中共中央任命林默涵爲全國文聯黨組書記、馬烽爲中國作協黨組書記。

本年度出版的重要文學論著有：魯樞元《文藝心理闡釋》（上海文藝出版社）、丁振海與李准《文藝觀念與方法新探》（文化藝術出版社）、杜書瀛《文學原理——創作論》（社會科學文獻出版社）、錢中文《文學原理——發展論》（同上）、王春元《文學原理——作品論》（同上）、何國瑞主編《藝術生產原理》（人民文學出版社）、路海波《電視劇美學》（江蘇文藝出版社）、何鎮邦《當代小說藝術流變》（江西人民出版社）、董學文《走向當代形態的文藝學》（高等教育出版社）、潘旭瀾和王錦園主編《十年文學潮流（一九七六～一九八六）》（復旦大學出版社）、陸貴山和王先霈主編《中國當代文藝思潮概論》（中國人民大學出版社）、華硯編《〈河殤〉批判》（文化藝術出版社）、饒芃子主編《中西戲劇比較教程》（廣東高等教育出版社）、姚家華編《朦朧詩論爭集》（學苑出版社）、古繼堂《臺灣新詩發展史》（人民文學出版社）

本書主要參考書目

朱寨主編：《中國當代文學思潮史》，人民文學出版社一九八七年五月版。

二十二院校編寫組：《中國當代文學史》(一至三冊)，福建人民出版社一九八〇年、一九八一年、一九八五年版。

中國社會科學院文學研究所當代文學研究室：《新時期文學六年(一九七六年十月～一九八二年九月)》，中國社會科學出版社一九八五年一月版。

劉再復：《文學的反思》，人民文學出版社一九八六年十一月版。

洪子誠：《當代中國文學的藝術問題》，北京大學出版社一九八六年八月版。

謝冕：《共和國的星光》，春風文藝出版社一九八三年版。

李輝：《胡風集團冤案始末》，人民日報出版社一九八九年版。

王蒙：《文學的誘惑》，湖南文藝出版社一九八七年版。

古遠清：《文藝新學科手冊》，華中理工大學出版社一九八八年版。

文藝美學叢書編委會：《美學嚮導》，北京大學出版社一九八二年一月版。
陳平原：《中國小說敘事模式的轉變》，上海人民出版社一九八八年版。
陳劍暉：《新時期文學思潮》，廣東高等教育出版社一九八九年四月版。
仲呈祥：《新中國文學紀事和重要著作年表》，四川省社會科學院出版社一九八四年十一月版。
復旦大學中文系資料室編：《新時期文藝學論爭資料（一九七六～一九八五）》，復旦大學出版社一九八八年五月版。
洪子誠：《中國當代文學概說》，香港青文書屋一九九七年版。
王蒙、袁鷹主編：《憶周揚》，內蒙古人民出版社一九九八年版。
林默涵：《胡風事件的前前後後》，《新文學史料》一九八九年第三期。
康濯：《〈文藝報〉與胡風冤案》，《文藝報》一九八九年十一月四日。
林賢治：《胡風「集團」案：二〇世紀中國的政治事件和精神事件》，《黃河》一九九八年第一期。
王蒙、王幹：《十年來的文學批評》，《當代作家評論》一九八九年第二期。
張首映：《十七年文藝學格局及其在新近十年轉變鳥瞰》，《文藝研究》一九八八年第二期。
夏中義：《別、車、杜在當代中國的命運》，《上海文論》一九八八年第五期。
陳遼：《回顧與反思：文學批評四十年》，《文藝爭鳴》一九八九年第五期；《周揚論》，《當代作家評論》一九八六年第四期。

朱輝軍：《周揚現象初探》，《文藝報》一九八八年十月八日。
應雄：《二元理論，雙重遺產：何其芳現象》，《文學評論》一九八八年第六期。
陳宏在：《王朝聞藝術論初探》，載《文藝研究》。
李澤厚：《世紀新夢》，安徽人民出版社一九九八年版。
屈選：《文學家和批評家的高爾泰》，《批評家》一九八七年第六期。
夏中義：《新潮的螺旋》，《文學評論》一九八九年第二期。
費振鍾、王幹：《論王蒙的小說觀念》，《當代作家評論》一九八五年第三期。
席揚：《「海派批評家」亂彈》，《百家》一九八九年第一期。
蘇民等：《論焦菊隱導演學派》，文化藝術出版社。
錢海毅：《當代電影理論的歷史進程》，《語文導報》一九八七年第五期。
羅藝軍：《中國電影理論管窺》，《文藝研究》一九八九年第四期。
袁文殊：《夏衍的電影觀念》，《光明日報》一九八六年一月二日。
任仲倫：《視野宏闊，筆力縱橫》，《電影新作》一九八六年第二期。
杜書瀛：《新時期文藝學反思錄》，《文學評論》一九九八年第五期。

（還有不少論文不再逐一列出）

後記

如果在八〇年代初我想寫一本《中國大陸當代文學理論批評史》的專著，我一定會自嘲爲狂妄。回想一九八一年九月當我立志寫《中國當代新詩批評史》時，我就羞於自己的淺薄：覺得自己志大才疏，眼高手低，不具備寫史的才力，便連忙將整體性、宏觀性研究改爲以個別追蹤爲主，即論題縮小，改爲對當代詩論家評論道路的述評。這種述評，自然離「史」的要求尚遠。

然而當《中國當代詩論五十家》快完稿的時候，我有幸於一九八四年秋參加了在蘭州舉行的中國當代文學研究會年會。在會議期間，《當代文藝思潮》編輯部接我們去開了一個作者座談會。在會上，我做了一個大力開展對當代評論家研究的發言。想不到我的即興發言引起復旦大學唐金海先生的關注。是夜，他約我在蘭州賓館的小花園內「密談」。他問我：「你是否想寫《中國當代文學批評史》？」我回答說：「心儀已久，但才力不夠，不敢貿然下筆」。他很早也萌生過寫當代文學批評史的念頭，便說：「那我們一起合作吧！」就這樣，說幹就幹，在花壇旁一直商談「大綱」至深夜。雖然是初次相識，但這次心靈的地震將我們連接在一起，大有相見恨晚之感。

從蘭州回漢，我將《中國當代詩論五十家》的收尾工作做完後，便開始「批評史」這一主體工程的全新進擊。誰料到，唐先生因另有考慮未能執筆，因而「批評史」的寫作只好落在我一個人身上。我深知自己挑不起這副重擔，但想到在波濤滾滾的黃河岸邊立下的誓言，我還是硬著頭皮跑完「中國大陸當代文學理論批評史」這一艱難的長途。現在呈現在讀者面前的目錄，雖與蘭州草擬的面目全非得無法辨認（後來還有一位先生參與共同討論），但仍有當年大綱的某些構件和材料。正因爲如此，我對那次蘭州夜話未敢須臾忘懷。

現在，書總算完稿，據友人說，這是我出版的十多本小書中「份量最重的一部」。可是我給此書打上最後一個句號時，並未有寫作《中國當代詩論五十家》時「終於登上山巔的那種快慰」，倒是產生出另一種惶恐不安的情緒：這本「批評史」眞的繪出了大陸四十年文學理論批評大潮那壯闊的景觀、神奇的變幻乃至微妙的漣漪嗎？這一浩大工程能宣佈已竣工了嗎？以我的愚鈍恐怕很難說。至少目前這個樣子，不能宣告竣工（譬如原計劃八十萬字，還有臺港部份及兒童文學、民間文學、通俗文學理論批評等，因篇幅限制而割愛）。應該說，我對中國大陸當代文學理論批評史的研究，還僅僅是開始。可以肯定，我今後生命歡樂的泉源，仍是在這夜以繼日的「爬格子」的攀登過程中。和所有評論工作者一樣，對於自己所選擇的研究課題，總想對讀者有獨到的奉獻，尤其是《中國大陸當代文學理論批評史》這一門新興學科還屬草創階段的時候，更增加了我這種自覺性。因此，我下筆時不敢掉以輕心，對前幾年寫好的初稿翻出來又做了大改以至重寫。除此以外，我在寫作本書時曾較爲廣泛參考或吸收過不少時賢有關大陸當代文學理論批評的最新研究成果，以力圖展示中國大陸當代文學理論批評研究已經達到的水平，盡可能給讀者新知識、新信息。即使這樣，我犁耕的很可能仍是大陸當代文學理論批評史這塊貧瘠土地的表層，因而我不敢奢望這本小書有什麼「份量」。我只希望當人們登上大陸當代文學批評高峰，回顧過去，評說這本《中國大陸當代文學理論批評史》算得上起步之初的《幼學瓊林》，那就是鄙人的榮幸。

本書是兩岸文學交流的結晶，在出版過程中得到了彼岸的彭正雄先生和王志健、詹朝立等先生的大力支持，在這裏謹致以由衷的謝意。

古遠清 一九八九年五月八日於武昌蛇山南麓，**中南財經大學**

補記

這不是一本理想的中國大陸當代文論史，但卻是一本最初的中國大陸當代文論史，且是無任何編寫組、由個人單獨撰寫的首部祖國大陸當代文學分類史。

說是「最初的」中國大陸當代文論史，不是說以前沒有人寫過，但他們的論述附屬在當代文學史或百年文論史之中。有的雖是單獨出版，但屬「概觀」性質，且篇幅沒有這麼大，更沒有包括戲劇、電影批評部分。寫文學史，我是主張私家治史的，這樣觀點和文筆容易得到統一，不必為貫徹領導或主編意圖，將個人見解消融掉。對當代文論史的撰寫，我還有一個偏見：最好不由圈中人執筆。以筆者來說，假如自己是北京的評論家，與書中寫的理論批評家私交甚篤，那下起筆來就難免瞻前顧後：或為賢者諱，或擺平方方面面，乃至把有一定知名度屬可寫或不可寫的同事、同窗盡量夾帶進去。好在筆者遠離中心，所評對象大都緣慳一面，且不在有中文系的名牌大學任教，因而寫起來人情因素較少。當然，不在漩渦中心便容易不知情，有些地方寫起來難免會「隔」。何況，個人撰寫不能集思廣益，有些自己不太熟悉的領域，亦不可能像「編寫組」那樣請專門家寫得深入，這也就是前面說的

「不是一本理想的」文論史的一個原因。

本書從寫作到出版，歷時整整十四年。面對這不同的筆跡（當時電腦還沒有流行，曾請不同年級的十多位財經專業學生抄寫）、不同的稿紙、不同的書寫方法（有的繁體，有的簡體；有的手抄，有的復寫，有的打印）的原稿，我心頭不禁感慨萬千。想當時，初稿一九八九年殺青後，整整遲了八年才有機會初校此書。我一邊校，一邊爲自己當年思考的遲鈍和行文的陳舊感到臉紅。有些地方簡直要推倒重寫，注釋則要重補。但版已排好，無法動大手術。不過，這次校對我還是重寫了「文化革命」部分，還新添了《方向調整所面臨的重重矛盾》等不少章節，這眞可謂是「十年磨一劍」了。

去年夏天，我和著名評論家雷達先生一起到吉隆坡參加「馬華文學國際研討會」。我和他同居一室，兩人對床夜話時，他建議我將下限延至到一九九七年。可我這幾年精力轉向臺港澳暨海外華文文學研究，實在顧不過來，只好以「餘論」了結。那些在九〇年代職稱有變化和不斷有新著問世的評論家，均無法一一羅列他們的近況，只好請諒解。可以告慰的是，我的近二〇〇萬字的當代文論史「三部曲」——《中國大陸當代文學理論批評史（一九四九—一九八九）》、《臺灣當代文學理論批評史》、《香港當代文學批評史》到現在總算出齊了。極富反諷意味的是，後寫的兩本沾「外向型」的光倒先出，最先寫好的大陸部分卻長期封塵在書柜裡。這回由文史哲出版社將其抖落塵埃，然後披上漂亮的外衣推向市場，我的喜悅心情眞是一言難盡……

一九九八年六月二十九日

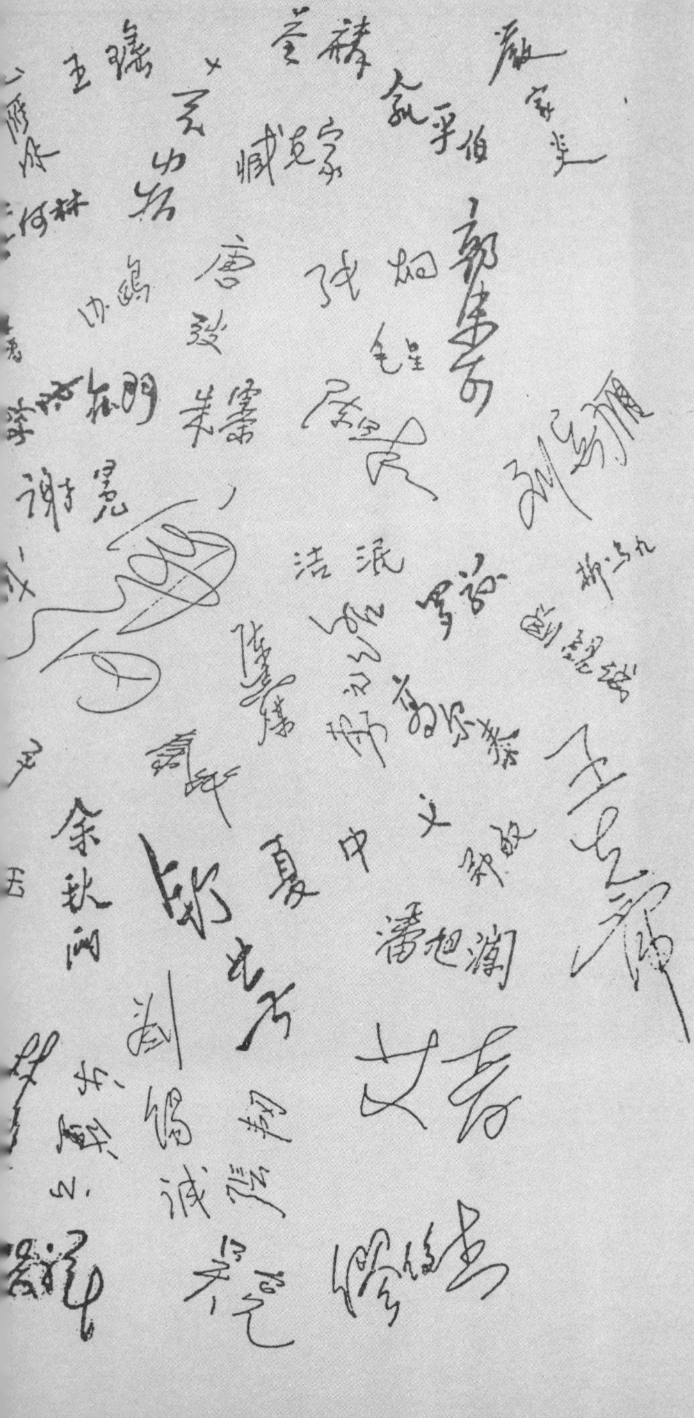
王瑶
俞平伯
臧克家
唐弢
朱寨
谢冕
洁泯
余秋雨
夏中义
潘旭澜
艾青
刘锡诚

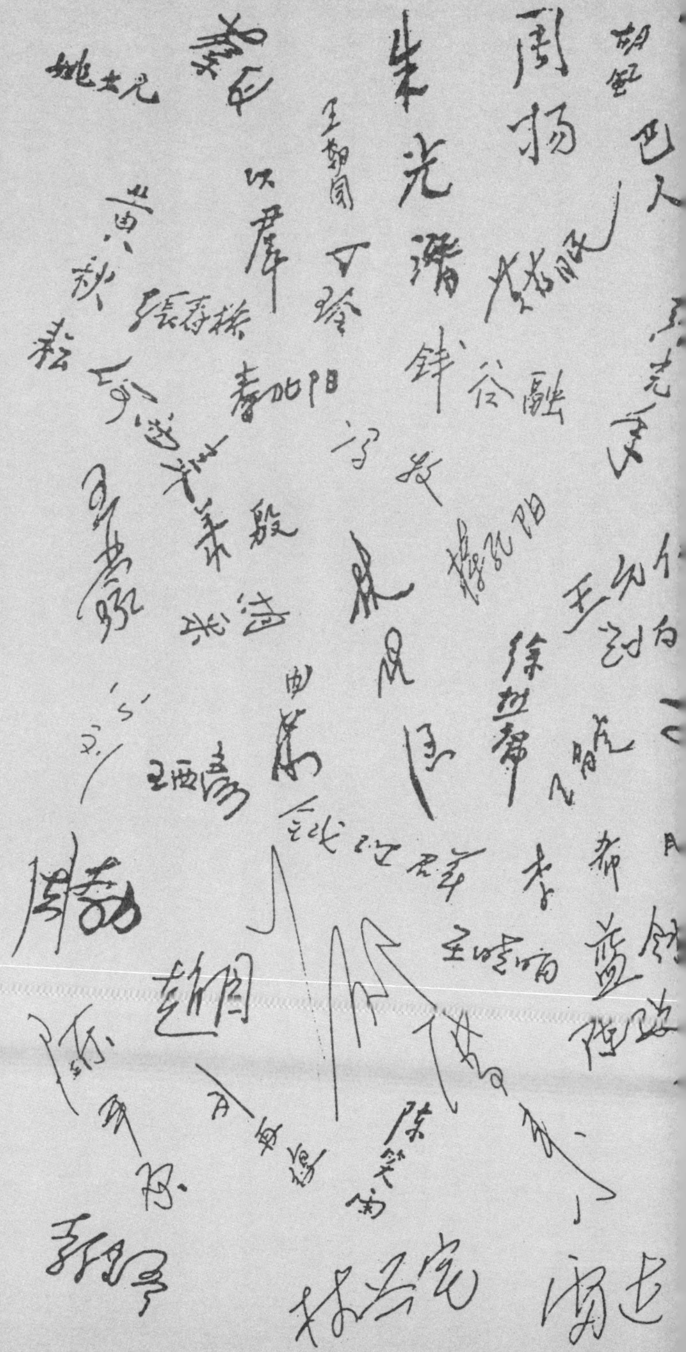

胡风
巴人
周扬
朱光潜
丁玲
王朝闻
以群
黄秋耘
姚雪垠
钱谷融